영한 • 한영

맥주양조학 용어사전

백형석 編

(부산대학교 미생물학과 교수)

에듀컨텐츠·휴피아

ECH Educontents·Huepia

에듀컨텐츠·휴피아
Educontents·Huepia

머리말 Preface

우리나라에서는 엄격한 주세법으로 많은 투자비가 드는 대규모 양조장에서만 맥주를 생산하여왔으나 무역의 자유화로 세계 각국의 맥주를 많이 접하다보니 대규모 맥주양조장에서 생산하는 맥주와 더불어 개인이 각자의 취향에 맞게 맥주를 양조하여 즐기는 시대가 도래 하였다. 많은 하우스맥주집이 영업 중이고 그 수는 계속 늘어나고 있으며 자가 맥주양조도 성행하고 있고 정책당국에서도 규제를 완화하여 자가 맥주의 생산과 판매를 쉽게 하고 있다.

이러한 때에 자가 맥주 양조인 들을 위한 맥주 양조에 관한 책을 쓰기 시작하였는데 영어와 우리나라말로 편찬된 맥주양조용어사전이 없다는 것을 알게 되었다. 용어가 정의 되어있지 않으므로 책을 쓰는데 용어의 혼란을 가져왔고 이를 그대로 두면 본인이 저술한 책에서조차 용어의 사용이 일관성을 잃어버릴 것으로 생각되어 영한(한영) 맥주양조용어사전을 편찬하게 되었다. 우선 영어로 된 맥주양조에 관한 각종문헌에서 용어를 수집하고 정리를 시작하였는데 그리 녹녹한 일은 아니었다. 또한 외국어를 우리말로 번역할 때 사용한 용어는 일본어를 그대로 읽게 되어있는 것이 일반적이었고 그 개수도 얼마 되지 않았다. 물론 우리나라보다 양조 선진국인 서구와 일본의 용어가 많은 것은 그렇다 치더라도 우리가 사용하는 양조용어는 너무 빈약하여 찾기조차도 어려웠다.

수집된 외국어 양조용어는 영어 알파벳순으로 정렬하였고 발음기호에 따른 영어발음과 국문용어를 기술하였으며 간단한 설명을 붙였다. 영어발음을 기술한 이유는 전 세계에서 맥주 형(型) 양조 물들의 이름이 나라마다 다르고 통일되어있는 것도 아니므로 이를 우리말로 말하는데 어려움이 있어 아예 모든 용어에 대한 영어발음을 사전이나 참고문헌에서 찾아 표기하기로 하였다. 외국어 발음을 표기하는 것은 대단히 복잡하고 어려웠다. 용어의 발음은 사전과 참고자료마다 다른 것은 그렇다 치더라도, 찾기조차 어려운 용어들이 많이 있어 당혹스러웠고 많은 시간을 소비하였으나 이 책에서 기술한 발음들이 모두 맞는다고 생각하지는 않는다. 나름대로 최대한의 노력을 했지만 틀린 발음도 많으리라 생각되며 틀린 것은 독자들의 지적을 감사하게 받아들일 것이다. 또한 외국용어를 우리말로 바꾸는데도 편찬자의 생각을 고집하지 않는다. 좋은 용어가 있으면 언제든지 바꾸고 수정할 것이다.

부록에는 맥주양조학용어의 국문 인덱스를 만들어 국문을 외국어로 찾아 볼 수 있게 하였는데 이를 기준으로 우리말 맥주양조학용어가 정착되기를 기원한다.

요새는 사실 이러한 사전류를 출판하는 곳이 거의 없음에도 이 책을 만드는데 많은 도움을 주신 에듀컨텐츠휴피아 임직원 여러분의 노고에 감사말을 전한다.

2016년 봄

목 차

영한 • 한영

맥주양조학 용어사전

백형석 編

(부산대학교 미생물학과 교수)

에듀컨텐츠·휴피아
ECH Educontents·Huepia

【 일러두기 】

* 영어발음 및 한글용어는 다음과 같은 사전을 사용하여 표기하였다.

국어 : 새국어 대사전(숭문사. 1989)
영어 : 시사영어사/랜덤하우스 영한대사전(1991). 시사 엘리트 영한사전 개정판 (1996)
독일어 : 동아 신 콘사이스 독한사전(동아출판사. 1980)
프랑스어 : 프라임 불한사전(두산동아. 2003)
기타 에센스 스페인어 사전(민중서림. 2008), 포한사전(성안당. 2011), 인터넷 네이버와 다움의 사전 등을 참고하였다.

* 화합물 명명은 대한화학회에서 2016년에 홈페이지에 게재한 화합물 명명법에 따랐다(http://new.kcsnet.or.kr/).

* 용어 나열순서는 ABC순이며 숫자, - 등은 순서에서 제외하였다. 예 : 4-Vinyl Guaiacol의 경우 4와 -는 제외하고 Vinyl Guaiacol에서 찾아야 함.

* 사용 예 : Hop(하프) : 홉의 경우 Hop는 용어, (하프)는 영어발음, 홉은 우리말 용어이다. 이 다음에는 홉에 대한 간단한 설명이 뒤따른다.

* Regulator(레귤레이터르)의 경우, 발음을 (레귤레이터르)로 표기했지만 실제발음은 레귤레이털과 같이 발음한다. 우리의 표기로는 원어민들의 발음을 정확히 나타낼 수는 없지만 실제 영어권 사람의 발음을 들어보면 우리가 보통 생략하는 r, p발음을 정확히 하는 것을 알 수 있으므로 이를 감안하여 풀어쓰기 형태로 표기하였다.

* --ge는 쥐로 표기.

* 참조 : 앞에 거론한 용어를 참조하라는 의미.

A-Acid(에이 애시드) : **알파 산**. Alpha Acid(앨퍼 애시드)의 약어. 참조.

AAU(에이에이유) : **에이에이유**. 맥주 쓴맛의 국제척도. Alpha Acid Unit(앨퍼 애시드 유니트. 알파 산 단위)의 약어. 참조.

Abbey Ale(애비 에일) : **애비 에일**. 벨기에에서 수도원 양조인에 의해서 생산되거나 수도원의 허락 하에 만들어지며 알코올도수가 높고 과일향이 나는 맥주 종류. Abbey 비어. 수도원 맥주)와 동의어. 참조.

Abbey Beer(애비 비어) : **수도원맥주**. 수도원의 허락 하에 수도원 근처의 상업시설에서 만들어지거나 특정 수도원에서 원래의 이름과 양조스타일을 물려받아 제조하는 상면발효 맥주. 강한 과일향이 난다. 벨기에에서 1962년에 통과된 법에 따르면 트라피스트 수도원 또는 수도원의 허락 하에 상업용 양조장에서 만들어지는 맥주는 "Trappiste(트라피스트)"라고 라벨에 표기할 수 있으나 일반 상업용 양조장에서 트라피스트 스타일과 양조방법으로 만든 것은 "Bière d'Abbaye(비에흐 다베이)" 또는 "Abdijbieren(아브디비렌)"(수도원 맥주라는 의미)으로 표기해야한다. 현재 이 맥주를 생산하는 수도원은 전 세계에 10곳이 있는데 벨기에에 6개, 네덜란드에 2개, 오스트리아에 1개, 미국에 1개가 있다. 독일과 오스트리아에서 수도원 양조장이라는 뜻의 "Klosterbräu(클로스터브로이)" 또는 종교재단 양조장이라는 뜻의 "Stiftsbräu(쉬티프츠브로이)"라고 라벨링 된 맥주는 스타일도 다르고 수도원에서 양조한 것도 아니다. 인터브루(Interbrew)사의 레페(Leffe)가 여기에 속한다. Abbey Ale(애비 에일), Monastery Beer(마너스테리 비어)와 동의어. 참조. Trappist Beer(트래피스트 비어) 참조.

Abdijbieren(아브디비렌) : **아브디비렌**. 수도원맥주라는 뜻이나 진짜 수도원맥주는 아니다. Abbey Beer(애비 비어) 참조.

Abrasion(어브레이전) : **박피(剝皮)**. 호분립(糊粉粒. Aleurone(앨류로운))의 분해와 전환(轉換. Modification(마더퍼케이션))을 자극하기위하여 보리입자의 배(胚)에서 가장 먼 곳을 손상시키는 것.

Abscisic Acid(앱시시크 애시드) : **애브시직산**. $C_{15}H_{20}O_4$. 식물 생장 억제 호르몬. 지베렐린산(酸)(Gibberellic Acid(지버렐리크 애시드))과 반대되는 작용을 한다.

Absolute Alcohol(앱설루트 앨커홀) : 1. **무수(無水) 알코올**. 수분이 중량비로 1%이하인 에틸알코올. 비중 : 0.79395. 끓는점 : 78.4°C. 미국 표준으로는 200 프루프(Proof)이고 영국 표준으로는 175.1 프루프이다. Anhydrous Alcohol(앤하이드러스 앨커홀)과 동의어. 2. **총 알코올**. 알코올음료가 가지고 있는 알코올의 총량.

ABV(에이비브이) : **에이비브이**. 부피로 나타낸 알코올 함량(Alcohol By Volume(앨커홀 바이 발륨))의 약어. 참조.

Abzugsbier(압추크비어) : **압추크비어**. 오스트리아에서 비중이 9-10°인 맥주를 부르는 용어.

Aca(아카) : **아카**. 페루에서 기원전 200년 전 이전부터 양조했던 옥수수 맥주인데 일반국민과 군주(Sapa-Inca(사파잉카)라고 불렸음) 모두가 마시는 알코올음료였다. 그리고 신에 바치고 죽은 조상(Mojicas(모히카스))의 무덤에 뿌렸다. 그런데 군주의 아카는 쿠스코(Cuzco) 왕궁의 태양의 처녀(Sun Virgin(선 버진). 태양신에게 제사를 드리거나 옷감을 짜거나 궁녀의 구실을 했던 여자)가 만들었다. Chicha(치차) 참조.

Accelerated Fermentation(액셀러레이티드 퍼르멘테이션) : **촉진발효**. 높은 온도에서 발효를 행하는 것과 같이 발효를 빨리 일어나게 하는 조건에서 발효하는 것.

Acerbic(어서르빅) : **시고 떨떠름한 맛의**. 맥주의 시며 약간 떫은맛을 표현할 때 사용하는 용어로 신맛(Acidic(어시딕))보다는 약한 신맛.

Acetaldehyde(애시탤더하이드) : 1. **아세트알데하이드**. 맥주에서 자극성의 풋사과 같은 냄새를 내는 휘발성, 무색, 수용성 액체. 효모의 당 분해 과정 중 피루브산(Pyruvic Acid(파이루비크 애시드))이 탈카르복실화(Decarboxylation(디카르바크설레이션))에 의해 생성되는 물질이다. 맥주에서 이 아로마는 아주 초기 맥주에서 감지되지만 결과적으로는 효모에 의해 흡수되어 에탄올로 전환된다. 맥주에서는 감지되지 않아야하며 감지 한계치는 약 10ppm정도이다. Green Apple(그린 애플), Apple Skin(애플 스킨), Green Leaves(그린 리브즈)라고도 표현된다. 감각용어. Ethylaldehyde(에틸랠디하이드)와 동의어. Aldehyde(앨디하이드), Carbonyl(카르버닐) 참조. 2. **아세트알데하이드 아로마의**.

Acetic(어시티크) : **신 냄새의**. 아세토박터(*Acetobacter*(어시토배크터르))속 세균이 생성한 초산 또는 초산에틸(Ethyl Acetate(에틸 애시테이트)) 냄새의.

Acetic Acid(어시티크 애시드) : **초산**. 분자식은 CH_3COOH. 식초에 존재하는 약산이고 카르복실기(COOH)가 1개이며 카르복실 산 무리에 속한다. 지방산의 가장 간단한 물질이다. 이 산은 효모의 대사과정의 부산물로 자연적으로 생성되고 호기성 호흡 중에 당 분해과정인 크레브즈 사이클(Kreb's Cycle. EMP Scheme(이엠피 스킴)이라고도 함)을 통해서 생성된다. 맥주 양조에서는 맥주가 산소(공기)에 노출되면 맥주중의 에탄올이 산화되어 형성되며 식초맛과 식초냄새를 나타낸다. 나쁜 향미.

Acetification(어세터피케이션) : **아세트산화**. **초화(醋化)**. 1. 호기성 세균에 의해 에탄올이 초산으로 변하는 것. 2. 당화 액(Mash(매쉬))을 산성으로 맞추는 것. 즉 pH를 감소시키는 것.

Acetobacter(어시터백터르) : **아세토박터 속(屬)**. 호기성 세균의 한 속으로 발효 중에 에탄올을 초산으로 전환시키는 세균. 유명한 초산균은 아세토박터 아세티(*Acetobacter aceti*(어시터백터르 어시티))이다.

Achroödextrin(애크로오데크스트린) : **아크로오덱스트린**. 녹말의 일종인 아밀로펙틴(Amylopectin(애멀로우펙틴))이 알파 아밀레이스에 의해 가수분해 되어 요오드에 의해 색깔을 띠지 않는 덱스트린을 말한다. 즉 알파 아밀레이스에 의해 요오드 반응을 일으키지 않는 한계 덱스트린이 생성되었기 때문이다. 이 말은 고대 그리스어 접두사 ἀ- (a-, "아님") + χρῶμα(khrôma, "색깔") + Dextrin(호정(糊精))이 합쳐져 만들어진 말이다.

Acid(애시드) : 1. **산(酸)**. 수소이온(H^+)을 생성하여 알칼리와 반응하여 염(鹽. Salt(솔트))을 형성하는 용액 또는 화학물질. 2. **산성 용액**. pH7이하의 용액. pH 참조. 3. **신 냄새**. 맥주의 시큼한 냄새를 표현할 때 사용하는 용어.

Acidic(어시디크) : **신 냄새의**. 식초 또는 초산을 닮은 냄새를 나타내는 맥주를 표현할 때 사용하는 용어. Sour(사우어르)와 동의어.

Acidification(어시디퍼케이션) : **산성화(酸性化)**. 시게 함. pH를 7이하로 낮추는 과정.

Acidity(어시디티) : **산도(酸度)**. 1. 산성정도. 산성의 세기를 나타내는 정도. pH참조. 2. 맥주의 감정에서 신맛의 강도.

Acid Malt(애시드 몰트) : **산성 맥아**. 맥아즙 만드는 통의 pH를 낮추기 위하여 주 맥아의 10%이하를 사용하는 산성을 띈 맥아타입. 산성 맥아를 만드는 한 가지 방법은 맥아가 자랄 때 10% 젖산을 스프레이 해주고 가마건조하기 전에 젖산용액에 담근 후 가마건조 한다.

Acid Rest(애시드 레스트) : **산성휴지(休止)**. 당화과정의 한 단계로 효소인 피테이스(Phytase(파이테이스))가 피틴 산(Phytic Acid(파이티크 애시드))을 인산으로 분해하여 맥아즙을 산성화시키기 위하여 온도를 35-40°C로 올리고 15-30분간 유지 시키는 것.

Acid Washing(애시드 워싱) : **산세척(酸洗滌)**. 오염된 균을 사멸시키기 위하여 효모세포의 파손이 없는 산성조건에서 발효를 행하는 것.

Acrospire(애크러스파이어) : **유아초(幼芽鞘)**. 발아할 때 보리의 배(胚)가 가지고 있던 싹이 밖으로 나온 것. 가마건조는 이 싹이 보리 길이의 2/3 또는 3/4일 때 행한다. Plumule(플루뮬)과 동의어.

Activator(애크터베이터르) : **활성(화)제(劑)**. 효소의 활성을 증가시키는 물질의 총칭.

Adam's Ale(애덤즈 에일) : **물**. 물을 의미하는 부적절한 단어(익살).

Adam's Wine(애덤즈 와인) : **물**. 물을 의미하는 부적절한 단어(익살).

Additive(애디티브) : **첨가물**. **첨가제**. 맥주의 생산, 포장, 저장 과정 중에 특수한 목적으로 의도적으로 더하는 천연물질 또는 합성물질. 소금, 설탕, 비타민, 미네랄, 향신료, 양념, 향미료, 향미 강화물질 등과 같은 식품첨가물을 맥주에 첨가할 경우에는 법에 의해 라벨에 표기하지 않아도 되는데 이들을 첨가하려면 식품에 첨가할 때의 규제를 받는다. Food Additive(푸드 애디티브. 식품첨가물)와 동의어.

Adhesive Tape(애드히시브 테이프) : 1. **반창고**. 2. **반창고 냄새의**. Chlorophenol(클롤러피노울. 클롤로페놀) 참조. 감각용어.

Ad-Humulone(애드휴물란) : **애드 후물론**. 홉의 3가지 알파 산 중의 하나로써 맥아즙의 끓임 중에 이성질화하여 홉의 쓴맛의 대부분을 나타내는 아이소 애드 후물론(Iso-Ad-Humulone(아이소 애드 휴물란))으로 변환되는 물질.

Adjunct(애드정크트) : **부가 물**(附加物). 생산비를 줄이기 위하여, 그리고/또는 약한 바디의 맥주를 만들기 위하여, 맥아특성이 약한 맥주를 만들기 위하여, 밀의 경우처럼 특수한 맥주를 만들기 위하여, 추출물의 조성을 보정하기 위하여 맥아즙에 첨가하는 싹트지 않은 곡물 또는 발효 가능한 물질. 이러한 목적으로 귀리, 밀, 옥수수, 타피오카 가루, 쌀, 옥수수 등의 곡물, 그리고 전화당, 포도당 등이 사용된다. 대부분의 곡물 부가 물은 맥아즙에서 아주 천천히 당화되므로 아밀레이스(Amylase(애멀레이스))에 의해 잘 분해되도록 맥아즙에 가하기전에 끓여 호화(糊化)해야 한다. 호화과정을 거치지 않기 위하여 옥수수 등의 몇 가지 곡물은 플레이크(Flake) 상태로 첨가한다. 벨기에에서는 싹트지 않은 곡물을 빻은 몰트(Grist(그리스트))의 10-50%, 미국과 프랑스 라거에는 30-40% 첨가한다. 독일은 맥주 순수 령 이후 부가 물을 첨가하지 않았으나 국제 가격 경쟁력 때문에 현재는 첨가하고 있다. Malt Adjunct(몰트 애드정크트), Cereal Adjunct(시리얼 애드정크트)와 동의어. 참조.

Adjunct Quality(애드정크트 콸리티) : **부가 물 특성**. 싹이 나지 않은 발효 물, 즉 부가 물을 많이 사용해서 나타나는 맥주의 아로마, 향미, 구강촉감(口腔觸感) 등의 특성. 몰트로 만든 맥주보다 구강촉감이 가볍고 묽은 맛의 특성을 말한다.

Adriaan Brouwer Bierfesten(아드리안 브라우어 비르페스텐) : **아드리안 브라우어 비르페스텐**. 1605년에 태어난 유명한 화가인 아드리안 브라우어(Adriaan Brouwer)를 기념하기 위하여 벨기에 오우데나르데(Oudenaarde)에서 매년 6월 25-27일에 열리는 맥주 축제.

Adsorb(애드조르브) : **흡착하다**. 표면에 물질을 부착하다. 예 : 1. 숯 등이 액체나 기체속의 물질을 빨아들이는 것. 2. 단백질분자가 실리카 젤 입자의 표면에 흡착되는 것. Adsorption(애드조릅션) 참조.

Adsorption(애드조릅션) : **흡착**. 액체, 고체, 기체가 어떠한 화학반응 없이 다른 물질의 표면에 부착되는 현상. 맥주 양조에서 흡착물질은 청징(淸澄)이나 여과에 사용되는데 활성탄, 실리카 젤, 알부민, 벤토나이트(Bentonite(벤터나이트)), 규조토 등이 그 예이다.

Aerate(에레이트) : 1. **통기하다**. 공기를 통하게 하다. 강제로 공기를 주입하여 효모의 증식, 맥아의 발아 등을 돕다. 대개 교반(攪拌)으로 통기한다. 2. **탄산가스를 채워 넣다**. 액체 중에 공기 또는 가스, 특히 탄산가스를 채워 넣다.

Aerating(에레이팅) : 1. **공기 쐬기**. 2. **탄산가스 채워 넣기**. 공기 또는 가스, 특히 탄산가스 채워 넣기. Aerate(에레이트)의 명사형.

Aeration(에레이션) : **통기(通氣)**. 1. 맥주양조 중의 여러 단계에서 공기가 양조 액에 스며들 게 하거나 노출 시키는 작용. 발효가 시작되기 전에 효모가 잘 증식될 수 있도록 식힌 맥아즙에 공기를 공급해야 효모의 활동이 왕성해진다. 2. 보리를 보관할 때 좋은 보리의 좋은 품질을 유지하는데 필요한 온도와 습도를 맞추기 위하여 공기를 공급하는 행동. 3. **공기 또는 가스, 특히 탄산가스 채워 넣기**.

Aerobic(에로우비크) : **호기성(好氣性)의**. 유산소의. 효모(또는 미생물)가 증식하고 분열하는데 산소를 필요로 하는. Aerobic Fermentation(에로우비크 퍼르멘테이션), Anaerobic(애네로우비크) 참조.

Aerobiosis(에로우바이오우시스) : **호기(好氣)생활**. **유기(有氣)생활**. 공기와 산소가 존재하는 데에서 영위하는 삶. Anaerobiosis(애네로우바이오우시스. 혐기생활) 참조.

Aftersmell(애프터르스멜) : **뒷 냄새**. 맥주를 마시고난 후에 남는 냄새. 이 냄새는 남아있는 휘발성물질에 의한 것이다.

Aftertaste(애프터르테이스트) : **뒷맛**. 맥주를 마시고 난 후에 입안에 남아있는 맛, 향기, 촉각(觸覺) 등.

Agar(아가르) : **한천**(寒天). Agar-Agar(아가르아가르) 참조.

Agar-Agar(아가르아가르) : **한천**(寒天). 우뭇가사리 등의 홍조류에서 분리한 갈락토스가 주성분이며 황산기를 가지고 있는 세포 간 점성을 가진 다당체의 일종으로 미생물배양에 사용되는 배지의 고체화에 사용한다. 고체배지는 한천을 약 1.5%넣고 끓인 다음 굳힌 것인데 세균이나 효모를 배양할 때 사용한다. 고체배지에서 콜로니(Colony(칼러니). 또는 집락(集落))를 형성하므로 콜로니를 수집하면 단지 1가지의 동일한 유전자형의 균만이 포함되어 있다. 약해서 아가르(Agar)라고 한다. Madagascar Gum(매더개스커르 검), Vegetable Gelatin(베지터블 젤러틴)이라고도 한다.

Aged Flavor(에이지드 플레이버르) : **이취**(異臭). 산화에 의한 만들어진 나쁜 냄새.

Agglutination(어글루터네이션) : 1. **응집반응**(凝集反應). 접착력에 의한 세포들의 무리 지움. 특히 항원-항체 반응으로 바이러스나 혈액 세포가 뭉쳐 모이는 현상. 2. **교착**(交着). 접착작용.

Aging(에이징) : **숙성**(熟成). 익힘. 손님에게 제공하기에 적당하게 맛과 향미가 전환(轉換)되도록 맥주를 보관하는 것. Maturation(매츄레이션. 숙성) 참조.

Agitator(애지테이터르) : **교반기**(攪拌機). 담금액 혼합기(Mash Mixer(매쉬 믹서르)) 처럼 용기중의 내용물을 혼합하는 기계.

AHA(에이에이치에이) : **미국 자가 양조인 협회**. American Homebrewers Association(어메리컨 호움브루어즈 어소시에이션)의 약어. 참조.

Airing(에링) : **통풍**. **바람 쐼**. 보리의 담금 중에 바람을 불어넣어 산소를 공급하는 것. Ventillation(벤털레이션)과 동의어. 참조.

Airlock(에어라크) : **공기 폐색기**(閉塞器). **에어로크**. 기밀식(氣密式) 출입구. 외부 공기는 들어가지 못하게 하지만 내부 공기(탄산가스)는 빠져 나올 수 있게 만들어 외부 오염을 막는 장치. Fermentation Lock(퍼르멘테이션 라크)와 동의어. 참조.

Air Rest(에어 레스트) : **공기휴지**(休止). 산소가 보리 속으로 들어가 맥아의 생장을 촉진하고 고르게 싹이 나게 하기 위하여 물에서 꺼내어 침지과정을 중단시키는 것. 이 기술은 지금은 일반적인 것이나 물에 민감한 보리의 휴면을 타파하기위하여 1960년대에 처음 개발되었다. Airing(에링), Steeping(스티핑) 참조.

Airspace(에어스페이스) : 1. **에어 스페이스**. 주위가 공기로 둘러싸인 공극(空隙). 2. **공기층**. 단열이나 방습 따위를 위하여 벽 사이에 둔 공간. Ullage(얼리지. 부족량)와 동의어(참조).

Airtight(에어타이트) : **공기가 안팍으로 빠져나가지 못하는. 기밀(氣密)의.**

Albumen(앨뷰먼) : 1. **알부민**(Albumin(앨뷰먼))의 다른 철자. 2. **배유(胚乳)**. 씨앗 속에 있으며 발아하기 위한 양분을 저장하고 있는 조직. 3. **알부멘**. 맥아에서 발견되는 단백질의 옛 이름. 대부분이 양조 중에 응집되거나 분해된다. 4. **달걀의 흰자위**.

Albumins(앨뷰민즈) : **알부민**. 수용성 단백질 중 황산암모늄 수용액으로 침전하지 않는 단순 단백질의 일군의 총칭이며 열을 가하면 응집하는 단백질. 단백질 가수분해효소에 의해 펩티드(Peptide(펩타이드))와 아미노산으로 분해된다.

Alcohol(앨커홀) : **에틸알코올**. 주정(酒精). Ethyl Alcohol(에틸 앨커홀) 또는 Ethanol(에서노울)과 동의어. 참조.

Alcohol Beverage(앨커홀 베버리쥐) : **알코올음료**. Alcoholic Beverage(앨커홀릭 베버리쥐)와 동의어. 참조.

Alcohol By Volume(앨커홀 바이 발륨) : **부피로 나타낸 알코올 함량**. 알코올음료의 단위 부피당 알코올의 부피 퍼센트. 부피에 의한 대체적인 알코올 함량을 구하기위해서는 초기비중에서 최종비중을 뺀 뒤 7.5로 나눈다(오차는 ±15%). 즉 (초기비중-최종비중/7.5) x 100=V/V%. 약어로 ABV 또는 V/V.

Alcohol By Weight(앨커홀 바이 웨이트) : **무게로 나타낸 알코올 함량**. 알코올음료의 단위 무게 당 알코올의 무게 퍼센트. 이를 단위 부피당 알코올 퍼센트로 환산하려면 알코올 무게 퍼센트에 1/0.795를 곱하면 된다. 여기서 0.795는 알코올의 밀도이다. 그러므로 무게에 대한 알코올 함량은 부피로 나타낸 알코올 함량보다 약 20% 낮다. 약어로 ABW 또는 W/V.

Alcohol Content(앨커홀 칸텐트) : **알코올 함량**. 음료 중에 포함되어있는 에틸알코올 함량. 맥주의 경우, 알코올 함량은 발효전의 맥아즙(Wort(워르트))의 초기

비중(Original Gravity(어리저널 그래비티. OG))과 연관관계가 있는데 이는 대개 1.030-1.060이며 1.100에 달하는 것도 있다. 맥주발효는 알코올 함량이 12-16%(V/V)를 넘을 수 없는데 그 이유는 효모가 이 정도의 농도에서 사멸되기 때문이다. 알코올 내성은 효모의 종류에 따라 다르다. Alcoholic Strength(앨커홀크 스트렝스)와 동의어(참조).

Alcoholic(앨커홀리크) : 1. **술의**. 2. **알코올이 든**. 3. **알코올에 의한**. 4. **알코올 중독(의)**. 5. **알코올에 담근**.

Alcoholic Beverage(앨커홀리크 베버리쥐) : **알코올함유음료**. 당을 발효시켜 만든 에틸알코올을 함유하고 있는 음료수. 맥주, 포도주, 미드, 사이다, 기타 양조주를 증류한 증류주등. 발효주는 최고 16%까지의 알코올 농도를 갖는데 그 이유는 16%이상에서는 효모가 사멸하여 그 이상의 발효가 일어나지 않기 때문이다.

Alcoholic Strength(앨커홀리크 스트렝스) : **알코올 분(分)**. 알코올 음료중의 알코올의 양. 미국과 독일의 맥주의 알코올 분은 무게에 대한 퍼센트로 측정하고 캐나다와 영국은 부피에 대한 퍼센트로 측정한다. 영국은 밀도법이 사용되는데 이 방법은 물의 비중을 1.000으로 하고 맥주의 비중을 재어 물의 비중과 비교한다. 비중을 맥주 무게 퍼센트로 전환시키는 식은 맥주의 비중에서 1을 빼고 이 값을 13으로 나눈다. 예를 들면 맥주의 비중이 1.065라면 여기에서 1을 빼면 65가되고 이를 13으로 나누면 5%(W/V)가 된다. 다른 방법은 Balling(볼링) 시스템에서 유래한 °Plato(°플라토) 시스템이다. 이 시스템은 발효하지 않은 맥아즙의 고형 분 농도를 측정하여 3으로 나눈 것이다. 예를 들면 맥아즙의 고형 분 농도가 15°플라토라면 알코올 분은 이를 3으로 나누어 5%(W/V)가 된다. Belgian Degree(벨지언 디그리), Régie(레지) 참조.

Alcoholimeter(앨커홀리미터르) : **알코올 비중계. 주정계**. Alcoholometer(앨커홀라미터르)의 이형철자. 참조.

Alcoholmeter(앨커홀미터르) : **알코올 비중계. 주정계**. Alcoholometer(앨커홀라미터르)의 이형철자. 참조.

Alcoholometer(앨커홀라미터르) : **알코올 비중계. 주정계**. 용액중의 알코올 농도를 측정하는 일종의 비중계. 용액 중에 알코올이 많이 존재하면 밀도가 낮아져

추가 가라앉으므로 이 원리를 이용하여 알코올 농도를 측정한다. 일종의 이형철자로 Alcoholimeter(앨커홀리미터르), Alcoholmeter(앨커홀미터르)로도 표기한다. Hydrometer(하이드러미터르) 참조.

Alcoholometry(앨커홀로미트리) : **알코올 정량법**(定量法). 알코올 비중계나 주정계를 사용하여 용액중의 에탄올의 함량을 결정하는 방법. 대개 정해진 온도에서 용액의 비중을 측정하여 결정한다.

Alcohols(앨커홀즈) : **알코올류**. Higher Alcohols(하이어르 앨커홀즈) 참조.

Alcohometer(앨커호미터르) : **알코올 비중계. 주정계**. Alcoholometer(앨커홀로미터르)의 이형철자.

Aldehyde(앨더하이드) : **알데하이드**. -CHO 라디칼을 가지고 있는 많은 종류의 유기화합물로써 알코올의 산화 또는 탈수소에 의해 유도된 것. 알데하이드가 더 산화되면 산이 생성된다. 어떤 알데하이드는 맥주의 부케(Bouquet(부케이)) 형성에 관여하는데 퀴퀴한 냄새를 낸다. 어원은 Alcohol(앨커홀)과 Dehydrogenation(디하이드러저네이션)에서 온 것이다.

Aldehyde Dehydrogenase(앨더하이드 디하이드러저네이스) : **알데하이드 탈(脫)수소 효소**. 산화 환원 효소 류(類)의 일종으로 수소를 제거하는데 관여하는 효소이다. 에탄올 대사의 경우 이 효소는 아세트알데하이드에서 수소를 받아들여, 즉 산화시켜 피루브산으로 전환시킨다.

Ale(에일) : **에일**. 1. 상면발효에 의해 생산된 맥주. 하면발효맥주인 라거 맥주에 대립되는 의미이고 라거 맥주가 디콕션 매싱(Decotion Mashing(디칵션 매슁))을 하는데 비해 대개 침출 당화법(Infusion Mashing(인퓨젼 매슁))을 사용한다. 호박색(琥珀色)이고 알코올 농도가 높으며 강한 향미를 가진다. 라거보다 색이 진하다. 영국제도(諸島)에서 우세한 스타일이다. 에일의 범주에는 알트(Alt), 발리 와인(Barley Wine(바를리 와인). 알코올 농도가 높은 맥주), 비터(Bitter(비터르)), 브라운 에일(Brown Ale), 인디아 페일(India Pale), 퀼쉬(Kölsch), 마일드 에일(Mild Ale), 페일 에일(Pale Ale), 포터(Porter(포르터르)), 스타우트(Stout), 트라피스트 비어(Trappist Beer(트래피스트 비어)), 기타 범주의 맥주가 속한다. 2. 역사적으로 홉을 첨가한 맥주에 대한 대립되는 의미로 홉을 첨가하지 않은 맥주. 3. 미국의 텍사스 주에서는 무게로 4%(부피로 약 5%)이상의 알코올 농도를 가지고 있는 맥아음료를 라거(Lager(라거르)) 또는 비어(Beer)로 등록하는 것을 금지하고 있기 때문에 대개 하면 발효로 만든 라거 맥주임에도 에일로 라벨에 표기한다. Top Fermented Beer(탑 퍼르멘티드 비어)와 동의어. Lager(라거르), Top Fermentation(탑 퍼르멘테이션), Top-Fermenting Yeast(탑 퍼르멘팅 이스트) 참조.

Ale Barrel(에일 배럴) : **에일 통**. 영국에서 사용되는 에일 담는 통. 32 영국 갤런(146.47리터)이다. 일반 맥주 통은 36 영국 갤런(163.65리터)이다.

Ale Beers(에일 비어즈) : **에일 맥주**. Ale(에일) 참조.

Aleberry(에일베리) : **에일베리**. 1600년대 영국에서 많이 마셨던 옛날식의 음료수. 조성은 귀리가루, 에일, 레몬주스, 육두구(肉豆蔻. 육두구 나무의 열매로 양념이나 향미료로 쓰임. 영어로 Nutmeg(너트메그)), 설탕으로 되어 있으며 빵 조각을 넣어 따뜻하게 먹었던 음식이다. Alebrue(에일브루), Alemeat(에일미트)라고도 한다. 참조.

Ale Bowl(에일 볼) : **에일 사발**. 옛날에 에일을 마실 때 사용하던 그릇.

Ale Brewer(에일 브루어르) : **에일 양조인**. 에일을 만드는 사람. 15세기 영국에서 홉을 맥주양조에 사용하는 것이 허락되기 시작하였을 때 홉을 사용하지 않고 다른 첨가물을 사용하여 향신료 맛을 내는 에일 맥주 양조인(Ale Brewer(에일 브루어르))과 홉을 사용하여 맥주를 만드는 맥주 양조인(Beer Brewer(비어 브루어르)) 간에는 확실한 구분이 있었다. 맥주 양조인은 에일 양조인으로 부터 매사에 박해를 받았으나 다행이도 그들이 만든 맥주는 에일 맥주보다 우월하다고 많은 사람들이 생각하고 있었다. 1436년 왕은 런던 주장관(州 長官)에게 명령서를 발부하여 맥주 양조 인을 보호하게 했다. Ale Maker(에일 메이커)와 동의어. 참조.

Ale Bush(에일 부쉬) : **에일 관(冠)**. Ale Garland(에일 가르런드). 참조.

Ale Conner(에일 카너르) : **에일 검사관**. 옛날 영국에서 에일 양조 인이 새로 만든 에일을 판매하려면 시에서 임명된 당국자 검사와 판정을 필요로 했다. 14세기 에일 검사관은 가죽반바지를 입고 에일을 검사했는데 그 방법은 에일을 의자에 쏟은 후 그 위에 30분 동안 앉아 있다가 일어났을 때 바지가 의자에 붙어 있으면 이것은 에일 중에 당이 남아있는 것으로 불완전한 발효가 일어났으므로 판매를 할 수 없고 붙지 않으면 완전히 발효가 되었으므로 판매할 수 있었다. 유명한 극작가이자 시인인 셰익스피어(Shakespeare)의 아버지는 1557년 스트래트퍼드 온 에이븐(Stratford-on-Avon)의 에일 검사관이었다. Aleconner로도 쓴다.

Alecost(에일코스트) : **쑥국화(Costmery(코스트메리))의 옛 이름**. 쑥국화의 학명은 타나세툼 발사미카(*Tanacetum balsamica*(타너시텀 볼사미커), 발사미타 불가리스(*Balsamita vulgaris*(볼사미터 벌게어리스), 또는 크리산테뭄 발사미타(*Chrysantemum balsamita*(크리샌터멈 볼사미터)이다. 한때는 영국에서 Flavor Ale(플레이버르 에일)에 사용되었다.

Ale Draper(에일 드레이퍼) : **에일 양조장 관리인**.

Ale Flip(에일 플리프) : **에일 플립**. 1-1/2 파인트(액량, 건량 단위. 영국에서는 0.568리터, 일부 다른 나라들과 미국에서는 0.473리터)의 에일과 1개의 계란, 그리고 얼음을 셰이커에서 혼합한 칵테일.

Alegar(앨러거르) : **에일 초(醋)**. **맥아초(麥芽醋)**. 에일이 상하고 시다는 뜻의 옛 단어.

Ale Garland(에일 가를런드) : **에일 관(冠)**. 에일 막대기(Ale Stake(에일 스테이크)) 또는 에일 파는 술집을 나타내는 말뚝의 꼭대기에 걸어놓는 담쟁이덩굴 또는 상록수로 만든 관. Ale Bush(에일 부쉬)와 동의어. 참조.

Ale Gill(에일 길) : **에일 길**. 간(마쇄한) 담쟁이로 향미를 내었던 에일의 한 형태. Gill-Ale(길 에일)이라고도 한다.

Ale Glass(에일 글래스) : **에일 글라스**. 옛날에 에일을 제공할 때 쓰던 길고 좁은 유리잔.

Alehoof(에일후프) : **간 담쟁이**. 향 에일(Flavor Ale(플레이버르 에일))에 사용하는 담쟁이를 간 것.

Ale House(에일 하우스) : **맥주 집. 에일 맥주를 파는 선술집**. 근대 영국에서는 Brewery(브루어리)라는 용어가 양조장과 에일을 파는 방을 갖춘 곳을 의미했는데 그 후 브루어리 대신 에일 하우스가 선술집이 되었다. 선술집을 운영하는 데는 14세기이후 면허증이 발급되었다. 1305년 윌리엄 세일맨(William Saleman(윌리엄 세일먼))이라는 사람이 면허증 없이 콘월(Cornwall(코른월))에서 양조장을 운영하다가 2실링의 벌금을 문 기록도 있다. 그 후 이 면허증은 치안판사가 발급하였다. Alehouse로도 쓴다. 드물게는 Bush House(부쉬 하우스)와도 동의어로 사용된다. Brewster Sessions(브루스터 세션즈) 참조.

Ale Jug(에일 저그) : **에일 잔**. Beer Jug(비어 저그)와 동의어. 참조.

Ale Knight(에일 나이트) : **에일 기사(騎士)**. 구식용어로 에일 선술집에 빈번히 출입하는 사람을 말하며 그의 작위는 에일 잔을 정복해서 얻은 것이다.

Ale Maker(에일 메이커) : **에일 양조인**. Ale Brewer(에일 브루어르)와 동의어.

Ale Nog(에일 노그) : **에일 계란 술**. 에일에 계란을 섞어 만드는 칵테일인데 한가지 레시피는 다음과 같다. 에일 1리터, 우유 4 커피스푼, 100g 설탕, 계란 노른자 8개, 육두구(肉豆蔻. 육두구 나무의 열매로 양념이나 향미료로 쓰임. 영어로 Nutmeg(너트메그))를 준비한다. 계란 노른자와 설탕을 혼합하고 강하게 휘 젖는다. 휘 젖는 동안에 에일을 서서히 가한다. 마지막으로 향미를 내기위하여 육두구를 첨가한다.

Ale Passion(에일 패션) : **에일 수난**. 에일을 많이 마셔 생기는 두통을 의미하는 속어.

Ale Pole(에일 폴) : **에일 장대**. Ale Stake(에일 스테이크)와 동의어. 참조.

Ale Posset(에일 파시트) : **에일 파시트**. 에일 우유 술. 더운 우유에 에일, 포도주 등을 혼합한 음료. 설탕이나 향신료를 섞기도 한다. 그냥 Posset(파시트)라고도 한다.

Ale Post(에일 포스트) : **에일 장대**. Ale Stake(에일 스테이크)와 동의어. 참조.

Ale Stake(에일 스테이크) : **에일 장대**. 고대 영국에서는 에일을 신선하게 양조한다는 의미로 매장밖에 나무 가지나 장대를 세워 놓았다. 이러한 풍습은 색슨(Saxon)시대까지 올라가는데 그때에는 길이 똑바른 로만 로드(Roman Road (로우먼로우드)) 도로변의 선술집 또는 에일 하우스를 표시하기위하여 장대를 세워 놓았다. 만약 포도주와 함께 미드(벌꿀 술), 에일을 함께 팔면 장대 꼭대기에 담쟁이덩굴을 걸어 놓았다. 14세기에는 담쟁이 덩굴이나 관목을 걸어놓아 에일 검사관 또는 손님에게 새로 빚은 술이 완성되었다는 표시를 하였다. 1375년 런던에서는 시 조례로 이러한 장대가 7 피트(약 2.13미터)를 넘지 않도록 규제하였다. Ale Pole(에일 폴), Ale Post(에일 포스트)와 동의어.

참조.

Aleurone(앨류로운) : **호분(糊粉)**. **알류론**. 호분층(糊粉層)에 존재하는 단백질 비축 입자. 단백립(蛋白粒)이라고도 한다.

Aleurone Layer(앨류로운 레이어르) : **호분층(糊粉層)**. 알류론 층. 보리입자의 녹말성 배젖(Starchy Endosperm(스타르치 엔더스퍼름))을 둘러싸고 있는 2-3세포 두께의 조직. 보리에 저장되어있는 영양분의 분해에 필요한 가수분해효소(Hydrolase(하이드럴레이스)라고 한다)를 만든다. 단백립층(蛋白粒層)이라고도 한다. 밀, 옥수수, 콩, 피마자 따위의 씨에 함유되어 있으며 곡물 무게의 약 2-3%이다.

Ale Warmer(에일 워머) : **에일 데움 용기**. 놋쇠나 구리를 얇게 펴 만든 손잡이가 달린 원추형 용기로서 옛날에는 벽난로의 불 위에 올려놓아 에일을 데우는 데 사용하였다.

Ale Wife(에일 와이프) : 1. **에일 가게 안주인**. 2. **선술집 안주인**. 3. 중세 영국에서 에일을 양조하거나 선술집을 돌보는 여자 또는 두 가지를 다하는 여자. 또는 헉스터(Huckster. 에일을 소매하는 여자)와 달리 에일을 만들어 단순히 판매하는 여자를 의미하기도 한다. 1300년 이후에 에일 와이프가 술값을 바가지 씌우거나 술잔을 내던지면 남자 양조인 보다도 더 중한 벌을 받았다. 벌은 벌금을 내거나 물고문 의자(몸을 붙들어 매고 물속에 처넣는 옛날 형틀)에 앉혔다. 이 물고문 의자에 앉히는 형벌은 18세기까지 계속되었다. Brewster(브루스터), Breweress(브루어리스)와 동의어. Huckster(헉스터) 참조.

Ale Yard(에일 야드) : **1야드 맥주잔**. 나팔모양의 길쭉하게 높은 유리잔. Yard of Ale(야드 어브 에일)과 동의어. 참조. Aleyard로 쓰기도 한다.

Ale Yeast(에일 이스트) : **에일 효모**. Top-Fermenting Yeast(탑 퍼르멘팅 이스트)와 동의어. 참조.

Algarroba Beer(앨거로우버 비어) : **알가로바 맥주**. 중남미에서 캐럽(Carob(캐러브). 초콜릿 맛이 나는 암갈색 열매가 달리는 나무), 메스키트(Mesquite. 남미 산 나무. 숯을 만들거나 음식 굽는 불을 피울 때 흔히 쓰임), 기타 콩과나무, 특히 프로소피스(*Prosopis*)속의 단맛 나는 익은 콩을 사용하여 양조한 맥주. 차코(Chaco)족의 제주로 사용되었고 여자들은 마시지 못하게 하는 술이다.

Algorobo로 쓰기도 한다.

Algin(앨진) : **알긴**. 해양 갈조류(*Phaophyceae*(파오피시애)속)에서 얻어지는 용해되지 않는 콜로이드성 물질로서 맥주 청징제로 사용되기도 한다. Alginic Acid(앨지니크 애시드)와 동의어.

Alginic Acid(앨지니크 애시드) : **알긴산**. **해조산**($(C_6H_8O_6)_n$). 조류(藻類) 특히 갈색 조류의 세포막에서 염류(塩類)모양으로 발견되는 불용성이고 콜로이드 모양의 산(酸). 맥주 청징제로 사용된다. Algin(앨진) 참조.

Alixone(알리크손) : **알릭손**. 중세에 만들어지던 맥주 타입의 옛 프랑스 이름.

Alkali(앨컬라이) : **알칼리**. 용액에서 수산화 이온(Hydroxyl Ion(하이드락설 아이언). OH^-)을 생산하는 화합물 또는 산과 반응하여 염을 형성하는 화학물질.

Alkaline(앨컬라인) : **알칼리성의**. 1. pH7이상을 가지고 있는 용액을 기술할 때 사용하는 용어. pH 참조. 2. 양조액으로 부터 미량의 알칼리 물질을 받은 맥주를 기술할 때 사용하는 용어.

Alkalinity(앨컬리니티) : **알칼리성**. **알칼리도**. 알칼리성 성분의 농도와 물의 경도를 표시하는 척도. 물의 경도는 탄산 칼슘의 ppm으로 나타낸다.

All-Extract Beer(올 익스트래크트 비어) : **전(全) 추출물 맥주**. 보리, 또는 보리와 맥아추출물로 만든 것이 아니라 단지 맥아추출물로만 만든 맥주. 많은 자가 맥주가 해당된다.

All-Grain Beer(올 그레인 비어) : **전(全) 곡물 맥주**. 맥아추출물, 또는 맥아추출물과 보리맥아로 만든 것이 아니라 완전히 곡물맥아로만 만든 맥주.

All-Malt Beer(올 몰트 비어) : **전(全) 맥아 맥주**. 부가 물 또는 당의 첨가 없이 전적으로 맥아로만 만든 맥주.

Almond(아먼드) : **아몬드 향의**. 벤즈알데하이드(Benzaldehyde(벤즈앨더하이드))에 의한 것인데 입병 시 라인이 오염되었거나 오래 보관하면 나타나는 향으로 바람직하지 않다.

Alost(알로스트) : **알로스트**. 벨기에 플랑드르(Flanders)에서 재배하고 있는 홉 품종.

Alpha-Acetolactate(앨퍼 애서토울래크테이트) : **알파 아세토락테이트**. 효모가 만드는 물질로 다이아세틸(Diacetyl(다이어시털))의 전구체.

Alpha Acid(**앨퍼 애시드**) : **알파 산.** 홉의 두 가지 소프트 레진중의 하나(한 가지는 베타 산). 홉 식물 구과(毬果)의 수지 선(線)에 존재 한다. 알파 산은 비슷한 연관성을 가진 후물론(Humulone(휴물란)), 코 후물론(Co-Humulone(코 휴물란)), 애드 후물론(Ad-Humulone(애드 휴물란))의 3가지로 혼합물로 구성되어있으며 홉 구과총량의 2-14%를 차지하고 소프트 레진의 약 45%를 차지한다. 그런데 애드 후물론은 아주 일정하게 15%를 차지하나 후물론과 코 후물론의 함량은 다양하다. 예를 들면 홉의 한 품종인 노던 브루어(Nothern Brewer(노던 브루어르))의 코 후물론 함량은 40%에 육박하나 푸글즈(Guggles)의 함량은 약 30%이다. 알파 산은 맥아즙에서 낮은 용해성을 갖고 맥주 쓴맛의 약 90%는 끓임 중에 생성된 화합물에 의한 것인데 쓴맛의 가장 중요한 물질은 아이소 알파 애시드(Iso-Alpha Acid(아이소 앨퍼 애시드))인 아이소 후물론(Iso-Humulone(아이소 휴물란))이며 대부분의 쓴맛을 낸다. 알파 산이 아이소 알파 산으로 변하는 것은 30-90분 사이인데 맥아즙 비중이 증가하면 알파 산의 용해도가 떨어지므로 변환시간은 다양하다. 상업적 양조에서 때로는 발효 후에 이성화된 형태, 즉 아이소 후물론 추출물 형태로 첨가한다. 맥주의 숙성 중에 알파 산은 산화되고 1년 후에는 약 30%의 쓴맛이 사라지고 2년 후에는 40%가 사라진다. 약어는 A-Acid(에이 애시드). Humulone(휴물란), Alpha Resin(앨퍼 레진)과 동의어(참조). Beta Acid(베이터 애시드), Soft Resin(소프트 레진) 참조.

Alpha Acid Content(앨퍼 애시드 칸텐트) : **알파 산 함량.** 홉 구과(毬果)중에 있는 알파 산의 %. 알파 산 농도가 낮음(Low(로우))은 2-4%, 중간(Medium(미디엄))은 5-7%, 높음(High(하이))는 8-10%, 아주 높음 11-15%, 비상식적으로 높음은 15%이상이다.

Alpha Acid Units(앨퍼 애시드 유니츠) : **알파 산 단위.** 약어로 AAU. 홉 샘플 중에 존재하는 실질적인 쓴맛. 알파 산 함량 %에 샘플에 존재하는 알파 산의 온스(28.4g)를 곱해서 나타낸다. 1온스의 홉이 1%의 알파 산을 가지고 있으면 1AAU 또는 알파 산 0.01온스를 말한다. Bittering Unit(비터링 유니트), Bitterness Unit(비터르니스 유니트), Homebrew Bittering Unit(호움브루 비터링 유니트), Hop Bitterness Coefficient(하프 비터르니스 코이피션트), Hop

Bitterness Unit(하프 비터르니스 유니트) 참조.

Alpha-Amylase(**앨퍼 애멀레이스**) : **알파 아밀레이스**. 싹튼 보리에서 생성되는 효소로 액화(液化) 효소라고도 하는데 아밀로즈(Amylose(애멀로우스)) 또는 아밀로펙틴(Amylopectin(애멀로우펙틴))의 α-1,4-결합을 무작위로 분해하여 포도당, 맥아당(Maltose(말토우스)), 그리고 포도당이 3~8개의 덱스트린을 생산하는 효소인데 이렇게 분해되면 녹말용액의 점도가 급격히 떨어지기 때문에 액화(液化) 효소라 한다. 반응 최적 pH는 5.6-5.8. 반응 최적온도는 65.6-73°C. 80°C 이상에서는 파괴된다. Liquefying Enzyme(리퀴이파잉 엔자임), Dextrinogenic Amylase(덱스트리노제닉 애멀레이스)와 동의어. Amylase(애멀레이스), Beta Amylase(베이터 애멀레이스) 참조

Alpha-Limit Dextrin(앨퍼 리미트 덱스트린) : **알파 한계 덱스트린**. 아밀로펙틴을 아밀레이스로 가수분해 할 때 분해되지 않은 α-1,6 결합을 가지고 있는 덱스트린.

Alpha Resin(앨퍼 레진) : **알파 레진**. Alpha Acid(앨퍼 애시드)와 동의어. 참고.

Alt(알트) : 1. **오래된**. 전통적인. 독일어. 2. Altbier(알트 비어)와 동의어. 참조.

Altbier(알트비어) : **알트비어**. 특이하게도 상면발효로 만든 라거 맥주이다(일반적으로 라거 맥주는 하면발효를 행한다). 독일의 뒤셀도르프(Düsseldorf), 뮌스터(Münster), 코르셴브로이흐(Korschenbroich), 크레펠트(Krefeld), 이슘(Issum), 그리고 노르트 라인-베스트팔렌(North Rheinland-Westphalen)주의 일부 도시에서만 생산된다. 원산지는 베스트팔렌(Westfalen)이다. 독일어로 Alt(알트)는 오래되었다 또는 전통적이란 뜻이다. 색깔은 깊고 빛나며 구리 색을 가지고 있다. 과일 향을 가지고 있고 쓰지만 단 향미를 나타낸다. 뒤셀도르프에서 생산하는 알트비어의 알코올 농도는 5%-6.5%(ABV) 정도이다. 원비중은 약 12.5°볼링이다. 뒤셀도르프에서 생산하는 알트비어 상표에는 "에크테 뒤셀도르프 알트비어(Echte Düsseldorf Altbier. 진짜 뒤셀도르프 알트비어)"라고 쓰여 있다. 디에벨스(Diebels)와 슐로서(Schlosser)가 여기에 속한다. Düsseldorf Altbier(뒤셀도르프 알트비어), Alt(알트)와 동의어.

Amarillo(애머릴로우) : **애머릴로**. 알파 산 함량이 8.0-10.0%이고 미국에서 재배하고 있는 홉 품종. 씨 홉(C-Hop)에 속한다.

Amasaké(아마자케) : **단 사케**. 일본에서 만든 생강으로 향을 낸 달고 비 알코올성이며 사케 닮은 음료. Amazaké라고도 쓴다.

Amateur Brewer(애머추어 브루어르) : **자가 양조인**. Homebrewer(호움브루어르)와 동의어. 참조.

Amazaké(아마자케) : **단 사케**. Amasaké(아마자케)를 다르게 쓴 것. 참조.

Amber Beer(앰버르 비어) : **호박색(琥珀色) 맥주**. 상면 또는 하면 발효에 의해 만들어진 담황색과 흑색의 중간색인 호박색의 맥주를 일반적으로 부르는 말. 때로는 Copper Colored(카퍼르 컬러드) 또는 Coppery(카퍼리)와 동의어로 사용되나 이 용어는 Amber보다 붉은 빛깔이 강하다.

Amber Malt(앰버르 몰트) : **호박색(琥珀色) 맥아**. 약 93°C의 높은 온도에서 15-20분에 걸쳐 빠르게 건조시키고 점차 온도를 올려 138-149°C에서 오랫동안 유지시켜 이 기간에 배(胚)와 효소를 불활성화 시키는데 이때 온도가 높으므로 맥아에 약간의 볶은 특성이나 비스킷 특성을 주며 최종적으로 수분 3-4%를 갖고 있는 잘 볶은 맥아.

Ambient Temperature(앰비언트 템퍼러쳐르) : **주위온도**.

American Hop(어메리컨 하프) : **미국 홉**. 현재 미국에서 사용되는 홉을 말하며 감귤, 수지, 상록수, 핵(核)과일, 딸기, 멜론 특성을 갖고 있다.

American Homebrewers Association(어메리컨 호움브루어즈 어소시에이션) : **미국 자가 양조인 협회**. 이 협회는 미국 양조인 협회(Brewers Association(브루어즈 어소시에이션))의 지부로써 맥주, 사이다(Cider. 사과술), 벌꿀술 등을 자가 양조하는 사람들의 모임이다. 1978년 미국 콜로라도주 볼더(Boulder(보울더르))에서 자가 맥주계의 유명인사인 찰리 파파지안(Charlie Papazian)에 의해 설립되었다. 이 협회는 세계에서 가장 큰 자가 맥주 경진대회를 열고 있고 미국과 캐나다에서 몇 가지 자가 맥주 행사를 갖고 있다. Zymurgy(자이머쥐. 양조학(釀造學))라는 잡지를 년 6회 발행한다. 약어는 AHA.

American-Hopped Alt(어메리컨 합트 알트) : **미국 홉을 첨가한 알트 맥주**. 알트 맥주 양조에 미국 홉을 첨가하여 만든 맥주로 알트 맥주의 한 가지.

American Society of Brewing Chemists(어메리컨 소사이어티 어브 브루잉 케미스츠) : **미국 양조화학자 협회**. 약어는 ASBC. 맥주의 모든 분석법이 망라되어있다.

홈페이지는 http: //methods.asbcnet.org/

Amine(어민) : **아민**. 암모니아의 수소 원자 1개 이상이 유기물 기(Organic Radical(올개니크 래디컬))로 치환한 휘발성 화합물. 치환된 탄화수소 잔기의 수에 따라 일차 아민, 이차 아민, 삼차 아민 의 세 종류가 있다. 몰트와 홉에서 유래하며 보리 발아과정에서도 형성 되어 발아 중에 독특한 냄새가 난다. 휘발성 아민농도는 맥아보다 홉에서의 농도가 높은데 퓨글(Fuggle)이 가장 높고 알사스(Alsace), 바취카(Bačka), 할러타우(Hallertau) 순서로 낮다.

Amino Acid(어미노우 애시드) : **아미노산**. 단백질을 구성하고 있는 단위물질인데 1개 이상의 산성의 카르복시기(基)(COOH)와 1개 이상의 아미노기(NH_2)를 가지고 있으며 이들이 중합되어 펩타이드와 단백질을 형성한다. 아미노산의 종류는 22가지가 있으며 중합 순서는 유전자의 지시에 의한다. 맥주양조 중에 아미노산은 맥아가 가지고 있는 단백질이 효소의 가수분해에 의해서 만들어 진다. 아미노산은 가마건도 중에 단순당과 결합하여 멜라노이딘(Melanoidin(멀래노이딘))이라 불리는 색소화합물을 만든다. 22가지 중 사람에게서 생성되지 않는 필수 아미노산은 아이소류신, 류신, 라이신, 메치오닌, 페닐알라닌, 트레오닌, 트립토판, 발린의 8가지이다. 효모는 아미노산을 흡수하여 자체의 증식과 발효과정에 사용한다.

Amyl Acetate(애밀 애시테이트) : **초산아밀**. 분자식은 $CH_3COOC_5H_{11}$이다. 초산과 아밀기가 에스터를 형성하여 만들어진 물질로 맥주에서 과일 또는 바나나 향기를 낸다. Banana Oil(버내너 오일), Banana Ester(버내너 에스터)와 동의어. Butyl Acetate(뷰털 애시테이트) 참조.

Amylase(**애멀레이스**) : **아밀레이스**. 녹말을 맥아당으로 가수분해하는 효소인 알파 아밀레이스(Alpha-Amylase(앨퍼 애멀레이스))와 베타 아밀레이스(Beta Amylase(베이터 애멀레이스))의 포괄적인 이름. 알파 아밀레이스는 비가용성과 가용성 녹말을 덱스트린(Dextrin)과 말토 트라이오스(Maltotriose(멀토우트라이오스))로 가수분해 시키고 베타 아밀레이스는 덱스트린을 포도당, 맥아당, 말토트라이오스, 알파 한계 덱스트린으로 가수분해한다. 녹말을 완전히 분해하기위해서는 알파와 베타 아밀레이스가 필요하다. 아밀레이스는 또한 침 속에 들어있는데 아주 옛날에 맥주 닮은 술을 만들기 위하여 곡물을 씹은 다음 발효시키는 것은 녹말을 발효할 수 있는 당으로 전환시키기 위함이었다. Alpha-Amylase(앨퍼 애멀레이스), Beta Amylase(베이터 애멀레이스), Diastase(다이어스테이스) 참조.

Amylodextrin(애멀로우덱스트린) : **아밀로덱스트린**. 녹말이 녹말 가수분해효소에 의해 생성되는 아주 복잡한 종류의 덱스트린.

Amyloglucosidase(애멀로우글루코서데이스) : **아밀로글루코시데이스**. 1. 곰팡이류에서 얻어진 가수분해효소로서 녹말 등의 α-1,4- 및 α-1,6-글리코시드결합을 가수분해하여 포도당을 생성하는 효소. 아스페르길루스(*Aspergillus*(애스퍼르질러스))속에서 생산된 효소의 반응 적정 pH는 약 4.5이고 저정온도는 55-70℃이다. 거미줄곰팡이(*Rhizopus*(라이조우퍼스))속에서 생산된 효소의 반응 적정 pH는 약 4.5이고 적정온도는 50-60℃이다. 발효용 맥아즙에 첨가하면 덱스트린을 발효 당으로 전환시켜 이 당이 발효됨으로써 알코올 농도는 높아지고 저칼로리 맥주가 만들어진다. Glucoamylase(글루코애멀레이스)와 동의어. 참조. 2. 시중에서 구매할 수 있는 아밀라이제의 한 형태. Glucoamylase(글루코우애멀레이스)와 동의어.

Amylolysis(애멀랄리시스) : **녹말 가수분해**. 녹말을 포도당, 맥아당, 덱스트린으로 효소 적으로 가수분해 시키는 것.

Amylolytic(애멀랄리티크) : **녹말분해의**. 녹말을 가용성 물질로 전환시키는 효소 특성의. Diastatic(다이어스태틱)과 동의어.

Amylolytic Enzyme(애멀랄리티크 엔자임) : **녹말분해효소**. 녹말을 주로 당 같은 가용성 물질로 전환시키는 효소. Proteolytic Enzyme(프로티어리키크 엔자임) 참조.

Amylopectin(애멀로우펙틴) : **아밀로펙틴**. 아밀로스에 α-1.6결합으로 되어있는 측쇄를 가진 물질. 물에 녹지 않으며 당화가 어렵고 요오드 반응을 나타내지 않는다. 보리는 약 73%, 밀은 약 75%, 쌀은 약 83%, 옥수수는 약 78%의 아밀로펙틴을 가지고 있다. 나머지는 측쇄를 가지고 있지 않은 아밀로스(Amylose(애멀로우스))이다.

Amylose(애멀로우스) : **아밀로스**. 포도당이 α-1,4결합을 하여 직쇄모양으로 되어있는 폴리머. 수용성이고 당화가 쉽고 요오드 반응은 푸른색을 나타낸다.

보리는 약 27%, 밀은 약 25%, 쌀은 약 17%, 옥수수는 약 22%의 아밀로스를 가지고 있다. 나머지는 측쇄를 가지고 있는 아밀로펙틴(Amylopectin(애멀로펙틴))이다.

Anaerobic(애네로우비크) : **혐기성(嫌氣性)의**. 공기(산소)가 없는데서 일어나는.

Anaerobic Fermentation(애네로우비크 퍼르멘테이션) : **혐기성 발효**. 혐기성 생물이 산소가 없는 조건에서 유기물을 분해하여 에너지를 획득하여 살아가는 현상. 맥주양조에서 당을 알코올과 탄산가스로 전환시킨다.

Anaerobiosis(애너로우바이오우시스) : **혐기생활**. 공기(산소)없는 곳에서 사는 것. Aerobiosis(에로우바이오우시스) 참조.

Analyte(애널라이트) : **분해물질**. 특정 분석 또는 테스트 시스템의 표적이 되는 화학물질.

Aneuploid(애뉴플로이드) : **이수체(異數體)**. 염색체 일부가 가해지거나 빠지면서 생물체가 정상적인 염색체수와는 다른 개수의 염색체를 갖는 것. 염색체의 비분리(非分離), 결실(缺失), 배가(倍加)에 의해 생긴다. 반수체(半數體. Haploid(해플로이드))는 1벌, 배수체(倍數體. Diploid(다이플로이드))는 2벌, 다수체(多數體. Polyploid(팔리플로이드))는 여러 벌의 염색체를 가진다.

Anhydrous Alcohol(앤하이드러스 앨커홀) : **무수(無水) 알코올**. Absolute Alcohol(앱설루트 앨커홀)과 동의어. 참조.

Animal(애너멀) : **동물 냄새의**. 감각용어.

Anion(애나이언) : **음(陰)이온**. 음(-)으로 대전(帶電)된 이온으로서 전기 분해에서 양극으로 이동하는 이온.

Antelmann(앤텔만) : **안텔만**. 싹트는 보리의 유아초(幼芽鞘. 발아할 때 보리의 배가 가지고 있던 싹이 밖으로 나온 것)의 길이를 재는 기계. 맥아제조인은 유아초의 길이를 측정하여 발아과정의 진행정도를 파악하고 가마건조 할 때를 결정한다. Acrospire(애크러스파이어) 참조.

Anthocyanin(앤서사이아닌) : **안토시아닌**. **화청소(花青素)**. 고등식물의 꽃, 잎, 과일, 줄기 등에 존재하는 수용성 식물색소로 세포의 액포(液胞) 속에 존재하는 물질로서 빨강에서 파랑까지의 여러 색을 나타낸다.

Anthocyanogen(앤서사이애노젠) : **안토시아노겐**. 축합과 중합정도에 따라 맥주의 콜로이드 안정성에 영향을 미치는 페놀 화합물.

Antifoam(앤티포움) : **거품방지**. **감포**(減泡). 발효 중 거품이 과량으로 생산되는 것을 막기 위하여 거품방지제를 첨가하는 것.

Antifoaming Agent(**앤타이포우밍 에이전트**) : **거품방지제**. **감포제**(減泡劑). 거품이 과량으로 생성되는 것을 막기 위하여 사용하는 물질. 불용성 기름 류, 폴리다이메틸실록산(Polydimethylsiloxane(팔리다이메털설라크세인)), 실리콘 화합물, 알코올류, 스테아린산염(Stearate(스티어레이트)), 글리콜(Glycol(글라이코울)) 등이 있다. Anti-Foam Agent(앤타이포움 에이전트)), Defoamer(디포우머르))와 동의어.

Antifreeze(앤티프리즈) : **부동액**. 용액에 첨가하면 어는점을 낮추는 물질. 맥주의 양조에서 이런 목적으로 염화 칼슘($CaCl_2$)과 글리콜(Glycol(글라이콜))을 첨가하는 경우도 있다.

Antioxidant(앤티악시던트) : **항산화제**(抗酸化濟). **산화방지제**. 산화를 방지 또는 지연시키기 위하여 사용하는 환원제. 맥주의 경우 입병 맥주에 약간을 첨가하기도 한다. 산화방지제는 지방의 산화에 의한 악취를 방지하기위하여 지방에는 일반적으로 사용된다. 비타민 C, 아황산염(Sulfite(설파이트). Na_2SO_3 등), 이산화 황(Sulfur Dioxide(설퍼르 다이악사이드). SO_2), 메타중아황산 포타슘(Potassium Metabisulfite(퍼태시엄 메터바이설파이트)), 중아황산염(Bisulfite(바이설파이트))등이 산화방지제로 사용된다.

Antiseptic(앤티셉티크) : **살균제**. **소독제**. 감염미생물 또는 세균을 죽이거나 증식을 막기 위해 사용하는 물질.

Apache Beer(어패치 비어) : **아파치 맥주**. Tiswin(티즈윈) 참조.

Apparent Attenuation(어패런트 어테뉴에이션) : **겉보기 저감**. 맥아즙의 초기비중과 발효 중간의 비중을 측정해서 맥아즙의 비중이 얼마나 감소되었는지를 아는 것. 이는 맥아즙이 전환(발효)되어 비중이 감소하는 것으로 발효가 얼마나 진행되었는지를 대충 알려준다. 중력단위(GU), 볼링단위(B), 플라토 단위(P) 같은 중력 단위를 이용하여 표현하는데 초기비중에서 말기비중을 빼고 이를 초기비중으로 나눈 값이다. 그런데 말기비중은 알코올과 탄산가스를 포함하고 있으므로 진정한 비중 값은 아니나 발효정도 등을 측정하는 데는 무리가 없으므로 그대로 사용한다. 결과는 퍼센트로 나타내는데 대부분의 맥주는 65-80%이다. Apparent Degree of Fermentation(어패런트 디그리 어브 퍼르멘테이션. ADF. 겉보기 발효도)와 동의어, Attenuation(어테뉴에이션) 참조.

Apparent Degree of Actual Fermentation(어패런트 디그리 어브 애크츄얼 퍼르멘테이션. ADAF) : **겉보기 실제 발효도**. 원추출물(맥아즙)이 알코올과 기타발효 부산물로 전환되는 정도. 단순히 밀도의 변화를 측정하여 %로 나타낸다. Apparent Degree(겉보기 정도)란 진정한 값이 아니며 같은 이유로 Actual Fermentation(실제 발효도)도 진정한 값이 아니다. 발효의 Apparent Degree는 Real Degree(리얼 디그리. 진정 정도)보다 측정하기 쉬우며 남아있는 발효추출물을 결정하는 데는 문제가 없다. Apparent Degree of Actual Attenuation(어패런트 디그리 어브 애크츄얼 어테뉴에이션. ADAA)와 동의어.

Apparent Degree of Fermentation(어패런트 디그리 어브 퍼르멘테이션. ADF) : **겉보기 발효도**. 저감(低減. Attenuation(어테뉴에이션))을 측정하는 가장 일반적인 방법. Apparent Attenuation(어패런트 어테뉴에이션. 겉보기 저감)과 동의어. 참조.

Apparent Extract and Real Extract(어패런트 익스트래크트 앤드 리얼 익스트래크트) : **겉보기 추출물과 진정 추출물**. 최종비중 또는 최종추출물의 무게를 °Balling(°볼링)이나 °Plato(°플라토)로 측정한 값. 알코올이 물보다 가볍기 때문에 발효가 끝난 맥주의 추출물을 알코올로서 측정하면 처음보다 가볍게 된다. Apparent Extract(겉보기 추출물)는 비중계로 거의 정확히 측정 할 수 있다. Real Extract(진정 추출물)를 측정하기 위해서는 끓여서 알코올을 날려보내고 알코올이 적어진 만큼의 부피의 증류수를 가하고 비중을 측정해야 한다. 진정추출물 값은 높으며 진정 추출물의 %를 나타낸다.

Apparent Limit of Fermentation(어패런트 리미트 어브 퍼르멘테이션) : **겉보기 발효한계**. 비중으로만 측정한 발효의 절대적인 한계치를 말하며 %로 나타낸다. 양조에 사용되는 맥아즙의 성분은 발효가 잘 일어날 수 있는 조건을 가지고 있어야하며 이 맥아즙에서 최고의 발효를 일으킬 수 있을 만큼의 효모를 접종해서 측정한다. 겉보기 발효한계는 알코올과 탄산가스가 포함된 맥아즙 또는 맥주의 최종비중이 변하지 않을 때이다. Apparent Limit of Attenuation(어패런트 리미트 어브 어테뉴에이션)과 동의어.

Appealing(어필링) : **매력적인. 흥미로운.** 잡미와 잡 향이 없고 마시기 편하고 기분 좋은 맥주를 표현할 때 사용하는 용어.

Appetizing(애피타이징) : **식욕을 돋우는. 구미를 동하게 하는.** 식욕을 돋우기 때문에 반주로 제공하기에 알맞은 맥주를 표현할 때 사용하는 용어.

Apple Skin(애플 스킨) : **사과껍질 아로마의.** Acetaldehyde(애시탤더하이드) 참조. 감각용어.

Aqueous(에이퀴어스) : 1. **물의. 수분을 함유한.** 물과 같은. 물로 구성된 또는 물로 이루어진. 2. **물에 용해된.**

Armstrong Rake(아름스트롱 레이크) : **암스트롱 갈퀴. 암스트롱 고무래.** 맥아즙을 만드는 통의 밑바닥에 닿게 되어있고 당화하기 전에 이를 회전하여 빻은 곡물과 액체가 잘 섞이도록 하는데 사용하는 장치. Porcupine(포르큐파인. 많은 침(針)을 갖춘 기계)과 동의어.

Aroma(어로우머) : **아로마. 향기** 또는 **방향(芳香).** 사람의 코로 지각할 수 있는 물질의 성질 또는 물질 자체. 내용물의 자연적인 유쾌한 냄새. 맥주에서는 보리, 맥아, 홉에서 유래한 아로마가 존재한다.

Aroma Hop(어로우머 하프) : **향기 홉.** 맥주에 특별히 뛰어난 아로마 특성을 주는 홉 품종. 양조 말기에 첨가하는 홉으로서 맥주에 아로마는 부여하나 쓴맛에는 거의 영향을 미치지 않는다. 필스너(Pilsner)맥주 생산에 주로 사용된다. 주요생산지는 독일의 할러타우(Hallertau)와 테트낭(Tettnang), 체코의 사츠(Saaz)이다. Aromatic Hop(애러매티크 하프. 향기 홉)과 동의어. Finishing Hop(피니쉬 하프) 참조.

Aromatic Hop(애러매티크 하프) : **향기 홉.** Finishing Hop(피니쉬 하프) 참조.

Aromatic Malt(애러매티크 몰트) : **향기 맥아.** 맥주에 강한 아로마를 주는데 사용하는 특수한 맥아. Belgian Aromatic(벨지언 애러매티크)라고도 한다.

Artificial Saturation(아르터피셜 새쳐레이션) : **인위적 탄산 포화.** 2차 발효 말기에도 맥주의 탄산가스 압력이 작다면 압력을 사용하여 강제로 탄산가스를 용해시키는 것.

ASBC(에이에스비씨) : **에이에스비씨**. 미국 양조화학자 협회(American Society of Brewing Chemists(어메리컨 소사이어티 어브 브루잉 케미스츠)의 약어. 참조. 북아메리카 맥주분석법의 표준화를 정하는 기관.

Asbestos Filter(애스베스터스 필터) : **석면 거르개**. 석면포로 만들어진 거르개. 맥주여과에 사용한다.

Ascorbic Acid(어스코르비크 애시드) : **아스코르빈산(酸)**. **비타민 씨**. 분자식은 $C_6H_8O_6$. 백색, 결정성의 수용성 비타민. 감귤류, 푸른 채소에 많이 들어있다. 약한 환원력을 가지고 있으며 완성된 맥주에 첨가하면 산화를 방지 하거나 지연시킬 수 있다. 사람의 괴혈병의 예방 및 치료에 사용된다.

Ash(애쉬) : **재**. 유기물이 완전히 소각된 뒤 남은 물질. 성분은 미네랄 물질이고 이것의 함량은 원 물질에 존재하던 무기염의 함량이다.

Ass's Ear(애세즈 이어) : **에일 데움 용기**. 에일을 데우는데 사용하는 당나귀 귀처럼 생긴 용기. Ale Warmer와 동의어.

Astringency(어스트린전시) : **수렴성(收斂性)**. **수축성**. 입을 오므라지게 만드는 것. 맥주중의 타닌, 산화 타닌(페놀), 여러 알데하이드에 의한다.

Astringent(어스트린전트) : **수렴성의**. **수축성의**. 맥주에서 강하고 입을 오므라지게 하는 것을 표현할 때 사용하는 감각용어. Harsh(하르쉬), Tannic(태니크), Austere(오스티어르)와 동의어.

ATP Bioluminescence(에이티피 바이오우루머네슨스) : **ATP에 의한 생물(생체) 발광 법**. 샘플에 존재하는 ATP에 작용하는 루시페라제(Luciferase(루시페레이스))의 발광(發光)정도를 측정하여 미생물을 검출하는데 사용하는 기법.

Attemper(어템퍼르) : **온도를 조절하다**. 발효온도보다 주위 온도를 다르게 하여 발효온도를 조절하는 것.

Attemperating Coil(어템퍼레이팅 코일) : **온도조절 코일**. 뜨겁거나 차가운 용액이 들어있는 용기에 연결되어있는 파이프가 둘둘 말려져 있는 타입의 열교환기.

Attemperator(어템퍼레이터) : 1. **온도조절 용기(容器)**. 하면발효맥주의 발효온도를 6-7°C로 유지하기위하여 발효조에 담가놓았던 작고 얼음을 채워놓은 용기.

1970년대에 온도조절 코일(Attemperating Coil(어템퍼레이팅 코일))로 바뀌었다. 2. **과열 방지기**. 증기, 물 및 그 밖의 유체의 온도가 일정한 온도를 넘지 않도록 해두는 장치.

Attenuate(어테뉴에이트) : **저감(低減)되다. 줄어들다**. 발효가 일어남에 따라 맥아즙의 비중이 줄어들다.

Attenuation(어테뉴에이션) : **저감(低減). 약화**. 발효에 의해 당분이 알코올과 탄산가스로 변환됨에 따라 나타나는 맥아즙의 비중감소. 이는 맥아즙의 발효도를 말하며 맥아즙 안에 있는 당을 발효시킬 수 있는 효모의 능력이라고도 할 수 있다. 맥아즙(Wort(워르트))에 존재하던 물보다 비중이 높던 발효성 당이 물보다 비중이 낮은 알코올과 공기 중으로 비산하는 탄산가스로 전환되기 때문이다. 비중의 감소 %는 당도계로 측정하고 다음과 같이 계산한다. 저감도(A)=(OG-FG)/(OG-1) x 100. 저감도는 초기 비중(Original Gravity(어리저널 그래비티). OG)에서 발효가 끝난 후의 비중(Final Gravity(파이널 그래비티). FG)을 뺀 값을 초기 비중으로 나눈 값을 말한다. 이 값을 %단위로 바꾼 값인데 값이 클수록 발효가 많이 된 것이다. OG와 FG는 °볼링 또는 °플라토이다. 대개 65-85%이다. %가낮으면 맥아향 짙은 풀 바디의 맥주가 만들어지고 높으면 드라이하고 당도가 낮은 맥주가 만들어진다. Apparent Attenuation(어패런트 어테뉴에이션. 겉보기 저감)이라고도 한다. 참조.

Attenuation Final(어테뉴에이션 파이널) : **최종저감도(最終低減度)**. Final Degree of Attenuation(파이널 디그리 어브 어태뉴에이션) 참조.

Attenuation Limit(어테뉴에이션 리미트) : **최종저감도(最終低減度)**. Final Degree of Attenuation(파이널 디그리 어브 어태뉴에이션) 참조.

Audit Ale(오디트 에일) : **오디트 에일**. 회계감사 에일 이라는 뜻. 영국 캠브리지 대학교의 트리니티 대학(Trinity College(트리니티 칼리쥐))에서 회계 감사일에 마시기 위해 양조했던 독한 맥주. 옥스포드 대학교의 브래스노스 대학(Brasenose College(브레이즈노우즈 칼리쥐))에서도 이와 유사한 맥주를 만들었는데 브래스노스 에일이라고 불리었다. Brasenose Ale 참조.

Austere(오스티어) : **수렴성의. 수축성의**. 미성숙 된 맥주와 포도주에서 떫은 타닌, 산화 타닌(페놀), 여러 알데하이드에 의한 맛이 강할 때 주로 사용하며 입안을 꽉 조이는 것 같은 느낌을 줄 때 쓴다. Astringent(어스트린전트)와 동의어.

Autolysed(오털라이즈드) : **자가 분해된 아로마와 향미의**. 효모세포가 사멸하고 세포벽이 분해되어 세포내용물에 존재하던 여러 가지 지방과 아미노산이 용해되어 나타나는 아로마와 향미를 말한다. 일반적으로 바람직하지 않으나 알코올 농도가 높으면 허용된다. 감각한계치는 다양하다. Muddy(머디), Soy Sauce(소이 소스), Marmite(마르마이트), Umami(우마미)등으로도 표현한다. 감각용어.

Autolysis(오털리시스) : **자기분해(소화)**. 세포가 생명력을 잃은 후에 자신이 가지고 있는 효소에 의해 세포자신이 분해되는 것. 발효액에 효모세포막의 성분이 서서히 분해되어 발효액에 질소가 용해된다. 만약 자기분해가 많이 되면 맥주에서 좋지 않은 고무냄새 또는 비누냄새가 난다.

Automatic Carbon Dioxide Injector(오터매티크 카르번 다이악사이드 인젝터) : **자동 탄산가스 주입기**. 압력이 있는 배럴이나 저장용기에 맞도록 설계된 탄산가스 주입기의 한 형태. 탄산가스 압력을 일정하게 유지시켜 맥주를 신선하게 유지시키고 맥주저장용기속의 압력을 사용 중에 일정하게 유지시켜 준다.

Auxiliary Fining(오그질리어리 파이닝) : **보조 청징제(淸澄劑)**. 부레풀(Isinglass(아이징글래스))을 사용하여 맥주를 청징할 때 부레풀의 사용량을 줄이고 청징 속도를 빠르게 하며 청징한 맥주의 광택을 증가시키고 비(非)생물학적 혼탁을 감소시키기 위하여 사용하는 청징제. 대개 무기 실리카 솔(Silica Sol)을 기본으로 한 콜로이드 성 액체이다.

Awn(온) : **까끄라기. 망(芒). 까락**. 목초 및 귀리, 보리 등의 곡류의 이삭껍질 말단에 생기는 단단한 강모상(剛毛狀. 뻣뻣하고 억센 털 모양)의 부속기관.

Awn Cutter(온 커터르) : **망(芒) 절단기**. 가마건조로 말린 맥아보리에서 망을 제거하는데 사용하는 기계.

B(비) : **볼링**. 볼링(Balling. 당도의 일종)의 약어. °B라고도 한다.

B-Acid(비 애시드) : **베타 산(酸)**. Beta Acid(베이터 애시드)의 약어.

B & B(비 앤드 비) : **비 앤 비**. 영국에서 버튼 에일(Burton Ale(비르턴 에일))과 비터(Bitter(비터르))맥주를 동량 섞은 음료.

Baby(베이비) : **베이비**. 영국에서 135.5ml들이 맥주병을 말한다.

Back(배크) : **양조용 큰 통. 보관 통**. Bucket(버킷. 양동이 또는 들통)에서 유래한 단어.

Bacteria(백티리어) : **세균. 박테리아**. 생명체중 가장 작고 단순하며 분열에 의해 증식하는 단세포 생물. 다른 생명체에 기생하여 병을 일으키기도 하고 발효나 부패작용을 하며 생태계 물질순환에도 중요한 역할을 한다. 형태나 산소 요구 성 등으로 분류한다. 간균(桿菌) 또는 바칠루스(Bacillus(버실러스). 복수는 Bacilli(버실라이))는 막대모양, 구균(球菌. Coccus(카커스). 복수는 Cocci(카크사이))은 둥근형 또는 계란형, 비브리오(Vibrio) 속은 콤마 형(❜), 스피릴룸(Spirillum(스파이릴럼))은 나선(螺線)모양이다. 호기성 세균은 증식에 산소를 필요로 하지만 혐기성 세균은 산소를 필요로 하지 않는다. 극단적인 pH, 온도, 습도 조건에서도 생육이 가능하다.

Bacterial(백티리얼) : 1. **세균의**. 세균에 의해 생긴. 2. **썩은 냄새의**. 세균의 부패작용에 이해 만들어진 쿼쿼한 냄새, 숲 냄새, 쉰 냄새, 신 냄새 등을 포괄하는 나쁜 냄새를 말할 때 사용한다.

Bacteriostatic(백티리어스태티크) : **세균 발육 억제의, 제균(除菌) 작용의**.

Bail(베일) : **베일**. 여다지 마개를 사용할 수 있도록 만든 병의 세라믹마개를 안전하게 매다는데 사용하는 금속 선. Swing-Top(스윙 타프) 참조.

Balance(밸런스) : **균형(均衡). 평형(平衡)**. 맥주에서 홉에 대한 맥아의 비율. 양조업자는 이 둘의 균형 잡히게 하기 위하여 많은 노력을 한다.

Ball(볼) : **볼**. 폭탄주를 만들 때 맥주 한잔에 첨가하는 위스키 잔 수.

Balling(볼링) : 1. **볼링 당도계(糖度計)**. 1843년 칼 요셉 나폴레옹 볼링(Carl Joseph Napoleon Balling(카를 조우세프 너폴리언 볼링))에 의해 고안된 당도계. 볼링은 당화 액 중의 추출물의 양이 증가하면 물에 녹인 설탕이 증가할 때와 거의 비슷한 정도로 밀도가 증가하는 것을 발견하였다. 그는 설탕용액을 만들고 당화 액의 밀도에 기반을 둔 정확한 함량을 나타내는 계산표를 만들었다. 볼링 당도계는 17.5°C에서의 농도로 교정할 수 있다. 10°B는 100g의 당화 액에 10g의 설탕이 있는 것과 동일한 것이다. 페일 에일은 대개 13.5°B, 포터는 12.5°B이다. 밀도 단위로 환산하면 1°B는 3.8 포인트이다. 읽은 값은 무게에 대한 정확한 %이므로 100ml당 %무게를 얻으려면 밀도를 곱해주어야 한다. 브릭스(Brix)라고도 한다. 볼링이 계산한 계산표는 약간의 오류가 있었는데 1900년도쯤에 플라토(Plato)에 의해 수정되었다. 볼링은 또한 알코올함량과 최종 밀도로부터 맥주 원추출물의 밀도를 계산하는 다음과 같은 식을 고안하였다.

$E = [(2.665 \times A + n) \times 100]/(100 + 1.0665 \times A)$

여기에서 E = 원추출물 밀도, n = 맥주의 최종 밀도, A = 알코올의 무게 %이다. 2. **볼링**. 맥아즙 100중에 있는 고형물의 %에 기반을 두고 체코에서 비중을 측정할 때 사용하는 단위. 약어로 °B로 표기한다. Brix(브릭스), Plato(플레이토), 비중(Specific Gravity(스피시피크 그래비티)) 참조.

Balm(밤) : 1. **향유(香油)**. **방향성(芳香性) 기름**. **발삼**. 2. **볼름**. 효모를 옛날에 가리키던 말.

Bamberg Beer(밤베르크 비어) : **밤베르크 맥주**. Rauchbier(라우흐비어) 참조.

Bamberger Rauchbier(밤베르거 라우흐비어) : **밤베르거 라우흐비어**. 독일 프란코니아(Franconia) 지방에서 만드는 강한 훈연향의 독일식 스모크비어(Smoke Beer)로 검은색 하면발효맥주. Rauchbier(라우흐비어) 참조.

Banana Ester(버내너 에스터) : **바나나 에스터 향**. Isoamyl Alcohol(아이소우애밀 앨커홀)과 동의어. 참조.

Banana(버내너) : 1. **바나나**. 2. **바나나 아로마의**. 아이소아밀 아세테이트(Isoamyl

Acetate(아이소우애밀 애시테이트))에 의한 아로마의. 효모의 지방산 합성 중 형성되고 분비된다. 맥주의 중요한 아로마 중의 하나인 과일 냄새를 낸다. 맥주에 너무 많은 양이 존재하는 것은 너무 높은 발효온도, 부적절한 당화액 통기, 효모의 스트레스에 대한 징후이다. 바바리안 바이첸(Bavarian Weizen)에서는 일반적이고 과다하지 않으면 바람직하다. 감지 한계치는 약 1.2ppm이다. 감각용어.

Banana Oil(버내너 오일) : **바나나 유**(油). Isoamyl Acetate(아아이소우애밀 애시테이트)와 동의어. 참조.

Band-Aid(벤드에이드) : 1. **반창고**. 2. **반창고 냄새의**. Chlorophcnol(클롤로우피놀. 클롤로페놀) 참조. 감각용어.

Bang(뱅) : **뱅**. 향신료 향을 내는 따뜻한 에일, 사과술(Cider(사이더)), 위스키를 혼합한 술.

Bantu Beer(밴투 비어) : **반투 맥주**. Kafir Beer(캐퍼 비어)와 동의어. 참조.

Barley(바를리) : **보리**. 곡물(穀物)인 보리의 학명은 호르데움 불가레(*Hordeum vulgare*(호르디엄 벌거르))이고 밀, 호밀, 귀리, 옥수수, 쌀, 수수, 조 등이 속한 벼과(Grass Family(그래스 패밀리))에 속한다. 보리식물 이삭에 곡식이 어떻게 줄지어 붙어있는지에 따라 두줄보리와 여섯 줄 보리로 분류한다. 보리가 양조에 알맞은 곡물인 이유는 보리알이 짚 같은 겉껍질로 싸여있어 맥아제조중 배(胚)를 보호할 수 있고 당화 후 여과를 쉽게 하기 때문이다. 양조용 보리는 높은 녹말함량, 녹말을 당으로 전환시킬 수 있는 녹말 분해능, 낮은 단백질 함량, 98% 이상의 발아율을 가지고 있는 것이 좋다. 탄수화물, 특히 녹말은 맥아추출물의 대부분을 구성하므로 질소함량이 높은 보리는 자동적으로 탄수화물의 함량이 적다는 것을 의미한다. 그러므로 질소함량이 높은 보리는 맥아로부터 얻는 추출물이 적다. 맥주보리의 평균무게는 약 35mg이다. 맥주양조에 보리대신에 사용하는 곡물을 부가 물(附加物. Adjunct (애드정크트))이라한다. 참조.

Barley Broth(바를리 브로스) : **발리 브로스**. 스코틀랜드에서 독한 맥주와 위스키를 의미하는 구어적인 말. 옛날에는 발리 비어(Barley Beer(바를리 비어)), 발리 브루(Barley Broo(바를리 브루))라고도 했으나 지금은 사용되지 않는다.

Barley Corn(바를리 콘) : **보리알. 보리 한 알의 길이**(약 0.85cm). Barleycorn으로도 쓴다.

Barley Island(바를리 이일런드) : **선술집**. 옛날에 영국의 선술집을 이르던 말.

Barley Malt(바를리 몰트) : **보리맥아**. Malt(몰트) 참조.

Barley Wine(바를리 와인) : **발리 와인**. 1. 영국에서 맥아즙의 비중이 1.065-1.120인 맥아즙을 사용하여 상면 발효시켜 만들었고 포도주와 비슷한 12%(V/V)의 알코올 농도를 가지고 있는 독한 에일 맥주. 현재는 미국에서도 많이 만들고 있다. 발리와인은 대개 구리색-진한 갈색이고 향미가 강하고 과일 향을 갖고 있으며 쓰면서 단 맛을 가지고 있다. 때로는 포도주 또는 샴페인 효모로 발효한다. 알코올 농도가 높으므로 거품 유지시간이 짧고 6개월-수년간의 숙성기간을 필요로 한다. 때로는 특별한 행사를 위해 양조하기도 한다. 러시아 스타우트(Russian Stout(러션 스타우트))도 알코올 농도가 약하기는 하지만(10.5%(V/V)) 발리와인으로 분류하기도 하는데 대개 러시아 스타우트로 따로 분류한다. 2. 이 이름은 역사적으로 이집트와 그리스의 "Wine Made From Barley(와인 메이드 프럼 바를리)", 즉 보리로 만든 와인이라는 뜻이었는데 현대 영어로 발리와인으로 번역되어 사용되고 있다. Barleywine으로 쓰기도 한다. Russian Stout(러션 스타우트) 참조.

Barm(바름) : 1. **양조용 효모**. 특히 사카로미세스 세레비지애(*Saccharomyces cerevisiae*(새커로메이시즈 세르비지에이)). 2. **거품 속의 액체 효모**. 맥주 발효 시 생성되는 거품 중에 포함되어있는 효모. 3. **거품**. 맥주잔위의 거품. 4. **효모를 첨가하다**. Pitch(피취. 효모를 첨가하다)와 동의어. 참조. 5. **밤 맥주** Barm Beer(바름 비어)).

Barm Beer(바름 비어) : **밤 맥주**. Barm(바름) 참조.

Barnyard(바른야르드) : 1. **헛간 앞마당**. 2. **더러운. 천박한**. 3. **퀴퀴한 냄새의**. 효모인 브레타노마이세스(*Brettanomyces*(브레트노메이시즈))가 생성하는 4-에틸 페놀(4-Ethyl Phenol(4-에틸 피노울)) 아로마 인데 대개 4-에틸 구아이아콜(4-Ethyl Guaiacol(4-에틸 구아이어코울))도 함께 생성된다. 감지한계는 약 420ppb이고 일반적으로 바람직하지 않은 냄새이나 람빅(Lambic(람비크))맥주에서는 바람직한 냄새이다. Brett(브레트), 4-Ethyl Phenol(4-에틸 피노울)과 동의어. Horsey(호르시), Horse Blanket(호르스 블랭키트), Woody(우디)라고도 표현한다. 감각용어.

Baron(바로) : 1. **바로**. 벨기에에서 사용하는 500ml용량의 유리잔. 2. **배런**(영어). 칵테일 이름.

Barrel(배럴) : 1. **통**(한가운데가 불룩한). 너비(폭)보다 길이가 긴 커다란 원통형의 통. 과거에는 주로 나무로 만들었으나 현재는 주로 알루미늄이나 스테인리스로 만든다. 2. **배럴**. 용량 단위. 미국의 경우 119.2369리터(31.5갤런)인데 연방 세법(세법)에서는 117.344리터(31갤런)를 말한다. 케그(Keg)는 1/2배럴용 통을 말한다. 영국의 경우 맥주의 경우 163.65리터(36 영국 갤런. 43.2 미국 갤런)를 말하고 에일 배럴은 146.472리터(32 영국 갤런)이다.

Barreling(배럴링) : **배럴링**. 맥주를 배럴(통)로 옮기는 작업.

Barrique(버리크) : **바리크**. 1. 큰 통(지역에 따라 용량이 다르다)을 가리키는 프랑스어. 보르도 지방의 포도주 바리크는 225리터이다. 2. 영국에서는 227.495리터용 통을 말한다.

Base Beer(베이스 비어) : **기본맥주**. 과일 맥주 등을 제조 할 때 기본으로 사용하는 맥주.

Base Malt(베이스 몰트) : **기본맥아**. 맥주를 양조할 때 기본적으로 사용하는 맥아. 즉 주로 사용하는 맥아.

Basi(바시) : **바시**. 발효시킨 사탕수수 즙에 약초를 넣은 필리핀 원주민인 일로카노(Ilocano)족의 술.

Bass Ale(배스 에일) : **배스에일**. 영국 버튼 온(어폰) 트렌트(Burton-on(upon)-Trent(버턴 언(어판) 트렌트))의 배스(Bass) 양조장에서 생산한 에일인데 맥주 색을 측정할 때 표준시료로 사용된다.

Batch(배취) : **한 회분**(回分). **배치**. 연속 생산이 아니라 한 번에(통, 기구 등으로) 하나씩 만들어 내는 작업방식.

Batch Fermentation(배취 퍼르멘테이션) : **비연속 발효**(非連續醱酵). 각 배치들을 따로 발효시키는 전통적인 발효방법.

Batch Sparging(배춰 스파르징) : **배치 살포법**(撒布法). 당화 중 필요한 살포수를 한 번에 당화 솥에 첨가하는 기법.

Baudelot Cooler(보델로 쿨러르) : **보델로형 냉각기**. 수평으로 동 파이프를 여러 번 왕복하도록 만들었고 차가운 물이나 소금물을 통과시켜 용액을 냉각시키는데 사용하는 냉각기의 한 형태. 당화가 끝난 맥아즙을 파이프위에 붙고 식혀서 에일의 경우 14-25°C, 라거의 경우 5-12°C로 맞춘 후 발효를 행한다.

Baumé(보우메이) : **보메**. 원래는 16°C의 물에서 소금함량(%)에 따른 비중. 그러나 지금은 발효전의 비중에서 발효후의 비중을 뺀 값으로 프랑스, 호주에서 사용하는 당분농도 단위. 발효 후에 생성되는 알코올도수와 거의 비슷하다. °Be로 표시.

Baumé Hydrometer(보우메이 하이드라미터르) : **보메 액체비중계**(比重計). 물을 기준으로 어떤 용액의 비중을 눈금으로 나타내는 비중계.

Bavaria(버베리어) : **바바리아. 바이에른**. 독일 남부의 주. 독일어명 Bayern(바이에른).

Bavarian Lager Law(버베리언 라거르 로) : **바바리안 라거 법**. 1553년도에 제정된 법으로 라거 맥주는 9월 29일부터 다음해 4월 23일 까지만 양조 할 수 있다는 법.

Bavarian Northern Brewer(버베리언 노던 브루어르) : **바바리안 노던 브루어**. 알파산 함량이 7.0%이고 씨가 없으며 독일 바바리아 지방에서 재배하고 있는 홉 품종. 질병 때문에 점차 재배면적이 작어지고 있는 할러타우(Hallertau) 품종보다 질병에 강하다.

Bayerischer Weizen(바이어리셔 바이첸) : **바바리안 바이첸**. Weizenbier(바이첸 비어. 밀 맥주) 참조.

Bayerisches Reinheitsgebot(바이어리셰스 라인하이츠게보트) : **바이에른 맥주 순수령**. 맥주 양조할 때 단지 보리, 홉, 물만을 사용해야 한다고 1516년에 책정한 법령. Reinheitsgebot(라인하이츠게보트) 참조.

B. B.(비비) : **비비**. B & B(비 앤드 비) 참조.

BBL(비비엘) : **비비엘**. Barrel(배럴)의 약어. 참조.

Bead(비드) : 1. **거품**. 사전적 의미로 "청량음료, 맥주 등의 거품"이라는 뜻. 2. **비드**. 포도주용어로 샴페인을 글라스에 따랐을 때 생기는 작은 거품이나 기포들을 말하는데, 이것을 "Bubble(거품, 기포)"이라 표현하면 포도주에 대해 예를 갖추지 않은 사람을 말하므로 비드라고 말해야한다. 샴페인이나 스파클링 와인(Sparkling Wine)을 잔에 따랐을 때 거품이 작을수록, 또 오랫동안 이 거품이 생겨날수록 질 좋은 포도주라 말할 수 있다. 3. **거품 원(圓)**. 거품이 사그라진 후 유리잔 주위를 따라 형성된 거품 원.

Beading(비딩) : **거품형성**. 맥주잔 위에 탄산가스 거품이 잔 위로 형성되는 것.

Beard(비어드) : **왕겨. 꺼끄러기**. Awn(온)과 동의어. 참조.

Bed(베드) : **베드**. 담금액 여과 중 조박(糟粕. Grain Husk(그레인 허스크))과 혼합된 미세한 가루.

Beer(비어) : **맥주**. 1. 한 가지 또는 혼합된 곡물을 효모로 발효시켜 생산되는 알코올음료를 일반적으로 부르는 말. 우리나라의 맥주뿐만 아니라 막걸리도 여기에 포함된다. 2. 맥아자체만으로, 또는 맥아에 다른 곡물을 섞고 홉으로 향을 내어 효모로 발효한 알코올음료.

Beer Barrel(비어 배럴) : **맥주 통**. 1. 미국의 공식 용량은 117.344리터이다. 2. 영국의 공식 용량은 163.6리터인데 에일 배럴은 146.472리터이다. 3. 속어로 **술고래**.

Beer Blast(비어 블래스트) : **비어 블라스트. 맥주폭발**. 다량의 맥주를 마시는 파티에 대한 미국 학생들의 속어. Beer Bust(비어 버스트)와 동의어.

Beer Brewer(비어 브루어르) : **맥주 양조업자**. Ale Brewer(에일 브루어르) 참조.

Beer Bust(비어 버스트) : **대규모 맥주 파티**. 대학생, 군인, 클럽회원 등이 다량의 맥주를 마시는 파티. 미국 속어. Beer Blast(비어 블래스트)와 동의어.

Beer Buster(비어 버스터르) : **비어 버스터**. 하이볼 글라스에 맥주, 14.8ml의 보드카, 약간의 타바스코 소스를 섞어서 제공하는 혼합음료.

Beer Can(비어 캔) : **맥주 캔**. 1. 옛날에 술집에서 집으로 맥주를 가져가는데 사용했던 버켓 닮은 통. 2. 현재 미국 등지에서 355ml, 473ml, 또는 177.5ml의 맥주를 담아 파는 알루미늄 캔.

Beer Engine(비어 엔진) : **맥주 펌프**. 캐스크 또는 맥주 저장소에서 바까지 맥주를 뽑아내는데 사용하는 펌프를 닮은 꼭지. Beer Pump(비어 펌프), Beer Pull(비어 풀)과 동의어. 참조.

Beer Festival(비어 페스티벌) : **맥주 축제**. Adriaan Brouwer Bierfesten(아드리안 브라우어 비르페스텐), Bergkirchweih(베르키르히바이), Canstatter Wasen(칸슈타테르 바젠), Carnaval de Binche(카르네발 드 배쉬), Frühjahrsbierfest(프레야르즈비어페스트), Kermesse de la Bière de Marbeuge(케르메스 드 라 비에흐 드 모베주. Julifest Maubergeoise(율리페스트 모베르즈와즈)라고도 함), Leuven Bier Festival(뢰벤 비어 페스티벌), Oktoberfest(옥토버페스트), Poperinge Hoppefeesten(포퍼린지 호페페스텐) 참조.

Beer From The Wood(비어 프럼 더 우드) : **생맥주**. 통에서 꺼낸(병에 담지 않은) 맥주.

Beer Garden(비어 가르든) : **비어 가든. 옥외(노천) 탁자**. 술집에 딸리어 맥주가 제공되는 실외 지역. 때로는 Beer Hall(비어홀)이라고도 한다. 이 용어는 독일에서 Biergarten(비어가르텐) 또는 Bierkeller(비어켈러)에서 유래하였다. 뮌헨에는 100개 이상의 비어 가든이 있고 이들 중 가장 큰 Hirschgarten(히르쉬가르텐)은 7000명을 수용할 수 있다.

Beer Gardener(비어 가르드너) : **비어가든 소유자**(속어).

Beer Hall(비어 홀) : **맥주홀**. 단지 맥주만을 손님에게 파는 시설내의 큰 방. Beer Garden(비어 가르든) 참조.

Beer Head(비어 헤드) : **맥주거품**. 1. 맥주잔 꼭대기에 있는 거품. 2. 일차발효 중 맥아즙의 꼭대기에 형성되는 거품. Head(헤드)와 동의어.

Beer House(비어 하우스) : **맥주 집**. 영국에서 맥주, 에일 따위의 맥아로 만든 알코올음료만 판매하는 맥주 집. Beerhouse라고도 쓴다. Ale House(에일 하우스), Public House(퍼블리크 하우스) 참조.

Beerhouse(비어하우스) : **맥주 집**. Beer House의 이철자 동의어. 참조.

Beer Hydrometer(비어 하이드라머터르) : **맥주 비중계**. 맥주나 맥아즙의 비중을 측정하는 기구. 물에 녹아있는 고체의 비율을 %로 나타낸다. 예를 들면 10%의 경우 물 90에 10의 고체가 녹아있다는 뜻이다. 자가 맥주양조에 사용하는 비중계는 20°C에서 측정하도록 조절해 놓는다.

Beer Jug(비어 저그) : **맥주 저그**. 맥주를 마실 때 사용하는 손잡이가 달린 잔. Ale Jug(에일 저그)와 동의어.

Beer Life(비어 라이프) : **맥주 유통기간**. Shelf Life(셸프 라이프)와 동의어.

Beer O'clock(비어 어클라크) : **비어 어클락**. 통념상 또는 관습상 맥주마시기 시작하기 알맞은 시간.

Beer on Tap(비어 온 태프) : **생맥주**. Beer from the Wood(비어 프럼 더 우드)와 동의어.

Beer Parlor(비어 팔러르) : **비어 팔러**. 캐나다에서 단지 맥아루 만든 알코올음료만 팔도록 허가된 시설.

Beer Pull(비어 풀) : **맥주 펌프 손잡이**. Beer Pump(비어 펌프)와 동의어. 참조.

Beer Pump(비어 펌프) : **맥주 펌프**. 지하실 술통에서 매장까지 또는 통에서 직접 맥주를 끌어올리는 펌프. Beer Pull(비어 풀), Beer Engine(비어 엔진)과 동의어.

Beer Saloon(비어 설룬) : **생맥주 집**. 미국에서 금주 법 시행 이전에 생맥주를 팔던 시설.

Beer Scale(비어 스케일) : **맥주석(麥酒石)**. Beerstone(비어스톤)과 동의어. 참조.

Beer Stein(비어 스타인) : **비어 스타인**. 보통 오지로 만들고 뚜껑이 있는 큰 맥주잔.

Beerstone(비어스톤) : **맥주 석(麥酒石)**. 맥주 따르는 관에 수산 칼슘(Calcium Oxalate(캘시엄 악설레이트))이 침착된 것. 가정맥주제조 시 같은 용기를 계속사용하면 용기에 맥주석이 침착된다. Beer Stone으로 쓰기도 함. Beer Scale(비어 스케일)과 동의어.

Beer-Wine Revenue Act(비어 와인 레버누 액트) : **맥주-포도주 세입 법**. Cullen Act(컬렌 액트)와 동의어. 참조.

Beery(비리) : **맥주의. 맥주와 같은**. 맥주 냄새가 나는. 맥주와 닮은 맛, 아로마, 조성을 가진.

Beer's Law(비어즈 로) : **비어의 법칙**. 분광광도계(Spectrophotometer(스펙트로우포우타미터르))로 (맥주를 포함한)색을 측정 할 때 용액의 농도와 흡수되는 빛사이에는 선형(線形)관계가 성립한다는 법칙. 즉 색이 짙으면 빛이 많이 흡수되고 연하면 적게 흡수 된다. Beer-Lambert Law(비어-램버르트 로), Lambert-Beer Law(램버르트-비어 로)라고도 한다.

Beet Sugar(비트 슈거르) : **첨채당(甜菜糖). 설탕**. 사탕무로 만든 설탕.

Belgian Aromatic(벨지언 애러매티크) : **벨기에 향기 맥아**. 맥주에 강한 아로마를 주는데 사용하는 벨기에 산 특수 맥아. Aromatic Malt(애러매티크 몰트)라고도 한다.

Belgian Candy Sugar(벨전 캔디 슈거르) : **벨기에 캔디 설탕**. 어떤 벨기에 맥주 스타일에 전통적으로 사용하는 설탕. 색깔이 약한 것, 호박색, 진한색이 있다. Candi Sugar(캔디 슈거르)라고도 한다.

Belgian Degrees(벨전 디그리즈) : **벨기에 도(度). °벨기에**. 벨기에에서 맥아즙의 비중을 표시하는 도. 밀도에서 1을 빼고 오른쪽으로 2개의 숫자 다음에 소수점을 찍어 나타낸다. 즉 비중이 1.070이면 7.0°벨기에이다. 1°벨기에는 약 2.5°플라토이다.

Belgian Lace(벨전 레이스) : **벨기에 레이스**. 맥주를 마시고나서 유리컵 안에 남아있는 거품의 모양이 벨기에 레이스의 격자 문양을 가지고 있는 것을 말한다. 이러한 모양은 브뤼셀 또는 벨기에의 정교한 래티스 웍(Lattice Work(래티스 워르크))을 닮았으며 이는 벨기에 맥주의 바람직한 품질을 나타내는 용어이다. 레이스(Lace)라고도 한다. 외관 표현용어.

Belied Measure(벨리드 메저르) : **벨리드 액량계(液量計)**. 예날 영국에서 사용하던 용액의 양을 재던 기구로써 난간동자 형 액량계(Baluster Measure(벌러스터 메저르)) 닮았으며 에일의 양을 잴 때 사용하였다. 기부(基部)가 볼록하게, 꼭대기가 오목하게 되어 있다. 난간동자(欄干童子)는 계단의 옆 난간에 세워댄 낮고 짧은 기둥을 말한다.

Bench Capper(벤취 캐퍼) : **간이 뚜껑 덮는 기계**. 움직일 수 있거나 작업대에 장착한 병의 왕관을 조여 주는 도구.

Bentonite(벤터나이트) : **벤토나이트**. 화산재의 풍화로 된 점토의 일종으로 천연 규산알루미늄(Aluminium Silicate(앨류미니엄 실리케이트))이 주성분이다. 맥주에서 콜로이드 성 물질을 흡착하는 청징제로 사용되는데 100리터당 20-60g

를 사용한다. 너무 오랫동안 맥주에 들어있으면 거품유지시간이 짧아지고 맥주 맛도 변하는데 너무 짧으면 효율성이 떨어지므로 청징 시간을 잘 조절해야한다. 전에는 와이오밍 점토(Wyoming Clay(와이오우밍 클레이))라고 불리었으나 이 용어는 더 이상 사용되지 않는다.

Bergkirchweih(베르키르히바이) : **베르키르히바이**. 독일의 에르랑겐(Erlangen)에서 성령강림절(Whitsuntide(휘천타이드))중에 매년 열리는 맥주축제.

Berliner Weisse(베를리너 바이세) : **베를리너 바이세**. 베를린을 위주로 한 북부 독일지역에서 생산되는 맥주로 상면발효로 만들어지며 색깔이 아주 연하고 비중이 낮은(7-8°B) 맥주이다. 밀과 보리는 1:3-1:4의 비율로 사용한다. 홉은 적게 첨가하고 알코올 농도는 2.5-3.7%(V/V)로 낮은 편이다. 2차 발효는 *Lactobacillus delbruckii*(랙터우버실러스 델브루키)라는 유산균을 첨가하여 20°C에서 행하는데 이때 이 맥주의 드라이한 맛이 만들어지고 톡 쏘는 듯한 향미, 두꺼운 흰 거품, 병속에 남아있는 효모들이 이때 만들어진다. 전통적으로 손잡이 부분이 있는 둥그런 사발모양의 잔에 선갈퀴아재비(Woodruff(우드러프)) 추출물(청색)을 첨가하여 제공하거나(Schultheiss Berliner Weisse(슐타이스 베를리너 바이세. 슐타이스는 회사명)) 또는 산딸기 시럽(적색)을 첨가하여(Kindle Berliner Weisse(킨들 베를리너 바이세)) 제공한다. Weissbier(바이스비어) 또는 Weisse Bier(바이세 비어)와 동의어. Weissbier, Weizenbier(바이첸비어), Wheat Beer(위트 비어) 참조.

Berliner Weiße(베를리너 바이세) : Berliner Weisse(베를리너 바이세)의 다른 철자. 참조.

Berliner Weisse Mit Schuss(베를리너 바이세 미트 슈스) : **시럽첨가 베를리너 바이세**. 커다란 둥근 잔에 시럽을 첨가하여 제공하는 베를리너 바이세.

Berliner Weisse Mit Srippe(베를리너 바이세 미트 슈트리페) : **쿠멜 주와 함께 마시는 베를리너 바이세**. 커다란 둥근 잔에 따른 베를리너 바이세와 작은 잔에 따른 쿠멜 주를 함께 제공하는 술. 쿠멜 주란 캐러워이 씨(Caraway Seed(캐러웨이 시드)), 쿠민(Cumin(커민)), 회향(Fennel(페늘)) 등으로 향을 낸 달고 무색인 증류주를 말한다.

Best Bitter(베스트 비터르) : **고급 비터**. 최초 맥아즙 비중이 1.038-1.045인 맥아즙으로 양조한 비터 에일 맥주. 이 맥주는 중간 바디이고 드라이하며 홉 향이 난다. Bitter참조.

Beta Acid(베이터 애시드) : **베타 산(酸)**. β-Acid. 홉의 두 가지 소프트 레진중의 하나(한 가지는 알파 산). 이 산은 루풀론(Lupulone(루퓰로운), 코루풀론(Co-Lupulone(코루퓰로운)), 애드루풀론(Ad-Lupulone(애드루퓰로운))의 3가지의 비슷한 화합물이다. 알파산과는 달리 맥주의 쓴맛의 10%를 담당하고 방부력(防腐力)의 1/3을 담당한다. 소프트 레진의 약 25%를 차지한다. 알파 산에 비해 좋지 않은 강한 아로마를 가진다. 그러나 일반적인 맥아즙에서의 pH에서는 용해도가 낮아 발효액중의 함량은 낮다. 약어로 B-Acid. Lupulon(e), Beta Resin과 동의어. Alpha Acid(앨퍼 애시드), Lupulin(루퓰린), Soft Resin(소프트 레진) 참조.

Beta Amylase(베이터 애멀레이스) : **베타 아밀레이스**. β-Amylase. 아밀로즈(Amylose(애멀로우스)) 또는 아밀로펙틴(Amylopectin(애멀로우펙틴))의 비 환원성 말단으로부터 α-1,4결합을 분해하여 맥아당을 생성하는 효소. 이렇게 분해된 맥아당이 단 맛을 띠므로 당화효소라고도 한다. 이때 생성된 맥아당은 감마 아밀레이스(γ-Amylase(개머 애멀레이스))에 의하여 포도당으로 분해된다. 보리가 싹이 날 때도 생성된다. 작용최적 pH는 5-5.2, 최적온도는 57-66°C, 75°C에서 실활 된다. Beta Resin(베이터 레진), Saccharifying Enzyme(새커러파잉 엔자임), Maltogenic Amylase(몰토우제니크 애멀레이스)와 동의어. Alpha-Amylase(앨퍼 애멀레이스), Amylase(애멀레이스) 참조.

Beta Glucan(베이터 글루캔) : **베타 글루칸**. β-Glucan. 녹말 성 배젖(Starchy Endosperm(스타르치 엔도스퍼름))에서 대부분의 세포벽을 이루는 포도당 폴리머. 검(Gum)을 닮았으며 농도가 높으면 맥아즙의 흐름과 여과를 방해하고 찐득한 물질로 침전될 수 있다. 발아와 담금 중에 적당히 분해하지 않으면 아주 곤란한 문제에 처하게 된다. 맥아보리에서 75-150ppm정도가 허용범위이다.

Beta Glucanase(베이터 글루캐네이스) : **베타 글루카네이스**. β-Glucanase. 가지달린 녹말분자를 서로 붙잡고 있는 1,3 결합을 분해하는 효소. 또는 베타 글루칸

(Beta Glucan(베이터 글루캔))을 가수분해하는 효소.

Beta Resin(베이터 레진) : **베타 레진**. β-Resin. Beta Acid(베이터 애시드)와 동의어. 참조.

Bevel(베벌) : **베벨**. 통이나 캐스크의 윗부분의 표면.

Beverage(베버리쥐) : **음료**. 1. 마실 수 있는 액체. 2. 물을 제외한 차, 커피, 우유, 맥주(술) 등. 3. 좋은 맛과 아로마를 갖도록 조제한 액체.

Beverage(d) Alcohol(베버리쥐(드) 앨커홀) : **에틸알코올함유 음료**.

Bicarbonate(바이카르버네이트) : **중탄산염**. 탄산 수소 소다($NaHCO_3$)처럼 HCO_3-기(基)를 가진 탄산의 염류(塩類).

Bier(비어) : **맥주**. 독일어. 독일에서 맥주는 법적으로 다음과 같은 3개의 범주로 나눈다. 1. Starkbier(쉬타르크비어). 독한 맥주를 말한다. 초기 비중이 16°B 또는 알코올함량이 6.2%(V/V. 무게로는 5%) 이상으로 양조한 맥주. 2. Vollbier(폴비어). 알코올 농도가 중간정도인 맥주를 말한다. 초기 비중이 11-14°B 또는 알코올함량이 4.4-5.65%(V/V. 무게로는 3.5-4.5%)인 맥주. 3. Schankbier(샹크비어). 알코올 농도가 낮은 맥주를 말한다. 초기 비중이 7-8°B 또는 알코올함량이 2.5-3.7%(V/V. 무게로는 2-3%)인 맥주.

Bierbauch(비어바우크) : **맥주 배**. 뚱뚱한 배. 맥주를 많이 마셔서 생긴 불룩한 배.

Bière(비에흐) : **맥주**. 1. 프랑스어. 프랑스의 맥주는 레지(Régie(헤지). °R)로 표시한 초기 맥아즙의 비중을 기본으로 테이블 맥주(Bière de Table(비에흐 드 타블)) 2-2.2°R, 중 알코올 맥주(Bière Bock(비에흐 보크)) 3.3-3.9°R, 고 알코올 맥주(Bière Luxe(비에흐 뤼크스)) 4.4°R 이상의 3가지 범주로 나눈다. 1971년 Bière Luxe는 다시 Bière de Choix(비에흐 드 슈와. 4.4-4.6°R)와 Bière Spéciale (비에르 스페시알레. 5-7°R)로 나눈다. Petite Bière(프티트 비에흐)는 비중이 2°R 이하의 맥아즙으로 만든 알코올 농도가 낮은 맥주를 말한다. Régie(헤지) 참조. 2. 벨기에에서는 초기비중을 °플라토(°P)로 나타내어 4개의 역사적 범주로 나눈다. S범주는 15°P 이상, I범주는 11-13.5°P, II범주는 7-9°P, III범주는 1-4°P이다. Belgian Degrees(벨전 디그리즈) 참조.

Bière Blanche De Hoegaarden(비에흐 블랑쉬 드 오가르데) : **백색 호가든 맥주**. Blanche de Hoegaarden(블랑쉬 드 오가르데) 참조.

Bière Bock(비에흐 보크) : **중(中) 알코올 맥주**. **비에르 복**. 프랑스 맥주 중 중간 비중인 3.3-3.9°레지(Régie(헤지))로 만든 3개 범주 맥주중의 하나. 16°플라토(Plato. 약 6.5°레지)의 맥아즙으로 만들어 알코올 농도가 높은 독일의 복(Bock(보크)) 맥주와 혼동하지 말 것. Bière(비에흐), Bock(보크) 참조.

Bière D'abbaye(비에흐 다베이) : **수도원맥주**. 프랑스어.

Bière De Couvent(비에흐 드 쿠방) : **수도원맥주**. Bière Des Péres(비에흐 데 페흐) 참조.

Bière De Diest(비에흐 드 다이에스트) : **디스트 맥주**. 벨기에에서 보리, 캐러멜맥아, 밀 30%를 혼합하여 양조한 아주 진한색이고 달며 고영양의 맥주. 일반맥주가 1리터당 400칼로리인데 비해 이 맥주는 511칼로리이다. Diest Beer(다이에스트 비어)와 동의어.

Bière De Garde(비에흐 드 가흐드) : **장기 숙성 맥주**. 1. 캐스크(통)에서 오랫동안 숙성한 일반맥주. 2. 프랑스 북부에서 생산되는 지역맥주 스타일로서 오랫동안 캐스크에서 숙성한 맥주. 호박색(琥珀色)이고 알코올농도는 5.5-6%(V/V. 무게로는 4.4-4.8%)이다. 연한 색과 진한 색 맥아를 혼합하여 단일당화법으로 당화한 후 상면발효로 만든 맥주이다(하면발효를 행할 때도 있음). 이 맥주는 샴페인 닮은 병에 담아 코르크마개를 하고 철사로 얽어매어 판매된다. Bière De Garde(비에흐 드 가흐드)는 불어로 저장맥주 또는 보존맥주라는 뜻.

Bière De Luxe(비에흐 드 뤼크스) : **고 알코올 맥주**. **일등맥주**. 프랑스에서 초기 맥아즙의 비중을 °레지(Régie(헤지))로 나타낸 것을 기본으로 한 맥주의 법적인 이름의 하나이다. 이 맥주의 초기 비중은 4.4°레지 이상이며 알코올 농도가 높은 맥주이다.

Bière De Malt(비에흐 드 말트) : **맥아맥주**. 향이강하고 알코올 농도가 약한 맥아음료. 어린이와 임산부가 마셨던 음료인데 맥아즙을 약하게 발효시킨 다음 맥아추출물을 첨가하여 재 발효 시킨 맥주. Bière De Nourrice(비에흐 드 누히스. 젖먹이는 여자용 맥주)와 동의어. Bière(비에흐), Régie(헤지) 참조.

Bière De Mars(비에흐 드 마흐스) : **3월 맥주**. 프랑스의 몇몇 양조장에서 전통적인 3월 맥주의 양조방법을 개선하여 만드는 맥주. 냉장법이 발견되기 전인 19세기말이전에는 3월에 맥주 맛이 가장 좋아 이 이름이 붙여졌다. 8월에 보리를 수확하고 10월에 맥아를 만들어 12월에 양조하여 3월까지 저장하였다가 마시는 맥주이다. Märzenbier(메르첸비어) 참조.

Bière De Moine(비에흐 드 므완) : **수도원맥주**. 프랑스어. Abbey Beer(애비 비어) 참조.

Bière De Nourrice(비에흐 드 누히스) : **젖먹이는 여자용 맥주**. Bière De Malt(비에흐 드 말트) 참조.

Bière Des Pères(비에흐 데 페흐) : **독한 수도원맥주**. 17세기 프랑스의 수도원에서 양조하던 독한 맥주. 알코올 농도가 낮은 맥주는 Bière De Couvent(비에흐 드 쿠방)이라한다.

Bière De Table(비에흐 드 타블) : **테이블 맥주**. 프랑스에서 초기 맥아즙의 비중을 °레지(Régie(헤지))로 나타낸 것을 기본으로 한 맥주의 법적인 이름의 하나이다. 이 맥주의 초기 비중은 2-2.2°레지이며 알코올 농도가 낮은 맥주이다.

Bierkieser(비어키제어) : **맥주 감별인**. 1723년과 1763년에 알자스 지역에서 법정에서 선서한 맥주 감별인을 부르던 이름이다. 이 전문가의 임무는 새로 양조하여 매장에 장착한 맥주의 품질이 시 치안판사가 정한 기준, 즉 맥아, 물, 홉만으로 만들어졌는지에 대한 것을 검사하는 것이었다. 다른 물질을 첨가하면 처벌받았다. 이웃하는 아르투아(Artois)와 플랑드르(Flanders(플랜더르즈))에도 이와 유사한 임무를 수행하는 사람이 있었는데 Coeurier(쿠에흐에이), Ègarde(에가흐), Eswart(에스바르트)라고 불렸다.

Biersteuergesetz(비어스토이에게제츠) : **독일맥주세법**. 독일의 맥주세법인데 맥주에 대한 과세뿐 만아니라 맥아 만드는 방법과 양조방법과 과정까지 규정하고 있다.

Big Six(비그 시크스) : **빅 6**. 영국의 6대 양조회사. 즉 커리지(Courage(커리쥐)), 얼라이드 브루어리즈(Allied Breweries), 스코티시 앤드 뉴캐슬(Scottish & Newcastle(스카티쉬 앤드 뉴캐슬)), 와트니즈(Watneys), 바스 샤링턴(Bass

Charington(베이스 셔링턴)), 휘트브레드(Whitbread)이다. 이 회사들이 영국에서 팔리는 맥주의 80%이상을 생산하며 맥주 전문판매장의 50%이상을 갖고 있다.

Bi-Kal(비칼) : **비칼**. 고대 수메르(Sumer) 인이 만들었던 독한 맥주의 이름.

Bilbil(빌빌) : **빌빌**. 이집트 북부에서 수수의 일종인 듀라(Durra(듀어러))를 사용하여 한때 만들었던 맥주 타입. 듀라를 싹틔운 후 햇빛에 말리고 고운가루로 만들었다. 이 가루를 큰 도기(陶器)에 넣고 물을 첨가하고 불로 6-8시간 끓였다. 식힌 후 효모함유물을 첨가하여 발효를 유도하였고 이 첫 번째 발효를 메리사(Merissa)라고 불렀다. 이를 다시 끓이고 여과하여 발효시킨 것을 빌빌이라고 불렀다. 빌빌의 어원은 나이팅게일(갈색의 작은 새. 수컷의 노랫소리가 아름다움)의 어머니란 뜻의 뷜뷜(Bülbül)에서 유래했는데 그 이유는 빌빌을 마신 남자는 노래를 불렀기 때문이었다.

Bilge(빌쥐) : **만곡부(彎曲部)**. 활 모양으로 굽은 부분. 캐스크나 통 중간의 휜 부분.

Bilge Water(빌쥐 워터르) : **나쁜 맥주**. 영국에서 나쁜 맥주를 칭하는 속어.

Billet(빌리트) : **큰 컵 뚜껑의 경첩 레버**. 뚜껑을 올릴 때 엄지손가락으로 누르도록 되어있는 장치. Thumbpiece(섬피스)와 동의어. 참조.

Bine(바인) : **홉 덩굴**. 홉 같은 식물의 덩굴. Hop Vine(하프 바인)과 동의어.

Biochemical Pathway(바이오우케미컬 패스웨이) : **생화학적회로(生化學的回路)**. 생물에 의해 공급되는 효소에 의한 일련(一連)의 화학반응.

Biochip(바이오우칩) : **바이오칩**. 나무 타르 피치를 뿌린 멸균된 톱밥을 말하며 2차 발효 또는 숙성중의 청징 보조제로 사용된다.

Biological Acidification(바이어라지컬 어시더피케이션) : **생물학적 산성화(酸性化)**. 젖산균을 자라게 하여 산도를 높이는(pH를 낮추는) 양조법. 독일에서 많이 행하고 있다.

Biological Stability(바이어라지컬 스터빌리티) : **생물학적 안정성**. 맥주가 생물학적으로 오염되지 않고 오래 동안 남아 있는 것.

Birch Beer(버르취 비어) : **버치 맥주**. 노루발 풀(Wintergreen(윈터그린)) 향유, 스위트 버치 유(油), 사사프라스(Sassafras) 유 따위로 맛을 낸 비 알코올성 탄산음료.

Biscuit Malt(비스키트 몰트) : **비스킷 맥아**. 약하게 볶은 특수한 맥아로 맥주에 비스킷과 빵 향미와 아로마를 준다.

Biscuity(비스키티) : **비스킷 향미의**. 영국 다이제스티브 비스킷(English Digestive Biscuit(잉글리쉬 다이제스티브 비스키트)) 향미 닮았고 건조하며 구운 곡물, 밀가루, 또는 밀가루 반죽 향미. 이 향미는 일반적으로 양조 할 때 비스킷 맥아 또는 어떤 영국 전통맥아를 사용 할 때 나타난다.

Bi-Se-Bar(비 세 바르) : **비세바**. 고대 수메르(Sumer)인이 보리로 만들었던 알코올 농도가 낮은 맥주이름.

Bismark(비즈마르크) : **비스마르크**. 영국에서 샴페인과 스타우트를 섞어 만든 검은 벨벳(Black Velvet(블래크 벨비트))이라 부르는 칵테일에 붙인 독일이름.

Bit-Sikari(비트 시카리) : **비트 시카리**. 고대 수메르에서 양조장을 부르던 이름.

Bitter(비터르) : 1. **비터 맥주**. 영국에서 홉을 많이 첨가하여 상면발효 한 연한 금 갈색-구리 색 에일 맥주인데 드라이하고 탄산이 약하게 포함되어있다. 이 맥주는 80%이상이 영국의 펍에서 생맥주로 판매되고 있는데 이 맥주는 마일드 맥주 보다 알코올 농도가 약간 높고(3-5.5% V/V) 홉 향이 강하다. 지역에 따라 차이는 있지만 다음과 같은 3가지 알코올농도를 가지고 있는 비터를 만날 수 있다 : 1. 일반 비터(Ordinary Bitter(오르디네리 비터르)). 초기 비중이 1.033-1.038. 2. 강한 비터(Best Bitter(베스트 비터르)). 초기비중이 1.038-1.045. 3. 아주 강한 비터(Special Bitter(스페시얼 비터르)). 초기 비중이 1.045-1.060. 전통적으로 비터는 살균하지 않으며 펍의 저장고에서 캐스크 그대로 숙성시킨다. 1960년대 큰 회사에서는 금속 통에서 따라 주는 케그 맥주를 선보였는데 이 맥주는 여과, 살균, 냉각하고 탄산가스를 인위적으로 첨가한 에일이다. 이러한 새로운 경향에 대응하여 옛날 같은 자연적으로 숙성한 캐스크 에일을 지키자는 운동이 1970년대에 일어났는데 이것이 바로 "진짜 에일을 지키기 위한 운동(Campaign For Real Ale(캠페인 퍼 리얼 에일))"이며 이 덕분에 진짜 에일을 지금도 마실 수 있게 되었다. 폐기된 동의어는 Slight Beer(슬라이트 비어). 동의어는 Bitter Ale(비터르 에일). Bitter Beer(비터르 비어). Best Bitter(베스트 비터르), Ordinary Bitter(오르디네리 비터르), Special Bitter(스페시얼 비터르) 참조. 2. **쓴맛**. 홉에 의해 맥주에서 만들어지는 쓴맛.

Bitter Ale(비터르 에일) : **비터 에일**. Bitter(비터르)와 동의어. 참조.

Bittering Hop(비터링 하프) : **쓴맛 홉**. 1. 맥주에 쓴맛을 내기위해 끓임 초기에 가하는 홉. 향미를 주는 것은 아니다. 알파 산 함량이 높을수록 쓴맛의 맥주가 된다. Chinook(시누크)와 퓨글(Fuggles(퍼젤즈))가 여기에 속한다. 2. 알파 산 함량이 높은 홉 품종. Flavoring Hop(플레이버링 하프). 참조.

Bittering Units(비터링 유니츠) : **쓴맛단위**. 미국 자가 양조인 협회(American Homebrewers Association(어메리컨 호움브루어즈 어소시에이션))에서 주어진 양의 맥주의 총 쓴맛을 측정하기위하여 고안한 식인데 홉 알파 산 함량(%)에 홉 온스 수를 곱한 것이다. 즉 알파 산 6%짜리 3온스 홉이 5갤런에 있다면 5갤런의 쓴맛단위(BU) = 3 x 5 = 15단위이다. Alpha Acid Unit(앨퍼 애시드 유니트. 알파 산 단위), Bitterness Unit(비터르니스 유니트. 쓴맛단위), Homebrew Bittering Unit(홈브루 비터링 유니트. 자가 양조 쓴맛단위), Hop Bitterness Coefficient(하프 비터르니스 코우이피션트. 홉 쓴맛 계수), Hop Bitterness Unit(하프 비터르니스 유니트. 홉 쓴맛단위) 참조.

Bittern(비터른) : 1. **간수**. **고염**(苦鹽). 소금을 만들 때 바닷물에서 소금을 결정시키고 난 뒤에 남는 쓴 용액. 2. **고미제**(苦味劑). 맥주에 쓴맛을 주기위하여 소태나무 추출물과 불법적인 쓴맛을 주는 약제를 동량 섞어 만든 아주 쓴 물질. 다음과 같은 조성의 고미제도 알려져 있다 : 소태나무 추출물과 황산철($FeSO_4$) 동량, 댕댕이덩굴(*Cocculus indicus*(코큘루스 인디쿠스)) 추출물 2배, 당밀(糖蜜) 8배, 감초추출물 5배.

Bitterness(비터르니스) : 1. **쓴맛**. 타닌과 아이소휴물론(Iso Humulone(아이소우 휴뮬란))에서 온 맥주의 쓴맛. 맥주를 맛볼 때의 쓴맛정도는 액체가 만나는 맛봉오리가 처음 느끼는 쓴맛과 맥주를 넘길 때 입 뒤에서 늦게 느끼는 쓴맛 중간에서 느껴진다. 2. **쓴맛 양**. 맥주중의 쓴맛 물질(아이소 알파 산)의 함량. Alpha Acid(앨퍼 애시드), Beta Acid(베이터 애시드) 참조.

Bitterness Perception(비터르니스 퍼셉션) : **쓴맛식별 표**. 개인적으로 인지한 여러 스타일의 맥주의 쓴맛을 정리하여 놓은 표. 쓴맛이 없음, 아주 약함, 약함,

중간, 중상, 강함, 아주 강함으로 나눈다.

Bitterness Units(비터르니스 유니츠) : **쓴맛단위**. 약어로 BU. International Bitterness Units(인터르내셔널 비터르니스 유니츠. 국제 쓴맛단위)라고도 한다. 맥주의 쓴맛을 맥주에 존재하는 이성화된 알파 산의 함량을 ppm 또는 mg/리터로 측정하고 표시한 것. 국제적으로 통용되는 단위이다. 자가 맥주 양조인은 대개 정밀한 기계를 사용하여 BU를 측정할 수 없으므로 근사 값인 자가 양조 쓴맛단위(Homebrew Bitterness Units(호움브루 비터르니스 유니츠). 약어로 HBU)를 사용한다. 참조.

주(註) : 홉의 알파 산의 함량은 실제 발효액에 존재하는 쓴맛은 매아즙을 만들 때의 홉 이용률, 그리고 알파 산이 발효와 숙성중의 손실로 인해 실제 쓴맛보다 높은 값을 가지므로 다음과 같은 식을 사용하여 보정한다.

식 : BU = H x (a% + b% / 9) / 0.3

여기에서 H = g/리터로 나타낸 홉의 무게(H g/리터). a% = 알파 산 %. b% = 베타 산 %. 9 = 상수(알파 산의 쓴맛은 베타 산의 쓴맛보다 약 9배가 강하다). 0.3 = 상수(끓임, 따르기, 청징 중의 증발 또는 침전에 의한 홉 추출 효율).

역으로 H g/리터 = BU / (a% + b% / 9) x 0.3

예 : 어떤 홉이 5%의 알파산과 베타 산을 가지고 있는데 맥주를 30BU로 만들고자한다면 이때 필요한 홉의 양은 다음과 같이 계산된다. H g/리터 = 30 / (5 + 5 / 9) x 0.3 = 30 / 5.56 x 0.3 = 1.62.

Units of Bitterness(유니츠 어브 비터르니스), International Bitterness Units(IBU)(인터르내셔널 비터르니스 유니츠(아이비유))와 동의어. Alpha Acid Units(앨퍼 애시드 유니츠), Bittering Units(비터링 유니츠), Homebrew Bittering Units(호움브루 비터링 유니츠), Hop Bitterness Units(하프 비터르니스 유니츠), Hop Bitterness Coefficient(하프 비터르니스 코우이피션트) 참조.

Bitter Orange Peel(비터르 오린지 필) : **등피(橙皮)**. 쓴 오렌지 껍질. 벨기에 화이트 비어의 중요한 내용물. Curaçao Orange Peel(큐러소우 오린지 필)이라고도 한다. Sweet Orange Peel(스위트 오린지 필) 참조.

Bitter Resins(비터르 레진즈) : **쓴맛 수지**. Soft Resin(소프트 레진)과 동의어. 참조.

Bitter Stout(비터르 스타우트) : **쓴맛 스타우트**. Stout(스타우트) 참조.

Bitter Wort(비터르 워르트) : **쓴맛 맥아즙**. 단맛의 맥아즙에 홉을 가하고 1-2시간 끓이면 쓴맛의 맥아즙이 만들어진다. 맥아즙의 끓임 과정 중에 홉이 가지고 있는 쓴맛의 수지와 향 기름이 추출되고 용해되어 특징적인 쓴맛을 나타낸다.

Black And Tan(블래컨탠) : **블랙 앤드 탠**. 포터맥주와 필젠 맥주, 스타우트와 마일드, 스타우트와 비터같이 진한 색 맥주와 엷은 색 맥주를 동량 섞어 만든 음료.

Black Barley(블래크 바를리) : **검정 보리**. 검은색을 가지고 있는 보리이며 스타우트(Stout) 양조에 사용되기도 하는데 맵고 톡 쏘는 맛이 난다. 이 보리로 만든 맥아에는 효소가 없다.

Black Beer(블래크 비어) : **흑맥주**. 아주 진한 색깔을 나타내는 맥주에 대한 일반적인 용어. 쿨름바크(Kulmbach)와 에를랑겐(Erlangen)이 그 예이다. Spruce Beer(스프루스 비어) 참조.

Black Champagne(블래크 샘페인) : **검은 샴페인**. 프랑스의 루이 16세 때 영국에서 수입한 에일에 붙였던 이름.

Blackcurrent(블랙커런트) : 1. **까막까치 밥 나무**. 범의 귓과에 속한 낙엽 활엽 관목인데 독특한 향의 작고 둥근 검은 열매가 열린다. 학명은 *Ribes nigrum*(라이비즈 니그럼))이다. 열매에서 나는 향은 많은 포도주의 주된 향이다. 2. **까막까치 밥 나무열매 향의**. 감각용어.

Black Jack(블래크 재크) : 1. **블랙잭**. 맥주, 에일 등을 따르는 큰 컵 또는 큰 조끼. 원래는 가죽으로 만들었고 겉에 콜타르를 칠했었다. 16-17세기에 영국에서 일반적으로 사용되었다. 2. **캐러멜**. 주류, 식초, 커피 따위의 착색용인 캐러멜. 캐러멜을 초당(焦糖)이라고도 한다.

Black Malt(블래크 몰트) : **검정맥아**. 특수맥아의 한 가지. 높은 온도의 가마(Kiln(킬른))에서 건조하여 색이 검은 맥아.

Black Malt(**블래크 몰트**) : **흑 맥아**. 질소함량이 1.5%정도로 중간정도인 맥주보리를 4-6일 동안만 싹을 틔우고 수분을 2-5%로 감소시킨 후 가스로 열을 가하는 회전드럼으로 232°C의 고온에서 2-2.5시간동안 볶은 몰트이다. 이 맥아는 스타우트나 검은색 맥주를 양조할 때 약간 사용하는데 맥주의 색깔과 탄 향미를 내는데 기여한다. 이 맥아는 발효성 당이 없기 때문에 맥아로부터 추출된 고체추출물은 완성된 맥주에 그대로 남아있게 된다. Black Patent Malt(블래크 패턴트 몰트), Carbonized Malt(카르버 나이즈드 몰트), Chocolate Malt(초컬리트 몰트)와 동의어. Chocolate Malt(초컬리트 몰트) 참조.

Black Mead(블래크 미드) : **검은 벌꿀 술**. 꿀, 까막까치 밥 나무열매, 물로 양조한 멜로멜(Melomel)의 한 종류. 멜로멜(Melomel) 참조.

Black Patent Malt(블래크 패턴트 몰트) : **특허 받은 흑 맥아**. Black Malt(블래크 몰트), Carbonized Malt(카르버 나이즈드 몰트), Chocolate Malt(초컬리트 몰트)와 동의어. Black Malt(블래크 몰트) 참조.

Black Velvet(블래크 벨비트) : **블랙벨벳**. 스타우트와 샴페인(또는 발포성 포도주)를 동량 섞은 칵테일. 대개 샴페인이 들어있는 샴페인 잔에 스타우트를 잔가에서 천천히 부어 두 성분이 섞이지 않게 만든다. Bismark(비즈마르크)와 동의어. 참조.

Blanche De Hoegaarden(블랑쉬 드 오가르데) : **백색 호가든 맥주**. 중세부터 벨기에의 플랑드르(Flanders(플랭더르즈)) 지방의 호가든에서 만들어 지고 있는 전통적 밀 맥주. 호가든은 물이 나빠 “동물만이 물을 마신다”라는 고문서가 있을 정도로 물이 나쁘며 맥주산업이 번창한 곳이다. 이 맥주는 50%의 보리맥아와 50%의 밀(때로는 10%의 귀리 또는 귀리 플레이크))을 사용하여 만든다. 원래는 야생효모와 유산균으로 발효하여 1차 발효가 끝난 다음 며칠 후에 도매상에게 판매하거나 3월에 땅에 묻어두었다가 다음해에 꺼내어 축제 등에 사용하였다. 500년 동안 이 맥주를 만들던 양조장은 1950년대에 문을 닫았으나 1960년대에 다시 문을 열고 알루미늄 통에서 상면발효를 행하는 전통적인 스타일의 맥주를 생산하고 있다. Hoegaardse Wit(호가르체 비트)와 동의어.

Blanche De Louvain(블랑쉬 드 루뱅) : **백색 루벤 맥주**. 벨기에 루벤의 플랑드르에서 전통적이고 상면발효로 양조하는 밀 맥주. 맥아와 일반 밀을 60 : 40, 50 : 50, 45 : 45(10%는 귀리)로 혼합하여 17시간의 오랜 당화과정을 거치는

데 이중 1/3만 홉과 함께 끓여서 발효시킨다. 당화 액의 비중은 1.040-1.080(4-4.8°벨기에)이다. Leuvense Wit(뢰벤제 비트)와 동의어.

Blend(블렌드) : 1. **섞다. 혼합하다**. 같은 종류 또는 같은 생산물의 변종을 섞어 만들다. 2. **혼합물**. 같은 종류의 물질을 섞어 만든 물질.

Blenders(블렌더르즈) : 1. **혼합하는 사람(것). 믹서**. 혼합기. 2. **블렌더즈**. 람빅 맥주를 사서 발효, 숙성, 혼합 하는 회사.

Blending(블렌딩) : **혼합. 융합**. 같은 종류의 2가지이상의 생산물을 섞는 행위.

Blind Pig(블라인드 피그) : **주류 밀매소**. 특히 금주법 시행시대의 밀매소. Blind Tiger(블라인드 타이거르)와 동의어.

Blind Tiger(블라인드 타이거르) : **주류 밀매소**. 특히 금주법 시행시대의 밀매소. Blind Pig(블라인드 피그)와 동의어.

Blood Heat(블러드 히트) : **혈온**(血溫). 손가락으로 액체의 온도를 대충 잴 때 차갑지도 뜨겁지도 않은 온도를 표현할 때 사용하는 용어. 자가 양조할 때 이 온도에서 효모를 첨가한다. 참고로 정확한 사람피의 평균온도는 약 37°C(98.6°F). Blood Tempeature(블러드 템퍼리처르), Blood Warm(블러드 워름)과 동의어.

Blond(e)(블론드) : **블론드**. 프랑스와 벨기에에서 금색맥주를 이르는 말.

Bloody(블러디) : **피 맛의**. 양조용수 또는 오래된 양조시설에서 기인한 맛의. 다른 특성과는 어울리지 않는다. 감지한계치는 0.15ppm이다. 감각용어.

Blowby(블로우바이) : **블로바이. 배출**. 자가 양조에서 유리병이나 플라스틱 병을 사용하여 단일단계 발효를 행할 때, 병 입구를 살균한 액체가 들어있는 낮은 통에 담가진 플라스틱 호스와 연결한 마개를 막아 발효하는 방법. 이 방법은 1차 발효 중 생성되는 거품과 탄산가스를 발효액의 오염 없이 제거할 수 있다. Blowoff(블로우오프)와 동의어.

Blowoff(블로우오프) : **블로우오프. 배출**. Blowby(블로우바이)와 동의어.

Blow-Off Tube(블로우 오프 튜브) : **배출튜브**. 발효 중 탄산가스와 크로이젠(Kraeusen)을 배출하기위하여 사용하는 직경이 큰 튜브. 이 배출튜브를 잘 사용하면 효과적으로 공기 폐색기(閉塞器. Airlock(에어라크))역할을 할 수 있다.

Blowout Tube(블로우아웃 튜브) : **가스배출 튜브**. 블로바이(Blowby(블로우바이))법에 사용되는 유리 또는 플라스틱 통 입구에 장착한 직경 2.54cm의 튜브. Blowby(블로우바이) 참조.

Bock(보크) : **복 맥주**. Bock Beer(보크 비어)와 동의어. 참조

Bock Beer(보크 비어) : **복 맥주**. 1. 14세기 독일북부 니더작센(Niedersachsen) 주의 아인베크(Einbeck) 마을의 한자 동맹(Hansa)에서 상면발효로 양조했던 아주 독한 맥주인데 현재까지 생산되는 원조 복이며 우르 복(Ur-Bock)이라한다. 한때 아주 진하게 가을에 양조하여 봄에 마셨으나 현재는 연중 마시는 맥주이다. 독일 복은 현재 하면발효로 양조하고 색깔은 대개 짙은 갈색인데 점차 연한색의 복이 일반화되고 있으며 특별한 종류는 연한 색과 진한 색의 중간색으로 만들기도 한다. 독일 법에 따라 현재의 복 맥주는 원비중이 16°플라토 이상이어야 하기 때문에 알코올함량은 적어도 7.5%(V/V. 무게로는 6%)이상이 된다. 바디와 맥아향이 강하고 홉 향이 잘 어우러져 있다. 17세기 이 맥주는 뮌헨으로 수출되어 바바리아 공작의 양조장인 호프브로이(Hopbraü)에서 처음 양조했던 맥주의 한가지이다. 18세기 이 맥주의 이름은 오안복(Oanbock)이었으나 현재는 복(Bock)으로 줄었다. 독일어로 Bock(보크. 복)이란 강인한 숫염소를 의미하기 때문에 상표에 숫염소를 그려 넣기도 한다. 살바토르(Salvator)가 유명하다. Doppelbock(도펠보크), Eisbock(아이스보크) 참조. 주(註) : 한자 동맹(Hansa) - 중세 중기에 북해, 발트 해 연안의 독일 도시들인 뤼베크(Lübeck), 함부르크(Hamburg), 브레멘(Bremen) 등을 중심으로 결성한 경제적, 정치적 동맹. 2. 미국에서 복 맥주는 1840년경에 처음 선보였고 봄에 구매할 수 있는 계절맥주였다. 금주 법 해제 후 1933년 12월 다시 양조되기 시작하였으나 점차 수요가 적어져 생산이 중단되었고 1970년대에 다시 생산되기 시작하였다. 미국 복은 대개 약한 바디감과 약한 홉 향을 가지고 있다. 미국에서의 복 맥주는 복 맥주 본연의 알코올농도가 높고 홉 향이 강한 것이 아니라 복 맥주의 검은 색깔과 캐러멜의 인공향미를 의미한다. 3. 프랑스에서 복 맥주는 중간정도의 비중인 3.3-3.9°Régie(헤지)를 가지고 있는 중간정도의 알코올 농도를 가진 맥주를 말한다. Bière Bock(비에흐 보크. 중 알코올 맥주) 참조. 4. 프랑스에서 330ml 또는 250ml용량의

유리로 만든 맥주잔을 의미한다.

Bockbier(복비어) : **복 맥주**. Bock Beer(보크 비어)와 동의어. 참조.

Body(바디) : **무게감. 바디**. 맥주를 입안에 넣었을 때 느껴지는 맥주의 농도, 점도, 깊이 등의 무게감. 즉 입에서 스쳐 지나가는 술의 느낌을 말하는데 술에 함유되어있는 말토덱스트린, 단백질, 에탄올, 당, 글리세린 같은 성분의 농도에 의해 결정된다. 입안에서 느껴지는 묘사는 불가능하고 경험으로 인식한다. Mouthfeel(마우스필), Fullness(풀니스)와 동의어.

Boggle(바젤) : **바젤**. 스코틀랜드의 사람 닮은 모양의 술잔.

Boil(보일) : **끓임**. 자비(煮沸). 단 맥아즙을 맥아즙 끓임 용 솥(Brew Kettle(브루 케틀))에 옮기고 쓴맛을 내기위하여 홉을 첨가하여 끓이는 단계.

Boiler(보일러르) : **보일러**. 끓이는 기구. 급탕 탱크. 맥아즙 끓이는 큰 그릇.

Boiler Hopping(보일러르 하핑) : **보일러 호핑**. 맥아즙의 끓임 말기에 향미용 홉을 첨가하는 것 또는 끓임이 끝난 후 10-30분 안에 생산한 맥주의 아로마를 강화하기위하여 향미용 홉을 첨가하는 것.

Boilermaker(보일러르메이커르) : 1. **맥주 탄 위스키**. 폭탄주. 2. **소금 친 위스키**.

Boiling(보일링) : **끓임. 자비(煮沸)**. 당화 액을 양조용기에 옮기고 1-2.5시간 끓이는 것. 끓임 초에는 향미용(쓴맛) 홉을 첨가하고 마지막 즈음에는 아로마 용(끝손질용)홉을 첨가한다. 끓임의 목적은 최종 맥아즙 성분의 안정화, 타닌과 단백질의 응집을 통한 정화, 세균의 살균, 맥주에 독특한 향미와 아로마를 주는 홉 성분의 추출, 당이 멜라노이딘을 형성하여 캐러멜 화를 일으켜 맥주의 색깔을 내게 한다. 끓임의 막바지에 홉을 제거하고 갑작스럽게 냉각시켜 당화 액을 정화한다. Brewing과 동의어.

Boiling Copper(보일링 카퍼르) : **맥아즙 끓임 용 솥**. Brew Kettle(브루 케틀)과 동의어. 참조.

Boiling Hop(보일링 하프) : **향미 홉**. Flavoring Hop(플레이버링 하프)와 동의어. 참조.

Bolt(보울트) : **거르다**. 영국에서 맥아를 빻아서 체로 쳐 가루만 분리하다.

Bomber(바머르) : **바머**. 약 650ml 들이 목이긴 병.

Booza(h)(보저) : **보저**. 밀이나 수수를 발효한 음료. Boza(보저)의 이철자.

Booze(부즈) : 1. **알코올음료**. 2. **위스키**. 3. **주연(酒宴)**.

Botte(보트) : **보트**. 프랑스의 1리터들이 맥주잔.

Bottle(바틀) : **병**. 좁은 목을 가진 유리로 된 액체보관용기.

Bottle-Aged(바틀 에이쥐드) : **병 숙성**. Bottle-Conditioned(바틀 컨디션드)와 동의어. 참조.

Bottle Capper(바틀 캐퍼르) : **병 타전기**. Capper(캐퍼르) 참조.

Bottle-Conditioned(바틀 컨디션드) : **병 숙성(한)**. 1. 병에서 숙성한 맥주. Bottle-Aged(바틀 에이쥐드)와 동의어. 2. 효모를 다시 첨가하여 자연적으로 탄산가스를 함유하게 된 맥주. Bottle Conditioning(바틀 컨디셔닝), Carbonation (카르버네이션. 탄산화), Conditioning(컨디셔닝. 조절) 참조.

Bottle Conditioning(바틀 컨디셔닝) : **병 숙성**. 맥주를 살아있는 효모, 때로는 발효성 당과 함께 입병하여 저장기간을 늘리고 향미와 거품을 생성토록 하는 것. Bottle- Conditioned(바틀 컨디션드)와 동의어. 참조.

Bottled Beer(바틀드 비어) : **병맥주**. 병에 담아 파는 맥주. 병맥주는 대개 냉각, 여과, 탄산화, 살균하고, 멸균하는 물질을 첨가하기도 한다.

Bottled Draft Beer(바틀드 드래프트 비어) : **병에 담은 생맥주**. 살균하지 않고 여과한 맥주에 잘못붙인 라벨. 생맥주(Draft Beer(드래프트 비어))는 효모를 가지고 있으나 이 맥주에는 효모가 없다.

Bottled Goods(바틀드 구두즈) : **병에 담은 알코올음료**.

Bottled Mild(바틀드 마일드) : **병에 담은 마일드 에일 맥주**. Brown Ale(브라운 에일)과 동의어. 참조.

Bottle Opener(바틀 오우프너르) : **병따개**. 병마개를 여는 기구.

Bottle Pressure(바틀 프레셔르) : **병 압력**. 탄산가스에 의한 맥주병속의 압력. 미국 양조업자들이 만든 맥주병내의 압력은 2.5기압(cm^2당 2.58kg)이다. 병속의 탄산가스 압력은 온도에 따라 크게 달라진다. 만약 맥주가 맥주양의 2.5배의 탄산가스를 가지고 있다면 병 압력은 26.11°C에서 37파운드/in^2(2.6kg/cm^2)이지만 7.22°C에서는 15파운드/in^2(1kg/cm^2)이다. 자가 맥주 제조자가 병속에 이만한 압력을 만들려면 입병(入甁) 전에 맥주 1갤런(3.7854리터) 당 1.5 온스의 설탕을 첨가해야 한다. Bottling Pressure(바틀링 프레셔르)와 동의어.

Bottlery(바틀리) : **병 처리장**. Bottling Department(바틀링 디파르트먼트)와 동의어. 참조.

Bottle Washer(바틀 와셔르) : **세병기(洗甁機)**. 자동 병 세척기.

Bottle Works(바틀 워르크스) : **병 처리장**. Bottling Department(바틀링 디파르트먼트)와 동의어. 참조.

Bottling(바틀링) : **입병(入甁)**. 수동 또는 자동으로 병에 채워 넣기. 입병한 맥주는 생맥주보다 대개 오랫동안 저장하고 높은 온도에 노출되므로 더 이상의 발효가 일어나지 않도록 살균한다.

Bottling Department(바틀링 디파르트먼트) : **병 처리장**. 양조장의 일부로써 그곳에서 세병, 살균, 입병(入甁), 마개하기, 상표 부착, 포장을 하는 곳. Bottlery(바틀리), Bottling Hall(바틀링 홀), Bottle Works(바틀 워르크스)와 동의어.

Bottling Fleet(바틀링 플리트) : **총 병수(總 甁數)**. 양조장이 소유하고 있는 병의 총수.

Bottling Hall(바틀링 홀) : **병 처리장**. Bottling Department(바틀링 디파르트먼트)와 동의어.

Bottling Line(바틀링 라인) : **입병(入甁) 라인**. 병을 검사, 세척, 헹굼, 살균, 입병, 상표 부착, 마개하기를 자동적으로 행하는 U 또는 L자 모양의 생산라인.

Bottling Pressure(바틀링 프레셔르) : **병 압력**. Bottle Pressure(바틀 프레셔르)와 동의어. 참조.

Bottom Fermentation(바텀 퍼르멘테이션) : **하면발효**. 맥주발효의 두 가지 기본적 발효방법의 하나로 발효가 끝났을 때 효모가 발효조의 바닥에 가라앉는 발효법. **사카로미세스 우바룸***Saccharomyces uvarum*(새커로메이시즈 유버럼)(과거에는 *Saccharomyces carlsbergensis*(새커로메이시즈 카를즈버르겐시스))을 사용한다. 이 효모의 최적생육온도는 31.6-34.0°C이지만 1차 발효는 5-10°C, 2차 발효는 1-2°C에서 행한다. 이 방법으로 양조한 맥주를 라거(Lager) 또는 하면발효맥주라 하고 맛이 깔끔한 맥주이다. Low Fermentation(로우 퍼르멘테이션)과 동의어.

Bottom-Fermentation Yeast(바텀 퍼르멘테이션 이스트) : **하면발효 효모**. Bottom-Fermenting Yeast(바텀 퍼르멘팅 이스트)와 동의어. 참조.

Bottom-Fermented Beer(바텀 퍼르멘티드 비어) : **하면발효 맥주. 라거 맥주**. Lager (라거르)와 동의어. 참조.

Bottom-Fermenting(바텀 퍼르멘팅) : **하면발효**. Bottom Fermentation(바텀 퍼르멘테이션. 하면발효)과 동의어. 참조.

Bottom-Fermenting Lager Yeast(바텀 퍼르멘팅 라거르 이스트) : **하면발효 라거 효모**. Bottom-Fermenting Yeast(바텀 퍼르멘팅 이스트. 하면발효 효모)와 동의어. 참조.

Bottom-Fermenting Yeast(바텀 퍼르멘팅 이스트) : **하면발효 효모. 라거 효모**. 두 가지 양조용 효모 중 한가지로 발효 말기에 효모가 응집되어 가라앉는다. 라거 효모는 5-10°C에서 최고로 좋은 양조 능(能)을 나타내지만 1°C 이하에서도 발효를 행할 수 있다. 이 효모는 멜리비에이스(Melibiase(멜러바이에이스))를 가지고 있기 때문에 멜리비오스(Melibiose(멜러바이오스))를 분해할 수 있다. 1810년경 뮌헨근처에서 작은 양조장을 운영하던 베노 샤를(Benno Scharl)이라는 독일 수도사가 라거 효모를 처음 발견하였다. 그 후 이 효모는 슈파텐브라우어라이(Spatenbrauerei. 슈파텐 양조장)에서 사용되었다. 1845-46년에 걸쳐 이 효모 샘플이 야콥 크리스티안 야콥센(Jacob Christian Jacobsen)에 의해 뮌헨에서 코펜하겐까지 800km를 역마차를 타고 전달되었으며 코펜하겐의 칼스버그 실험실의 미생물학자인 에밀 한센(Emil Hansen)에 의해 분석되었는데 그가 세계 최초로 이 효모를 단일세포로 배양하였고 이 균주를 사카로미세스 칼즈버겐시스(*Saccharomyces carlsbergensis*(새커로메이시즈 카를즈버르겐시스))라고 명명하였다. 현재는 이 효모를 사카로미세스 우바룸(*Saccharomyces uvarum*(새커로메이시즈 유버럼))이라고 부른다. 양조장에서 사용하는 효모를 특허 등록하여 독점적으로 사용하기도 한다. Lager Yeast(라거 이스트), Bottom-Fermenting Lager Yeast(바텀 퍼르멘팅 라거르 이스트. 하면발효 라거 효모), Bottom-Fermentation Yeast(바텀 퍼르멘테이션 이스트. 하면발효 효모), Bottom Yeast(바텀 이스트)와 동의어.

Bottoms(바텀즈) : **침전효모**. 발효조 또는 숙성조의 바닥에 가라앉은 효모 침전물.

Bouge(부즈) : **부으쥬**. Bilge(빌쥐. 만곡부(彎曲部))의 고어. 참조.

Bouquet(부케이) : **방향**. 맥주의 발효와 숙성 중에 만들어지는 전체냄새.

Bousa(보저) : **보저**. Boza(보저)의 다른 철자. 참조.

Boutique Brewery(부티크 브루어리) : **소규모 양조장**. 년 1만5000배럴이하의 맥주를 생산하는 작은 양조장.

Box Malting(박스 몰팅) : **발아함식(發芽函式) 제맥아(製麥芽)**. 환기장치가 되어있는 발아상자에서 맥아를 만드는 것.

Boza(보저) : **보저**. 1. 기원전 3000-2000년경에 고대 바빌로니아와 이집트에서 수수(*Panicum miliaceum*(패니쿰 밀리아세움))를 원료로 만들었던 맥주의 한 가지. 최근까지도 사막의 유목민들이 고전적인 방법으로 보자를 만들었다. 그들은 수수를 침지(浸漬)한 후 싹을 내고 이를 갈아 반죽을 한 후 이들을 구어 케이크 같은 덩어리를 만들었다. 이것을 빻고 물을 첨가하여 발효시켜 맥주를 만들었다. 2. 에티오피아에서 밀 맥주를 칭하는 말. 3. 터키에서 옥수수를 사용하여 만든 비 알코올성음료. 이철자 : Bosa, Bousa, Bouza, Booza(h). 알코올음료, 위스키, 주연(酒宴)을 뜻하는 Booze(부즈)도 Boza에서 유래된 것으로 보임.

Bracteole(브래크티오울) : **소포(小苞)**. **소포엽(小苞葉)**. 작은 꽃 싸개. 꽃자루에 있는 보통의 꽃 싸개보다 작은 잎으로서 꽃 싸개와 꽃받침 사이에 흔히 있음. Breact(브래크트)와 동의어.

Braga(브라거) : **브라거**. 1. 중세에 러시아에서 만들었던 연한 미드(벌꿀 술). 2. 루마니아에서 수수맥주를 말한다.

Bragget(브래기트) : **브래기트**. 향신료를 첨가한 꿀과 에일 맥주를 섞어 만든 리큐르. 어원 : 19세기 영국에서 사순절이 있는 달의 4번째 일요일을 브래기트 선데이(Bragget Sunday)라고 불렀고 이날은 에일을 계속 마셨던 풍습에서 유래되었다.

Braggot(브래기트) : **브래기트**. 맥아와 함께 만든 벌꿀 술로 맥아의 함량은 발효당의 50%를 넘지 않아야 한다. 때로는 Bracket(브래키트)라고 부른다.

Bragot(브라거트) : **브라거트**. 맥주, 꿀, 계피, 방동사니(뿌리에서 향내가 나는 식물)로 구성된 고대 웨일즈의 음료. Hero Drink(히어로우 드링크)라고도 한다.

Brambling Cross(블램블링 크로스) : **블램블링 크로스**. 알파 산 함량이 5.0-6.0%고 영국에서 재배하고 있는 홉 품종. Bram Cross(브람 크로스)라고도 한다.

Bram Cross(브람 크로스) : **브람 크로스**. Brambling Cross(블램블링 크로스)와 동의어. 참조.

Brasenose Ale(브레이즈노우즈 에일) : **브레이즈노우즈 에일**. 옥스포드대학교의 브래스노스대학(Brasenose College(브레이즈)에서 회계 감사일에 마시기 위해 양조했던 독한 맥주. Audit Ale(오디트 에일)과 동의어. 참조.

Brassage(브래시쥐) : **브래시지**. 몰트나 브래시스(Bracis. 침지하여 부드럽게 된 곡물)를 만드는 곡물.

Brasserie(브하스히) : **맥주홀**. **맥주양조장**. 프랑스어.

Breact(브리애크트) : **소포(小苞)**. **소포엽(小苞葉)**. Bracteole(브랙티오울)과 동의어. 참조.

Bready(브래디) : **빵 향기의**. 빵 아로마의. 기름기가 나오지 않을 정도로 너무 오래 또는 너무 높은 온도에서 볶지 않은 몰트에서 나타나는 좋은 아로마 또는 향미. 다른 특성과 잘 어울리나 편차가 크다. 감지한계치는 낮은 ppb정도이다. 감각용어.

Break(브레이크) : **침전물(沈澱物)**. 맥아즙(Wort(워르트))에 포함되어 있는 단백질이 응집, 침전되어 맥주가 청징 되는 것. 맥아즙을 끓일 때 높은 온도에서 일어나는 것을 핫 브레이크(Hot Break)라 하고 냉각할 때 일어나는 것을 콜드 브레이크(Cold Break)라 한다.

Breakage(브레이키쥐) : 1. **응집(凝集)**. 양털(솜)모양의 침전. Flocculation(플라큘레이션. 응집)과 동의어. 참조. 2. **파손**. 파손량(破損量).

Breakdown(브레이크다운) : **품질저하**. 맥주의 품질저하.

Break Point(브레이크 포인트) : **브레이크 포인트**. 구분 점. 맥아를 가마건조 할 때 맥아 밖의 모든 자유수(自由水)가 날아갔기 때문에 맥아에 가하는 온도와 맥아를 떠나는 온도가 일치하는 점. 자유수가 있으면 날아가는데 에너지가 필요하다(잠열(潛熱)). 만약 자유수가 에너지를 가지면 가마에 들어오는 온도보다 나가는 온도가 상대적으로 낮다.

Brett(브레트) : **브레트. 퀴퀴한 냄새의**. 브레타노마이세스(*Brettanomyces*(브레트노메이시즈))의 약어인데 발효음료에서 나는 과일 또는 퀴퀴한 냄새(가죽, 땀, 나쁜 연기 냄새 등)를 말한다. 효모인 이 균은 4-에틸페놀(4-Ethyl Phenol(4-에틸 피노울))과 4-에틸 구아이아콜(4-Ethyl Guaiacol(4-에틸 구아이어코울))을 생성하여 이러한 냄새를 낸다. 감지한계는 약 420ppb이고 일반적으로 바람직하지 않은 냄새이나 람빅(Lambic(람비크)) 맥주에서는 바람직한 냄새이다. Barnyard(바른야르드), 4-Ethyl Phenol과 동의어. 감각용어.

Brettanomyces(브레트노메이시즈) : **브레타노마이세스 속(屬)**. 일반적인 맥주에는 좋지 않은 냄새를 만드는 효모의 속이지만 람빅(Lambic(람비크))과 괴즈(Gueze(구에즈)) 등의 맥주에는 퀴퀴한 냄새(Barnyard(바른야르드) 또는 말 냄새(Horsey(호르시))라고 표현하는 독특한 향미, 그리고 파인애플, 기타 향미를 주는 효모속이다.

Brettanomyces bruxellensis(브레트노메이시즈 브러셀런시스) : **브레타노마이세스 브루셀렌시스**. 벨기에의 람빅(Lambic), 플랑드르 레드 에일(Flanders Red Ale(플랜더르즈 레드 에일), 괴즈(Gueuze(구에즈)), 크렉(Kriek(크리크)), 오르발(Orval오르벌))등의 양조에 중요한 역할을 하는 효모균이다.

Brettanomyces lambicus(브레트노메이시즈 람비커스) : **브레타노마이세스 람비쿠스**. 벨기에의 람빅(Lambic(람비크))맥주를 양조할 때 사용하는 효모이다. 다른 효모들보다 에스터 생산량이 많으며 맥주에 독특한 가죽냄새 또는 말안장 냄새를 준다.

Brew(브루) : 1. **양조하다. 양조**. 곡물을 침지하고 끓이고 홉을 첨가하고 발효하여 맥주를 만들다. 2. **달이고 끓이다. 달이고 끓임**. 맥주 만드는 과정에서 쓴 맥아즙을 만들기 위해 달이고 끓이는 단계.

Brewer(브루어르) : **맥주양조업자. 맥주 양조인**. 어원 : 보리 또는 물과 보리가 섞인 것을 뜻하는 골(Gaul)어 단어인 Brai(브레) 또는 Brace(브하스)에서 유래하였다. Master Brewer(매스터르 브루어르) 참조.

Breweress(브루어리스) : 1. **여성양조업자**. 2. **양조인**.

Breweriana(브루어리애너) : **맥주관련물품 수집(가)**. 1. 열정적으로 맥주관련 물품을 수집하는 것. 2. **맥주관련 물품**. 양조장 명칭 또는 상표명이 적힌 수집할 만한 맥주관련 물품. 캔, 병, 맥주병 따개, 받침접시, 맥주 꼭지, 상자, 네온사인 등.

Brewer's Gold(브루어르즈 골드) : **브루어즈 골드**. 8.5-11.0%의 알파산과 4.5-5.5%의 베타 산을 함유하고 있고 영국의 켄트, 미국의 워싱턴 주, 오리건 주에서 재배하는 홉 품종.

Brewer's Grains(브루어르즈 그레인즈) : 1. **맥주박**. 맥주를 짜고 남은 찌꺼기. 2. **조박(糟粕)**. 담금 후 담금 솥에 남아있는 맥아찌꺼기. Spent Grains(스펜트 그레인즈)와 동의어.

Brewer's Gravity(브루어르즈 그래비티) : **양조업자 비중**. (비중-1.000) x 0.36으로 계산되는 양조업자 파운드(Brewer's Pound(브루어즈 파운즈))로 표기하는 비중. Brewer's Pound(브루어즈 파운즈) 참조.

Brewer's Grits(브루어르즈 그리츠) : **양조업자용 부가 물**. 당화하기 전에 컨버터(Converter(컨버르터))에서 굵게 빻은 보리, 옥수수, 쌀 등.

Brewer's Paddle(브루어르즈 패들) : **양조업자용 주걱**. 맥주양조의 여러 과정에서 저을 때 사용되는 나무 또는 플라스틱으로 만든 긴 자루가 달린 대형주걱. Rouser(라우저르), Stirring Spoon(스터링 스푼)과 동의어.

Brewer's Pounds(브루어르즈 파운즈) : **양조업자용 파운드**. 맥아즙이 들어있는 36 영국 갤런(163.6546리터) 통의 무게에서 15.5°C 물 360파운드가 들어있는 통의 무게를 뺀 값을 말한다. 이 수치는 양조액에 있는 추출물을 의미한다. 그러므로 맥아즙의 비중은 다음과 같이 계산한다. (넘는 양조업자 파운드 + 360) / 360. Brewer's Gravity(브루어르즈 그래비티), Extract(익스트래크트) 참조.

Brewer's Yeast(브루어르즈 이스트) : **양조용 효모**. 맥주양조에 알맞은 효모. 맥주양조에는 상면발효효모와 하면발효효모의 두 가지 타입의 효모가 있다. 상면발효효모는 에일 효모(Ale Yeast) 라고도 하며 양조액의 윗면에서 주로 발효를 행하고 하면발효효모는 라거 효모(Lager Yeast)라고도하며 양조액의 바탕에서 주로 발효를 행한다. 발효할 때는 전번 발효에 사용했던 효모를 수거하여 사용하거나 건조효모나 액체효모를 구입해서 사용한다. Brewing Yeast(브루잉 이스트) 참조.

Brewery(브루어리) : **양조장**. 1. 맥주를 만드는 건물. 2. 맥주를 제공하는 장소.

Brew House(브루 하우스) : **양조장**. 양조 또는 당화가 실제적으로 행해지는 장소. Brew-house라고도 쓴다. 과거에는 Brewery(브루어리)와 동의어로 사용되었다.

Brewhouse Yield(브루하우스 일드) : **양조장생산량**. 실험실에서 최적조건으로 생산되는 추출물의 양이 아닌 현장(양조장)에서 생산되는 추출물의 양.

Brewing(브루잉) : 1. **양조법**. 맥주 만드는 과학과 기술. 상업적 양조는 침지, 발아, 가마건조, 분쇄, 당화, 로터링, 끓임, 발효, 입병(또는 통조림, 통에 담기)의 9단계로 이루어진다. 2. **양조**. 당화와 끓임 단계. 3. **양조과정에 관한 것**.

Brewing Copper(브루잉 카퍼르) : **맥아 끓임용 솥**. Brew Kettle(브루 케틀)과 동의어. 참조.

Brewing Liquor(브루잉 리커르) : **양조용수**. Brewing Water(브루잉 워터르)와 동의어. 참조.

Brewing Log(브루잉 로그) : **양조 기록장치**. 각 양조과정의 기록을 보존하는 기기. 양조 기록 장치는 양조의 양적인 조절과 양조 이상의 확인을 쉽게 한다. 세금도 계산 할 수 있다.

Brewing Water(브루잉 워터르) : **양조용수**. 양조에 사용되는 물. 양조에 알맞은 품질과 양을 갖추고 있어야한다. 과거에는 대개 양조장근처의 우물에서 양조용수를 채취하였다. 어떤 양조용수 채취장은 독특한 물의 조성 때문에 그곳만의 독특한 특성을 맥주에 부여하기도 한다. 예를 들면 영국의 버튼(Burton)은 쓴맛의 맥주를, 에든버러(Edinburgh)는 연한색의 에일을, 독일의 도르트문트(Dortmund)와 체코의 플젠(Plzen)은 연한색의 라거를 생산하고 있다. Liquor(리커르), Brewing Liquor(브루잉 리커르) 참조.

Brewing Yeast(브루잉 이스트) : 양조효모. Brewer's Yeast(브루어르즈 이스트) 참조.

Brew Kettle(브루 케틀) : **맥아즙 끓임 용 솥**. 맥아즙과 홉을 끓일 때 사용하는 솥. 대개 90분 동안 끓인다. Boiling Kettle(보일링 케틀). Copper(카퍼르)라고도 한다.

Brewmaster(브루 매스터르) : **양조장(釀造長)**. Master Brewer(매스터 브루어)와 동의어. 참조.

Brewpot(브루파트) : **맥아즙 끓임 용 솥**. Brew Kettle(브루 케틀)과 동의어. 참조.

Brewpub(브루퍼브) : **브루펍**. 매장에 소규모 자체 맥주 양조시설을 가지고 있으며 여기서 만든 맥주 50%이상을 매장에서 판매하는 술집. 영국에서는 Homebrew House(홈브루 하우스), 독일에서는 House Brewery(하우스 브루어리)라고하기도 한다.

Brewster(브루스티르) : 1. **여성 양조인**. 2. **양조인**(고어). Ale Wife(에일 와이프)와 동의어.

Brewster Sessions(브루스터르 세션즈) : **브루스터 세션즈**. 옛날 영국에서 1729년의 법에 따라 에일하우스 운영허가를 위해 특별히 열렸던 주류 판매 면허 위원회 개정기간.

Bridal(브라이덜) : **신부 에일**. Bride Ale(브라이드 에일. 신부에일)과 동의어. 참조.

Bride Ale(브라이드 에일) : **신부(新婦)에일**. 옛날 영국에서 결혼식에 참석하여 주머니사정에 따라 부조를 한 친구와 참석자를 위하여 웨딩파티에 신부가 준비하던 특별한 에일. 이러한 전통은 중세까지 거슬러 올라가고 Bridal(브라이덜)과 Bridale(브라이덜)이 이 말에서 유래하였다.

Bright(브라이트) : **맑은. 투명한**. 빛나는. 훌륭한. Brilliant(브릴리언트)와 동의어.

Bright Beer(브라이트 비어) : **맑은 맥주. 투명한 맥주**. 입병하기 바로 전에 최종 여과한 맑은 맥주.

Bright Beer Tank(브라이트 비어 탱크) : 1. **맑은 맥주 저장 탱크**. 여과 후 입병하기위하여 여과한 맑은 맥주를 담아놓은 탱크. 때로는 맑은 에일 탱크(Fine Ale Tank(파인 에일 탱크))라고도 한다. 2. **맥주 탄산화 탱크**. 맥주에 탄산가스를 주입하는데 사용하는 탱크. Bright Tank(브라이트 탱크)와 동의어. 참조.

Bright Tank(브라이트 탱크) : 1. **맑은 맥주 저장 탱크**. 2. **맥주 탄산화 탱크**. Bright Beer Tank(브라이트 비어 탱크)와 동의어.

Brilliance(브릴리언스) : **광채**. 맥주가 깨끗하고 투명하며 빛나고 반짝임을 표현할 때 쓰는 용어. 맥주가 광채가 나려면 훌륭한 생물학적 안정성, 콜로이드의 안정성을 가지고 있어야한다. 때로는 Purity(퓨리티. 깨끗함), Brilliancy(브릴리언시. 광채)라고도 한다.

Brilliancy(브릴리언시) : **광채**. Brilliance(브릴리언스)와 동의어. 참조.

Brilliant(브릴리언트) : **외관이 빛남**. 품질이 좋고 투명하며 반짝이는 맥주를 표현할 때 사용하는 감각용어. Bright(브라이트)와 동의어.

Brim(브림) : **위 끝부분. 가장자리. 테**. 컵이나 사발 등의 끝부분.

Brine(브라인) : **소금물. 염화 칼슘 용액**. 양조산업에서 냉각용 용기와 냉장고를 냉각시키는데 사용하는 용액. Saltwater(솔트워터르) 또는 Salt-Water와 동의어.

British Champagne(브리티쉬 샘페인) : **포터(Porter)의 별명**.

British Carastan Malt(브리티쉬 캐러스탠 몰트) : **영국 카라스탄 맥아**. Carastan Malt(캐러스탠 몰트)와 동의어. 참조.

British Institute of Brewing(브리티쉬 인스티튜트 어브 브루잉) : **영국양조협회**. 약어로 IOB. 이 명칭은 여러 가지로 변경되었다가 2005년부터 영국 양조, 증류협회(Institute of Brewing and Distilling(인스티튜트 어브 브루잉 앤드 디스틸링)로 쓰고 있다. 양조에 관한 출판, 양조기술 보급, 표준화 등의 임무를 수행한다.

Brix(브릭스) : **브릭스**. 우리나라, 일본, 미국 등에서 사용하는 당분농도 단위로 물 100ml에 들어있는 설탕의 농도. 10°브릭스는 설탕물 10%와 동일한 농도이다. Balling(볼링)과 동의어. 참조.

Brix Scale(브릭스 스케일) : **브릭스 계**(計). 자당(蔗糖) 농도계. 눈금이 그어진 액체비중계로써 특정온도에 있어서의 자당용액의 단위체적중의 당량(糖量). Brix(브릭스) 참조.

Broach(브로우취) : **통에 꼭지를 박다. 마개를 따다**. 통에 들어 있는 내용물을 꺼내기 위하여 꼭지를 박다.

Broc(브로크) : 1. **브로크**. 옛날 프랑스에서 사용하던 액체의 용량단위. 2. **브호**. 프랑스어. 목이 길고 손잡이가 달린 병 또는 병에 담긴 음료.

Bromate(브로우메이트) : 1. **브로민산염**(酸塩). 브로민산 포타슘(Potassium Bromate(포태시엄 브로우메이트))을 말하는데 보리가 싹틀 때 뿌리의 증식을 억제하기 위하여 사용하였던 물질. 2. **브로민화하다**.

Bromelain(브로우멀런) : **브로멜라인**. 파인애플에 함유되어 있는 프로티에이스. 2~3종이 알려져 있는데 효소특이성은 같다. 어느 것이나 활성부위에 시스테인잔기를 갖는 티올프로티에이스로 분자구조는 파파인(papain)과 비슷하고 당을 포함한다. 양조에서는 혼탁방지를 위하여 사용한다. Bromelin으로 쓰기도 한다.

Bromelin(브로우멀린) : **브로멜린**. Bromelain(브로우멀런)과 동의어. 참조.

Brother Bung(브러더르 벙) : **브라더 벙**. 양조업자 또는 술친구를 뜻하는 영국 속어.

Brown Ale(브라운 에일) : **브라운 에일**. 영국, 벨기에, 미국 등에서 생산하는 진한 호박색(琥珀色)이나 갈색을 띄는 맥주. 마일드 에일 보다는 약간 더 달고 바디감이 강하지만 대부분의 사람들은 마일드 에일을 병에 담은 것으로 생각하고 있다. 이 맥주는 홉을 적게 가하고 볶은 맥아나 캐러멜맥아로 색깔과 향을 낸다. 물은 연수를 사용하고 초기 맥아즙의 비중은 1.035-1.050이기 때문에 맥주의 알코올농도는 약 3.5% 정도이다. 때로는 Bottled Mild(바틀드 마일드)라고 부른다. 뉴캐슬 브라운 에일(New Castle Brown Ale)이 유명하다.

Brown Beer(브라운 비어) : **갈색맥주**. 검은색이나 약간의 구리 색을 띈 맥주를 일반적으로 부르는 이름. Brown Ale(브라운 에일), Brune d'Aarschot(브휘엔 다흐쇼) 참조.

Brown Betty(브라운 베티) : **브라운 베티**. 1. 버터에 볶은 빵가루를 주재료로 해서 사과나 그 밖의 과일, 설탕, 향료 등을 첨가하여 그릇에 넣어 오븐에서 구운 푸딩. 2. 옛날 영국에서 향신료를 첨가한 토스트, 그리고 브랜디와 에일을 섞은 따뜻한 음료를 함께 제공하던 것.

Brown Cow(브라운 카우) : **갈색 소**. 1. 콜라와 우유를 섞은 음료. 2. 영국에서 에일 통을 이르는 속어.

Browning Reaction(브라우닝 리액션) : **갈색 화 반응**. 브라운 반응. 식품이 갈색화 되는 과정을 말하는데 캐러멜 화처럼 바람직한 경우와 사과가 갈색으로 변하는 것 같은 바람직하지 않은 경우가 있다. 갈색 화 반응은 다음과 같은 두 가지가 있다. 1. 효소가 관여하는 반응 : 폴리페놀 옥시데이스, 카테콜 옥시데이스, 자연에 존재하는 페놀을 멜라닌과 벤조퀴논으로 만드는데 필요한 효소에 의한 것. 녹차와 건조 과일(건조 무화과, 건포도 등)의 갈색 화 반응은 바람직하나 사과, 감자, 바나나, 새우등의 갈색 화는 바람직하지 않다. 2. 효소가 관여하지 않는 반응 : 캐러멜 화와 메일라드 반응(Maillard Reaction(마이야르드 리액션)) 등이 있다. 캐러멜 화는 당의 열분해로 만들어지며 빵 등을 만들 때 바람직한 견과류 향의 생성과 갈색 화를 일으킨다. 메일라드반응은 열에 의한 아미노산과 환원당간의 화학반응을 말하는데 여러 가지 향을 생성한다. Maillard Browning(마이야르드 브라우닝. 메일라드 갈변화(褐變化)), Maillard Product(마이야르드 프로덕트. 메일라드 생산물)), Maillard Reaction(마이야르드 리액션. 메일라드 반응)) 참조.

Brown Malt(브라운 몰트) : **갈색맥아**. 활엽수나무 장작불로 건조한 특수맥아의 한 가지. 연기 향을 풍긴다. 전통적으로 검은색 에일을 만들 때 사용했으나 상업적으로 생산하는 곳은 없으므로 개인이 만들어 사용한다. 연한 색 맥아를 가정용 오븐에서 204-233°C에서 원하는 색이 나올 때까지 볶은 후 펴서 말린다. 초콜릿 맥아보다는 엷은 색을 가진다.

Brown Velvet(브라운 벨비트) : **브라운 벨벳**. 스타우트 맥주와 알코올강화포도주인 포트를 반반씩 섞은 음료.

Brown Water(브라운 워터르) : **갈색 물**. 맥주에 대한 호주의 속어.

Broyhan(브로이한) : **브로이한**. 1526년 독일에서 처음 상면발효로 양조한 연한색의 밀 맥주.

Bruheater™(브루히터르) : **브루히터**. 연속적으로 저항 값을 바꿀 수 있는 가감저항기(加減抵抗器)로 전류를 조정하여 온도를 조절하고 맥아즙의 끓임, 당화, 분무를 행할 수 있는 다목적용 기계의 상표명. 영국에서 개발되었고 6갤런(27.28리터) 용량이고 71°C에서 단일 침출당화를 할 수 있다.

Brumalis Canna(브루말리스 카너) : **브루말리스 카나**. 중세 프랑스에서 생강과 과일을 첨가하여 만든 거품 나고 향이 있는 맥주.

Brumalt(브루몰트) : **브루몰트**. 유럽에서 보리를 오랫동안 침지한 후 8일간 싹을 틔운 후 100°C이하로 가마 건조한 몰트. 단맛의 견과류 향과 구운 향미를 준다. 체코 감브리누스(Gambrinus)회사에서 사용하는 이름. 캐나디언 허니 몰트(Canadian Honey Malt)라고도 한다.

Brune D'Aarschot(브휘엔 다흐쇼) : **브뤼엔 다르쇼**. 한때 벨기에에서 60%의 몰트와 40%의 밀, 그리고 홉을 섞어 230리터의 큰 통에서 양조했던 갈색맥주.

Brush(브러쉬) : **닦다**. 기계적인 솔로 보리껍질을 닦아 이물질을 제거하다.

Brutolé(브휘톨레) : **브뤼톨레**. 약초를 넣고 한때 만들었던 약용 맥주.

Bubbler(버블러) : 1. **버블러**. 기포를 액체 속으로 통과시키는 장치의 총칭. 2. **버블러**. 분수식의 물 마시는 곳. 3. **발효전(栓)**. 발효 에어락. 발효 중에 생성된 탄산가스에 의해 발효전의 액체가 보글거리므로 이 이름이 붙었다. Fermentation Lock(퍼르멘테이션 락)과 동의어. 참조.

Budding(버딩) : **출아**(出芽). 효모가 싹이 나는 것과 같은 모양으로 증식하는 것.

Budweiser™(버드와이저) : **버드와이저**. 미국의 대표적 맥주 상표명. 약해서 Bud(버드)라 한다.

Buffer(버퍼르) : **완충액**(緩衝液). 외부에서 어느 정도의 산이나 염기를 가해도 수소 이온 농도의 변화가 적은 용액.

BU:GU Ratio(비유 지유 레이쇼) : **BU와 GU의 비율**. 특정맥주 또는 맥주의 한 무리의 쓴맛단위(Bittering Unit(BU))와 비중단위(Gravity Unit(GU))의 비율을 말한다. 쓴맛단위는 국제쓴맛단위(International Bitterness Unit(인터내셔널 비터니스 유니트))를 사용하고 비중단위는 비중을 나타내기 위하여 사용한다. 대부분의 맥주와 맥주 스타일은 0.3-1.0사이이다.

Buire(뷔흐) : **뷔르**. 옛날 프랑스에서 사용하던 성찬식용 포도주병을 닮은 그릇.

Bullion(불리언) : **불리온**. 8-11%의 알파산과 4.5-5.5%의 베타 산을 가지고 있어 아주 강한 쓴맛을 내는 홉인데 영국, 미국의 워싱턴 주와 오리건 주에서 많이 재배하는 품종이다.

Bung(벙) : 1. **나무마개**. 맥주 통의 나무마개. 2. **나무마개를 하다**. 캐스크에 나무마개를 하여 탄산가스 유출을 막다.

Bung Hole(벙 홀) : **통의 따르는 구멍**. 마개구멍.

Bunging(벙잉) : **마개를 막음**.

Bunging Apparatus(벙잉 애퍼래터스) : **저장용 통에 장치한 안전밸브**. 맥주를 비롯한 탄산음료의 저장용통에 장치한 가스나 압력의 손실방지장치.

Bung Juice(벙 쥬스) : **벙 주스**. 맥주에 대한 영국 속어.

Bung Stave(벙 스테이브) : **구멍 뚫린 통 널**. Cant(캔트)와 동의어. 참조.

Burned(버른드) : **태운 향기의**. 다른 특성과 잘 어울리나 편차가 크다. 감지한계치는 낮은 ppb정도이다. 감각용어.

Burned Match(버른드 매취) : **성냥 탄 냄새의**. Sulfur(설퍼르) 참조. 감각용어.

Burnt Sugar(버른트 슈거르) : **캐러멜**.

Burou(비루) : **비루**. 맥주를 일본에서 부르는 말.

Burton Ale(버르턴 에일) : **버튼 에일**. 1. 영국 버튼 온 트렌트(Burton-on-Trent) 마을의 석고가 많은 물로 양조해서 만든 에일 또는 비터맥주. 이곳에서는 서기 1004년부터 맥주양조가 시작되었으며 1776년 윌리엄 배스(William Bass)가 그의 첫 양조장을 열었다. 2. 버튼 에일 닮은 에일. 버튼 온 트렌트(Burton-on-Trent) 마을에서 양조한 맥주와 맛과 스타일이 비슷한 맥주.

Burtonization(버르터나이제이션) : **버튼화**. 황산칼슘($CaSO_4$) 또는 황산마그네슘($MgSO_4$), 소금(NaCl) 또는 염화칼슘($CaCl_2$) 같은 염들을 물에 첨가하여 영국 버튼 온 트렌트(Burton-on-Trent) 마을의 물과 유사하게 만드는 것.

Burtonize(버르터나이즈) : **버튼화하다**. Burtonization(버르터나이제이션)의 동사. 참조.

Burton Soda(버르턴 소우더) : **버튼 소다**. 에일과 생강맥주를 동량 섞은 칵테일.

Burton Union System(버르턴 유니언 시스텀) : **버튼 유니온 시스템**. 1930년대 버튼에 있는 양조장에서 사용했던 양조방법의 하나. 캐스크(나무통)들이 파이프로 연결되어있는데 이는 양조될 때 생성되는 과량의 효모거품이 원래의 통에는 많은 공간을 남기지 않고 다음 통으로 이동하도록 고안된 방법이다. 이동한 효모거품에서 효모를 분리하고 남은 발효액을 원래의 통으로 다시 들어오도록 되어있다. 현재 이 방법으로 맥주를 양조하는 곳은 마스턴 양조장(Marston Brewery(마르스턴 브루어리)) 뿐이다. 버튼 온 트렌트(Burton-on-

Trent) 마을에서만 사용하는 이 시스템을 조용한 공정(Quiet Process(콰이어트 프라세스))이라고 불렸다.

Burton Union(버르턴 유니언) : **버튼 유니온**. Burton Union System(버르턴 유니언 시스텀)과 동의어. 참조.

Burton Water(버르턴 워터르) : **버튼 물**. 영국의 유명한 양조마을인 버튼 온 트렌트(Burton-on-Trent)의 경수(硬水)를 말한다. 조성(g/리터)은 탄산칼슘($CaCO_3$) 0.143, 황산칼슘($CaSO_4$) 0.719, 황산마그네슘($MgSO_4$) 0.013, 염화칼슘($CaCl_2$) 0.188이다. Brewing Water(브루잉 워터르) 참조.

Bush House(부쉬 하우스) : **부시 하우스**. 역사적으로 지역축제가 있을 때 임시적으로 에일을 만들던 양조장. 어원은 부시 하우스를 의미하는 담쟁이 가지를 놓아두었기 때문에 이러한 말이 생겼다. Ale House(에일 하우스)와 동의어.

Buska(부스커) : **부스카**. 고대 독일 사람인 고트족(Goth(가스))이 맥주를 이르는 말.

Butt(버트) : 1. **큰 통**. 맥주, 에일, 포도주 등의 큰 통. 2. **통**. 3. **버트**. 액량 단위. 491리터. 108갤런. 보통 2 Hogshead(호그즈헤드)를 말하는데 1호그즈헤드는 약 246리터((영) 52.5갤런), 245리터((미) 63갤런)을 말한다.

Buttenmann(부텐만) : **부텐만**. 독일어. 잔의 일종. Tanzeman(탄체만)과 동의어. 참조.

Buttered Ale(버털드 에일) : **버터(첨가) 에일**. 옛 영국에서 설탕, 계피, 버터, 에일로 만든 홉 무 첨가 음료.

Butterfly Valve(버터르플라이 밸브) : **나비 형 밸브**. 역류방지용 밸브. 1. 두개의 플랩이 경첩으로 이루어져있는 역류방지용 밸브(Clack Valve(클래크 밸브)). 2. 두개의 플랩이 중심축 양쪽에 고정되어 그 회전으로 유체 통로의 넓이가 조절되는 밸브. 기화기의 스로틀 밸브(Throttle Valve(스라틀 밸브)) 등.

Butterscotch(버터르스카취) : **버터스카치 아로마/향미의**. 인접 다이케톤(Vicinal Diketone(비시널 다이키토운. 약어로 VDK))이 많으면 나타내는 아로마/향미. 버터스카치란 버터와 황설탕을 섞어 만든 연갈색 사탕을 말한다. Buttery(버터리), Vicinal Diketone(비시널 다이키토운. 약어로 VDK))참조. 감각용어.

Buttery(버터리) : **버터 향미/아로마의**. 펜탄다이온(Pentanedione(펜테인다이언)을 포함하는 Vicinal Diketone(비시널 다이키토운. 약어로 VDK)에 의한 향미/아로마 인데 이는 효모가 아미노산을 합성할 때 세포 밖으로 배출되는 물질이다. 많은 양이 생성된다면 이는 효모가 스트레스를 받거나 돌연변이가 일어난 것을 의미하며 또는 세균의 오염이 일어났다는 의미이다(특히 대개 생맥주 공급 관). 감지한계치는 0.10ppm이나 다양하다. 영국 스타일 에일에서 아주 낮은 농도는 상쾌함을 느낄 수 있으나 대부분은 맥주에 바람직하지 않은 작용을 한다. Diacetyl(다이어시털)과 동의어. Theater Popcorn(시어터 팝콘), 양이 많으면 Butterscotch(버터스카치)라고 표현한다. 감각 용어.

Button Handle(버턴 핸들) : **버튼 핸들**. 단추 또는 손잡이 모양의 핸들.

Butyl Acetate(뷰틸 애시테이트) : **초산부틸**. 분자식은 $CH_3COOC_4H_9$. 과일 같은 냄새가 나는 물질.

Butyric(뷰티리크) : **낙산(酪酸)냄새의**. 부티르산 아로마의 또는 변질된 버터 아로마의. 흔히 세균인 락토바실러스(*Lactobacillus*(랙터우버실러스))에 의하여 생성된다. 감지한계치는 2.2ppm정도이다. 감각용어.

Cabbage(캐비쥐) : **양배추 냄새의**. 다이메틸설파이드(Dimethylsulfide(다이메틸설파이드)) 냄새의. Dimethylsulfide 참조. 감각용어. Cabbagelike(캐비질라이크. 양배추 향미 닮은)라고도 한다.

Calandra granaria(컬랜드러 그러나리어) : **칼란드라 그라나리아**. 곡물바구미의 학명.

Calandria(**컬랜드리어**) : **칼란드리아**. 끓임 솥의 내부 또는 외부에 장착하여 맥아즙의 가열에 사용하는 장치. 대부분이 증기를 사용하여 가열한다.

Calcium(캘시엄) : **칼슘**. 원소기호 Ca. 담금액이나 맥아즙의 pH를 올리는 이온. 뼈와 치아의 구성 요소이며 근육과 신경의 기능 조절, 혈액 응고에도 도움을 준다.

Calcium Bicarbonate(캘시엄 바이카르버네이트) : **탄산 수소염 칼슘**. 옛날 용어는 중탄산염 칼슘. 탄산을 포함한 두 개의 수소 이온 가운데 하나가 금속 이온 따위의 양이온과 치환하여 생기는 염(鹽)을 통틀어 이르는 말. 탄산수소 소듐(Na_2CO_3), 탄산 수소 포타슘(K_2CO_3) 따위가 있다. 물의 일시적 경도에 영향을 미치는 중요한 물질. 짧은 시간동안 끓이면 대부분이 침전되고 식힌 다음 따라내면 제거할 수 있다.

Calcium Carbonate(캘시엄 카르버네이트) : **탄산칼슘.** 화학식은 $CaCO_3$. 탄산 수소염 칼슘(Calcium Bicarbonate(캘시엄 바이카르버네이트))을 끓였을 때 침전하는 물질.

Calcium Chloride(캘시엄 클로라이드) : **염화칼슘**. $CaCl_2$. 백색, 괴상(塊狀), 조해성(潮解性)의 결정. 수처리(水處理) 할 때 경도를 높이기 위해 사용한다.

Calcium Disodium EDTA(캘시엄 다이소디엄 이디티에이) : **칼슘 2 소듐 이디티에이**. EDTA는 Ethylenediaminetetraacetic Acid(에틸린다이어민테트러어시틱애시드)의 약어이고 우리말로는 에틸렌다이아민 사초산(四醋酸)이며 분자식은 $(HOOCCH_2)_2N-CH_2CH_2-N(CH_2COOH)_2$이다. 각종 금속과 매우 안정된 킬레이트 화합물을 형성하므로 착물화학(錯物化學)의 연구에 널리 사용된다. 칼슘 2 소듐 이디티에이는 이디티에이에 칼슘과 2분자의 소듐이 결합된 물질로서 거품안정제로 사용되며 상업용 맥주에 약 10ppm정도 첨가한다.

Calcium Sulfate(캘시엄 설페이트) : **황산칼슘**. 칼슘의 황산염($CaSO_4 \cdot 2H_2O$). 석고, 유산 칼슘이라고도 함. 연수를 경수로 만드는 물질.

Calcofluor(캘커플루오르) : **칼코플루오르**. 세포벽의 섬유소나 키틴(Chitin), 특히 베타 글루칸(Beta Glucan(베이터 글루캔))에 결합하여 형광을 내는 물질. 양조용 효모의 건강을 측정할 때 사용한다. 즉 효모의 발아흔(發芽痕)은 효모의 세포벽보다 많은 키틴을 함유하고 있으므로 이 물질이 잘 결합하고 발아흔의 개수로 얼마나 증식되었는지를 판단할 수 있다.

Calibration(캘러브레이션) : **영점조정**. 계기나 측정기를 표준과 비교함으로써 보정하는 것. 또는 오차를 구하는 것.

Calichal(칼리찰) : **칼리찰**. 멕시코에서 1분량의 맥주와 4분량의 풀케(Pulche. 용설란을 발효하여 만든 술)를 섞은 음료.

Calorie(캘러리) : **칼로리. 킬로칼로리**. 상압(常壓)에서 1kg의 물을 1°C올리는데 필요한 열량. Kilocalorie(kcal)라고도 한다. 그램칼로리(Gram(Small) Calorie. 약자 : cal.)는 상압에서 1g의 물을 1℃ 높이는 데 필요한 열량을 말하는데 이 값은 너무 작으므로 일반적으로 킬로칼로리를 사용하며 그냥 칼로리라고 말하면 대부분 킬로칼로리를 의미한다.

Cambier(카비에이) : **양조업자**. 중세에 프랑스북부에서 양조 업자를 칭하던 말.

Campaign For Better Beer(캠페인 퍼 베터르 비어) : **더 좋은 맥주를 위한 운동**. American Homebrewers Association(어메리컨 호움브루어즈 어소시에이션. 미국자가 양조인 협회)에서 영국의 CAMRA(캄라)를 본떠 행한 운동.

Campaign For Real Ale(캠페인 퍼 리얼 에일) : **진짜 에일을 보존하기 위한 운동**. 영국에서 살균하지 않은 캐스크 에일, 즉 "진짜 에일"이 사라져가는 것을 막기 위한 소비자운동. 이 운동은 에일이 점차 사라져 가는 것을 안타까워 하던 4명이 캠페인을 시작한 것이 이 운동의 출발점이다. 처음에는 "Society for the Preservation of Beers from the Wood(서사이어티 퍼 더 프레저르베이션 오브 비어즈 프롬 더 우드. 나무통 맥주 보존을 위한 단체)"였고 그 후 "Campaign for the Revitalization of Ale(캠페인 퍼 더 리바이탈리제이션 오브 에일. 에일 맥주의 부활을 위한 운동)"으로 바뀌었다가 1973년부터 지금의 이름이 사용되고 있다. 이와 유사한 운동이 네덜란드와 미국에서 일어났는데 네덜란드의 PINT(Promotion Information Traditional Beer(프러모우션 인퍼르메이션 드러디셔널 비어. 전통맥주에 대한 조장 정보), 미국의 Campaign For Better Beer(캠페인 퍼 베터르 비어. 더 좋은 맥주를 위한 운동)이 그것이다. 약어로 CAMRA(캄라)이다.

Campden Tablet(캠프덴 태블리트) : **캠프덴 정(錠)**. 성분은 Potassium Metabisulfite 또는 Sodium Metabisulfite이고 이를 0.44g의 정제로 만든 것인데 맥주, 포도주, 사과술을 양조할 때 세균과 야생효모를 살균하는데 사용하는 약제의 상표명이다. 사용량은 분쇄한 캠프덴 1정을 1미국 갤런(3.7854리터)의 맥아즙 또는 머스트(Must)에 첨가하는데 이때의 이산화 황 농도는 67ppm이다.

CAMRA(캄라) : **캄라**. 영국의 전통맥주 보존 운동. Campaign For Real Ale(캠페인 퍼 리얼 에일)의 약어. 참조.

Can(캔) : **캔**. 1. 깡통. 2. 1파인트(약 473ml). Cann으로 쓰기도 한다.

Canadian Honey Malt(커네이디언 허니 몰트) : **캐나디언 허니 몰트**. Brumalt(브루몰트)와 동의어. 참조.

Candi Sugar(캔디 슈거르) : **캔디 설탕**. 어떤 벨기에 맥주 스타일에 전통적으로 사용하는 설탕. Belgian Candy Sugar(벨지언 캔디 슈거르)와 동의어. 참조.

Cane Sugar(케인 슈거르) : **사탕수수 설탕**. 사탕수수로 만든 설탕.

Canette(카네트) : **카네트**. 1. 16세기 독일과 스위스에서 일반적으로 사용되었던 음료용 머그잔으로 사용하던 길고 원뿔 또는 원통형으로 된 잔. 2. 옛날 프랑스에서 주로 맥주 량을 표시하던 단위.

Canned Asparagus(캔드 어스패러거스) : **통조림 한 아스파라거스 냄새의**. Dimethylsulfide(다이메털설파이드)의 냄새. Dimethylsulfide 참조. 감각용어.

Canned Beer(캔드 비어) : **캔 맥주**. 캔에 담아 파는 맥주.

Canning(캐닝) : **캔으로 만들기**. 발효된 맥주가 숙성조(熟成槽)에서 숙성된 후 살균된 캔으로 이동시켜 포장하는 것.

Canstatter Wasen(칸슈타테르 바젠) : **칸슈타테르 바젠**. 독일 슈투트가르트(Stuttgart)의 칸슈타테르 구(區)의 강가에서 매년 가을에 열리는 축제. 이 축제는 뷔르템베르크(Württemberg) 왕에 의해서 1818년부터 농업전시회로 시작되었는데 현재는 옥토버페스트(Octoberfest)의 강력한 경쟁상대가 되었다.

Cant(캔트) : **캔트**. 캐스크에서 액체를 넣거나 빼기위하여 구멍이 뚫어진 나무판. Bung Stave(벙 스테이브)와 동의어.

Cap(캐프) : 1. **마개**. 병마개 또는 왕관 마개. 2. **캡**. 포도주 제조할 때 발효 중 위로 떠오른 껍질과 줄기들.

Capper(캐퍼) : **왕관 타전기(打栓機)**. **왕관 씌우는 기계**. 맥주 뚜껑 씌우는 자동식 기계 또는 수동식 기구.

Capping(캐핑) : **캡슐 씌우기**. 맥주병의 병목부분을 얇은 금속 또는 플라스틱으로 씌우는 것. Capsuling(캐프설링)과 동의어. 참조.

Capping Machine(캐핑 머신) : **캡슐 씌우는 기계**. 병 입구 주위에 캡슐을 자동적으로 씌우는 기계.

Capric Acid(캐프리크 애시드) : 1. **카프르산(酸)**. 분자식은 $C_{10}H_{20}O_2$. 백색 결정질의 불쾌한 냄새를 가진 유기산. 2. **땀 냄새의**. Sweat Socks(스웨트 삭스) 참조.

Caproic Acid(커프로이크 애시드) : 1. **카프로산(酸)**. 분자식은 $CH_3(CH_2)_4COOH$. 무색 또는 황색의 유상(油狀)의 불쾌한 냄새를 가진 액체. 2. **땀 냄새의**. Sweat Socks(스웨트 삭스) 참조.

Caprylic Acid(커프릴리크 애시드) : 1. **카프릴산(酸)**. 분자식은 $C_8H_{16}O_2$. 불쾌한 냄새가 나는 유상(油狀) 유기산. 2. **땀 냄새의**. Sweat Socks(스웨트 삭스) 참조.

Capsicumel(캡시큐멜) : **캡시큐멜**. 고추를 넣어 만든 벌꿀 술.

Capsule(캐프설) : **캡슐**. 병마개를 한 병위에 씌운 얇은 금속 또는 플라스틱 덮개. Seal(실)과 동의어.

Capsuling(캐프설링) : **캡슐 씌우기**. 캡슐로 병마개한 부위를 씌우기. Capping(캐핑)과 동의어.

Carafa Chocolate Malt(커래퍼 초컬리트 몰트) : **카라파 초콜릿 맥아**. 초콜릿 몰트와 유사하지만 색깔이 좀 더 진한 맥아. German Carafa(저먼 커래퍼)라고도 한다.

Caramel(캐러멀) : 1. **캐러멜. 초당(焦糖)**. 설탕이나 포도당을 산 또는 알칼리와 함께 가열하면 생기는 무정형(無定形)의 갈색물질. 상면발효맥주, 특히 밀맥주에 색깔과 향을 내기위해 사용한다. 독일의 맥주 순수법에 허용된 유일한 첨가물이다. 2. **캐리멜 향기의**. 다른 특성과 잘 어울리나 편차가 크다. 감지한계치는 낮은 ppb정도이다. 감각용어.

Caramelization(캐러멀리제이션) : **캐러멜 화**. 캐러멜로 만들기. 당류가 열에 의해 유도되어 갈색 화 되는 것. 맥아의 가마건조에 의한 메일라드 반응(Maillard Reaction(마이야르드 리액션))과는 다르다.

Caramelized Malt(캐러멀라이즈드 몰트) : **캐러멜맥아**. Caramel Malt(캐러멀 몰트)와 동의어. 참조.

Caramel Malt(캐러멀 몰트) : **캐러멜맥아**. 맥주에 풀 바디(Full Body)한 맛과 색깔을 내기위해 사용하는 특수한 타입의 몰트. 제조방법은 다음과 같다. 보리를 가볍게 침지 ⇒ 건조 ⇒ 다시 침지 ⇒ 65.5-76.7°C에서 1-2시간 열 건조하는데 이렇게 하면 당화 액을 만드는 것처럼 보리의 가용성 녹말이 당으로 전환된다(이것을 Stewing(스튜잉)이라고도 한다). 120°C로 온도를 올려 색깔을 확인하며 가마건조 한다. 이렇게 만들어진 맥아는 캐러멜 같은 향미를 갖게 된다. 캐러멜맥아는 연한 색(CaraPils™(캐러필즈))부터 진한 색(160°L이상)까지 다양하다. 사용량은 맥아의 12-15%정도이고 맥주에 단맛, 아로마, 구리 색을 준다. Caramelized Malt(캐러멀라이즈드 몰트), Crystal Malt(크리스털 몰트)와 동의어. Pale Crystal Malt(페일 크리스털 몰트) 참조.

CaraMunich Malt(캐러뮤니크 몰트) : **카라뮤니크 맥아**. 맥주에 미묘한 향미와 약간의 캐러멜의 단맛을 주는 크리스털 맥아이다. 카라비엔나 맥아(CaraVienna Malt(캐러비엔너 몰트))보다 색깔이 진하고 강하다. Belgian CaraMunich(벨지언 캐러뮤니크)라고도 한다.

CaraPils^{TM}(캐러필즈) : **카라필즈**. 상표명. 유럽에서 Pale Crystal Malt(페일 크리스털 몰트)를 부르는 말. 참조. Dextrin Malt(덱스트린 몰트)와 동의어.

Carastan Malt(캐러스탠 몰트) : **카라스탄 맥아**. 덱스트린 몰트와 유사하게 잔류하는 단맛 없이 바디 감을 높이는 몰트. British Carastan(브리티쉬 캐러스탠)과 동의어. Dextrin Malt(덱스트린 몰트) 참조.

CaraVienna Malt(캐러비에너 몰트) : **카라비엔나 맥아**. 카라뮤니크 맥아(CaraMunich Malt(캐러뮤니크 몰트))와 유사하나 이 맥아보다 색깔이 연하고 향미가 약하다. Belgian CaraVienna(벨지언 캐러비에너)라고도 부른다.

Carbohydrate(카르보우하이드레이트) : **탄수화물**. 분자식은 $C_n(H_2O)_m$. 탄소, 수소, 산소로 이루어진 화합물이다. 당류, 녹말, 섬유소등을 말하며 생물체의 구성성분이고 생활 에너지원(源) 또는 생물의 구조를 지탱하는 물질이다.

Carbonate(카르버네이트) : 1. **탄산을 포화시키다**. 맥주에 탄산가스를 주입하거나 용해시키다. 2. **탄산염**. 탄산(H_2CO_3)의 수소가 금속으로 치환된 염으로 탄산수소 소듐($NaHCO_3$), 탄산수소 칼슘[$Ca(HCO_3)_2$], 탄산 소듐(Na_2CO_3), 탄산 철($FeCO_3$)등을 말한다.

Carbonated(카르버네이티드) : 1. **탄산염화 한**. 2. **이산화 탄소로 포화시킨**.

Carbonation(카르버네이션) : 1. **탄산포화**. **탄소염화**. 탄산가스를 맥주에 녹아들게 하는 것. 맥주 양조에서는 다음과 같은 3가지 방법 중 한 가지를 사용한다. 1. 1차 발효에서 생성되는 탄산가스를 모아 두었다가 완성된 맥주에 주입하는 방법. 2. 완성된 맥주에 풋(Young(영)맥주를 첨가하거나 크로이젠(Kraeusen)을 첨가하여 재 발효가 일어나도록 하여 탄산가스를 포화 시키는 방법. 3. 특히 자가 맥주 양조에서 맥주를 입병하기 전에 발효된 맥주에 설탕을 첨가하여 병에서 2차 발효가 일어나게 하는 방법 등이 사용된다. 형용사 Carbonated(카르버네이티드)는 대개 맥주에 인위적으로 탄산가스를 포화시키는 것을 말하며 Bottle Conditioned(바틀 컨디션드)는 설탕을 첨가하거나 영 포도주를 첨가하는 것 같은 프라이밍(Priming)에 일반적으로 사용된다. 병맥주는 항상 인위적으로 탄산포화(Carbonated(카르버네이티드)) 시킨다. 미국 생맥주도 탄산포화 시키는데 영국의 에일 생맥주는 대부분이 Cask Conditioned(캐스크 컨디션드) 맥주이다. Saturation(새처레이션)과 동의어.

Conditioning(컨디셔닝) 참조. 2. **탄산 포화**. 맥주에 탄산가스를 용해시키는 과정. 3. **맥주중의 탄산가스의 양**. 4. **탄산가스 발포(發泡)**. 맥주중의 탄산가스에 의한 비등.

Carbonation Level(카르버네이션 레블) : **탄산(가스) 포화 정도**. 부피로 측정한 어떤 액체(맥주)에 존재하는 탄산가스의 %.

Carbonator(카르버네이터르) : **소다수 제조기(-水製造器)**. 소다수 제조업체에서 물 또는 설탕물에 탄산가스를 주입하는데 사용하는 기계. 이 기계의 효율은 액체에 흡수된 탄산가스의 양을 액체에 주입한 탄산가스 양으로 나눈 값에 100을 곱하여 %로 나타낸다. 대개 95%정도이다. Saturator(새처레이터르)와 동의어. Regulator-Carbonator(레귤레이터르-카르버네이터르) 참조.

Carbon Dioxide(카르번 다이악사이드) : **이산화 탄소**. **탄산가스**. CO_2. 불연성의 무색, 무취의 가스로 발효에 의해 생성된다. 발효 중 대부분은 공기 폐색기(閉塞器. Airlock(에어라크))에 의해 공기 중으로 비산되나 맥주 중에 남아있던 탄산가스는 거품을 형성한다. 큰 양조장에서는 탄산가스를 모아 드라이아이스, 탄산수 또는 소화제(消火劑)로 사용한다.

Carbon Filtration(카르번 필트레이션) : **탄소여과**. 자가 맥주양조에서 탄소여과기를 사용하여 물에 포함되어 있는 염소 등을 제거하는 것.

Carbonic Acid(카르바니크 애시드) : 1. **탄산**. 분자식은 H_2CO_3. 탄산가스가 물에 녹을 때 생기는 약산(弱酸)이며 불안정한 산성 물질. 염기와 반응하여 탄산염(Carbonate(카르버네이트))과 중탄산염(Bicarbonate(바이카르버네이트))염을 형성한다. 알코올과 다른 화합물들과 반응하여 다이에틸 카보네이트(Diethyl Carbonate(다이에털 카르보네이트))같은 에스터를 형성한다. 2. **탄산가스**. 양조에 관한 문헌에서 가끔 탄산가스라는 뜻으로 사용된다.

Carbonized Malt(카르버 나이즈드 몰트) : **탄화맥아**. Black Malt(블래크 몰트), Black Patent Malt(블래크 패턴트 몰트), Chocolate Malt(초컬리트 몰트)와 동의어. Black Malt(블래크 몰트) 참조.

Carbonyls(카르버닐즈) : **카르보닐기(基)를 가진 물질**. 맥주의 향미에 기여하는 휘발성물질의 포괄적인 이름. 카르보닐기는 탄소원자에 산소가 이중결합으로 되어있는 기능성기인데 맥주에는 알데하이드 류, 케톤, 산화산물 등이 존재한다. 이러한 휘발성물질들은 싹틔움, 당화, 발효, 숙성 중에 생성된다. 끓임 중에는 어떤 휘발성물질들은 감소하지만 발효 중에는 어떤 휘발성물질들은 증가하거나 감소한다.

Carboxypeptidase(카르박시펩터데이스) : **카르복시펩티데이스**. 단백질의 카르복실기 말단 아미노산의 펩티드 결합을 가수 분해 하여 아미노산을 생성하는 효소.

Carboy(카르보이) : **카보이. 대형 병**. 대개 유리, 플라스틱, 도기 등으로 만든 19-25리터(5-6.5갤런)들이의 크고 입구가 좁은 병. 자가 맥주제조의 1,2차 발효에 대개 사용한다. 때로는 광주리, 플라스틱 또는 나무 상자에 넣어져 있다. 자가 맥주제조에 사용되는 유리로 만든 카보이는 온도충격에 견디지 못하므로 98°C이상의 물이나 맥아즙을 넣지 않아야한다. 양조업계에서는 데미존(Demijohn(데미잔))이라고도 한다. 참조.

Cardamom Seed(카르더멈 씨드) : **카르다몸 씨**. 소두구(小豆蔻) 씨. 서남 아시아산 생강과 식물 씨앗을 말린 향신료. 벨기에의 어떤 맥주에 사용한다.

Cardboard(카르드보르드) : **골판지. 판지**(板紙). 주로 포장용 상자 등을 만드는데 사용하는 물결 모양의 골이 지게 만든 두꺼운 종이.

Cardboardy(카르드보르디) : **골판지 냄새가 나는**. 맥주 양조 중 또는 유통 중에 공기 중의 산소에 의해 생성되는 물질인 트랜스-2 노네날(Trans-2 Nonenal(트랜스-2 나네널))에 의해서 나는 냄새. 감지한계치는 0.05ppb로써 아주 낮다. 맥주에 대단히 바람직하지 않은 영향을 준다. 감각용어. Cardboard(카르드보르드)라고도 한다. Oxidation(악서데이션) 참조.

Carmi(카르미) : **카르미**. 고대 이집트의 맥주인 자이섬(Zythum)을 희석한 알코올음료. Zythum(자이섬) 참조.

Carnaval de Binche(카흐나발 드 벵쉬) : **벵슈 카니발**. 벨기에의 벵슈에서 매년 오순절의 주일, 월요일, 화요일에 열리는 맥주축제. 14세기부터 열리기 시작했다. 타조 털모자를 쓴 광대들이 오렌지를 던지며 길거리에서 춤추는 것도 볼 수 있다.

Carotene(캐러틴) : **카로틴**. 붉은색 탄화수소. 3종의 이성체(異性體)가 있으며 당근, 고추 등에 들어 있고 간에서 비타민 A로 바뀐다. 보리와 홉에도 존재한다.

Carrageen(캐러진) : **카라긴**. 유럽의 대서양 연안과 북미에서 산출되는 진두말속(屬) 홍조(紅藻)의 일종이고 학명은 콘드루스 크리스푸스(*Chondrus crispus*(칸드러스 크리스퍼스))이다. Irish Moss(아이리쉬 모스)와 동의어. Carragheen으로 쓰기도 한다.

Carrageenan(캐러지넌) : **카라기난**. **카라기닌**. 카라긴(Carrageen(캐러진))의 주성분. 홍조류이며 식용 바닷말의 일종인 뿔가사리(Irish Moss(아이리쉬 모스))로부터 열수추출로 얻어지는 다당류. 기본구조는 갈락토스 중합체로 κ-Carrageenan, λ-Carrageenan, ι-Carrageenan 등 6개형으로 대별된다. 모두 갈락토스 잔기로 이루어지고 있지만, 황산기의 결합상태 및 결합수가 다르다. 맥아즙 끓임 단계에서 고형물을 제거하는데 도움을 준다. 일반용으로는 젤리화제, 약품이나 화장품의 안정화제, 분산제로서 널리 사용되고 있다.

Carte(카르트) : **카르트**. Quarte(카르트)의 다른 철자. 참조.

Caryophyllene(캐리오펄린) : **카리오필렌**. 홉, 정향(丁香), 삼, 로즈마리 등의 정유에 함유되어있는 쓴맛 성분중의 하나.

Cascade(캐스케이드) : **캐스케이드**. 5.0-5.6%의 알파산과 5-6%의 베타 산을 포함하고 있고 미국 태평양연안 북서부에서 재배하고 있는 홉 품종.

Cask(캐스크) : **캐스크**. **통**. 배럴(Barrel)모양의 맥주 담는 통. 원래는 나무 통 널을 철판으로 만든 테로 두른 것이었으나 지금은 일반적으로 스테인리스 스틸과 알루미늄으로 만들어진다. 영국에서 캐스크의 용량은 다음과 같은 7가지가 만들어진다. 버트(Butt. 491리터. 108갤런), 펀천(Puncheon. 327.3리터. 72갤런), 호그즈헤드(Hogshead. 246리터. 54갤런), 배럴(Barrel. 164리터. 36갤런), 킬더킨(Kilderkin. 84리터. 18갤런), 퍼킨(Firkin. 42리터. 9갤런), 핀(Pin. 21리터. 4.5갤런).

Casked Ale(캐스크트 에일) : **캐스크에서 숙성한 에일**. Real Ale(리얼 에일)과 동의어. 참조.

Cask Conditioned(캐스크 컨디션드) : **캐스크에서 숙성한**. 영국에서 캐스크에서 숙성시킨 에일. 리얼 에일(Real Ale)과 마찬가지로 캐스크에서 숙성시킨 에일을 말한다. 양조장의 숙성 실에서, 또는 숙성되지 않은 에일 캐스크를 펍

(Pub)으로 배달하면 펍에서는 숙성이 완료될 때까지(약 2-3일) 약 13°C의 시원한 저장고에서 숙성시킨다. Cellar(셀러르), Cellarman(셀러르먼) 참조.

Casking(캐스킹) : **캐스킹**. 캐스크로 맥주를 붇는 행동.

Cask Washer(캐스크 워셔르) : **캐스크 세척기**. 양조장에서 캐스크를 씻는 기계.

Cask Wood(캐스크 우드) : **캐스크 만드는 나무**. 대개 오크. Caskwood로도 쓴다. Stavewood(스테이브우드)와 동의어.

Cassava(커사버) : **카사바**. 카사바 나무뿌리에서 얻는 녹말인데 여러 가지 방법으로 요리하거나 가루로도 빻아서 식용과 양조 원료로 사용한다. Manioc(매니아크. 매니옥), Tapioca(태피오우커. 타피오카)와 동의어.

Cassava Beer(커사버 비어) : **카사바 맥주**. 카사바로 만든 맥주. Manioc Beer(매니아크 비어. 매니옥 맥주)와 동의어. 참조.

Cassis(카시스) : **까막까치 밥 나무 술**. 영(Young) 람빅(Lambic(람비크))맥주에 까막까치밥 나무열매를 넣고 불려 향을 추출하여 만든 람빅 맥주.

Cast(캐스트) : **흘러넘치다**. 발효에 의해 맥아즙이 발효조에서 흘러넘치다. 따르다.

Casting(캐스팅) : **따름**. 그릇을 비우는 행동.

Cast-Out Wort(캐스트 아우트 워르트) : **흘러넘치는 맥아즙**. 끓임이 끝난 뜨거운 맥아즙이 맥아즙 끓임 솥에서 흘러넘치는 것.

Catalyst(캐털리스트) : **촉매(觸媒)**. 자신은 변화하지 아니하면서 다른 물질의 화학 반응을 매개하여 반응 속도를 빠르게 하거나 늦추는 일 또는 그런 물질. 효소는 생체촉매이다.

Cation(캐타이언) : **양이온**. 전자를 방출하여서 양전하를 띤 이온. 예를 들면, Na^+, K^+, Ba^+ 등이 있다.

Caudle(코들) : **코들**. 맥주나 포도주에 달걀, 빵, 설탕, 향신료를 넣은 따뜻한 자양 유동식(滋養 流動食). 주로 산모나 환자용으로 이용된다.

Celia(실리어) : **셀리아**. Prima Melior(프리마 멜리오르)와 동의어. 참조.

Cell(셀) : **세포(細胞)**. 생물체를 이루고 기본 단위로 세포질, 핵, 미토콘드리아, 엽록체(식물) 등으로 구성되어있다.

Cellar(셀러르) : **맥주저장실**. 1. 원래는 맥주를 저장하는 지하실을 지칭했으나 현재는 지하 또는 지상에 상관없이 온도조절이 되는 맥주 저장소를 말한다. 2. 영국 펍에서 캐스크 에일을 판매하기 전에 12.8-18.3°C에서 2차 발효(Conditioning(컨디셔닝))시키는 장소를 말한다.

Cellarage(설러리쥐) : **맥주 저장**. 시원한 지하실 또는 공조(空調)가 되는 시원한 방에서 발효가 끝난 맥주를 2차 발효(Conditioning(컨디셔닝))와 숙성(Maturation(매츄레이션))시키기 위하여 저장하는 것. 이 기간 중에 청징(淸澄), 이송(移送), 여과, 입병(入甁), 블렌딩 등이 행해진다.

Cellaring(셀러링) : **저장**. 맥주를 시원한 저장고(10-12.5°C)에 저장하여 2차 발효를 일으키고 숙성시키는 것.

Cellarman(설러르먼) : 1. **맥주취급 책임자**. 양조장의 맥주 저장소에서 맥주 관리를 책임지는 사람. 2. **맥주 공급 담당자**. 영국의 펍에서 판매할 새로운 캐스크 맥주를 공급받고 저장하고 판매준비를 하는 사람.

Cellulase(셀률레이스) : **셀룰레이스**. 섬유소분해효소. 보리가 가지고 있는 효소의 하나로 보리의 단단한 껍질을 이루고 있는 섬유소를 분해하여 당으로 만드는 효소. Cytase(사이테이스)와 동의어.

Cellulose(셀률로우스) : **섬유소. 셀룰로스**. 분자식은 $(C_6H_{10}O_5)_n$. 포도당이 β-1,4-결합으로 이루어진 폴리머로 단단한 구조를 가지며 보리, 효모, 식물 등의 세포벽의 중요한 구성요소이다.

Cell Wall(셀 월) : **세포벽**. 셀룰로스가 주성분이며 세포를 보호하고 세포 형태를 유지하는 역할을 하는 식물 세포의 가장 바깥쪽에 있는 단단한 막.

Centennial(센테니얼) : **센테니얼**. 9.5-11.5%의 알파 산을 함유하고 있고 미국에서 재배하고 있는 홉 품종.

Centigrade(센터그레이드) : 1. **백분도**(百分度). 2. **섭씨**(Celsius(**셀시어스**)). 물이 어는점을 0°, 끓는점을 100°로 하여 이 사이의 간격을 100등분한 온도계. 섭씨와 화씨와의 관계는 다음과 같이 나타낼 수 있다.

°C = (°F - 32) x 5/9 또는 (°F - 32) / 1.8

°F = (°C x 9/5) + 32 또는 (°C x 1.8) + 32

Centiliter(센털리터르) : **센티리터**. 1/100 리터. 약어로 cl.

Centrifugation(센트리퓨게이션) : **원심분리**. 원심력을 이용하여 용질분자를 무게, 모양, 크기 등의 차이에 따라 분리하고 청징 하는 것. 양조에서는 이 방법으로 맥아즙의 냉각단계에서 혼합되어있는 고형물질을 제거하여 맥아즙을 깨끗하게 만든다.

Centrifuge(센트러퓨지) : **원심분리기**. 원심력을 만들어내는 기계.

Cereal(시리얼) : 1. **곡초(穀草)**. 벼과(Gramineae(그러미니애))에 속하는 쌀, 보리, 밀, 귀리, 옥수수, 수수, 조 등. 2. **곡물(穀物)**. 곡류. 곡초가생산하는 알곡.

Cereal Adjunct(시리얼 애드정크트) : **곡류 부가 물**. Adjunct(애드정크트) 참조. Malt Adjunct(몰트 애드정크트)와 동의어.

Cereal Cooker(시리얼 쿠커) : **곡물 끓임 솥**. 당화 액에 첨가하기 전에 곡류 부가물(쌀, 보리, 밀, 귀리, 옥수수, 수수, 조 등)을 끓일 수 있는 기구.

Cerevisaphile(세러비저필) : **맥주 광. 맥주 애호가**.

Cerevisia(세레비시어) : **세레비시아**. 기원전 갈리아(Gaul(골))지방의 알코올 농도가 높고 맥주 닮은 음료의 라틴어 이름. 이 이름으로부터 Cervesia(세르베시아), Cervisia(세르비시아), Cerudise(세루시스), Cervoise(세흐브와즈. 프랑스어), Cerveza(세르베사. 스페인), Cerveja(세르베하. 포르투갈), Cervojia(세르보지아. 이탈리아) 등으로 변화되었고 효모의 학명인 *Saccharomyces cerevisiae*(새커로메이시즈 세르비지에이)도 만들어졌다. Servesia Humulina(세르베시어 휴물리너) 참조.

Cervesariis Feliciter(세르베사리이스 펠리시테르) : **세르베사리이스 펠리시터**. 고대로마전쟁 때 점토로 만들어진 고블릿 잔에 적혀진 글로 현대에는 이를 “맥주여 영원 하라”라고 번역한다.

Cervesia Humulina(세르베시어 휴물리너) : **세르베시아 휴물리나**. 서기 768년 생드니(St. Denie) 수도원의 헌장에서 언급한 홉으로 향미를 낸 세레비시아.

Cerveza(세르베사) : **맥주**(스페인어).

Cervisia Mellita(세르비시어 멜리터) : **세르비시아 멜리타**. 1. 벌꿀 술인 미드(Mead)의 라틴어 이름. Cerevisia(세레비시어. 세레비시아)와 혼동하지 말 것. 2. 꿀로 단맛을 낸 맥주 종류.

Cervoise(세흐브와즈) : **세르브와즈**. 프랑스의 홉을 첨가하지 않은 초기 맥주로 영국의 옛 에일과 유사하다. 14-15세기에 홉이 도입되면서 홉을 첨가하지 않은 맥주를 세르브와즈라하고 홉을 첨가한 맥주를 Bière(비에흐)라고하게 되었다.

Cervoise De Miel(세흐브와즈 드 미엘) : **세르브와즈 드 미엘**. 세르비시아 멜리타(Cervisia Mellita(세르비시어 멜리터)의 프랑스 이름. 벌꿀 술.

Chafer House(체이퍼 하우스) : **체이퍼 하우스**. 옛날 영국의 에일 맥주 집. Chafer는 냄비를 말한다.

Chalk(초크) : **백악(白堊)**. **탄산칼슘**($CaCO_3$)의 일반적인 이름이다. 백색 연토질(軟土質) 석회암. 백색이나 담황색의 부드러운 석회질 암석. 유공충(有孔蟲)이나 그 밖의 조개류의 유해가 쌓여서 이루어진 것이다. 알칼리염은 진한 색의 맥주양조에 사용되기도 한다.

Chalky(초키) : **석회 맛이 나는**. 맛을 표현할 때 사용한다. 양조용수에서 기인한다. 과다한 석회 맛은 불쾌한 떫은맛을 나타낸다. 감각용어.

Challanger(챌린저르) : **챌린저**. 알파 산 함량이 6.5-8.5%이고 영국에서 재배하고 있는 홉 품종.

Champagne Du Nord(샹파뉴 뒤 노르) : **북방 샴페인**. 나폴레옹 군대가 독일의 밀 맥주, 특히 Berliner Weiss(베를리너 바이스)를 부르던 별명.

Champagne Mead(샹파뉴 미드) : **샴페인 미드**. 발포성 미드의 부적절한 이름.

Champagne of the Spree(샹파뉴 어브 더 스프리) : **슈프레 샴페인**. Berliner Weiss(베를리너 바이스)를 재미있게 부르는 이름. 슈프레는 독일 북동부를 북으로 흘러 베를린(Berlin)을 지나 하펠(Havel) 강으로 흘러드는 강이다.

Chancelor Ale(챈슬러 에일) : **총장 에일**. 영국 옥스포드에 있는 퀸즈 칼리지(Queen's College)의 총장이 특수한 사정이 있을 때 양조했던 알코올도수가 높은 에일. Chancelor는 Chancellor의 오기(誤記).

Chang(챙) : **챵**. 네팔과 티베트에서 보리를 사용하여 양조하는 맥주. 우리나라 막걸리와 비슷하다.

Charcoal(차르코울) : **숯**. 접촉하는 액체의 향미나 색을 흡수할 수 있는 물질. 양조용 물 처리에 사용된다.

Chaser(체이서르) : **체이서**. 약한 술 뒤에 마시는 독한 술 또는 그 반대.

Chateau Collapse-O(샤토 콜래프소) : **샤토 콜랩소**. 올드 에일(Old Ale)을 칭하는 영국 속어.

Cheesy(치지) : **치즈 냄새의**. 잘못 저장한 홉의 세균 감염에서 기인하는 아이소아밀 알코올(Isoamyl Alcohol(아이소우애밀앨커홀))의 산화에 의해 생성되는 아이소발레르산(Isovaleric Acid(아이소벌레리크 애시드))에 의한 냄새이며 상업용 맥주에서는 아주 드물다. 감지되지 않아야 한다. 감지한계치는 아이소발레르 산으로써 0.7ppm이다. Stinky Cheese(스팅키 치즈), Stinky Feet(스팅키 피트)등으로 표현하기도 한다. 감각용어.

Chemical(케미컬) : 1. **화학 약품**. 2. **퀴퀴한 솔벤트 냄새의**. Solventy-Stale(살븐티 스테일) 참조. 감각용어.

Chemical Pathway(케미컬 패스웨이) : **화학적 경로**. 미생물에 의해 공급되지 않는 효소에 의해 일어나는 화학반응. 맥아제조와 맥아즙 생성동안에 일어나는 반응들이 그 예이다.

Cherry Beer(체리 비어) : **체리 맥주**. Kriek(크리크) 참조.

Chevalier(슈발리에) : **슈발리에**. 프랑스에서 사용하는 2.5리터 용량의 유리 맥주잔.

Chevalier Barley(셰벌리어 바를리) : **두줄보리**. **2조 대맥(二條 大麥)**. 1820년 영국 식물학자인 R. J. B. Chevalier가 서퍽(Suffolk(서퍼크))주의 데벤햄(Debenham(데번햄))에서 처음으로 선발한 품종이므로 이 이름을 붙였다. 보리알이 두 줄 붙어있다. Chevallier Barley로도 쓴다. Two-Rowed Barley(투 로우드 바를리) 참조.

Chi(치) : **치**. 인도의 렙차족(Lepchas(렙쳐))이 기장(수수)으로 만든 맥주.

Chicha(치차) : **치차**. 잉카제국에서 만들던 Aca(아카)에 스페인 정복자들이 붙인 이름. 이 이름은 맥주를 많이 마시던 코스타리카, 파나마, 콜롬비아의 옛 히스파니올라 족이 사용하던 타이노(Taino)어에서 따온 것인데 발효된 물이란 뜻이다. 이 술은 일반적으로 노란색의 호라(Jora)라고 부르는 옥수수에 과일을 첨가하거나 첨가하지 않고 발효시켜 만드는 맥주이다. 옥수수 색깔에 따라 치차의 색이 달라진다. 파인애플 껍질에 설탕을 넣어 발효시킨 것도 치차라고 한다. 19세기 이 술은 상업적으로 생산되었다. 가장 좋은 등급은 치차 플로르(Chicha Flor)이고 일반인이 마시는 등급은 치차 데 세군도(Chicha de Segundo. 2등급 치차)인데 이는 치차 플로르와 미타카(Mitaca. 치차 플로르 침전물을 물과 꿀로 희석한 것)를 섞어 만든 것이다. 3등급은 가난한 사람들이 마시는 것으로 룬체라(Runchera)라고 불리었으며 이 술은 치차 데 세쿤도에 물과 꿀을 더 탄 것이었고 중노동자 에게 공급되었다. Chichia라고도 쓴다. Aca(아카), Sora(소라) 참조.

Chiew(치우) : **치우**. Chiu의 이철자. 참조.

Chill Haze(칠 헤이즈) : **한냉 혼탁(寒冷 混濁)**. 맥주를 너무 빨리 냉각시키거나 오래 동안 냉장시키면 나타나는 혼탁. 온도를 올리면 사라진다. 대개 0°C 근처에서 나타나고 20°C 근처에서 사라진다. 한냉 혼탁이 일어나는 이유는 2차 발효 중에 단백질과 타닌입자가 결합하고 온도가 낮아지면 침전이 일어난다. 맥주잔과 맥주는 차갑고, 주위온도는 따뜻하나 습기가 많으면 맥주잔의 외부에 물의 필름이 생성되는 응결(Condensation(칸덴세이션))과 혼동하지 말 것. 한냉 혼탁이 일어나도 향미에는 영향이 없다. 자가 양조에서 단백질은 폴리클라르(Polyclar(팔리클라르)), 타닌은 실리카 젤(Silica Gel(실리커 젤))로 제거할 수 있으며 이들을 제거하면 한냉 혼탁이 줄어든다. Haze(헤이즈)와 동의어. Chillproofing(칠프루핑), Coloidal Stability(컬로이덜 스터빌리티) 참조.

Chilling(칠링) : 1. **냉각**. 맥아즙을 끓인 후 질소화합물들을 응집시키고 침전시키거나 발효시키기 위해 냉각시키는 것 또는 풋 맥주를 컨디셔닝과 여과하는 곳으로 수송하는 것. 2. **차가운**. **추운**.

Chillproofed Beer(칠프루프트 비어) : **혼탁방지 맥주**. 대개 단백질분해효소들을 첨가하여 낮은 온도에서도 혼탁이 일어나지 않게 만든 맥주. Nondeposit Beer(난디파지트 비어)라고도 한다.

Chillproofing(칠프루핑) : **한냉 혼탁방지 가공맥주**. 맥주가 차게 되었을 때 혼탁이 일어나지 않도록 완성된 맥주에 침전제(타닌산 등), 흡착제(벤토나이트 등), 가수분해효소(주로 단백질분해효소) 등을 처리한다. 자가 맥주제조에서는 폴리클라르(Polyclar(팔리클라르)) 또는 실리카 젤(Silica Gel(실리커 젤))을 2차 발효 시에 첨가한다.

Chinook(시누크) : **치누크**. 알파 산 함량이 11.0-13.0%이고 미국에서 재배하고 있는 홉 품종.

Chips(치프스) : **칩스**. Clarifying Chips(클래러파잉 칩스)와 동의어. 참조.

Chit(치트) : 1. **싹**. 침지(浸漬) 중에 보리 알갱이의 기부(基部)에서 과피(果皮)와 종피(種皮)를 뚫고나온 백색의 근초(根草). Rootlet(루틀리트) 참조. 2. **싹트다. 발아하다**.

Chitting(치팅) : **발아(發芽)**. 싹틈. 침지(浸漬) 중 보리 알갱이의 기부(基部)에서 뿌리 집(Rootlet(루틀리트))이 나타남.

Chiu(치우) : **치우**. 중국 한나라에서 만들었던 밀 맥주. 결국 치우가 중국의 맥주 스타일의 지배적인 위치를 점하여왔고 오늘날에는 맥주라는 일반적인 이름으로 사용되고 있다. Chiew 또는 Kiu로도 쓴다. P'ei(베이), Shu(슈), T'ien Tsiou(티엔 치우) 참조.

Chloride(클로라이드) : **염화물(鹽化物)**. 염소와 염소보다 양성인 원소와의 화합물(化合物)을 말하며 염소는 음(陰) 1가(價)를 취하며, 염화 소듐이나 염화마그네슘 등이 있다.

Chlorine(클로린) : **염소**. 원소기호 Cl. 순수한 형태로 상업적 양조 또는 자가 맥주제조에 사용되고 자벨수(Javel Water(저벨 워터))의 성분으로 살균과 위생수로 사용된다. 이것을 처리한 용기는 효모의 사멸과 클로로페놀 Chlorophenol(클롤러피노울)생성을 막기 위하여 깨끗이 헹궈주어야 한다.

Chlorophenol(클롤러피노울) : **클로로페놀**. ClC_6H_4OH. 페놀(C_6H_5OH)의 수소원자하나이상을 염소원자로 치환한 유도체의 총칭인데 강한 불쾌한 냄새를 내는 화합물들이다.

Chlorophenolic(클롤러피노울리크) : **반창고 냄새의**. 염소함유 살균제와 맥주중의 페놀함유물간의 반응, 효모의 문제, 염소나 브로민을 포함한 살균제를 사용하고 잘 헹구지 않았을 때 생성되는데 감지한계치는 0.5ppb이하로써 아주 적은 양이다. 맥주에서는 검출되지 않아야한다. Band-Aid(밴드에이드. 반창고), Adhesive Tape(애드히시브 테이프. 반창고), Disinfectant(디스인펙턴트. 살균제) 등으로 묘사된다. 감각용어.

Chock(차크) : **괨목. 쐐기**. 맥주 통이 움직이지 않도록 괴는 나무. Scotches(스카치즈)라고도 한다.

Chocolate(초컬리트) : **초콜릿 향의**. 이 향기는 다른 특성과 잘 어울리나 편차가 크다. 감지한계치는 낮은 ppb정도이다. 감각용어.

Chocolate Malt(초컬리트 몰트) : **초콜릿 맥아**. 특수맥아의 한 가지. 검은색 맥아와 유사하나 검은색 맥아보다는 적게 가마건조 하여 초콜릿 갈색(Dark Brown(다르크 브라운))을 띈다. Carbonized Malt(카르버 나이즈드 몰트), Black Patent Malt(블래크 패턴트 몰트), Black Malt(블래크 몰트). Black Malt(블래크 볼트) 삼조.

Chondrus crispus(칸드러스 크리스퍼스) : **콘드로스 크리스푸스**. 맥주를 청징(淸澄)시킬 때 사용하는 적색 말인 뿔가사리(Irish Moss(아이리쉬 모스))의 학명.

C-Hops(씨 하프스) : **씨 홉**. 아주 강한 향미 특성을 가지고 있는 홉. 특히 자몽과 수지 향미를 가진다. 여기에는 C자로 시작하는 홉들, 즉 캐스케이드(Cascade), 센테니얼(Centennial), 치누크(Chinook(시누크)), 클러스터(Cluster(클러스터르)) 등이 속하기 때문에 이 용어를 사용하지만 애머릴로(Amarillo(애머릴로우))와 심코(Simcoe™(심코우))도 여기에 속한다.

Christmas Ale(크리스머스 에일) : **크리스마스 에일**. 몇몇 나라에서 크리스마스 때 소비하려고 양조하는 특수한 맥주인데 대개 호박색 또는 짙은 색이고 풀 바디이며 크림 같은 맛의 알코올 농도가 높은 맥주이다. 노르웨이의 Aass Jule(아스 줄), 멕시코의 Noche Buena(노체 부에나), 미국 샌프란시스코의 Our Special Ale(아워 스페시얼 에일) 등이 그 예이다.

Chromosome(크로우머소움) : **염색체**. 생물체의 유전 정보인 DNA를 가지고 있는 구조. DNA자체는 보이지 않으나 히스톤 단백질과 결합되어있는 것을 염기성 색소로 염색하면 볼 수 있는 유전자의 집합체이다.

Chung(청) : **청**. 야생보리의 일종인 그림(Grim)으로 만든 티베트 맥주.

Cicerone(씨서론) : **씨서론**. 미국의 맥주전문 취급자를 양성하기위한 프로그램을 수료한 맥주전문가. 원래는 명승관관지의 안내원이란 뜻.

Cidery(사이더리) : **사이다 닮은**. 아세트알데하이드의 농도가 높아서 감지되는 바람직하지 않은 사이다 닮은 맛과 냄새.

CIP(씨아이피) : **정치세척**(定置洗滌). Clean-In-Place의 약어. 참조.

Cistern(시스턴) : **시스턴**. 전통 맥아제조에서 보리 침지에 사용되는 용기.

Citric(시트리크) : **감귤류향미의**. **구연산의**. 레몬, 라임, 오렌지, 자몽 등의 감귤류의 향을 닮은 맛과 향을 가진.

Citric Acid(시트리크 애시드) : **구연산**(枸櫞酸). 분자식은 $COOCCH_2$-(OH)C(COOH)-$CH_2COOH \cdot H_2O$. 신맛이 강한 백색의 결정질의 수용성 분말이고 감귤류에 많이 함유되어있다. 생체 내에서는 구연산 회로(Citric Acid Cycle(시트리크 애시드 사이클)) 또는 크레브스 회로(Krebs Cycle(크레브즈 사이클))에서 만들어 진 다 .

Citric Acid Cycle(시트리크 애시드 사이클) : **구연산 회로**(回路). 포도당과 프룩토스 등이 복잡한 일련의 효소적 전환으로 초산염인 아세틸-CoA로 분해되고 이물질이 옥살로아세트산염(Oxaloacetate(악설로애시테이트))과 결합하여 구연산을 만든다. 이 구연산은 탄산가스와 수소를 생성하는데 이때 만들어진 수소가 산화환원전자전달계로 이동하여 ATP를 생성하는 일련의 과정을 말한다. Krebs Cycle(크레브스 사이클), Tricarboxylic Acid Cycle(트라이카르바크실리크 애시드 사이클), TCA Cycle(티시에이 사이클)과 동의어.

cl(센터리터르) : **센티리터**. 100분의 1리터. 센티리터(Centiliter)의 약어.

Clack Valve(클래크 밸브) : **나비 형 밸브**. **첩판**(蝶瓣). **박판**(拍瓣). 두개의 플랩이 경첩으로 이루어져있는 역류방지용 밸브. Butterfly Valve(버터르플라이 밸브) 참고.

Clarification(클래러퍼케이션) : **정화**(淨化). **청징**(淸澄). 맥아즙 또는 발효가 끝난 맥주의 부유물질을 여과나 원심분리 같은 물리적 방법, 또는 단백질분해효소, 펙틴분해효소, 또는 청징제를 사용하는 것 같은 화학적 방법으로 제거하는 것.

Clarifier(클래러파이어) : 1. **정화제**(淨化劑). **청징제**(淸澄劑). 맥아즙 또는 발효가 끝난 맥주의 부유물질을 제거하기위해 사용하는 벤토나이트, 실리카 젤, 젤라틴 같은 물질. Clarifying Agent(클래리파잉 에이전트)와 동의어. 2. **정화기**. 스팀 맥주(Steam Beer)등을 만들 때 사용하는 길고 얕은 팬 닮은 발효용 용기.

Clarify(클래러파이) : **맑게 만들다**. 맥아즙 또는 발효가 끝난 맥주의 부유물질 또는 불용성입자를 제거하여 맑게 만들다.

Clarifying Agent(클래러파잉 에이전트) : **정화제(淨化劑)**. **청징제(淸澄劑)**. Clarifier (클래러파이어)와 동의어. 참조.

Clarifying Chips(클래러파잉 치프스) : **정화용 칩**. **청징(淸澄)용 칩**. 2차 발효 중 정화(청징)에 도움을 주기위하여 최소의 부피와 무게를 갖고 최대의 표면적을 갖도록 얇게 만든 나무 칩. Chips(치프스), Wood Chips(우드 치프스), Wood Strips(우드 스트리프스)와 동의어.

Clarifying Tub(클래러파잉 터브) : **정화통**. **청징 통**. 맥아즙을 다른 용기로 옮길 때 사용되지 않은 곡물 등이 가라앉도록 이중바닥으로 된 크고 원통형이며 돔으로 덮인 용기.

Clark Degree(클라르크 디그리) : **°클라크**. **클라크 도(度)**. 물의 경도를 나타내는 단위로 물 7만분의 탄산 칼슘($CaCO_3$) 1을 말한다. 또는 물 1 영국 갤런 (4.54596리터)의 탄산 칼슘 1 그레인(0.0648g)을 말한다. 영국에서 연수는 5° 클라크 이하(70 ppm), 심한 경수는 15°클라크 이상(210 ppm)을 말한다. 1°클라크 = 14.3 ppm = 0.833g/미국 갤런 = 143 mg/리터 칼슘 이온 = 0.7 millival = 0.8 독일 도(度). 어원은 1840년 T. Clark가 물의 경도를 측정하는 방법을 개발한 후부터 사용되었다. English Degree(잉글리쉬 디그리)와 동의어.

Classic Yeast(클래시크 이스트) : **전통효모**. 전통적으로 오래전부터 양조에 사용되고 있는 효모.

Clean(클린) : **잡냄새가 없는**. 불쾌한 냄새가 없는.

Clean Fermentation Profile(클린 퍼르멘테이션 프로필) : **클린 퍼멘테이션 프로필**. 효모에 의한 발효 부산물이 없거나 아주 낮은 맥주의 좋은 품질. 즉 언급한 물질을 제외하고 에스터(Ester(에스터르)), 다이아세틸(Diacetyl(다이어시털)), 아세트알데하이드(Acetaldehyde(애시탤더하이드)), 또는 이들과 유사한 화합물이 없는 좋은 맥주.

Clean-In-Place(클린 인 플레이스) : **정치세척(定置洗滌)**. 약어로 CIP. 파이프, 용기, 기구, 여과기와 그 부속품 등의 내부를 해체함이 없이 자동으로 그 자리에서 세척하는 방법. 물, 세척제, 산, 알칼리가 들어있는 물을 강하게 용액을 통과시키거나 뿌려 세척한다. 현대적 양조장에는 거의 설치되어있다.

Cling(클링) : **거품점착**(粘着). 맥주잔의 벽에 거품이 달라붙는 것. Lacing(레이싱)과 동의어.

Closed Fermentation(클로스트 퍼르멘테이션) : **폐쇄발효**. 폐쇄된 용기에서 혐기적으로 발효하는 방법. 대개 발효 전(醱酵 栓)으로 막아 발효를 행한다.

Cloth Filter(클로우스 필터르) : **천 거르개**. 천으로 된 거르개.

Cloudy(클라우디) : **흐린**. **혼탁한**. 맥주가 침전되지 않은 입자에 의해 나타내는 흐린 현상의.

Clove(클로우브) : **정향**(丁香) **아로마의**. 열대성 정향나무의 꽃을 말린 것이 나타내는 향의. 주성분은 4-비닐 구아이아콜(4-Vinyl Guaiacol(4-비닐 구아이어코울))인데 맥아가마건조 시 생성되는 페룰산(Ferulic Acid(페률리크 애시드))를 전구체로 하여 발효 중에 생성된다. 이 물질은 흥미롭게도 바닐린(Vanillin (버닐린))의 전구체이기도하다. 감지한계치는 1ppb이다. 이 물질은 단지 저먼 바이첸(German Weizen(저르먼 바이첸))에서만 감지할 수 있는 수준으로 존재한다. Phenolic(피노울릭)이라고도 표현한다. 감각용어.

Clovelike(클로우블라이크) : **정향**(丁香) **닮은**.

Cluster(클러스터르) : **클러스터**. 알파 산 농도가5.5-8.0%이고 베타 산 농도가 4.5-5.5%인 미국에서 재배하고 있는 홉 품종.

Coalescence(코우얼래선스) : **합체화**(合體化). 맥주거품의 작은 공기방울들이 합쳐져 큰 공기방울을 형성하려는 경향.

Coarse Sludge(코르스 슬러지) : **조**(粗) **슬러지**. 용해성 또는 불용해성 단백질물질의 응고에 의해 만들어지는 응집 물. 맥아즙 정화의 첫 단계에서 만들어진다.

Cobra Head Faucet(코우브러 헤드 포시트) : **코브라 머리모양 꼭지**. 손가락으로 누르면 용수철 힘이 약해져 음료가 나오는 코브라 머리모양의 음료 분배기.

Cock Ale(카크 에일) : **코크 에일**. 17-18세기의 미국과 영국의 요리책에 기록되어있는 요리법인데 이중 한 가지는 10 영국 갤런(45.4596리터)의 에일, 1마리의 크고 늙은 수탉, 건포도, 육두구, 정향으로 만든다.

Coeurier(쾨히에이) : **쾨리에**. Bierkieser(비어키제르) 참조.

Coffee(코피) : **커피 향의**. 다른 특성과 잘 어울리나 편차가 크다. 감지한계치는 낮은 ppb정도이다. 감각용어.

Cohumulone(코우휴뮬란) : **코후물론**. 3가지의 알파 산 중에서 둘째 혹은 셋째 번의 함량을 가진 물질로 맥아즙의 끓임 중 이성질화 되어 아이소-코후물론(Iso-Cohumulone(아이소 코우휴뮬란))으로 변환되는데 이 물질이 홉 쓴맛의 대부분을 차지한다. 그러므로 코후물론 함량이 높은 홉은 맥주의 쓴맛을 강하게 한다.

Coirm(쾌름) : **쾌름**. 옛 아일랜드에서 맥주를 부르던 이름.

Cold Break(코울드 브레이크) : **냉침전(冷沈澱). 콜드 브레이크**. 1. 끓임이 끝난 맥아즙(Wort(워르트))을 급속히 냉각하여 단백질, 타닌, 페놀(Phenol(피노울))류 등이 미세하게 응결하여 침전 되게 하는 것. 응결된 것을 트루브(Trub)라 하고 60°C근처에서 시작되고 온도가 더 내려가면 더 증가한다. Cold Trub(코울드 트루브)와 동의어. 2. 냉각과정이 끝난 뒤 단백질에 의한 혼탁물질. Hot Break(하트 브레이크) 참조.

Cold Conditioning(코울드 컨디셔닝) : **저온숙성**. Largering(라거링) 참조.

Cold Fermentation(코울드 퍼르멘테이션) : **저온발효**. 라거 맥주처럼 약 13°C정도의 저온에서 발효시키는 것. 맥주의 과일향이 최소화되고 라거 맥주의 전형적인 부드러운 향미가 생성된다.

Cold Lagering(코울드 라거링) : **저온저장숙성**. Largering(라거링) 참조.

Cold Settling(코울드 세틀링) : **저온침전**. 낮은 온도에 두어 침전을 촉진하는 것.

Cold Trub(코울드 트루브) : **콜드 트루브**. Cold Break(코울드 브레이크)와 동의어. 참조.

Cold Trub Flotation(코울드 트루브 플로우테이션) : **콜드 트루브 부유(浮游) 제거법**. 냉각된 당화 액의 콜드 트루브를 과량의 공기를 불어넣어 용액 중에 부유시켜 제거하는 법. 부유 용기에서 불어넣은 공기방울에 의해 콜드 트루브는 아래에서 위로 띄워져 위에 존재하게 되고 콜드 트루브는 맥아즙의 표면에 거품과 함께 층을 형성한다. 아래에서 맥아즙을 빼어내면 나중에는 침전물이 포함된 거품이 남게 되며 이를 제거하면 침전물을 제거할 수 있다.

이 조작은 효모를 첨가한 맥아즙이나 효모를 첨가하지 않은 맥아즙 모두에서 할 수 있다.

Cold Water Extract(코울드 워터르 익스트래크트) : **냉수 추출물**. 냉수에 용해될 수 있는 맥아중의 고형물. 맥아무게의 %로 나타낸다. 효소작용을 저해하기 위하여 암모니아를 약간 첨가한 20°C에서 행한다. 맥아제조소에서의 맥아의 전환정도를 알 수 있다.

Coliform(칼러포름) : **대장균의. 대장균모양의**. 수인성 세균이며 오염과 연관성이 있다.

Collar(칼러르) : **칼라**. 맥주잔의 거품 층. Head(헤드), Cream(크림), Suds(서드즈)와 동의어.

Colloid(칼로이드) : **콜로이드. 교질(膠質)**. 액체에 현탁 되어있는 아주 작은 입자상태 즉 용액에서 젤라틴 상태의 물질. 맥주의 바디, 혼탁, 안정성에 영향을 준다.

Colloidal Stability(컬로이덜 스터빌리티) : **콜로이드 안정성**. 맥주를 낮은 온도에 노출시켰을 때 혼탁 되지 않고 오래 동안 남아있는 것. 콜로이드 안정성에 영향을 미치는 중요한 두 가지 화합물은 단백질과 폴리페놀화합물이다. 이들의 함량이 적으면 안정성이 높다. EBC Test(이비시 테스트) 참조.

Color(컬러르) : **색. 빛깔**. 물체가 빛을 흡수하고 반사함에 따라 나타나는 물체의 빛깔.

Colored Beer(컬러드 비어) : **색깔 맥주**. 색깔을 맞추는데 사용하는 맥아를 맥아즙 또는 맥주에 첨가하여 3000SRM(8000EBC)단위 이상의 색깔을 가진 맥주. 대개 3/5의 연한 몰트, 2/5의 블랙 또는 컬러 몰트를 섞어 양조한다.

Colored Malt(컬러드 몰트) : **색깔용 맥아**. 맥주에 색깔을 주기위하여 사용하는 특수 맥아. 만들어진 맥주의 향미에 영향을 주므로 사용곡물의 2%를 넘지 않아야 한다. Color Malt(컬러르 몰트)와 동의어.

Color Malt(컬러르 몰트) : **색깔용 맥아**. Colored Malt(컬러드 몰트)와 동의어. 참조.

Color(SRM)(컬러(에스알엠)) : **에스알엠 값으로 나타낸 색깔**. SRM단위로 나타낸 색깔의 정도. 일반적인 맥주의 색을 나타낼 때는 로비본드(Lovibond(러비반드)) 값과 동일하다고 간주한다. 유럽 양조협의회(European Brewing Convention(유러피언 브루잉 컨벤션)의 EBC값으로 SRM을 나타낼 때는 다음 식을 사용한다. SRM=(0.375xEBC도)+0.45.

Columbus(컬럼버스) : **콜럼버스**. 14.0-16.0%의 아주 높은 알파 산을 포함하고 있고 미국에서 재배하고 있는 쓴맛용 홉 품종.

Comb(코움) : **콤**. 맥주잔 위에 과량으로 형성된 거품을 제거하는데 사용하는 기구.

Combe(쿰) : **어린뿌리**. Rootlet(루틀리트), Coom(쿰), Coomb(쿰)과 동의어. Rootlet(루틀리트) 참조.

Comet(카미트) : **코밋**. 9.5-10.%의 알파 산을 함유하고 있고 미국 워싱턴 주에서 재배하고 있는 쓴맛용 홉 품종.

Compartment Malting(컴파르트먼트 몰팅) : **구획 몰팅**. Box Malting(박스 몰팅)과 동의어. 참조.

Concentrate(칸선트레이트) : **농축하다**. 액체를 진하게 하거나 졸이다. 농축된 맥아즙을 맥아즙 농축액 이라하고 양조 인이 맥주생산에 사용한다. 농축은 끓임, 진공농축방법으로 만들고 부피가 작으므로 수송과 맥주생산경비의 절감을 가져온다.

Concentration(칸선트레이션) : **농축**. 액체를 진하게 또는 졸임.

Condenser(컨덴서르) : **냉각기**. 응결 장치. 액화장치. 물체를 냉각하는 기기를 통틀어 이르는 말로 공업용으로 쓰는 열 교환기나 기관의 과열을 방지하는 장치 등이 있다.

Condition(컨디션) : 1. **2차 발효시키다. 숙성시키다**. Conditioning(컨디션닝) 참조. 2. **맥주중의 탄산가스의 양**.

Conditioning(컨디션닝) : **2차 발효. 숙성**. 양조의 최종단계로 맥주에 탄산가스가 녹아있도록 하기위하여 폐쇄된 용기에서 2차 발효를 유도 시키는 것. 이 기간 동안에 숙성(Maturation(매추레이션)), 청징, 안정화가 일어난다. 2차 발효는 크로이제닝(Kraeusening) 또는 프라이밍(Priming)에 의하여 일으킬 수 있다. Maturation(매추레이션), Aging(에이징)과 동의어. Carbonation(카르버네이션) 참조.

Conditioning Tank(컨디셔닝 탱크) : **2차 발효탱크**. **숙성탱크**. 고압으로 탄산가스를 불어넣을 수 있게 만들어진 밀폐용기.

Cone(코운) : **구과(毬果)**. **방울열매**. 홉의 열매도 구과이다. 꽃이 아니다.

Congelation(칸절레이션) : **동결 법**. 맥주를 얼려 얼음을 만들고 이 얼음을 제거하여 맥주의 알코올 농도를 높이는 방법.

Congener(칸저너) : **콘지나**. **착향료(着香料)**. 맥주 발효과정 중 푸르푸랄, 알데하이드를 생성하거나 맥주의 향미나 아로마에 관여하는 물질을 형성하는 천연물.

Congress Mash(캉그리스 매쉬) : **의회당화**. 맥아의 품질을 검사하기위하여 표준화된 방법으로 소규모로 당화를 행하는 것. European Brewing Congress(유러피언 브루잉 콩그레스)에서 표준화시켰기 때문에 이 이름이 붙었다.

Continuous Fermentation(컨티뉴어스 퍼르멘테이션) : **연속발효**. 원료의 공급과 제품의 생산을 연속적으로 하는 발효를 말하는데 맥주양조에는 1957년 이래 상업적으로 사용되고 있다.

다양한 형태의 연속발효조가 고안되어 있으며 연속발효의 장단점은 다음과 같다. 장점 : 1. 효모의 증식이 적기 때문에 원료의 이용률이 높다. 2. 발효조의 생산성이 높고 청소시간이 짧다. 3. 장소가 좁아도 가능하다. 4. 인력이 적게 든다. 단점 : 1. 효모의 변이와 잡균의 오염이 일어나기 쉽다. 2. 장치의 운전에 고도의 기술이 필요하다. 3. 원래 만들어지던 제품과 성질이 다른 제품이 생산되는 위험성이 있다.

Contract Beer(컨트래크트 비어) : **계약맥주**. 맥주의 양조와 판매가 서로 다른 회사에서 이루어지는 맥주를 말하는데 판매회사의 사양(仕様)에 따라 맥주가 만들어진다.

Contract Brewing(컨트래크트 브루잉) : **계약양조**. 양조장에서 판매회사의 사양(仕様)에 따라 맥주를 양조하는 것.

Conversion(컨버전) : **변환(變換)**. 어떤 형태나 상태가 다른 형태나 상태로 바뀌는 것. 예 : 담금(Mash(매쉬)) 과정에서 녹말이 효소에 의해 다양한 발효당과 비발효 당으로 바뀌는 것.

Cooker(쿠커르) : 1. **레인지**. 오븐이 딸린 요리용 가스 또는 전기 기구. 2. **쿠커**. 아주 높은 젤라틴화 온도로 부가 물(Adjunct(애드정크트))을 찔 수 있는 기구. 3. **가열처리담당자**. 양조, 증류 등의 공정에서 원료의 가열처리를 담당하는 사람.

Cooler(쿨러르) : 1. **냉장고**. 냉각용 용기. 2. **냉각장치**. 발효가 진행될 때 온도를 낮추기 위해 차가운 액체를 공급할 수 있는 장치. 3. **쿨러**. 얼음으로 차게 한 알코올음료나 청량음료.

Cooler Tun(쿨러 턴) : **냉각용 통**. 홉 여과기 바로 다음에 있는 평평하고 뚜껑이 없는 통을 밀하는데 그 안에서 뜨거운 맥아즙이 자연적으로 시으며 거친 슬러지가 제거된다. 또한 천연 효모를 사용할 때는 이때 공기 중에서 맥아즙으로 효모가 접종된다. Coolship(쿨쉽)과 동의어.

Cooling(쿨링) : **냉각**(冷却). 발효 전에 끓인 맥아즙의 온도를 내리는 것. 상면발효는 14-16°C로, 하면발효는 6°C로 식힌다.

Coolship(쿨쉬프) : **냉각주**(冷却舟). Cooler Tun(쿨러 턴)과 동의어. 참조.

Coom(쿰) : **어린뿌리**. Rootlet(루틀리트), Coomb(쿰), Combe(쿰)과 동의어. Rootlet(루틀리트) 참조.

Coomb(쿰) : **어린뿌리**. Rootlet(루틀리트), Coom(쿰), Coombe(쿰)과 동의어. Rootlet(루틀리트) 참조.

Cooper(쿠퍼르) : 1. **통장이**. 통(Barrel(배럴)) 제조업자. 2. **혼합 흑맥주**. 스타우트(Stout)와 포터(Porter(포르터르)를 반반씩 섞은 맥주(영국). 3. **술집**. 영국.

Cooperage(쿠퍼리쥐) : 1. **통장이 일**. 통의 제조, 수선. 2. **통장이의 작업장**. 3. **통장이의 품삯**.

Copper(카퍼르) : 1. **맥아즙 끓임 용 솥**. 이 이름은 솥을 만드는 재료인 구리에서 유래된 것이다. 옛날 용어. 아직도 많은 구리로 만든 솥이 사용되고 있으나 현대에서는 대부분이 스테인리스스틸로 만들고 있다. Brew Kettle(브루 케틀)과 동의어. 참조. 2. **구리**. 동. 원소기호 Cu. 낮은 농도는 효모의 영양원이지만 높은 농도에서는 독성을 나타낸다. 3. **구릿빛**. **적갈색**.

Copper Finings(카퍼르 파이닝즈) : **청징제**(淸澄劑). 맥주나 포도주를 맑게 하는 데 쓰는 뿔가사리(Irish Moss(아이리쉬 모스))같은 물질을 말하며 맥아즙이 맥아즙 끓임 용 솥에서 끓을 때 첨가하고 이 물질은 단백질을 분해하여 완성된 맥주의 안정성을 개선한다.

Coppery(카퍼리) : 1. **구리 맛이 나는**. 양조용수 또는 오래된 양조시설에서 기인한다. 다른 특성과는 어울리지 않는다. 감지한계치는 0.15ppm이다. 감각용어. 2. **구릿빛의. 적갈색의**.

Copus(코퍼스) : **코퍼스**. 한때 뜨거운 맥주, 포도주, 향신료로 만들었던 음료.

Coriander Seed(코리앤더르 씨드) : **고수 씨. 호유자(胡荽子)**. 미나리과(科)에 속한 1년생 풀의 씨앗. 학명은 코리앤드룸 사티범(*Coriandrum sativum*(코리앤드럼 새티범)). 지름 3㎜로 작고 둥글며, 향기 나는 잿빛을 띠는데 향료, 조미료, 방향제로 사용된다. 벨기에에서 기원한 맥주 스타일인 화이트 비어(White Beer)의 중요한 성분이다.

Corker(코르커르) : **코르커**. 병 입구를 코르크로 막는데 사용하는 기구.

Corn(코른) : 1. **옥수수**. 미국에서 옥수수를 칭한다. 옥수수는 흔히 맥아 부가 물로 사용되는데 맥아즙에 첨가하기 전에 쪄서 젤라틴 화 시킨 후 첨가한다. 옥수수는 맥주에 어떤 특성이나 향미를 주지 않고 녹말 함량을 높인다. 어떤 미국 양조장에서는 맥아의 40%를 옥수수로 대체하여 맥주를 만든다. 2. **보리 알갱이**. 3. **곡물**. 영국에서는 일반적인 곡물을 말하는데 특히 밀을 지칭한다.

Corn Cutter(코른 커터) : **곡물입자 절단기**. 맥아제조자가 보리의 내부를 검사하기 위하여 보리의 반을 자르는데 사용하는 기구. 약 50개를 조사하는데 양조에 바람직한 배젖의 단단함과 맑음 등을 관찰한다. 유리 같이 단단하면 푸석푸석한 것보다 싹이 잘 트지 않는다. 푸석푸석한 것이 침지중 물을 잘 흡수한다. Farinator(퍼리네이터)와 동의어.

Corn Sugar(코른 슈거르) : **옥수수 포도당**. 옥수수녹말로부터 만든 포도당. Glucose(글루코우스), Dextrose(덱스트로우스)와 동의어. 참조.

Cornelius Keg(코르넬리우스 케그) : **코르넬리우스 통**. 약 9.5-19리터(때로는 38리터)들이 스테인리스스틸 통인데 대개 볼 잠금장치(Ball Lock(볼 라크))으로 되어있고 자가 맥주제조자의 맥주제공용 탱크 또는 발효조로도 사용된다.

Correction Factor(커렉션 팩터르) : **보정계수**(補正係數). 측정, 수치계산 등에서 보다 진실에 가까운 값을 구하기 위해 첨가되는 수치(인자 또는 항).

Couch(카우치) : 1. **맥아상**(麥芽床). 보리를 엿기름으로 만들기 위한 상. 맥아를 만들 때 전통적으로 사용하는 맥아상 제법은 보리를 침지한 후 물을 빼고 맥아상에 펼쳐놓는다. 처음의 불린 보리 두께는 23-76cm이고 24시간 이후에 손이나 기계로 얇게 다시 펼쳐 생산하려는 맥아의 본질에 따라서 온도를 15-25°C로 유지시킨다. 2. **보리더미**. 맥아상위에 쌓여있는 보리 더미. Floor Malting(플로어 몰팅), Mat Plow(매트 플라우), Matted Couch(매티드 카우치), Piece(피스), Pneumatic Malting(뉴메디크 몰팅), Radiclc(래디클), Turner(터르너) 참조.

Couching(카우칭) : **카우칭**. 1. 전통적인 상상 제 맥아(床上製麥芽)에서 침지된 보리를 맥아상에 옮겨쌓고 발아가 일어나도록 이를 10-15cm정도로 펼쳐 주는 것. Floor Malting(플로어 몰팅) 참조. 2. 현대적 통풍 식 제 맥아(通風式製麥芽)에서 함(函)에 들어있는 상(床)의 위에 있는 침지된 보리를 평평하게 고르는 것.

Counter Pressure(카운터르 프레셔르) : **반대 압력**. **역압**(逆壓). 맥주 중에 존재하는 공기나 탄산가스가 밖으로 나가려는 힘에 대하여 이들이 나가지 못하게 작용하는 병마개 등이 나타내는 반대압력.

Courni(쿠르니) : **쿠르니**. BC 1세기경 영국인과 아일랜드 인이 만들었던 에일 닮은 음료. 1세기경에 발표된 그리스 의사이며 본초학자이고 군의(軍醫)인 디오스코리데스(Dioscoridés)의 저작물에 언급되어있다.

Crabtree Effect(크래브트리 이펙트) : **크랩트리 효과**. 효모인 사카로미세스 세레비지애(*Saccharomyces cerevisiae*(새커로메이시즈 세르비지에이))가 포도당의 농도가 높으면 호기적 조건에서도 에탄올을 생성하는 현상. 효모는 일반적으로 혐기적 조건에서는 에탄올을 생성하고 호기적 조건에서는 TCA 회로(Tricarboxylic Acid Cycle(트라이카르바크실리크 애시드 사이클))와 산화환원전자전달계에 의해서 ATP를 생성하여 자신의 증식을 가져온다. Crabtree가 발견하였다.

Cracking(크래킹) : 1. **크래킹**. 당화 중에 내배유(內胚乳)가 액체에 노출되도록 곡물을 거칠게 빻는 것. 2. **가열분해**.

Craft Beer(크래프트 비어) : 1. **수제 맥주**. 맥아, 홉, 물, 효모를 사용하여 소규모 맥주양조장(Microbrewery(마이크로우브루어리))에서 만든 맥주. 큰 양조회사에 비해 다양한 양조기법을 사용해 품질과 향미 등이 다양한 맥주를 생산할 수 있는 장점이 있다. House Beer(하우스 비어), Home Brewing Beer(호움 브루잉 비어)와 동의어. 2. **크래프트 비어**. 보리 몰트만으로, 또는 보리 몰트와 밀 몰트만으로 만든 맥주. 높은 비율의 부가 물(대개 옥수수와 쌀)을 첨가하여 가벼운 바디, 가벼운 향미, 옅은 색깔의 미국과 캐나다에서 일반적으로 팔리고 있는 맥주보다 향미와 특색이 강하다.

Cranberry Lambic(크랜베리 람비크) : **크랜베리 람빅**. 크랜베리(덩굴월귤)로 향미를 낸 람빅 맥주.

Cranston Bill(크랜스턴 빌) : **크랜스턴 법안**. Homebrewing(홈브루잉) 참조.

Crate(크레이트) : 1. **상자**. 병이나 캔을 포장하여 수송할 수 있도록 나무, 플라스틱, 골판지로 만든 상자. 2. **크레이트**. 60x30x30cm 용량의 과일상자.

Crater(크레이터) : **크레이터**. 새로 물질을 주입한 병이나 캔을 상자 또는 크레이트에 넣는 기계.

Crawler(크롤러) : **술집 순례자**. 영국에서 어떤 지역의 모든 펍을 방문하고 각 펍과 영업소의 샘플을 맛보는 사람. 이러한 열정적 맥주애호자의 활동을 "Pub Crawl(퍼브 크롤. 술집을 옮겨가며 술을 마시다)"이라고 한다.

Cream(크림) : **맥주 거품**. Head(헤드), Collar(칼러르), Suds(서드즈)와 동의어.

Cream Ale(크림 에일) : **크림 에일**. 1. 상면발효맥주와 하면발효맥주를 섞어 달고 가벼운 홉 향미가 나는 알코올음료. 대개 하면발효맥주를 많이 넣는다. 2. 하면발효효모를 사용하여 만든 에일. 대개 발효는 상면발효효모(에일 효모)로 행한 후 하면발효효모(라거 효모)로 마무리한다. 즉 잡종 발효이며 만들어진 맥주는 라거의 상쾌함과 에일의 홉 향미를 동시에 갖는다.

Creamed Corn(크림드 콘) : **크림 섞은 옥수수 냄새의**. 다이메틸설파이드(Dimethylsulfide(다이메털설파이드))의 냄새. Dimethylsulfide 참조. 감각용어.

Creamy(크리미) : **크림 같은**. 부드러운. 1. 두껍게 오래가는 거품을 가진 맥주의. 2. 풍부하고 부드러운 구조 감을 가진 풀 바디 맥주의.

Crisp(크리스프) : **상쾌한**. 시원하고 유쾌한. 감각용어. 라거 맥주를 표현할 때 주로 사용한다.

Crock(크라크) : 1. **오지단지**. 항아리와 독 등의 입구가 넓은 도자기로 개방발효에 사용된다. 2. **금속제 냄비**.

Crop(크라프) : 1. **수확효모**. 상면발효 하는 에일의 1차 발효 중에 발효액 표면에서 걷어낸 효모. 2. **농작물**. **곡식**. **과일** 등. 3. **작황**. **생산량**.

Cropping(크라핑) : **효모수확**. 상면발효 하는 에일의 1차 발효 중에 발효액 표면에서 효모를 걷어 내는 것.

Cross-Contamination(크로스 컨태미네이션) : **교차 오염**. 어떤 내용물, 표면, 양조물에 존재하고 있던 유해박테리아가 원하지 않는 다른 물질을 오염 시키는 것.

Crown Cap(크라운 캐프) : **왕관**. **마개**. Crown Cork(크라운 코르크)와 동의어. 참조.

Crown Capped(크라운 캡트) : **왕관을 씌운**. 병을 왕관 코르크 마개(Crown Cork(크라운 코르크))로 막은.

Crown Closed(크라운 클로즈드) : **왕관을 씌운**. Crown Capped(크라운 캡트)와 동의어. 참조.

Crown Cork(크라운 코르크) : **왕관마개**. 병 입구의 튀어나온 곳을 꽉 잡아 밀폐시켜 병속의 탄산가스가 빠져나오지 못하게 만드는 왕관 닮은 주름 잡힌 금속뚜껑인데 안은 코르크나 플라스틱으로 안감(Lining(라이닝))을 대었다. 첫 왕관뚜껑은 Crown Cork and Seal Company(크라운 코르크 앤드 실 컴퍼니)의 설립자인 William Painter(윌리엄 페인터)가 1892년에 발명하였다. 1920년 코르크 안감은 압축 코르크로, 그 후 플라스틱으로 대체되었다. Crown Cork에서처럼 Cork를 쓰는 이유는 처음에 코르크를 썼기 때문에 코르크를 현재는 사용 하지 않아도 코르크라는 말을 사용한다. Crown Seal(크라운 실), Crown Cap(크라운 캐프), Crown Stopper(크라운 스타퍼르)와 동의어.

Crowner(크라우너르) : **왕관 타전기**(打栓機). **왕관 씌우는 기계**. 왕관을 병에 자동 또는 수동으로 씌우는 기계. 플라스틱 안감을 누르고 주름을 꽉 잡아주려면 그 압력은 250kg/cm^{2}이다.

Crown Seal(크라운 실) : **왕관봉인**. Crown Cork(크라운 코르크)와 동의어. 참조.

Crown Sealed(크라운 실드) : **왕관으로 봉인한**. Crown Capped(크라운 캡트)와 동의어. 참조.

Crown Stopper(크라운 스타퍼르) : **왕관마개**. Crown Cork(크라운 코르크)와 동의어. 참조.

Crush(크러쉬) : **분쇄**. 보리 껍질속의 내용물을 작은 조각으로 눌러 부수는 과정.

Crushing(크러쉬) : **분쇄**. **파쇄**. 보리껍질내의 내용물을 가루로 만들기 위해 몰트를 분쇄하는 것.

Crystal(크리스털) : **크리스털**. 2.0-4.5%의 알파 산을 함유하고 있고 미국에서 재배하고 있는 홉 품종.

Crystal Malt(크리스털 몰트) : **크리스털 맥아**. 호박색(琥珀色)-진한갈색으로 맥주의 바디, 캐러멜 색깔과 향미를 부여하기위하여 사용하는 특수한 형태의 몰트. 몇 가지 색깔을 나타낸다. Caramel Malt(캐러멀 몰트)와 동의어. 참조.

CTZ Hop(시티지 하프) : **시티지 홉**. Columbus/Tomahawk/Zeus Hop(컬럼버스/토마호크/주스 하프)의 약자로 미국의 고 알파 산 아로마 용 홉을 말한다. 이들의 특성은 비슷하지만 동일하지는 않다.

Cubitainer™(큐비테이너) : **큐비테이너**. 1. 자가 양조의 2차 발효에 사용되는 1 또는 5 갤런, 정육면체, 반고체, 플라스틱으로 만든 통의 상표명이다. 2. 영국에서 양조업자는 생맥주를 집으로 가져갈 수 있도록 정육면체로 만든 폴리핀(Polypin)이라 불리는 큐비테이너를 제공한다.

Cuitje(코이테) : **코이테**. 15세기 벨기에에서 양조되었던 순한 맥주. 강하게 만들어진 Double Coitje(더블 코이테)는 프랑스 표현인 Double Cuite(두블 퀴트)의 원형이며 심한 두통이란 뜻이다.

Cullen Act(컬렌 액트) : **컬렌 법**. 1933년 3월에 의회를 통과하여 4월7일에 효력을 나타낸 법으로 Volstead Act(발스테드 액트. 금주법)에 대한 미국 헌법 수정 조항인데 3.2%(V/V) 이하인 맥주의 생산과 판매를 허용한 법안이다. Cullen-Harrison Act(켈렌-해리슨 액트), Beer-Wine Revenue Act(비어-와인 레버뉴 액트)와 동의어.

Culm(컬름) : 1. **가루 무연탄. 질 낮은 무연탄**. 2. **줄기. 대**. 벼, 보리, 대 등 마디가 있으며 마디이외의 부분에 속이 비어 있는 것.

Culms(컬름즈) : **컬름즈**. 맥아에서 잘라낸 뿌리. 가마건조 후 수집하여 사료로 판매한다. Rootlet(루틀리트)와 동의어. Kaulms로도 쓴다.

Cumin(커먼) : **커민**. 미나리과인 쿠미늄 시미늄(*Cuminum cyminum*(커미넘 사이미넘)) 및 그 과실을 가리키는데 이 종은 북 아프리카에 야생하고, 지중해 연안, 인도 등에서 재배된다. 향신료로 사용된다.

Curaçao(퀴라소) : **퀴라소**. 1. 오렌지 껍질로 만든 술 이름. 2. Curaçao Orange(퀴라소 오린지)와 동의어. 이 오렌지는 카리브 해에 있는 옛날의 네덜란드 식민지인 퀴라소에서 자라는 작고 쓴맛의 오렌지이다. 껍질을 사용한다. Curaçao Orange Peel(퀴라소 오린지 필. 등피(橙皮) 참조.

Curaçao Orange Peel(퀴라소 오린지 필) : **등피(橙皮)**. 퀴라소 섬에서 생산되는 쓴맛 나는 오렌지 껍질. 벨기에에서 말려서 호가든(Hoegaarden(오가르데))등의 밀 맥주에 사용한다. Bitter Orange Peel(비터르 오린지 필)이라고도 한다. Sweet Orange Peel(스위트 오린지 필) 참조.

Curing(큐링) : **큐어링**. 상상 제 맥아(床上 製麥芽. Floor Malting(플로어 몰팅))의 마지막단계. 이때 맥아가 가열되어 향미와 색이 최고로 생성된다.

Cylindroconical Vessels(실리드로우카니컬 베슬즈) : **원통원뿔형 발효용기**. 약어로 CCVS. 대부분은 원통형이지만 밑 부분은 발효 후 효모를 수집하기위하여 원뿔을 닮은 발효용기.

Cyser(사이저) : **사이저**. 1. 꿀, 사과 주스, 물을 섞은 것을 발효시켜 만든 멜로멜(Melomel. 벌꿀 주)의 일종. 2. 꿀로 단맛을 낸 사이다(사과술).

Cytase(사이테이스) : **시테이스**. 섬유소 분해효소의 일종. Cellulase(셀룰레이스)와 동의어.

Cytolysis(사이탈리시스) : **세포용해**. 싹이 트는 보리의 세포벽의 일부가 효소에 의해 용해되는 것. 이 과정은 배에서 시작되어 녹말을 함유한 내배유, 그리고 곡물의 선단(先端)에 다다른다. 세포용해는 보리의 강도가 감소한다.

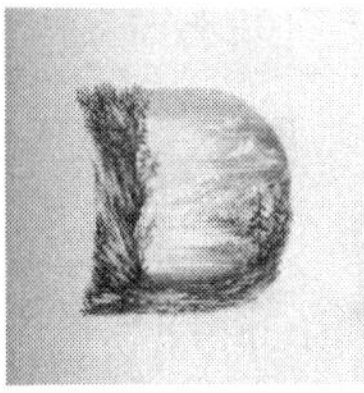

DAB(데아베) : **데아베**. Dortmunder Aktien(Actien) Brauerei(도르트문터 아크티에 브라우어라이. 도르트문트 양조 주식회사)의 약어.

Dagger Ale(대거르 에일) : **강한 에일**. 강한 에일을 뜻하는 옛 영어.

Dalla(털러) : **털러**. Talla(털러)의 이형철자. 참조.

Damson Hop Aphid(댐즌 하프 애피드) : **암자색 홉 진딧물**. 학명이 포로돈 휴물리(*Phorodon humuli*(포라단 휴멀라이))인 진딧물의 일종인데 홉 잎의 뒷면과 생장점에 감염하여 결국에는 홉 구과를 파괴하는 곤충이다. Hop Fly(하프 플라이)와 동의어.

Danzig Spruce Beer(단찌히 스프루스 비어) : **단치히(그다니스크(폴란드)) 가문비나무 술**. 가문비나무의 가지나 잎을 넣은 당밀을 발효시켜 만든 음료. Spruce Beer(스프루스 비어) 참조.

Darcy's Law(다르시즈 로) : **다르시의 법칙**. 담금액 여과 솥(Lauter Tun(라우터르 턴))이나 맥주 여과기 같은 다공성물질에서의 액체의 유동율(流動率)을 설명하는데 사용하는 법칙.

Dark(다크) : **검은. 진한**. Deep(디프)와 동의어.

Dark Beer(다크 비어) : **흑맥주**. 농색 맥주(濃色麥酒)의 일반적인 이름. 색깔은 캐러멜 몰트 또는 볶은 몰트에서 온다. 포터 등의 어떤 에일의 검은색은 맥주 원료에 포함된 감초에 의한 것도 있다.

Dead Mash(데드 매쉬) : **정체 맥아즙**. Set Mash와 동의어. 참조.

Debitterized Chocolate Malt(드비터라이즈드 초컬리트 몰트) : **거친 향미를 제거한 초콜릿 맥아**. 맥주에 거친 향미를 주는 성분을 제거한 초콜릿 맥아.

Decant(디캔트) : 1. **디캔트하다. 경사(傾瀉)하다**. 액체의 윗물을 밑의 침전물이 섞이지 않도록 살살 따르다. 2. **붓다**. 특히 포도주를 한 용기에서 다른 용기로 옮기다.

Decantation(디캔테이션) : **경사법(傾瀉法)**. 침전을 건드리지 않고 따라내기.

Decanter(디캔터) : 1. **경사기(傾瀉器)**. 침전물의 윗물을 살살 따라 내는데 쓰는 목이 가느다란 병. 2. 포도주 등을 일반 병에서 따라 내어 상에 낼 때 쓰는, 보통 보기 좋게 만든 유리병.

Decarbonate(디카르버네이트) : **탈탄산하다. 이산화 탄소를 제거하다**. 끓임 또는 화학약품을 침가하여 물에 있는 탄산염이나 중탄산염 이온을 제거하는 것.

Deciliter(데설리터르) : **데시리터**. 1/10 리터. 약어로 dl.

Deckelpokal(데켈포칼) : **데켈포칼**. 금속이나 유리로 만들어진 독일에서 사용되는 컵 뚜껑의 일종.

Decoction(디칵션) : **디콕션**. 1. 달여(고아)내기. 끓여내기. 당화 액의 일부분을 끓여서 재투입하면서 당화하는 공정. 2. 끓여서 추출하는 방법. 3. 끓는 당화액의 일부. Decoction Brewing Method(디칵션 브루잉 메터드. 디콕션 양조법) 참조.

Decoction Brewing Method(디칵션 브루잉 메터드) : **디콕션 양조법**. 하면발효맥주를 양조할 때 사용하는 당화 법 중의 하나이며 유럽본토에서 처음 시작되었다. 이 방법은 당화 액을 섞는 당화용 솥(Mash Tun(매시턴)), 끓이는 솥(Mash Kettle(매시케틀). Copper(커퍼르) 또는 Mash Copper(매시 커퍼르)라고도 한다), 체로 맥아찌꺼기 등을 걸러내는 담금액 여과 솥(Lauter Tun(로터 턴))의 3개의 용기가 필요하다. 당화는 당화용 솥에서 행하는데 처음에는 당화액의 일정부분을 덜어내어 끓이는 솥에 넣고 낮은 온도에서 부터 시작하여 끓인 후 다시 당화용 솥으로 돌려보낸다. 혼합된 당화 액을 다시 당화용 솥에서 일정부분을 취하여 끓인 후 이를 당화용 솥으로 다시 돌려 보낸다. 이렇게 함으로써 전체 당화 액의 온도가 점차 높아지게 된다. 이 과정은 대개 2-3회 되풀이하고 5-6시간이 걸린다. 초기 당화 액의 온도는 35°C이하에서 시작하기도하나 대개 45-50°C에서 시작하여 70-76°C에 이르게 된다. 이 당화 액을 다른 용기인 담금액 여과 솥(Lauter Tun(로터 턴))에서 여과한다.

Decoction Mashing(디칵션 매쉬)과 동의어. Infusion Mashing(인퓨전 매쉬), Mashing(매쉬) 참조.

Decoction Mashing(디칵션 매쉬) : **디콕션 담금 법**. Decoction Brewing Method(디칵션 브루잉 메터드)와 동의어. 참조.

Decoction Method(디칵션 메터드) : **디콕션 방법**. Decoction Brewing Method(디칵션 브루잉 메터드) 참조.

Decrating Machine(디크레이팅 머신) : **병 빼는 기계**. 상자속의 빈병을 자동적으로 빼어내는 기계.

Deep(디프) : **진한**. Dark(다크)와 동의어.

Defoamer(디포우머르) : **거품방지제. 감포제(減泡劑)**. Anti-Foam Agent(앤타이포움 에이전트), Antifoaming Agent(앤타이포우밍 에이전트)와 동의어. Antifoaming Agent 참조.

Degerminate(디저미네이트) : **뿌리를 제거하다**. 싹튼 보리를 가마건조 한 후 뿌리를 제거하다.

Degree(디그리) : **도(度)**. 액체 비중 측정법에서 용액중의 고형물 또는 알코올농도를 나타내는 임의적 등급. %와 동일하다. 용액 중에서 당 함량을 측정하는 데는 볼링(Balling), 보메(Baumé), 브릭스(Brix), 플라토 스케일(Plato Scale)이 사용된다. Balling(볼링), Baumé Hydrometer(보우메이 하이드라미터르), Belgian Degree(벨지언 디그리), Brewers' Pounds(브루어즈 파운즈), Brix(브릭스), Clark(크라르크), Gay-Lussac(게일러새크), Plato(플레이토), Régie(헤지) 참조.

Degrees of Extract(디그리즈 어브 익스트래크트) : **추출도(抽出度)**. 자가 맥주 양조 인이 사용하는 추출정도. 맥아 1파운드(453.6g)로 만들어진 1갤런(3.7854리터)의 맥아즙의 비중을 말한다.

Degree of Hardness(디그리 오브 하르드니스) : **경도(硬度)**. 물에 함유되어 있는 칼슘염과 마그네슘염의 정도.

Degree of Modification(디그리 어브 마더퍼케이션) : **유근(幼根) 생장도**. 맥아제조에서 유근(또는 유아초(幼芽鞘))의 생장도. Modification(마더퍼케이션) 참조.

Degrees Plato(디그리즈 플레이토) : **°플라토**. Plato(플레이토우) 참조.

Deionized Water(디아이어나이즈드 워터르) : **탈염수(脫鹽水)**. 일련의 이온교환수지로 이온을 제거한 물. 대전(帶電)하지 않은 오염물은 존재할 수 있다.

Delabel(딜레이블) : **상표를 제거하다**. 용기의 세척 전 또는 세척 중에 상표를 제거하다.

Demerara Sugar(데머라러 슈거르) : **데메라라 당**. 남미 가이아나(Guyana) 원산인 사탕수수에서 얻는 황갈색의 조당(粗糖)으로 특히 럼(Rum)주 제조에 사용된다.

Demi(데미) : 1. **절반의. 일부의**. 2. **드미**. 프랑스에서 1/2리터인 유리 맥주잔. 현새는 330ml 용랑의 잔을 의미하기도 헌다.

Demijohn(데미잔) : **데미존**. 1. 물, 포도주 등을 담아 다닐 수 있으며 주둥이가 작고 목이 가는 큰 병. 대개 고리버들 바구니로 싸여있다. 2. 약 56.8리터들이 발효조. 카보이(Carboy(카르보이))와 동의어. 참조.

Demi-John(데미 잔) : **데미존**. Demijohn(데미잔)과 동의어. 참조.

Demion(데미오) : **데미오**. 옛 프랑스에서 사용하던 액체 단위로 펭트(Pinte. 0.93리터)의 1/2인 약 0.47리터.

Demi-Posson(데미 포소) : **데미 포소**. 옛 프랑스에서 사용하던 액체 단위로 카르트(Quarte. 1/4리터)의 1/64인 약 0.029리터.

Demi-Setier(데미 세티에이) : **데미 스티에이**. 옛 프랑스에서 사용하던 액체 단위로 펭트(Pinte. 0.93리터)의 1/4인 약 0.23리터.

Demistier(데미스티에이) : **데미스티에이**. 옛 프랑스에서 사용하던 포도주 단위로 25.5in^3.

Densimeter(덴시미터르) : **밀도계. 비중계**. 액체의 밀도 또는 비중을 측정하는 기구. 비중계처럼 이 기구도 납, 수은, 피치 등을 채운 굴대모양의 축에 눈금을 그려놓았다. 이 기구를 액체 속으로 수직으로 넣으면 밀도나 비중에 따라 가라앉는 정도가 다르다. 밀도나 비중이 높으면 조금 가라안고 낮으면 많이 가라앉으므로 축에 그려놓은 눈금을 읽는다. Hydrometer(하이드라미터르. 액체비중계. 부칭(浮秤))와 동의어. 참조.

Densitometer(덴시타미터르) : **밀도계. 농도계**. 사진, 반투과성 물질, 또는 표면 반사하는 물질의 광학적 밀도(어둠의정도)를 재는 기계. Spectrophotometer(스펙트로우포우타미터르. 분광광도계(分光光度計)) 참조.

Density(덴시티) : **밀도**. 물의 밀도를 1g/㎤로 하여 이를 1로 하고 어떤 물질의 단위 부피만큼의 질량을 물과 비교하여 나타낸 값. 1보다 작으면 물보다 가볍고 1보다 크면 물보다 무겁다.

Depitching(디피췽) : **피치제거**. Unpitching(언피췽)과 동의어. Pitch(피췽) 참조.

Depth Charge(데프스 차쥐) : **폭탄주**. 맥주잔에 들어있는 맥주에 소주 또는 슈냅스(Schnapps)가 가득 들어있는 샷 잔(Shot Glass)을 넣어 마시는 술. Submarino(서브머리노) 참조.

Descriptive Tests(디스크립티브 테스츠) : **서술평가**. 훈련받은 맛평가인이 일련의 정의된 용어에 따라 맥주의 맛과 아로마를 서술하도록 되어있는 맥주감정 프로토콜.

Deterioration(디티리어레이션) : **변질**. **변패**. 식품을 방치하면 시간의 경과와 더불어 냄새, 빛깔, 외관 또는 조직 등의 바람직하지 못한 변화가 일어나는데 식품의 이러한 변질을 총칭하는 말.

Devil's Chapel(데벌즈 채플) : **악마의 예배당**. 중세 영국에서 선술집을 칭하던 말.

Dextran(덱스트런) : **덱스트란**. 분자식은 $(C_6H_{10}O_5)_n$. α-1,6 글루칸. 우유, 당밀 등에서 세균의 작용으로 생성되는 흰 고무 모양의 물질로 물에 약간 녹고 혈장증량제, 불용화(不溶化)한 것은 겔 여과 전기영동 등에 이용된다.

Dextranase(덱스트러네이스) : **덱스트라네이스**. 덱스트란(Dextran(덱스트런)) 분해효소. 이의 플라크(Plaque) 제거 등에 사용한다.

Dextrin(e)(덱스트린) : **덱스트린**. **호정(糊精)**. 열, 산, 또는 효소에 의해 녹말의 부분 가수분해로 만들어진 용해성의 다당류. 효모에 의해 정상적으로 발효되지 않는 긴 사슬의 당 종류이다. 맥주의 바디(무게감)와 최종비중에 영향을 미친다. 어떤 덱스트린은 맥주에 마지막까지 남아 맥아의 단맛을 나타낸다. Amylase(애멀레이스) 참조.

Dextrinase(덱스트리네이스) : **덱스트린 분해 효소**. **덱스트리네이스**. 덱스트린을 상호 결합하고 있는 1,6결합을 분해하는 효소. 여기에는 한계덱스트린 분해효소(Limit Dextrinase(리미트 덱스트리네이스)), 말테이스(Maltase(몰테이스))

등이 속하며 결국에는 덱스트린을 포도당으로 분해시킨다.

Dextrinization(덱스트리니제이션) : **덱스트린화. 호정화**(糊精化). 알파 아밀레이스가 가용성 녹말 분자를 덱스트린분자로 분해하는 효소적인 과정. Liquefication(리쿼피케이션)과 동의어.

Dextrin Malt(덱스트린 몰트) : **덱스트린 몰트**. 일반적인 몰트보다 높은 덱스트린 함량과 낮은 발효 당 함량을 가지고 있는 몰트를 말하는데 맥주의 바디, 단맛, 거품 유지 성을 증가 시키는 역할을 한다.

Dextrinogenic Amylase(덱스트리노제니크 애멀레이스) : **덱스트린 생성 아밀레이스**. Alpha-Amylase(앨퍼 애멀레이스)와 동의어. 참조.

Dextrose(덱스트로우스) : 1. **우선성**(右旋性) **포도당**. 분자식은 $C_6H_{12}O_6$. 녹말을 산으로 가수분해하여 얻는 우선성 포도당. 2. **상업용 포도당**. 상업적으로 일반적으로 판매되는 정제한 포도당. Corn Sugar(코른 슈거르), Grape Sugar(그레이프 슈거르), Glucose(글루코우스)와 동의어.

Diacetyl(**다이어시털**) : **다이아세틸**. $C_4H_6O_2$. 효모에 의해 생성된 아세토하이드록실 애시드(Acetohydroxyl Acid(애시토우하이드라크실 애시드)). 맥주에서 2-Acetalacetate(2-애시털애서테이트)와 2-Acetohydroxybutyrate(애시토우하이드라크시뷰터레이트))가 산화적 탈탈산에 의해 생성되는 부산물로 강한 향미의 휘발성 화합물이며 버터와 버터스카치(Butterscotch) 향미를 나타낸다. 많이 생산되면 맥주의 결함으로 간주한다. 감각용어. Buttery(버터리), Carbonyls(카르버닐즈) 참조.

Diacetyl Rest(다이어시털 레스트) : **다이아세틸 휴지**(休止). 다이아세틸의 함량을 감소시키기 위하여 14-16°C에서 며칠 간 휴지시키는 것.

Diammonium Phosphate(**다이어모우니엄 파스페이트**) : **제2인산암모늄**. 화학식은 $(NH_4)_2HPO_4$. 무색결정으로 효모의 영양물의 일종. 약어로 DAP.

Diastase(다이어스테이스) : **녹말 당화**(**소화**) **효소**. 녹말을 덱스트린과 맥아당으로 바꾸는 효소들의 일반적인 이름. 일반적으로 알파아밀레이스(Alpha-Amylase(앨퍼 애멀레이스)) 또는 베타아밀레이스(Beta-Amylase(베이터 애멀레이스))를 말하는데 덱스트린 분해효소(Dextrinase(덱스트리네이스))와 알파 글루코시데이스(Alpha-Glucosidase(앨퍼 글루코시데이스). 일명 말테이스)를 말하기도 한다. 싹이 난 보리(맥아)나 감자 등에 함유되어 있다.

Diastatic(다이어스태티크) : **녹말당화성의**. 녹말을 당으로 전환 시킬 수 있는 활성을 가진 효소를 지칭할 때 사용된다.

Diastatic Activity(다이어스태티크 액티비티) : **녹말당화 효소 력**. Diastatic Power(다이어스태티크 파워)와 동의어. 참조.

Diastatic Malt Extract(다이어스태티크 몰트 익스트래크트) : **당화 성 맥아추출물**. 맥아를 당화시킨 후 추출한 물질로 맥아의 당화효소를 포함하고 있으며 쌀이나 옥수수 같은 곡물을 맥주양조 보조 원료로 사용할 때 사용된다. 약어로 DME라 한다.

Diastatic Power(다이어스태티크 파워) : **녹말당화 효소력**. 맥아가 가지고 있는 용해성 녹말을 발효성 당으로 전환시킬 수 있는 효소력. 효소의 역가는 대개 린트너 도(°Lintner, °L)로 표시하는데 FAO/WHO 합동 식품첨가물 전문가 위원회(Joint FAO/WHO Expert Committee on Food Additives(조인트 FAO/WHO 엑스퍼르트 커미티 온 푸드 애더티브즈))의 규정은 다음과 같다(색깔을 나타내는 °L(로비본드 도)와 혼동하지 말 것). 100 °L = 맑은 5% 맥아추출물 0.1cc가 20°C에서 1시간에 2% 녹말 용액을 분해하는 능력을 말하는데 생성된 환원당이 5cc의 펠링용액(Fehling's Solution(펠링즈 설루션))을 완전히 환원시킨다. Fehling's Solution 참조.

Diätbier(다이에트 비어) : **다이어트 맥주**. 다이어트 비어(Diet Beer)의 독일어.

Diatomaceous Earth(다이어터메이셔스 어스) : **규조토(硅藻土)**. 약어로 DE. 해양 미생물인 규조류의 침적(沈積)에 의해 생긴 규산질의 연질(軟質)암석 또는 토양. 맥주와 물의 여과 등에 쓴다. Kieselguhr(키절구어)와 동의어.

Diest Beer(다이스트 비어) : **다이스트 맥주**. Bière de Diest(비에흐 드 다이에스트. 벨기에 어) 참조.

Diet Beer(다이어트 비어) : 1. **당뇨환자용 맥주**. 칼로리가 낮을 필요는 없으나 당이나 탄수화물 함량이 낮은 맥주. 독일의 경우 "Diet Beer(다이에트 비어)"는 당뇨병 환자를 위하여 만들어 졌는데 알코올 농도가 6%(V/V)로 상당히 높다. Diätbier(다이에트 비어)로도 불리는 다이어트 맥주는 영국을 포함한 여러 유럽국가에서 생산되고 있다. Diabetic Beer(다이어베티크 비어)와 동의어. 2. **저칼로리맥주**. 체중에 신경을 쓰는 사람을 위해 만든 저칼로리 맥주. 당뇨병 환자용이 아니다. Light Beer(라이트 비어)와 동의어.

Difference Tests(다이퍼런스 테스츠) : **비교평가**. 평가인(훈련받지 않은 평가인 포함)이 맥주 샘플간의 차이를 구별하도록 하는 블라인드 테스트.

Dik-Dik(다이크 다이크) : **앙금. 찌꺼기**. 맥주 양조 후 남은 앙금.

Diketone(다이키토운) : **다이케톤**. 케톤기(基)인 C=O 2개를 가진 화합물의 총칭인데 적은 양으로도 감지되는 휘발성 향기를 가진다. 효모 또는 혐기성 세균인 페다이오코쿠스(*Pediococcus*(페다이어카커스))속의 대사에 의해 만들어진다. $CH_3COCOCH_3$(Diacetyl(다이이시털)) 따위. 다이아세틸(Diacetyl(다이어시털))과 인접 다이케톤(Vicinal Diketone(비서널 다이키토운))에 의한 버터 향미, 2,3-펜탄다이온(2,3-Pentanedione(펜테인다이오운)에 의한 꿀 아로마 및 향미와 함께 맥주의 중요한 향미중의 하나이다.

Dimethylsulfide(다이메털설파이드) : 1. **다이메틸 황산**. 약어로 DMS. 분자식은 CH_3SCH_3. 황 함유화합물의 일종으로 상온에서 대단히 강한 냄새를 갖는 액체. 많은 식품의 부패냄새의 원인의 하나이다. 전구체는 함 황 아미노산인 시스테인(Cysteine)과 메티오닌(Methionine(메사이어닌)), 또는 글루타치온(Glutathione(글루터사이오운))인 경우가 많다. 에일에서는 아주 높은 온도에서 몰트가 변화하기 때문에 이 냄새가 나지 않고 라거맥주 에서만 난다. 2. **다이메틸 황산 냄새의. 삶은 양배추 냄새의**. 곡물에서 발견되는 S-메칠 메치오닌(S-Methyl Methionine(S-메털 메타이어닌). 약어로 SMM)을 끓이면 생성되고 많이 존재하면 곰팡이의 감염에 의한 냄새를 낸다. 맥주에는 대개 바람직하지 않으나 라거 맥주에서 약간은 허용되는데 감지한계치는 30-50ppb이다. 진한 색 맥주에서는 토마토 주스 냄새를 닮았다고도 표현한다. 필즈너 맥아를 많이 사용하면 약간의 삶은 옥수수 냄새가 확실히 난다. Creamed Corn(크림드 코른), Cabbage(캐비지), Vegetal(베지털), Green Beens(그린 빈즈), Canned Asparagus(캔드 어스패러거스)라고도 표현한다. 감각용어. DMS와 동의어.

Dinner Ale(디너 에일) : **디너 에일**. 페일 에일(Pale Ale)의 구식이름.

Direct Fired(디렉트 파이어드) : **직화(直火)**. 건조용 솥 등을 가열할 때 불을 직접 사용하는 것.

Dirty Wort(더르티 워르트) : **더러운 맥아즙**. 많은 트루브(Trub)를 함유하고 있으며 이것 때문에 혼탁한 맥아즙.

Disaccharide(다이새커라이드) : **이당류(二糖類)**. 두개의 단당류에서 물 한 분자가 빠져서 생성된 당류. 가수분해하면 2분자의 단당류가 생성되는 탄수화물의 총칭으로 설탕, 유당(乳糖), 맥아당 등이 여기에 속한다.

Disconnect(디스커넥트) : **디스커넥트**. 볼 또는 핀으로 잠글 수 있는 통들의 가스 또는 액체 이동 관과 통을 연결해주는 부품.

Disinfectant(디스인펙턴트) : 1. **소독약**. **살균제**. 2. **소독약(살균제) 냄새의**. Chlorophenol(클롤러피노울) 참조. 감각용어.

Disproportionation(디스프러포르셔네이션) : **불균화(不均化)반응**. **부동(不同)변화**. 1. 맥주거품의 작은 기포가 큰 기포로 이동하는 것. 작은 기포는 사라지고 큰 기포는 더 커진다. 2. 동종 간 주고받기(반응). 동일 화합물에서, 어떤 분자는 산화를, 다른 분자는 환원을 일으켜 2개의 상이한 물질을 만드는 일.

Dissociate(디소우시에이트) : **해리시키다**. 이온화하다. Dissociation(디소시에이션) 참조.

Dissociation(디소우시에이션) : **해리**. 분자가 그 성분원자, 원자단, 보다 작은 분자, 또는 이온으로 분해할 때 그 변화가 가역적, 또는 분해생성물과의 사이에 일정한 평형관계가 성립하는 것.

Dissolved Oxygen(디잘브드 아크시젠) : **용존 산소** 1. 발효 전 맥아즙에 용해되어 있는 산소. 2. 맥주에 용해되어 있는 산소. 바람직하지 않다.

Distillation(디스털레이션) : **증류(蒸溜)**. 여러 성분이 섞인 혼합 용액으로부터 끓는점의 차이를 이용하여 각 성분을 분리하는 것. 액체를 가열하여 생긴 기체를 냉각하여 다시 액체로 만든다. 막걸리를 증류하여 소주를 얻는 것이 그 예이다.

Distilled Water(디스틸드 워터르) : **증류수**. 물을 끓여 생긴 증기를 식혀 만든 물로 물에 함유되어있던 불순물이 제거된 물이다. 끓일 때 염 같은 큰 분자는 물속에 남아있고 유기물의 경우는 비등점이 낮으면 물이 끓기 전에 날아가고 비등점이 높으면 증발되지 않은 물속에 남아있게 된다.

Distiller's Beer(디스틸러즈 비어) : **증류주 생산자용 맥주**. 직접 증류하여 위스키로 만들기 위하여 완전히 발효시키고 홉을 첨가하지 않고 맥아만으로 만드는 맥주. 우리나라의 보리막걸리. Wash Beer(워쉬 비어)와 동의어.

Distillers Stillage(디스틸러즈 스틸리쥐) : **주정(酒精) 찌꺼기**. 곡류를 발효시켜 증류에 의해 주정을 얻고 남은 찌꺼기.

Distinctive(디스팅크티브) : **독특한**. 향미와 아로마의 특성이 특별한.

Distingué(디스텡게) : **디스텡게**. 1. 프랑스에서 사용하는 500ml용량의 유리로 만들어진 맥주잔. Botte(보트), Demi(드미), Lion(리용) 참조. 2. 벨기에에서 사용하는 800ml용량의 유리로 만들어진 맥주잔.

Dizythum(다이자이템) : **다이자이템**. Zythum(자이템) 참조.

dl(데설리터르) : **데시리터**. Deciliter(데설리터르)의 약어. 1/10 리터.

DME(디엠이) : **디엠이**. 1. Dried 또는 Dry Malt Extract(드라이드, 드라이 몰트 익스트래크트)의 약어. 기본맥아에서 추출한 물질의 농축된 형태. 자가 맥주제조에서 기본맥아대체물로 사용된다. Dry Malt(드라이 몰트) 참조. 2. Diastatic Malt Extract(다이어스태틱 몰트 익스트래크트. 당화 맥아추출물)의 약어. 참조.

DMS(디엠에스) : **디엠에스**. Dimethylsulfide(다이메털설파이드)의 약어. 참조.

Dog's Nose(도그즈 노즈) : **도그즈 노즈**. 진(Gin)을 첨가하고 설탕으로 맛을 낸 따뜻한 맥주. Purl(퍼를)과 동의어.

Dolo(돌로) : **돌로**. 아프리카에서 기장(수수)으로 만든 맥주 타입. 지역에 따라 만들어진 맥주의 맛이 다르고 같은 지역에서도 다르기도 한다. 홉의 첨가나 여과는 하지 않지만 사이잘(Saisal(사이설). 용설란과에 속하는 식물), 아주까리, 계피, 그리고 때로는 피멘토(작고 붉으며 맛이 순한 고추), 담배 잎 등으로 향미를 낸다. 독말풀(Jimson(짐슨). 아시아 원산(原産) 가지 과(科) 흰 독말풀 속(屬)의 식물)을 사용하기도 했으나 독성 때문에 불법화되었다. 단맛 나는 계피의 펄프를 첨가하여 알코올 농도를 높이기도 한다.

Domestic Brewer(더매스티크 브루어르) : **자가 양조인**. Homebrewer(홈브루어)와 동의어. 참조.

Door Talker(도어 토커르) : **도어 토커**. 맥주, 포도주, 기타 알코올음료 소매상의 냉장고의 문에 붙여 놓은 판촉용 간판.

Doppelbock(도펠보크) : **도펠복 맥주**. 독일에서 복보다 알코올 농도가 높은 맥주를 말하는데 독일 형용사인 도펠이라는 뜻대로 2배로 높지는 않다. 강한 풀바디이고 진한색의 맥아를 사용하여 색이 진한 라거 맥주이다. 독일 법에 의하면 도펠복은 초기 맥아즙의 비중이 18-28°플라토(1.072-1.120)이어야하고 만들어진 맥주의 알코올 농도는 7.5-13%(V/V)이어야 한다. 도펠복의 상표명은 항상 말미에 접미사인 -ator(-아토르)를 붙여야한다(Animator(아니마토르), Delicator(델리카토르), Maximator(맥시마토르), Optimator(오프티마토르), Triumphator(트리움파토르) 등). Doppel Bock로 쓰기도 한다. Bockbier(보크비어), Eisbock(아이스보크) 참조.

Doppelbock Salvator(도펠보크 살바토르) : **도펠복 살바토르**. 1. 독일 도펠복의 원초적 스타일의 맥주이다. 독일의 반혁명 중에 독일 바바리아에 살고 있던 파울라의 성 프란치스코회(미니미회. Order of Saint Francis of Paula(오더르 오브 세인트 프랜시스 오브 파울라))의 이탈리아 수도승이 만든 새로운 스타일의 복 맥주인데 수도승들의 부활절 전의 긴 금식일의 갈증과 허기를 달래기 위해 높은 탄수화물 농도를 가지고 있다. 그러므로 액체 빵(Liquid Bread(리퀴드 브레드))이라고도 한다. 1780년 바바리아 법원에 의해 일반 판매가 허용되었다. 이 맥주를 양조하던 수도원 양조장은 현재 파울라너 토마스 브로이(Paulaner-Thomas-Braü)가 소유하고 있다. 2. 맥주의 색을 측정하는데 표준으로 사용하는 맥주의 하나.

Dopskal(덥스콜) : **덥스콜**. 17세기 스웨덴에서 뜨거운 브랜디를 서빙하기위해 사용하던 음료용 용기로 손잡이가 1개 또는 2개, 뚜껑이 있거나 없다.

Dormancy(도르먼시) : **휴면(상태)**. **휴지(상태)**. 보리가 수확 후 바로 싹이 트지 않는 것. 휴면 강도는 보리 품종에 따라 다르다. 짧게는 저장한 후 몇 주 만에 끝날 수도 있다. 곡물을 산소에 노출시키면 휴면기간이 짧아진다. 어떤 보리 품종이 찬 기후, 해양성기후, 기후가 차고 습기가 많은 때 성장했을 때, 또는 습기가 있는 보리를 수확했을 경우에는 2차 휴면 상태인 물 감수성(Water Sensitivity(워터르 선서티비티))을 갖는다. 이러한 보리는 침지시간이 짧아지는 이점이 있다. Germinative Energy(저르머네이티브 에너르지) 참조.

Dormant(도르먼트) : **휴면 상태의. 휴지 상태의**. 새로 수확한 보리가 발아 되지 않는 특성을 나타내는. Immature(이머츄어르)와 동의어.

Dort(도르트) : **도르트**. Dortmunder(도르트문더)의 축약형. 참조.

Dortmunder(도르트문더) : **도르트문트 맥주**. 독일 최대의 양조도시인 도르트문트에서 양조한 블론드 또는 연한금색인 하면발효맥주. 이 스타일은 필젠 맥주(Pilsener(필즈너르))와 헬레스 맥주(Helles(헬레스))의 중간이다. 즉 이 맥주는 필젠 맥주보다 진하고 덜 쓰며(이 맥주의 홉 사용량은 200-220g/100리터이고 필젠 맥주는 400-500g/100리터) 헬레스 맥주보다는 드라이하고 몰트 특성이 약하며 색이 연하다. 알코올 농도는 이 둘 보다 약간 강하다(5.2%(V/V)). 이 맥주1293년에 칙령으로 도르트문트시의 양조허가를 받았지만 1840년대까지는 도르트문트 스타일의 맥주는 생산되지 않았다. 이 맥주의 원초적 스타일은 대개 DAB(Dortmunder Aktien Brauerei(도르트문더 아크티엔 브라우어라이))라고 하며 한때는 수출되었기 때문에 현지에서는 Export라고 좀 더 잘 알려져 있다. 벨기에와 네덜란드에서는 이 스타일로 양조한 맥주를 도르트(Dort)라고 한다.

Dosage(도우시쥐) : 1. **투여**. 2차 발효가 일어나게 하기위하여 캐스크나 병에 효모 또는 당을 투여하는 것. 2. **투여량**. 투여하는 양.

Double(더블) : **더블**. 2배. Dubbel(두벨)과 동의어. 참조.

Double Bock(더블 보크) : **더블 복**. Doppelbock(도펠보크) 참조.

Double-Gauge Regulator(더블 게이쥐 레귤레이터) : **이중 측정 조절기**. 주입압력과 탱크압력(남아있는 양을 표시하는)을 측정하고 조절하는 기계.

Double Mashing(더블 매싱) : **이중 당화**. 2가지의 서로 다른 매시를 동시에 당화액으로 만드는 과정. 첫 번째 매시는 주 매시로 몰트만으로 구성되어 있는데 레시피의 몰트양의 약 90%를 가지고 있으며 온도를 50°C로 올린다. 두 번째 매시(부가 물 매시)는 레시피의 몰트 양의 약 10%와 나머지 부가 물(쌀, 옥수수 등)로 구성되어있으며 이 매시를 70°C로 올려 15분간 유지시켜 알파 아밀레이스의 작용이 일어나도록 한다. 다시 이를 20분간 끓인 후 주 매시에 가하여 모든 매시의 온도를 70°C로 맞춘 후 당화가 일어나도록 한다. 이렇게 하는 이유는 쌀과 옥수수 등의 부가 물중의 녹말은 생으로는 당화가 잘 일어나지 않으므로 이를 젤라틴 화 시켜 당화가 완전히 일어나게 하기 위함이다.

Double-Stage Fermentation(더블 스테이쥐 퍼르멘테이션) : **2단 발효**. Two-Stage Fermentation (투 스테이쥐 퍼르멘테이션)과 동의어. 참조.

Dough-In(도우 인) : **담금 개시**. Mash(매쉬)와 동의어. 참조.

Doughing-In(도우잉 인) : **담금 개시**. 빻은 맥아와 물을 섞는 것. 대개 100kg의 맥아 당 200-400리터의 물을 가한다. Mashing-In(매싱 인)과 동의어.

Downy Mildew(다우니 밀두) : **노균병(露菌病)**. 홉에 곰팡이 질병을 일으키는 미생물. 홉의 절대기생균이고 균사체가 뿌리에 감염하여 월동하고 봄에 줄기 끝에 싹이 날 때 증식한다. 학명은 슈도페로노스포라 휴물리(*Pseudoperonospora Humuli*(수도퍼라노스포러 휴멀레이))이다.

Dr. Butler's Ale(닥터르 버틀러즈 에일) : **버틀러즈 에일**. 버틀러박사(James I. Butler)가 향신료와 약효가 있는 식물을 에일 맥주에 섞어 만든 약용 에일.

Draff(드래프) : **조박(糟粕)**. 1. 스파징(살포)후 맥아즙 여과기(Lauter Tun(라우터르 턴))에 남아있는 곡물 찌꺼기 등의 고형물질. 2. 맥아즙(麥芽汁) 만드는 통(Mash Tun(매쉬 턴))에서 맥아의 녹말이 당으로 변하고 남은 찌꺼기. Dreg(드레그), Lees(리즈)와 동의어.

Draft(드래프트) : **드래프트맥주**. **생맥주**. 병이나 캔이 아니라 케그나 캐스크에서 따라낸 맥주. Draught(드래프트)라고도 쓴다. Draft Beer(드래프트 비어)와 동의어. 참조.

Draft Beer(드래프트 비어) : **드래프트맥주**. **생맥주**. 통에서 따른 맥주. 캔이나 병이 아니라 캐스크 또는 통에서 따라 낸 맥주. 이 맥주는 대개 압력을 가지는 금속 통에 담겨있고 때로는 살균하지 않고 최소한의 여과를 행하며 통과 연결된 꼭지로 따라 제공하고 대개 1주일 안에 소비된다(최대 한 달). Tap Beer(태프 비어), Draught Beer(드래프트 비어), Beer From The Wood(비어 프럼 더 우드), Beer On Tap(비어 온 태프)와 동의어.

Dragon's Milk(드래건즈 밀크) : **용의 우유**. 옛 영국에서 알코올도수가 높은 에일을 뜻하던 말.

Draught(드래프트) : **통에서 따른 맥주. 생맥주.** Draft(드래프트)의 다른 철자. 참조.

Draw(드로) : **옮기다.** 액체를 이 통에서 저통으로 옮기다.

Drawing Off(드로잉 오프) : **옮김.** 액체를 이 통에서 저 통으로, 이병에서 저 병으로 옮기는 행위.

Dreg(드레그) : **앙금. 찌꺼기.** 용기의 바닥에 있는 침전물.

Dried Fruit(드라이드 프루트) : **건조과일 향의**(특히 크리스털 몰트의). 다른 특성과 잘 어울리나 편차가 크다. 감지한계치는 낮은 ppb정도이다. 감각용어.

Dried Malt Extract(드라이드 몰트 익스트래크트) : **건조맥아추출물.** Dry Malt Extract(드라이 몰트 익스트래크트)와 동의어. 참조. 약어로 DME라 한다.

Drinkability(드링커빌리티) : **음용 성.** 마시기 좋음. 맥주가 마시기 좋고 맛이 있음. 여기에 영향을 미치는 인자는 산뜻함, 신맛, 알코올 농도, 단맛 등이다. 애매한 용어.

Drinking Horn(드링킹 호른) : **뿔잔.** 고대 그리스에서 의식에 사용하던 뿔 모양의 잔으로 원래는 황소나 들소, 코끼리의 뿔인 상아로 만들었으나 그 후에는 자기나 금속으로 만들었다. Rhyton(라이탄)과 동의어.

Drinking Water(드링킹 워터르) : **식수. 음료수.** 마시기에 적당한 물로 정의에 의하면 무색, 무취, 무미, 무 병원성 또는 기생성 물질, 무 화학적 오염물, 과하지 않은 미네랄을 함유한 물을 말한다. 이상적인 물은 리터당 다음과 같은 함량의 물질을 포함하고 있어야한다. 마그네슘 125mg, 염소 250mg, 황산염 250mg, 질산염 44mg이하, 미네랄염 2g. 시수(市水)는 세균이나 화학물질의 오염을 감시하지만 미네랄 염의 함량은 시나 지역에 따라서 허용함량이 서로 다르다. Potable Water(포우터블 워터르), City Water(시티 워터르), Tap Water(태프 워터르)와 동의어.

Dropping(드라핑) : **드로핑. 이동.** 중력을 이용하여 높은 곳에서 낮은 곳에 있는 용기로 액체를 옮기는 것.

Dropping System(드라핑 시스팀) : **드로핑 시스템.** 발효가 끝난 맥아즙이 발효조 중간쯤에 있는 다른 용기로 드로핑(Dropping(드라핑))하도록 하여 원 발효조에는 트루브(Trub), 홉 잔해, 잔여 효모 등이 남아있도록 하는 시스템.

Drum Malting(드럼 몰팅) : **발아관식 맥아제조**(發芽管式 麥芽製造). 배출관이 달려있는 구멍 뚫린 드럼이 장축의 지지대를 사용하여 회전하고 공기를 이용하여 온도를 조절하는 맥아제조법.

Drum Washer(드럼 와셔르) : **드럼 세척기**. 회전하는 드럼위의 병을 세척하기위하여 물을 뿌려주는 기계. 병은 먼저 세척통의 물에 담근 후 꺼내어 위와 아래로 한 다음 각각 물을 뿌려준다.

Drunk(드렁크) : 1. **술 취한**. 알코올에 의해 심신의 능력이 약화된. 2. **술 취한 사람**.

Dry(드라이) : 1. **감칠맛이 없는**. 2. **단맛이 없는**.

Dry Beer(드라이 비어) : **드라이 비어**. 일반적인 맥주제조용 맥아즙(Wort(워르트))을 사용하여 발효를 시작하지만 포함되어 있는 모든 탄수화물을 완전히 알코올로 만든 맥주이며 일반맥주보다 알코올농도가 약간 높다. 일본의 아사히 맥주가 개발했고 미국의 버드 드라이(Bud Dry)가 유명하다. Light Beer(라이트 비어), Low-Carb Beer(로 카브 비어)와 비교 할 것.

Dry Extract(드라이 익스트래크트) : **건조 추출물**. Dry Malt Extract(드라이 몰트 익스트래크트. 건조맥아추출물)과 동의어. 참조.

Dry Hop(드라이 하프) : 1. **건조 홉을 첨가하다**. 발효 중인 또는 숙성중인 맥주에 홉의 특성이나 아로마를 증가시키기 위하여 건조 홉을 첨가하다. 2. **드라이 홉**. 건조 홉 첨가(Dry Hopping(드라이 하핑))할 때 사용하는 향미용 홉.

Dry Hopping(드라이 하핑) : **건조 홉 첨가**. 1. 맥아즙이 24°C로 식어있는 1차 발효조, 2차 발효조, 또는 캐스크에 들어있는 맥주에 쓴맛을 크게 증가시킴이 없이 홉의 특성이나 아로마를 증가시키기 위하여 약간 건조된 홉을 첨가하는 것. 자가 맥주 제조자는 약 19리터(5 갤런)당 대개 50-60g의 향미용 홉 또는 홉 펠릿을 1차 발효 중, 또는 대개 2차 발효 중에 첨가한다. 홉 추출물은 추출할 때 사용된 미량의 유기용매가 포함되어있을 수도 있기 때문에 이 목적으로는 사용하지 않는 게 좋다. 2. 영국에서는 에일을 1차 발효조에서 생맥주 통으로 따라내기 할 때 신선한 홉 한줌을 첨가한다. Fermentation Hopping(퍼르멘테이션 하핑) 참조.

Drying(드라이잉) : **가마건조**. Kilning(킬른닝)과 동의어. 참조.

Dry Kit(드라이 키트) : **드라이 키트**. 맥아즙을 건조시켜 가루로 만들어 자가 맥주양조에 사용토록 한 키트. 맥아즙을 농축하여 액체로 된 것이 들어있으면 습식 키트(Wet Kit(웨트키트))라 한다.

Dry Malt Extract(드라이 몰트 익스트래크트) : **건조맥아추출물**. 맥아추출물을 건조하여 분말형태로 만든 것. 홉이 들어있지 않다. Dry Extract(드라이 익스트래크트), DME라고 부르기도 한다. 참조.

Dry Mead(드라이 미드) : **달지 않은 벌꿀 술**. 당이 모두 발효되어 단맛이 없는 벌꿀 술.

Dry Priming(드라이 프라이밍) : **드라이 프라이밍**. 자가 맥주제조에서 맥주를 입병하기 전에 탄산가스 생성을 위하여 옥수수당을 첨가하는 것.

Dry Stout(드라이 스타우트) : **드라이 스타우트**. 영국의 스위트 스타우트보다 약간 더 쓰고 볶은 보리에서 오는 커피 닮은 특성을 가진 아일랜드에서 만든 스타우트. 기네스 엑스트라 스타우트(Guinness Extra Stout)가 여기에 속한다. Stout(스타우트) 참조.

Drywall(드라이월) : **석고 맛이 나는**. 맛을 표현할 때 사용하는 용어로 양조용수에서 기인한다. 과다한 석고 맛은 불쾌한 떫은맛을 나타낸다. Plaster(플래스터르)와 동의어. 감각용어.

Dubbel(두벨) : **두벨**. 1. 과일향이 나고 달며 진한 호박색(琥珀色)-갈색의 벨기에 수도원 에일 맥주. 2. 필스너(Pilsner)보다 알코올 함량이 높지만 트리펠(Tripel)보다는 낮다.

Dunder Oppe(둔더르 오페) : **둔더 오페**. 15세기에 브뤼셀에서 양조되었던 연한색의 맥주.

Dungeon(던전) : **던전**. 옛날 맥아를 건조할 때 화로를 건조 상(床) 바로아래 놓도록 만들어진 파진 곳.

Dunkel(둥켈) : **둔켈**. 검은색의 전통 독일 라거 맥주로써 달고 검은색-갈색이다. 알코올 함량은 4.5%(V/V)이다. 몰트향이강한 뮌헨 스타일과 드라이하고 홉향이 강한 프랑켄 스타일이 있다. Dunkel은 독일어로 색이 검은 이라는 뜻.

Dunkelweizen(둥켈바이첸) : **둔켈바이첸**. 밀 엿기름으로 만든 독일맥주의 한 종류로써 바이첸과 유사하나 바이첸보다 색깔이 좀 더 진하고 몰트 단맛이 강하다.

Dunkler Bock(둥클러 보크) : **둔클러 복**. 복 맥주와 같은 알코올 농도를 가지고 있으나 색은 검은 맥주.

Düsseldorfer Alt Bier(뒤셀도르퍼 알트 비어) : **뒤셀도르프 알트 비어**. 알트비어와 동의어. 참조.

Dusty Yeast(더스티 이스트) : **더스티 이스트**. 발효 말기에 잘 가라앉지 않는 효모. Powdery Yeast(파우더리 이스트)라고도 부른다.

Duty(듀티) : **세금**. 맥주에 대한 세금.

Dwarf Hop(드워르프 하프) : **왜성(倭性) 홉**. 홉 줄기가 일반 홉보다 짧은 품종으로 홉 수확이 용이하다.

Dwójniack(드보이니악) : **드보이니악**. 폴란드에서 물과 꿀을 동량 섞어 내삼투성(耐滲透性) 효모로 발효시킨 단 벌꿀 술. 평균 알코올 농도는 16%(V/V)이고 4000리터용량의 큰 나무통에서 5-7년간 숙성시켜 만든다. Dwójniak으로 쓰기도 한다.

Ear(이어) : **이삭**. 곡식 알갱이를 가지고 있는 보리나 밀의 끝부분.

Early Cluster(어를리 클러스터르) : **얼리 클러스터**. 알파 산 함량이 7.5-8.0%이고 미국 워싱턴 주에서 재배하고 있는 홉 품종.

Earthy(어르시) : **흙냄새의**. 2-에틸 펜콜(2-Ethyl Fenchol(2-에틸 펜콜))에 의한 냄새.

Easter Ale(이스터르 에일) : **부활절 에일**. 옛 영국에서 부활절에 사용하려고 만들었던 에일.

East Kent Goldings(이스트 켄트 고울딩즈) : **이스트 켄트 골딩즈**. 알파 산 함량이 9-10%이고 영국에서 재배하고 있는 홉 품종. 향기가 좋은 홉의 한 종류.

EBC(이비씨) : **이비씨**. 유럽 대륙에서 사용하는 색깔의 단위. European Brewing Convention(유러피언 브루잉 컨벤션)의 약어. 참조. EBC Test(이비씨 테스트), Nephelometer(네펄라미터르) 참조.

EBC Test(이비씨 테스트) : **이비씨 시험**. 맥주를 0°C에서 하룻밤을 저장한 후 60°C에서 48시간을 저장하고 다시 0°C에서 하룻밤을 저장한 뒤 맥주의 콜로이드 안정성을 측정하는 시험이다. 탁도는 탁도계를 사용하여 FTU(Formazin Turbidity Unit(포르머진 터비디티 유니트)) 또는 EBC 단위로 나타낸다.

EBC Unit(이비씨 유니트) : **이비씨 단위**. 맥주의 색이나 쓴맛을 나타낼 때 사용하는 단위이다. 색의 이비씨 단위는 SRM의 2배이다. European Brewing Convention(유러피언 브루잉 컨벤션), SRM 참조.

Ebulliometer(에불리어미터르) : **비점측정 장치. 알코올농도 측정 장치**. 같은 압력, 같은 온도에서 증기-액체의 온도를 측정하여 정확한 액체의 농도를 측정하는 장치로 양조에서는 알코올음료 중의 알코올 농도를 측정하는데 사용하는 기구.

Ebulum(에벌럼) : **에불럼**. 옛 영국에서 딱총나무(Elder(엘더르)), 향나무(Juniper(쥬너퍼르)), 생강, 기타 향초로 향미를 낸 에일. Ebulam이라고도 쓴다.

EDTA(이디티에이) : **이디티에이**. 에틸렌다이아민테트라아세틱 애시드(Ethylenediaminetetra acetic Acid(에틸린다이어민테트러어시틱애시드))의 약어. 참조.

Effervescence(에퍼베슨스) : **거품이 남. 비등(沸騰)**. 맥주에 녹아있는 탄산가스에 의해 거품이 남.

Égart(에가르트) : **에가르트**. Bierkieser(비어키제르) 참조.

Eighteenth Amendment(에이틴스 어멘드먼트) : **미국 헌법 수정 제18조**. 주류의 제조, 판매를 금지한 법률. 1918년 비준되었다가 1933년에 수정 제21조에 의해 폐지.

Einfachbier(아인파크비어) : **단순맥주**. 일반적인 맥주. 독일어. 영어로는 Simple Beer(심플 비어).

Eisbock(아이스보크) : **아이스복**. 복 맥주 중 알코올 농도가 가장 높은 타입. 독일어의 Eis는 영어로 Ice(아이스. 얼음)이다. 이 맥주는 라거 맥주를 아주 찬 창고에 저장하여 맥주가 얼게 하고 이때 생성된 얼음을 제거하여 알코올 농도가 상대적으로 높아지게 만든 맥주이다. 얼음은 물만 언 것으로 알코올은 얼지 않고(-115°C에서 엄) 맥주에 남아있게 된다. 이 방법으로 만든 세계에서 제일 알코올 농도가 높은 맥주는 도펠복(Doppelbock)맥주인 쿨르미나토르(Kulminator)이다. 독일 바이로이트(Bayreuth) 근처의 쿨름바크(Kulmbach)에 있는 에르스테 쿨름바커 브루어리(Erste Kulmbacher Brewery)에서 양조하며 알코올 농도는 13.2%(V/V)이다. Bockbier(보크비어), Congelation(칸절레이션), Doppelbock(도펠보크), Ice Beer(아이스 비어) 참조.

Elegant(엘러건트) : **훌륭한. 우아한**. 부드럽고 맛깔스러우며 절제되고 유쾌한 특성을 표현할 때 사용한다. 거친 면, 날카로운 향미, 톡 쏘는 감각을 갖지 않는다.

Embryo(엠브리오우) : 1. **배아**(胚芽). 씨 속에 있고 자라서 식물이 될 부분. 2. **배**(胚). 발생의 초기 단계로 난세포가 수정하여 아직 밖으로 나오지 않고 포피(包皮) 또는 모체의 태반에서 어느 정도 자랄 때까지의 개체. 사람의 경우 수정 후 1-8주를 말한다.

Embden-Meyerhop-Panas Pathway(엠던 메이어하프 패너스 패스웨이) : **엠덴 메이어홉 파나스 경로**. 포도당 또는 기타 당이 효소에 의해 분해되는 일련의 과정으로 엠덴, 메이어홉, 파나스의 3명이 발견하였기 때문에 이러한 이름이 붙었다. 이 반응은 알코올 생성과 근육의 혐기적 해당과정(解糖過程)과 동일하기 때문에 포도당 분해경로라고 하기도 한다. 약어로 EMP Pathway(이엠피 패스웨이), EMP Scheme(이엠피 스킴)이라고 한다.

EMP Pathway(이엠피 패스웨이) : **EMP 경로**. Embden-Meyerhop-Panas Pathway(엠던 메이어하프 패너스 패스웨이)의 약어. 참조. EMP Scheme(이엠피 스킴)이라고도 한다.

EMP Scheme(이엠피 스킴) : **EMP 경로**. EMP Pathway(이엠피 패스웨이)와 동의어. Embden-Meyerhop-Panas Pathway(엠던 메이어하프 패너스 패스웨이) 참조.

Endo Enzyme(엔도우 엔자임) : **내효소(內酵素)**. 1. 세포내효소. 세포 안에 존재하는 효소. Endoenzyme으로도 쓴다. Endogenous Enzyme(엔다저너스 엔자임)과 동의어. 2. 폴리머로 되어있는 물질의 내부를 가수분해하는 효소. 예 : 알파 아밀레이스, 베타 글루카네이스(Beta Glucanase(베이터 글루캐네이스)).

Endogenous Enzyme(엔다저너스 엔자임) : **내효소(內酵素)**. 1. **세포내효소**. Endo Enzyme(엔도우 엔자임)과 동의어. 참조. 2. 맥아와 효모 같은 원재료에서 유래하여 맥아 만들기와 양조과정에 사용되는 효소.

Endosperm(엔도스퍼름) : **내배유(內胚乳)**. **내유**. **배유**. 발아 중에 영양을 공급하는 역할을 하는 종자의 저장조직. 건조곡물의 약 80-85%를 차지한다. 곡물입자에서 살아있지 않은 부분이다. 내배유는 기저(基底)의 운송 층(運送層. Transfer Layer(트란스퍼 레이어르), 녹말성 내배유(Starchy Endosperm(스타르치 엔도스퍼름), 호분 층(糊粉層. Aleurone Layer(앨류로운 레이어르))의 3가지 세포 타입으로 이루어진 단순한 조직이다. 기저의 운송 층은 씨앗 발달 중에 모(母)식물로부터 영양물을 받아들이는 역할을 하던 세포들이다. 녹말 성 내배유는 녹말과 단백질의 주(主)저장소이다. 호분 층은 단백질의 저장기능 뿐만 아니라 가수분해 능을 가지고 있는 조직이다. 발아 중에 호분 층은 아밀레이스를 녹말 성 내배유에 분비하여 저장된 녹말을 분해하고 이때 만들어진 당은 맥아의 증식에 필요한 에너지를 공급하는 역할을 한다. 내배유에서 발견되는 당은 포도당, 프룩토스, 엿당, 설탕, 고급 프룩토산(Fructosan(프럭토우선)) 등이다.

English Degree(잉글리쉬 디그리) : **영국 도(度)**. Clark Degree(클라르크 디그리)와 동의어. 참조.

Enteric Bacteria(엔테리크 백티리어) : **장내세균(腸內細菌)**. 장관(腸管) 속에 항상 존재하는 세균무리를 말하는데 대부분은 병을 일으키는 성질은 없으며 소화를 돕거나 비타민의 합성, 외래 균에 대한 방어 등의 역할을 한다. 대장균, 장구균, 젖산균 등이 있다.

Entire(엔타이어) : **엔타이어**. 포터(Porter) 맥주의 원래이름. 첫 번째, 두 번째, 세 번째 짠 맥주를 모두 섞은 맥주를 모두 섞었다는 것을 뜻하는 옛 이름. 옛날에는 이것을 따로 팔았으나 모두 섞어서 포터맥주를 만들었다. Porter(포르터) 참조.

Enzyme(엔자임) : **효소(酵素)**. 화학결합을 형성하거나 절단하는 화학반응을 촉매하는 능력이 있는 복합 단백질. 생체촉매이다. 생물의 세포 안에서 합성되어 생체 속에서 행하여지는 거의 모든 화학 반응의 촉매 구실을 한다. 발효 과정에서는 녹말을 분해하여 당을 만들고 이 당을 효모가 이용하여 알코올을 생성한다. 화학적으로는 단순 단백질 또는 복합 단백질에 속한다.

Episulfide(에피설파이드) : **에피설파이드**. 황과 탄화수소가 결합하여 만들어진 화합물의 일종으로 불쾌한 황 냄새를 풍긴다.

Epsomite(에프서마이트) : **사리염(瀉利塩)**. 화학식은 $MgSO_4 \cdot 7H_2O$. 천연산 에프솜 염(塩)(Epsom Salt(에프섬 솔트)). 영국의 산지인 에프솜(Epsom(에프섬))에서 유래하였다. 설사를 나게 하는데 사용하므로 사리라는 이름을 붙였다. Epsom Salt(에프섬 솔트. 황산마그네슘)와 동의어. 참조.

Epsom Salt(에프섬 솔트) : **황산마그네슘. 에프솜 염**. 화학식은 $MgSO_4 \cdot 7H_2O$. 천연으로 생산되는 사리염(瀉利鹽)의 화학성분. 작은 무색의 결정. 직물의 염색, 가죽의 무두질, 비료, 사하제(瀉下劑. 설사약)로 사용된다. Epsomite(에프서마이트)와 동의어. 참조.

Equilibrium(이퀼리브리엄) : **평형상태**. 균형. 서로 작용하는 힘이 균형을 이룬 상태.

Equivalent Weight(이퀴벌런트 웨이트) : **당량(當量)**. eq. 수소 1 그램원자량(1.00797g)을 내거나 또는 이것과 반응하는데 해당하는 물질의 양. eq라고 표시하고 그 1/1000은 밀리 당량이고 meq로 표시한다. 예를 들면 염산(HCl), 황산(H_2SO_4), 인산(H_3PO_4)은 각각 1염기산, 2염기산, 3염기산이고 이들 1 몰(mole)에 해당하는 무게는 각각 1 eq, 2 eq, 3 cq이고 따라서 이들 1 eq는 각각 그 물질의 1 mole, 1/2 mole, 1/3 mole에 해당한다. 대개 그램당량(Gram Equvalent(그램 이퀴벌런트))으로 나타낸다. 참조.

Eroica(에로이카) : **에로이카**. 알파 산 함량이 10.5-11.5%이고 미국 아이다호 주와 워싱턴 주에서 재배하고 있는 홉 품종.

Erythrodextrin(이리스러덱스트린) : **에리트로덱스트린**. 요오드 반응에 옅은 적색을 나타내는 덱스트린이고 덱스트린 중에서는 큰 덱스트린이다. 맛이 없으며 녹말과 작은 덱스트린의 중간크기이다.

Espresso(에스프레소우) : **에스프레소 커피향기의**. 다른 특성과 잘 어울리나 편차가 크다. 감지한계치는 낮은 ppb정도이다. 감각용어.

Essential Oil(어센셜 오일) : **정유(精油)**. **방향유**. 식물에서 추출하는 오일로 강한 향을 가지고 있고 휘발성이 있는 화합물로 향수나 방향요법에 쓰이는 기름. 홉 기름도 여기에 속한다. Hop Oil(하프 오일) 참조.

Éstaminets(에스타미네이즈) : **에스타미네이즈**. 벨기에의 카페 또는 작은 식당.

Ester(에스터르) : **에스터**. 발효 중 유기산과 알코올사이에서 물이 빠져 생성되는 휘발성 향기 화합물. 맥주에 과일 아로마와 향미를 준다. 효모가 사과, 배, 자몽, 딸기, 라즈베리, 바나나, 정향에스터를 생성한다. Volatiles(발러틸즈) 참조.

Esterase(에스터레이스) : **에스테레이스**. 에스터의 가수분해를 촉매하는 효소의 총칭. 에스터 + H_2O→산 + OH 화합물.

Estery(에스터리) : **에스터 아로마의**. 효모의 지방산 합성 중에 형성되고 효모세포 밖으로 분비된다. 꽃 닮은 향, 바나나, 사과, 딸기, 배향을 낸다. 에스터 함량이 아주 높은 것은 세균의 오염, 특히 초산 생성균인 아세토박터(*Acetobacter*(애시토우배크터르))속 세균이 오염된 것일 수 있다. 감지한계치는 18ppm이다. 낮은 농도에서는 과일 향을 내나 높은 농도에서는 손톱 매니큐어를 지우는 용매 냄새가 난다. 맥주에는 아주 중요한 아로마이다. 높은 농도는 발효온도가 높았을 때, 부적절한 당화 액에 대한 통기, 효모의 스트레스에 의하여 일어난다. Ethyl Acetate(에틸 애시테이트), Fruity(프루티), Solvent(살븐트)라고도 표현한다. 감각 용어.

Eswart(에스바르트) : **에스바르트**. Bierkieser(비어키제르) 참조.

Ethanol(에서노울) : **에탄올**. 분자식은 C_2H_5OH(또는 CH_3CH_2OH). 무색이고 가연성 액체이다. 물, 클로로폼, 메탄올 등에 녹으며 음용 가능한 물질이다. 비중은 15.6°C에서 0.739이고 비등점은 78.3°C이며 1g당 7kcal의 에너지를 가지고 있다. 일반적으로 알코올이라고 말하면 에탄올을 의미한다. 맥주, 포도주, 스피릿의 취하게 하는 물질이다. Ethyl Alcohol(에틸 앨커홀. 에틸알코올)과 동의어.

Ethyl Acetate(에틸 애시테이트) : **초산에틸향의**. 에스터(Ester(에스터르))향을 표현할 때 사용한다. 양이 적으면 과일향이나지만 농도가 높으면 용매냄새가 난다. Estery(에스터리) 참조. 감각용어.

Ethyl Alcohol(에틸 앨커홀) : **에틸알코올**. Ethanol(에서노울)과 동의어. 참조.

Ethylaldehyde(에틸랠더하이드) : **에틸알데하이드**. Acetaldehyde(애시탤디하이드)와 동의어. 참조.

Ethyl Caproate(에틸 카프로에이트) : **카프론산 에틸향의**. 분자식은 $C_5H_{11}COOC_2H_5$. 익은 사과 아로마의. 아니스열매(Aniseed(애니시드)) 아로마로 표현하기도 한다. 에틸 헥사노에이트(Ethyl Hexanoate(에틸 헥서노우에이트))라고도 한다. 맥주중의 감지 한계치는 0.17-0.21ppm이다. 감각용어.

Ethylenediaminetetraacetic Acid(에틸린다이어민테트러어시틱애시드) : **에틸렌다이아민 사초산(四醋酸)**. 분자식은 $(HOOCCH_2)_2N-CH_2CH_2-N(CH_2COOH)_2$이다. 4개의 카르복실 산염과 2개의 아민 기를 매개로 하여 금속과 결합하는 무색의 결정성 가루이다. 거의 모든 금속이온과 수용성 킬레이트를 만드는 특징을 갖고 있어 분석화학에서 널리 응용되고 있다. 혈액 응고 방지제, 센물 연화, 희토류원소의 분리, 신장결석의 제거, 비타민 C의 산화방지, 식품의 금속에 의한 변질방지, 세척제, 중금속 이온의 침전방지제 등으로 다양하게 사용되는 물질이다. 약어로 EDTA.

Ethyl Hexanoate(에틸 헥서노우에이트) : **익은 사과 아로마의**. 에스터의 일종. 아니스열매(Aniseed(애니시드)) 아로마로 표현하기도 한다. 에틸 카프로에이트(Ethyl Caproate(에틸 카프로에이트)라고도 한다(동의어). 맥주중의 감지 한계시는 0.17-0.21ppm이다. 감각용어.

Ethyl Isophenyl Mercaptan(에틸 아이소우페널 머르캡탠) : **스컹크 냄새의**. Skunky(스컹키) 참조. 감각용어.

4-Ethyl Phenol(4-에틸 피노울) : **4-에틸 페놀**. **퀴퀴한 냄새의**. 효모인 브레타노마이세스(*Brettanomyces*(브레트노메이시즈))가 생성하는 아로마 인데 대개 4-에틸 구아이아콜(4-Ethyl Guaiacol(4-에틸 구아이어코울))도 함께 생성된다. 감지한계는 약 420ppb이고 일반적으로 바람직하지 않은 냄새이나 람빅(Lambic(람비크)) 맥주에서는 바람직한 냄새이다. Barnyard(바른야르드), Brett(브렛)과 동의어. 감각용어.

EtOH(에서노울) : **에탄올**. Ethanol(에서노울) 또는 Ethyl Alcohol(에틸 앨커홀)의 약어.

European Brewing Convention(유러피언 브루잉 컨벤션. 약어로 EBC) : **유럽 양조협의회**. 양조의 과학적, 공학적 연구의 발전을 위해 1947년에 설립된 협회. 이 협회는 공동연구사업, 양조 물 분석법등의 개발을 수행하고 있다. 분석법의 한 예로 맥아의 색깔을 나타낼 때 여기에서 정한 EBC 단위는 SRM의 2배이다. 단위의 범위는 3.5(예 : 벨기에 필즈 맥아(Belgium Pils Malt)-1400(예 : 벨기에 볶은 맥아(Belgium Roasted Malt))이다.

Evaporation(이배퍼레이션) : **증발**. **증발 탈수**. 액체 상태에 있는 어떤 물질이 그 표면에서 기체 상태로 변함, 또는 그런 현상.

Excess Gravity(에크세스 그래비티) : **초과비중**. 비중을 정수로 표현한 것. 비중이 1.045이면 45로 나타내는 것이 그 예이다. 초과비중은 편리성 때문에 공식에서 사용한다. Gravity Unit(그래비티 유니트)와 동의어. 참조.

Excise(에크사이즈) : **소비세. 물품 세**. Excise(이크사이즈) 참조.

Excise(이크사이즈) : **삭제하다. 잘라내다**. Excise(에크사이즈) 참조.

Exo Enzyme(에크소우 엔자임) : **외효소(外酵素)**. 1. 세포 밖으로 분비되어 작용하는 효소. Exoenzyme으로도 쓴다. Exogenous Enzyme(에크사저너스 엔자임)과 동의어. 2. 폴리머로 만들어진 물질의 말단의 결합을 가수분해하여 작은 구성 물질을 생산하는 효소. 예 : 베타 아밀레이스, 카르복시펩티데이스(Carboxypeptidase(카르박시펩터데이스)).

Exogenous Enzyme(에크사저너스 엔자임) : **외효소(外酵素)**. 1. Exo Enzyme(에크소 엔자임)과 동의어. 참조. 2. 외부에서(맥아나 효모가 아닌) 유래하여 양조과정에 첨가하여 사용하는 효소.

Exponential Phase(에크스포우넨셜 페이즈) : **대수 증식기(代數增殖期)**. 미생물의 증식에서 증식에 필요한 모든 조건이 갖춰져 최고의 속도로 증식하는 기간. Reproduction Phase(리프로덕션 페이즈)와 동의어

Export(에크스포르트) : **엑스포트**. 1. 수출을 위하여 만든 맥주의 상표에 표기하는 말. 2. 상표에 엑스포트라고 표기하는 것은 "수출하기에 적합한"이라는 의미로 품질이 좋다는 뜻 또는 일반 맥주보다 알코올 함량이 높다는 뜻. 3. 독일 도르트문트(Dortmund) 지역에서 양조한 연한 색 라거 맥주. 필즈너(Pilsner) 맥주보다 바디감과 맥아향이 강하나 홉 향은 약하다. 비중은 12-12.5°플라토, 알코올 함량은 5-5.5%(V/V)이다. 1950년대와 1960년대에 독일의 가장 대중적인 스타일의 맥주였으나 점차 점유율이 감소하고 있다. 4. 영국에서는 인디아 페일 에일(India Pale Ale)을 의미하는데 그 이유는 인도에 주둔하던 영국 군대에 한때 수출하였기 때문이다. 5. 벨기에에서는 11-13.5°P의 맥아즙 밀도를 가진 맥아즙을 발효하여 만든 알코올 농도가 높은 맥주를 칭하는 법적인 용어이다. 1974년 이후 이 범주에 속하는 맥주를 카테고리 I(Category I)이라한다.

Exportbier(에크스포르트 비어) : **엑스포트 맥주**. 독일 주세법상 초기 비중이 1.050-1.056(12.5-14°P)인 맥아즙으로 만든 맥주를 말한다. 볼비어(Vollbier)의 하위 카테고리에 속한다.

Extract(이크스트래크트) : **추출물**(抽出物). 1. 맥아보리 또는 싹튼 옥수수와 쌀 등의 부가 물이 당화와 맥아즙여과(Lautering(라우터링))한 후 단 맥아즙에 포함되어있는 물질의 총량. 전형적인 조성은 탄수화물(덱스트린과 발효성 당 등) 80%, 질소화합물 8%, 글리세린 5%, 미네랄, 수지, 검 3-4%이다. 용액중의 이러한 추출물이 발효시작 비중을 결정하고 다양한 방식으로 표현된다. 당도계로 측정하고 17.5°C에서 당화 액 100g당 추출물의 g수로 볼링이나 플라토 단위로 표시한다. 영국에서는 152.4kg의 맥아당 양조업자용 파운드(Brewer's Pounds(브루어르즈 파운즈))로 표현한다. Brewer's Pounds(브루어르즈 파운즈), Hot Water Extract(하트 워디르 이크스트래크트) 참조. 2. 건조하거나 액체형태로 되어있는 어떤 물질의 필수 요소의 농축 물. Malt Extract(몰트 이크스트래크트) 참조.

Extract Beer(이크스트래크트 비어) : **추출물 맥주**. 자가 맥주 양조에서 맥아추출물 또는 맥아시럽으로 만든 맥주. 맥아보리를 사용하여 만드는 곡물 맥주에 반하는 말.

Extract Brewing(이크스트래크트 브루잉) : **추출물 양조**. 자가 맥주 양조에서 맥아추출물 또는 맥아시럽으로 양조하는 것. 맥아보리를 사용하여 만드는 곡물 양조에 반하는 말.

Extract Efficiency(이크스트래크트 이피션시) : **추출효율**. 자가 양조에서 매시(Mash)로부터 얻어지는 발효성 당의 생산효율을 말하는데 이론적인 값과의 비교 치이다. 맥아즙 3.7854리터(1갤런)당 또는 제분용 곡식 453.6g(1파운드)당의 비중을 직접 측정하여 그 값으로 표시한다. 전형적으로 60-80%이다. Extraction Efficiency(이크스트래크션 이피션시)와 동의어.

Extract Potential(이크스트래크트 포텐셜) : **추출잠재력**. 당과 비발효성당의 최대량. 맥아로부터 추출물을 얻을 수 있는 양.

Extract Test(이크스트래크트 테스트) : **추출물 테스트**. 추출물로 맥주를 만들기 전에 추출물이 맥주의 맛과 발효도에 미치는 영향을 알아보기 위해 적은 양의 맥주를 만들어 보는 것.

Extraction(에크스트랙션) : **추출**. 뽑아내는 일. 다양한 물질로부터 한 가지 물질을 뽑아내는 과정. 전체 속에서 어떤 요소, 성분, 물건 등을 빼냄.

Extraction Efficiency(이크스트래크션 이피션시) : **추출효율**. Extract Efficiency(이크스트래크트 이피션시)와 동의어. 참조.

Extra Special Bitter(에크스트러 스페셜 비터르) : **고급 비터맥주**. 일반 비터 에일 또는 스페셜 비터 에일 맥주보다 높은 초기비중을 가진 맥아즙으로 발효를 시작하여 이들 맥주보다 독특한 향미를 가지고 있는 맥주. 약어로 ESB로 쓰기도 한다. Extra Strong Bitter(에크스트러 스트롱 비터르)와 동의어.

Extra Strong Bitter(에크스트러 스트롱 비터르) : **고급 비터맥주**. Extra Special Bitter(에트스트러 스페셜 비터르)와 동의어. 참조.

Extreme Beer(이크스트림 비어) : **극단(極端)맥주**. 일반맥주와 달리 독특한 내용물, 야생효모발효, 버번 통 숙성, 아주 높은 알코올 농도 등을 가지고 있는 독특한 맥주.

F(에프) : **에프**. Fahrenheit(패런하이트)의 약어. °F로도 표기한다. Fahrenheit(패런하이트) 참조.

Fahrenheit(패런하이트) : **화씨온도. 화씨눈금**. 일종의 온도계 스케일로 빙점온도를 32°F, 비점 온도를 212°F로 하여 그사이에 눈금이 180개 가 있도록 하여 온도를 표시하는 방법. 약어로 °F로 표기한다. 화씨온도와 섭씨온도의 상호 전환은 다음식과 같다(부록의 섭씨온도와 화씨온도의 환산표 참조).

°F = (°C x 9/5) + 32 또는 (°C x 1.8) + 32.

°C = (°F - 32) x 5/9 또는 (°F - 32) / 1.8

Falling Heat(폴링 히트) : **내린 온도**. 맥아즙(麥芽汁) 만드는 통(Mash Tun(매쉬 턴))에서 흘러나온 단맛 맥아즙(Sweet Wort(스위트 워르트)의 온도.

False Bottom(폴스 바텀) : **이중바닥**. 스파징(Sparging(스파르쥥)) 동안에 액체인 맥아즙으로부터 남아있는 곡물과 곡물찌꺼기를 분리하기위하여 맥아즙 여과기(Lauter Tun(라우터르 턴))의 바닥에서 위로 0.3-5.08cm 사이에 위치하고 있는 구멍 뚫린 판.

FAN(에프에이엔) : **에프에이엔**. Free Amino Nitrogen(프리 어미노우 나이트러전. 유리 아미노산성 질소)의 약어. 참조.

Farinator(패러네이터르) : **곡물입자 절단기**. Corn Cutter(코른 커터)와 동의어. 참조.

Farnesene(파르니신) : **파네센**. 세스키테르펜(Sesquiterpene(세스퀴터르핀)에 속하는 6개 물질중의 하나로 홉 종류에 따라 다르기는 하나 홉 기름의 두 번째로 많은 구성성분으로 풋사과 향을 낸다.

Faro(파로) : **파로**. 벨기에에서 고비중의 람빅 맥주(5.5-6.0°B)와 저 비중의 람빅 맥주(3.0-3.5°B. 예 : 3월 맥주)를 동량 섞고 설탕으로 단맛을 내고 때로는 캐러멜로 색을 내며 물로 희석한 맥주. 현재는 만들어지지 않는다. Faro-Lambic(파로 람비크)라고도 한다. Gueuze(구에즈), Kriek(크리크), Lambic(람비크) 참조.

Faro-Lambic(파로 람비크) : **파로 람빅**. Faro(파로)와 동의어. 참조.

Fatty Acid(패티 애시드) : **지방산(脂肪酸)**. 탄소원자가 사슬식으로 연결된 모노카르본산(Monocarbonic Acid(마너카르바니크 애시드))의 총칭. 폼산(Formic Acid(포르미크 애시드)), 아세트산, 스테아린 산, 팔미틴 산, 올레인 산 등의 포화 지방산과 아크릴산, 크로톤산 등의 불포화 지방산 등이 포함된다. 탄소 수가 많은 것은 글리세린과 결합하여 유지(油脂)의 주성분을 이룬다. 대개 나쁜 향미를 낸다.

Faucet(포시트) : **맥주꼭지. 마개**. 맥주의 양을 조절하면서 따르게 만든 꼭지. Spigot(스피거트), Stop Cock(스타프 카크), Tap(태프), Valve(밸브)와 동의어.

Fecal Bacteria(피컬 백티리어) : **분변(糞便)세균**. 사람이나 동물의 장(腸), 분변(糞便), 하수 등에 널리 분포하는 그람 음성인 간균(桿菌)을 말한다. 음용수의 오염의 지표로 사용된다.

Fecula(페큘러) : **찌꺼기**. 오물. 단백질과 폴리페놀(Polyphenol(팔리피노울))이 응집하여 맥주의 혼탁을 나타내는 것. 맥아즙(Wort(워르트))을 끓인 후 식혔을 때 솥의 바닥에 가라앉는다. Trub(트룹)과 동의어. 참조.

Feed Grade Barley(피드 그레이드 바를리) : **사료등급 보리**. 일반적인 싹틔움과 담금 후의 추출물 생산수준이 낮은 보리.

Fehling's Solution(펠링즈 솔루션) : **펠링용액**. 환원당과 비환원당을 구분하는데 사용하는 용액으로서 황산구리(Copper Sulfate(카퍼르 설페이트))와 타르타르산 포타슘 소듐(Potassium Sodium Tartrate(퍼태시엄 소우디엄 타르트레이드. 로셸(Rochelle)염이라고도 한다)를 섞으면 구리(II)와 타르타르산염(Tartrate) 이온이 바이덴테이트(Bidentate) 리간드를 형성하여 진한 청색의 비스타르트라토구리(II)$^{4-}$산염(Bistartratocuprate(II)$^{4-}$(비스타르토레이토커프레이트(II)$^{4-}$)가 만들어진다. 이 물질을 환원당과 함께 끓이면 구리가 환원되어 적색의 침전물(구리(I))이 생성된다.

Feistbeer(파이스트비어) : **축제맥주**. 독일에서 축제를 위하여 전통적으로 양조해 오던 맥주. 때로는 비엔나 라거맥주 스타일이나 알코올 농도가 높은 메르첸비어(Märzenbier)와 옥토버페스트(Oktoberfest) 스타일의 맥주를 칭하기도 한다.

Female(피메일) : **암포기**. 암컷 풀.

Ferment(퍼르멘트) : 1. **발효체(醱酵體)**. 발효를 일으키는 효모, 세균, 효소. 2. **발효되다, 발효시키다**.

Fermentability(퍼르멘터빌리티) : **발효가능성**. 효모나 세균 등의 미생물이나 효소에 의하여 유기물이 발효될 수 있는 정도.

Fermentable(퍼르멘터블) : **발효성의**. 효모나 세균 등의 미생물이나 효소에 의하여 발효될 수 있는.

Fermentable Sugar(퍼르멘터블 슈거르) : **발효성 당**. 효모나 세균 등의 미생물에 의해 직접 발효되어 알코올, 젖산 등을 생성하는 당(糖)으로 포도당(글루코스), 프룩토스, 설탕(수크로오스), 맥아당(말토오스)등이 여기에 속한다.

Fermentation(퍼르멘테이션) : **발효(醱酵)**. **발효작용**. 효모의 혐기적작용에 의해 맥아즙 중의 발효성 당이 에탄올, 탄산가스, 열, 효모 증식, 부산물로 전환이 일어나는 과정. 발효가 일어남에 따라 맥아즙의 비중은 평균 1.045에서 1.012로 떨어지는데 발효되지 않는 탄수화물과 질소화합물이 항상 남아있으므로 1.000으로 떨어지지는 않는다. 맥주발효에서는 상면발효와 하면발효의 두 가지 시스템이 있으며 각 시스템은 1차와 2차 발효로 구성된다. 이 용어는 라틴어인 Fervere(페르베레. 끓음. 격정)에서 유래하였다. Bottom Fermentation(바텀 퍼르멘테이션), Spontaneous Fermentation(스판테이니어스 퍼르멘테이션), Top Fermentation(타프 퍼르멘테이션) 참조

Fermentation Bin(퍼르멘테이션 빈) : **발효조(醱酵槽)**. Fermentor(퍼르멘터르)와 동의어. 참조.

Fermentation Cellar(퍼르멘테이션 셀러르) : **발효실**. 발효를 행하는 곳으로 일정하게 온도가 조절된다. Fermenting Cellar(퍼르멘팅 셀러르)와 동의어.

Fermentation Hopping(퍼르멘테이션 하핑) : **발효 중 홉 첨가**. 1차 발효 또는 2차 발효 중에 건조 홉 또는 홉 펠릿을 첨가하는 것. 영국에서는 캐스크에서 숙성중인 에일에 홉을 첨가하는 건조 홉 첨가(Dry Hopping(드라이 하핑)와 발

효 중 홉 첨가를 구분하기위한 용어.

Fermentation Lock(퍼르멘테이션 라크) : **발효전**(栓). 발효 에어락. 맥주 또는 포도주가 발효할 때 생기는 탄산가스를 배출시키기는 하지만 외부공기가 들어가는 것을 막는데 사용하는 밸브. 자가 맥주에 사용되는 발효전은 대개 유리나 플라스틱으로 만들어졌으며 발효 통이나 2차 발효조의 구멍에 꽂을 수 있도록 코르크나 고무마개에 꽂혀있다. 중간에 물을 넣게 되어있어 통 내부의 탄산가스는 방출되나 외부의 공기는 들어가지 못하므로 외부 미생물에 의한 오염을 방지할 수 있다. 내부의 탄산가스 발생을 눈으로 확인할 수 있으므로 발효의 진행 상황도 알 수 있다. Airlock(에어 라크), Bubbler(버블러르), Fermentation Valve(퍼르멘테이션 밸브), Water Lock(워터르 라크), Water Seal(워터르 실)과 동의어. 참조.

Fermentation Rate(퍼르멘테이션 레이트) : **발효 속도**. 일정시간에 맥아추출물이 발효되는 속도.

Fermentation Tank(퍼르멘테이션 탱크) : **발효탱크**. 막혀진 발효조를 말한다. 과량의 탄산가스는 발효전(栓)(Fermentation Lock(퍼르멘테이션 라크))를 통해 공기중으로 확산한다. 현재 사용하는 발효조는 발효의 조절이 용이하기 때문에 대부분이 발효탱크를 사용한다.

Fermentation Temperature(퍼르멘테이션 템퍼러쳐르) : **발효온도**. 발효에 사용하는 온도.

Fermentation Time(퍼르멘테이션 타임) : **발효시간**. 발효가 완성되는데 걸리는 시간.

Fermentation Valve(퍼르멘테이션 밸브) : **발효전**(栓). Fermentation Lock(퍼르멘테이션 라크)와 동의어. 참조.

Fermentation Vessel(퍼르멘테이션 베슬) : **발효조**(醱酵槽). 개방된 발효용기. Fermentor(퍼르멘터르)와 동의어. 참조.

Fermenter(퍼르멘터르) : **발효조**(發酵槽). **발효기**(醱酵器). 개방 또는 폐쇄형 1차 또는 2차 발효가 일어나는 용기에 대한 일반적인 이름. Fermentor(퍼르멘터르)라고도 쓴다. Fermentation Bin(퍼르멘테이션 빈), Fermentation Vessel(퍼르멘테이션 베슬)과 동의어. Primary Fermenter(프라이메리 퍼르멘터르),

Secondary Fermenter(세컨데리 퍼르멘테이터르), Single Stage Fermenter(싱글 스테이쥐 퍼르멘터르) 참조.

Fermenting(퍼르먼팅) : **발효(醱酵)중**. 발효하는 동안.

Fermentor(퍼르멘터르) : **발효조(醱酵槽)**. Fermenter(퍼르멘터르)의 이형철자. 참조.

Festbier(페스트비어) : **축제맥주**. 독일에서 크리스마스, 부활절, 지역문화축제, 맥주 페스티벌 등에 사용하기위하여 특별히 만드는 맥주.

Fiery Fermentation(파이어리 퍼르멘테이션) : **파이어리 발효**. 거품이 감소하고 기름기를 가진 거품이 나타나는 비정상적 발효.

Fill(필) : **새우다**. 병, 캔, 개스크, 케그를 채우는 행위.

Filler(필러르) : **충전기(充塡機)**. 액체를 병 또는 다른 포장용기에 채우는 기계.

Filtering(필터링) : **여과**. Filtration과 동의어. 참조.

Filter Press(필터르 프레스) : **압착식 여과기**. 압력을 가하여 여과하는 기계.

Filter Pulp(필터르 퍼르프) : **여과용 펄프**. 여과에 사용하기위하여 석면이나 나무 펄프를 압착하여 케이크로 만든 것.

Filtration(필트레이션) : **여과**. 1. 현탁액(여과하지 않은 맥주)에 들어있는 고형물을 제거하여 청징(淸澄)하기 위하여 액체를 침투성 또는 다공성 물질(막)을 통과시키는 것. 맥주양조에서 발효가 끝난 맥주는 트루브(Trub)와 효모를 제거하기위하여 여과한다. 이렇게 한 맥주를 맑은 맥주(Clear Beer(클리어르 비어)) 또는 빛나는 맥주(Polished Beer(팔리쉬트 비어))라고 한다. 여과하지 않은 맥주는 약간 흐리지만 대단히 많은 종류의 영양소를 포함하고 있다. 현탁 되어 있는 고체를 제거하기 위하여 양조장에서는 규조토를 사용한다. 자가 맥주양조에서는 대개 여과하지 않는데 약간 흐리지만 향미는 좋다. 2. 사용된 곡물로부터 맥아즙을 분리하는 것.

Final Attenuation(파이널 어태뉴에이션) : **최종저감(低減)**. Final Degree of Attenuation(파이널 디그리 어브 어태뉴에이션)과 동의어. 참조.

Final Degree of Attenuation(파이널 디그리 어브 어태뉴에이션) : **최종저감도(低減度)**. 실험실에서 측정하는 특정 맥아즙의 최대 겉보기 저감도. 최종 저감 도는 맥아즙중의 발효성당의 함량에 따라 결정되는데 이들의 대부분을 입병하기 전에 다른 물질로 전환시켜 입병한 후에 맥주의 향미, 거품, 안정성에 영향을 주는 것을 막아야한다. 최종 저감 도를 구하는 식은 다음과 같다. 최종저감도 = (°B 또는 °P로 나타낸 초기비중 - °B 또는 °P로 나타낸 최종비중) x 100. Limit Attenuation(리미트 어태뉴에이션), Final Attenuation(파이널 어태뉴에이션), Attenuation Final(어태뉴에이션 파이널)과 동의어.

Final Gravity(파이널 그래비티) : **최종비중**. Final Specific Gravity(파이널 스퍼시픽 그래비티)와 동의어. 참조.

Final Specific Gravity(파이널 스퍼시픽 그래비티) : **최종비중**. 발효가 완료되었을 때의 비중. 즉 모든 발효성 당이 알코올과 탄산가스로 전환되었을 때의 비중. Final Gravity(파이널 그래비티), Final SG(파이널 에스지), Finishing Specific Gravity(피니쉬 스퍼시픽 그래비티), Terminal Gravity(터르머널 그래비티)와 동의어.

Fine(파인) : **청징(淸澄)하다**. 양조 물을 정화, 여과하는 작업을 하다.

Fines(파인즈) : **미립자(微粒子)**. 맥주 지게미를 아주 작게 간 것.

Fingerprinting(핑거르프린팅) : **핑거프린팅**. DNA를 분석하여 효모 또는 보리의 종류를 판별하는 것.

Fining(파이닝) : **청징(淸澄)**. 청징제를 사용하여 양조 물을 정화, 여과하는 작업. Finings(파이닝즈) 참조.

Fining Agent(파이닝 에이전트) : **청징제(淸澄劑)**. Finings(파이닝즈)와 동의어. 참조.

Finings(파이닝즈) : **청징제(淸澄劑)**. 맥주의 품질을 저하시키는 불순물, 효모, 부유물질을 응집하여 침전시켜 제거하기위하여 발효말기에 사용하는 다양한 유기 또는 무기물질. 계란흰자(또는 계란 알부민), 활성탄, 목재 칩, 벤토나이트(Bentonite(벤터나이트)), 젤라틴(Gelatin(젤러틴)), 뿔가사리(Irish Moss(아이리쉬 모스)), 아이징글라스(Isingglass(아이징글래스)), 폴리비닐피롤리돈(Polyvinylpolypyrrolidone(팔리바이닐팔리피로울리도운)), 실리카 젤(Silica Gel(실러커 젤)) 등의 콜로이드성 물질이 그 예이다. 청징제는 안정한 침전을 형성하므로 쉽게 제거할 수 있다. Fining Agent(파이닝 에이전트)와 동의어.

Finished Beer(피니쉬트 비어) : **완성맥주**. 발효와 숙성이 끝나 판매할 수 있는 맥주. 맥아즙(Wort(워르트)) 또는 발효 중인 맥주와 대비되는 용어.

Finishing(피니쉬) : **후 발효과정**. 주 발효가 끝난 후 맥주의 거친 맛을 순화시키거나 탄산가스를 포화시키기 위한 과정.

Finishing Hop(피니쉬 하프) : **끝손질용 홉**. 홉의 쓴맛을 내기위하여 사용하는 것이 아니라 맥주에 홉 아로마와 홉 특성을 주기위하여 홉 끓임의 말기 또는 발효조에 첨가하는 향미가 신선한 홉을 말한다. 맥아즙에 쓴맛을 약간 주기도 한다. 여기에 속하는 홉은 Cascade(캐스케이드)와 골딩즈(Goldings)가 있다. 어떤 양조인은 맥아즙을 식히기 1-2분전에 첨가하는 것이 좋다고 주장하고 다른 양조인은 식히기 10-15분전에 첨가하는 것이 좋다고 주장한다. 이 홉은 쓴맛보다는 아로마를 위하여 육종한 품종에서 수확한 것이기 때문에 알파 산 농도는 대개 낮다. Aroma Hop(어로우머 하프), Aromatic Hop(애러매티크 하프)라고도 한다(참조). Flavoring Hop(플레이버링 하프)와 비교해 볼 것.

Finishing Specific Gravity(피니쉬 스퍼시픽 그래비티) : **최종비중**. Final Specific Gravity(파이널 스퍼시픽 그래비티)와 동의어. 참조.

Fir(k)(퍼르(크)) : **퍼크**. Firkin(퍼킨) 참조.

Fire Brewing(파이어 브루잉) : **직화 양조**. 양조용 솥을 가열할 때 증기나 뜨거운 물을 사용하는 대신에 불을 직접 때는 전통적 양조방법. 이 방법을 사용하면 맥아즙이 펄펄 끓어 이것으로 맥주를 만들면 풍만감과 부드러움이 훨씬 좋아진다. 미국에서는 스트로스(Stroh's)가 아직도 이 방법으로 맥주를 만드는 몇 개 되지 않는 주요 양조장이다.

Fire Copper(파이어 카퍼르) : **직화 용 양조 솥**. 불로 직접 가열할 수 있는 양조용 솥.

Fire Flavor(파이어 플레이버르) : **불 향미**. 맥주에서 나는 볶음 향 또는 탄 내음.

Firestone Keg(파이어스톤 케그) : **파이어스톤 통**. 코르넬리우스 케그(Cornelius Keg)와 같으나 핀 잠금장치(Pin-Lock(핀 라크))가 달려있다. Cornelius Keg(코르넬리우스 케그) 참조.

Firkin(퍼르킨) : 1. **퍼킨**. 대개 1/4배럴(40.9리터. 9영국 갤런 또는 10.8미국 갤런)에 상당하는 영국의 용량단위. 2 퍼킨이 1 킬더킨(Kilderkin), 즉 1/2배럴이다. 약어로 Fir(퍼르) 또는 Firk(퍼르크). Pin(핀) 참조. 2. **작은 나무통**.

Firm(퍼름) : **안정된. 견고한.** 내용물이 적당한 밸런스를 이룬 상태. 구조가 잘 짜여 져 있는 것. Soft(소프트. 부드러운)와 Tough(터프. 단단한)의 중간 정도.

First Generation Yeast(퍼르스트 제너레이션 이스트) : **1세대 효모.** 실험실에서 제일처음 배양한 효모.

First Running(퍼르스트 러닝) : **첫 맥아즙.** First Wort(퍼르스트 워르트)와 동의어. 참조.

First Wort(퍼르스트 워르트) : **첫 맥아즙.** 거름 솥에서 여과되어 처음 나오는 맥아즙. 다음번에 나오는 맥아즙보다 진한 추출물을 가지고 있으며 알코올 농도가 강한 맥주를 만드는데 사용한다. 현대에는 모든 맥아즙을 섞어서 양조에 사용하는 것이 일반적이다. First Running(퍼르스트 러닝), Original Wort(어리저널 워르트)와 동의어. Second Wort(세컨드 워르트) 참조.

Fish Gelatin(피쉬 젤러틴) : **생선 젤라틴. 생선 아교.** Isinglass(아이징글래스. 부레풀)와 동의어. 참조.

Fish Stuffing(피쉬 스터핑) : **생선내장.** 영국에서 Isinglass(아이징글래스. 부레풀)를 이르는 말.

Fizz(피즈) : 1. **거품이 남.** 녹아있는 탄산가스에 의해 맥주에서 거품이 나는 것. 2. **피즈.** 발포성 음료. 3. **피즈.** 알코올음료, 레몬주스, 설탕, 탄산수와 얼음을 섞은 음료. 대개 긴 유리잔으로 제공된다.

Flagon(플래건) : **플래곤.** 1. 원래의미는 성찬식에 사용하는 원통형 또는 끝으로 갈수록 좁아지는 병. 이후에 포도주, 물, 맥주 사이다, 기타 음료수를 보관하거나 제공하는데 사용되었고 이를 Tankard(탱커르드)로 바꿔 부르게 되었다. Tankard(탱커르드) 참조. 2. 액체의 용량 단위로 1.8926리터(2 포도주 쿼트).

Flaked(플레이크트) : **플레이크로 만들다.** 조각으로 만들다. 곡물을 물로 적신 후 압력을 주거나 롤러를 사용하여 조각으로 만드는 것. 조각으로 만든 곡물은 맥주제조공정에서 젤라틴 화하여 담금액에 직접 첨가하여 발효시킨다.

Flaked Maize(플레이크트 메이즈) : **옥수수 플레이크.** 옥수수를 깬 후 물로 적시고 찐 다음 롤러로 조각을 만든 일부 젤라틴 화된 옥수수.

Flakes(플레이크스) : **플레이크. 조각**. 박편(薄片). 파편. 빻은 맥아와 함께 끓임솥에 직접 첨가하는 싹을 틔우지 않은 부가 물을 조각으로 만든 것. 미국의 어떤 양조장에서는 담금액의 약 50%의 플레이크를 사용한다.

Flanders Brown(플랜더즈 브라운) : **플랑드르 갈색에일. 플란더즈 갈색에일**. 플랑드르가 기원인 갈색 에일인데 젖산에 의한 신맛이 특징이다. Oud Bruin(우드 브루인)이라고도 한다.

Flash Pasteurization(플래쉬 패스쳐라이제이션) : **순간살균(瞬間殺菌)**. 일반 살균온도보다 높은 온도에서 짧은 시간에 미생물을 살균하는 방법. 예를 들면 생맥주의 경우 71-79°C의 증기를 20 30초간 처리하여 살균한다. Pasteurization(패스쳐라이제이션) 참조.

Flat(플랫) : **김빠진**. 맥주거품이 적거나 없어 맛이 떨어진 맥주를 설명할 때 사용하는 말.

Flatten(플래튼) : **김빠지게 하다**. 맥주를 일반 대기압 하에 놓아두어 탄산가스가 방출되게 하는 것.

Flavin(플레이빈) : **플라빈**. 트라이사이클릭 링(Tricyclic Ring)인 아이소알록사진(Isoalloxazine)으로부터 형성된 물질. 비타민 B2인 리보플라빈, 플라빈 아데닌 다이뉴클레오타이드(Flavin Adenine Dinucleotide. FAD), 플라빈 모노뉴클레오타이드(Flavin Mononucleotide. FMN)의 성분이다. 황색 색소이고 보리와 홉에도 자연적으로 존재한다.

Flavor(플레이버르) : **향미**. 맛, 향기, 입안의 촉감 등 미뢰(味蕾)에 의해 감지되어 느끼는 맛과 냄새를 포함하는 총체적인 향과 맛. 맥주의 향미는 휘발성 물질, 원료물질의 농도와 조성에 따른 향미, 공정형태(끓임, 컨디셔닝, 숙성), 효모균주의 특성, 오염 미생물이 생산한 물질 등에 따라 달라진다. 맥아, 홉, 맥아용수, 많은 발효과정에서 영향을 받는다. Ester(에스터르), Volatiles(발러틸즈) 참조.

Flavor Ale(플레이버르 에일) : **향 에일**. 담쟁이, 허브 등으로 향을 낸 옛날 에일.

Flavor Hop(플레이버르 하프) : **향미 홉**. Flavoring Hop(플레이버링 하프)와 동의어. 참조.

Flavoring Hop(플레이버링 하프) : **향미 홉**. 끓임 중에 맥아즙에 첨가하여 쓴맛을 주게 하는 홉을 말하는데 이에 반하여 Finishing Hop(피니슁 하프. 끝손질 홉)이란 맥아즙에 아로마와 홉 특성을 주는 것이다. 쓴맛을 내는 아이소알파 산은 물이나 맥아즙에 녹지 않고 단지 끓임 중에 알파 산이 이성질(체)화(Isomerization(아이소머리제이션))되어 쓴맛을 나타낸다. 홉의 첨가량은 홉의 종류, 특성, 원하는 쓴맛의 강도, 양조방법 등에 의해 달라진다. Boiling Hop(보일링 하프), Bittering Hop(비터링 하프), Flavor Hop(플레이버르 하프)와 동의어. Finishing Hop(피니슁 하프) 참조.

Flavor Note(플레이버르 노우트) : **향미특징**. 아로마, 맛, 그리고 전체적인 느낌을 묘사하는 것.

Flavor Profile(플레이버르 프로우파일) : **향미프로필**. 교육받은 감정가들에 의해 이미 확립된 맛과 아로마를 서술하는 용어를 사용하여 어떤 맥주의 바디감, 단맛정도, 색깔, 쓴맛 등을 전문가적으로 묘사한 것.

Flavor Stability(플레이버르 스터빌리티) : **향미안정성**. 향미가 변함없이 오래 동안 안정하게 유지되는 것.

Flavor Wheel(플레이버르 휠) : **향미원반**. 맥주중의 향미를 확인하고 이를 기술하는 것을 표준화하기위하여 미국 양조화학자 협회(American Society of Brewing Chemists(어메리컨 소사이어티 어브 브루잉 케미스츠)), 유럽 양조협의회(European Brewing Convention(유러피언 브루잉 컨벤션. 약어로 EBC)), 미국 양조장(釀造長) 협회(Master Brewers Association of America(매스터르 브루어르어즈 어소우시에이션 오브 어메리커)의 노력으로 개발된 향미 용어를 둥근 원판에 표시한 것. 122개 용어를 14개 부류로 나누고 있으며 손쉽게 참고하기 위하여 그림처럼 표현하고 있다. American Society of Brewing Chemists, Inc., 3340 Pilot Knob Street, St. Paul, MN55121, USA에서 구입할 수 있다.

Floating Ants(플로팅 앤츠) : **개미 동동주**. 우리나라 동동주처럼 섬유소만 남은 쌀알이 떠다니는 술. P'ei(베이) 참조.

Flocculate(플라큘레이트) : **응집하다**. 조그만 덩어리로 엉겨서 뭉치다.

Flocculation(플라큘레이션) : **응집(凝集)**. **응결**. 1. 발효를 끝낸 효모가 서로 집합해 바닥에 쌓이는 것. 2. 끓임으로써 페놀류(Phenols(피노울즈))나 단백질이

불규칙한 형태로 응결되는 것. 끓임으로써 응결시키는 것을 열 침전물(Hot Break(핫 브레이크))라 하고, 급냉을 시킬 때 응결시키는 것을 냉침전물(Cold Break콜드 브레이크))라 한다. Breakage(브레이키쥐)와 동의어. Flocculation Yeast(플라큘레이션 이스트), Nonflocculent Yeast(난플라큘런트 이스트) 참조.

Flocculation Yeast(플라큘레이션 이스트) : **응집효모**. Flocculent Yeast(플라큘런트 이스트)와 동의어. 참조.

Flocculence(플라큘런스) : **효모응집**. 발효말기에 효모세포가 응집되는 것. 효모가 응집됨으로써 맥주의 청징에 도움을 준다.

Flocculent Yeast(플라큘런트 이스트) : **응집효모**. 발효 중 덩어리져 응집하는 효모에 대한 일반적인 명칭.

Floor Corker(플로어 코르커르) : **바닥용 코르크 막는 기구**. 바닥에 고정하거나 자유로이 이동할 수 있는 코르크 막는 기구.

Floor Malting(플로어 몰팅) : **상상 제 맥아(床上 製麥芽)**. 전통적인 맥아 법으로서 침지했다 물을 뺀 보리를 평평한 상위에 10-15cm높이로 펼친 후 12-15°C의 비교적 낮은 온도로 약13일간 싹 틔우는 방법. 원래는 가을, 겨울, 봄에 낮은 온도를 이용하여 맥아를 만들었다. 현재는 14-16°C에서 맥아를 만든다. 1880년대에 맥아를 만드는 기계가 개발됨에 따라 상상 제 맥아 법은 점차 사라지고 있고 현재는 통풍 식 제 맥아(通風式製麥芽. Pneumatic Malting(누매티크 몰팅))법이 많이 사용되고 있다. Flooring(플로링)과 동의어. Couch(카우치), Piece(피스), Pneumatic Malting(누매티크 몰팅) 참조.

Flooring(플로링) : **상상 제 맥아(床上 製麥芽)**. Floor Malting(플로어 몰팅)과 동의어. 참조.

Floral(플로럴) : **꽃 아로마의. 꽃 향의**.

Flotation(플로테이션) : **뜸. 부양(浮揚)**. Cold Trub Flotation(코울드 트루브 플로우테이션) 참조.

Flour(플라우어) : **곡물가루**. 밀가루. 곡물을 곱게 간 것. 대규모 양조에서는 곡물가루를 의도적으로는 잘 사용하지 않으나 벨기에 특수 맥주에는 한정된 양을 사용한다.

Flour Mill(플라우어 밀) : **제분기**. 곡식을 가루로 만드는 기계.

Flowering Cone(플라우어링 코운) : **구과(毬果)**. 홉 열매나 솔방울처럼 모인 포린(包鱗) 위에 2개 이상의 소견과(小堅果)가 달리는 열매. Strobile(스트라빌)과 동의어. 참조.

fl. oz.(플루이드 아운스) : **액량 온스**. Fluid Ounce(플루이드 아운스)의 약어. 참조.

Fluid Ounce(플루이드 아운스) : **액량 온스**. 약어로 fl. oz.. 미국에서는 29.5727ml, 영국에서는 28.41225ml의 액체의 양.

Fluoride(플루어라이드) : **불화물**. 1. 불화 소듐(NaF(소디엄 플루어라이드))처럼 두 원소로 되어있으며 그중하나가 불소인 것. 2. 불소를 포함하는 화합물의 총칭.

Fluorine(플루어린) : **불소**. 플루오르. 원소기호 F. 화합력이 강한 비금속성원소이고 담황색이며 부식성의 유독성 기체. 미국의 공동 급수시설에서 물에 첨가하여 음료수로 제공하는 물질인데 맥주의 품질에 미치는 영향은 미미하다.

Foam(포움) : **거품**. 맥주잔위에 기포가 뭉쳐져 있는 것.

Foaming Agent(포우밍 에이전트) : **발포제(發砲劑)**. Heading Liquid(헤딩 리퀴드)와 동의어. 참조.

Foam Retention(포움 리텐션) : **거품지속성**. Head Retention(헤드 리텐션)과 동의어. 참조.

Foam Stability(포움 스터빌리티) : **거품안정성**. 거품이 오래 동안 안정하게 지속되는 것. Head Retention(헤드 리텐션)과 동의어. 참조.

Foam Stabilizer(포움 스테이벌라이저) : **거품 안정제(泡安定劑)**. 맥주의 거품을 오래 지속시키기 위해 사용하는 물질. 곡물유래의 소수성(疏水性) 폴리펩티드, 질소가스, 아연, 멜라노이딘(Melanoidin(멜러노이딘). 참조), 알긴산 플로필렌 글리콜(Propylene Glycol Alginate(프로우펄린 글라이코울 앨지네이트). 참조) 등이 사용된다.

Foamy(포우미) : 1. **거품으로 덮인**. 2. **거품 시험**. 3. **거품이 좋은**. 좋은 거품을 만드는 맥주를 기술할 때 쓰는 용어.

Fob(파브) : **거품**. 영국의 양조업자들이 Froth(프로스. 거품)대신 쓰는 말.

Font(판트) : **폰트**. 맥주꼭지로 제공되는 생맥주의 양을 표시하기위하여 막대기에 표시한 단위.

Food Additive(푸드 애디티브) : **식품첨가물**. 식품의 제조, 가공 또는 저장성 향상을 위하여 의도적으로 사용하는 원재료 이외의 각종 물질로 감미료, 조미료, 방부제 등이 있다.

Food Grade(푸드 그레이드) : **식품용 등급**. 식품을 담기에 적당한 플라스틱 등급. 자가 맥주제조에서 고밀도 폴리에틸렌(Polyethylene)과 폴리프로필렌(Polypropylene)으로 만든 발효조가 사용되며 아주 품질이 좋다. 쓰레기통 등 낮은 등급의 플라스틱으로 만든 용기는 양조 물에 플리스틱 냄새를 주므로 사용하지 말아야한다.

Foot Bath(푸트 배스) : 1. **푸트 배스**. 큰 맥주잔을 의미하는 속어. 2. **발 씻는 대야**.

Formazine(포르머진) : **포마진**. 히드라진 황산염(Hydrazine Sulfate(하이드러진 설페이트))과 헥사메틸렌테트라민(Hexamethylenetetramine(헤크서메털린테트러민))이 반응하여 만들어지는 폴리머. Formazin Turbidity Unit (FTU) 참조. Formazin으로도 쓴다.

Formazin Turbidity Unit(포르머진 터비디티 유니트) : **포마진 탁도(濁度) 단위**. 약어로 FTU이다. 미국 물 관련 사업자 협회(American Water Works Assocation(어메리컨 워터르 워르크스 어소우시에이션)의 표준방법으로 Formazin이라고 하는 합성물질을 현탁(懸濁)시켜 이를 탁도의 기준으로 표기하는 것으로 LED 광원을 채택한 ISO 현탁계를 사용하여 탁도를 측정하는 단위이다. 황산 히드라진 황산염 1.25mg/L과 헥사메틸렌테트라민 12.5mg/L을 물에 섞으면 포마진 폴리머가 형성되는데 이 현탁도가 1FTU이다. Formazine(포르머진), EBC(이비씨), Nepelometer(네퍼라미터르. 탁도계, 비탁계(比濁計)) 참조.

Formidable(포르미더블) : **포르미더블**. 1. 프랑스에서 사용하는 3리터들이 맥주잔. 지방에 따라 0.5리터 또는 1리터짜리 맥주잔을 말하기도 한다. 프랑스어로는 포흐미다블. 2. 벨기에서는 1리터들이 맥주잔.

Formula Weight(포르뮬러 웨이트) : **화학식량(式量)**. **분자량**. 화학식에 포함되어 있는 원자의 원자량 총합을 말한다. 예를 들면 염화 소듐(KCl)의 화학식량은

K = 39.098, Cl = 35.457에서 39.098 + 35.457 = 74.555이다.

Forum Hordeum(포렘 호르데이엠) : **포렘 호르데이엠**. 1100년대 함부르크에 있던 유명한 홉 시장.

Fountain(파운틴) : **파운틴**. 맥주저장소에서 맥주잔으로 맥주를 따르는데 사용하는 꼭지의 한 종류.

Four Ale(포레일) : 1. **싸구려 맥주**. 1 쿼트에 4펜스 하는 맥주. 2. **포레일**. 마일드 에일을 칭하던 옛날 말.

Four-Rowed Barley(포 로우드 바를리) : **네 줄 보리**. 보리의 한 품종. 여섯 줄의 알갱이 중 두 쌍이 서로 겹쳐져서 네 줄로 보이는 보리. 맥주양조에는 사용되지 않는다.

Four-Vessel Brewing(포 베슬 브루잉) : **4 용기 발효**. 당화 솥(Mash Cooker(매쉬 쿠커르)), 맥아즙(麥芽汁) 만드는 통(Mash Tun(매쉬 턴)), 맥아즙 여과기(Lauter Tun(라우터르 턴)), 탕(湯)솥(Kettle(케틀))의 4개의 용기를 사용하여 전통적인 디콕션 양조법(Decoction Brewing Method(디칵션 브루잉 메터드))으로 맥주를 만드는 방법. 당화는 맥아즙(麥芽汁) 만드는 통에서 낮은 온도에서 시작하는데 그 방법은 맥아즙의 일부를 덜어내어 당화 솥에서 끓인 후 맥아즙(麥芽汁) 만드는 통으로 다시 넣어 전체 맥아즙의 온도를 점차적으로 올려 당화시키는 방법이다. 이 당화 액을 맥아즙 여과기에서 여과한 후 탕솥에서 홉을 첨가하고 끓여 맥아즙을 만들어 발효하여 맥주를 만든다.

Fox Lambic(팍스 람비크) : **미숙성 람빅**. 숙성시키지 않은 람빅 맥주.

Framboise(프항부아즈) : **프랑부아즈**. 1. 알자스 산(産) 나무딸기술. 프랑스어. 2. 미숙성 람빅 맥주나 괴즈(Gueuze(구에즈))의 2차 발효에 나무딸기(Raspberry(래즈베리))를 첨가하여 양조한 과일 람빅 맥주. 핑크색이고 연한색이며 과일향이난다. 현재는 복숭아, 바나나 등의 다양한 과일맥주가 생산되고 있다.

Frambozenbier(프항보젠비어) : **프랑보젠비어**. Framboise(프항부아즈)와 동의어. 참조.

Franchise Brewing(프랜차이스 브루잉) : **체인 양조**. 어떤 회사의 맥주를 그 회사의 허락을 받아 다른 회사에서 양조하는 것.

Free Amino Nitrogen(프리 어미노우 나이트러전) : **유리 아미노산 질소**. 약어로 FAN. 맥주나 맥아즙중의 아미노산 함량. 1/100만, 즉 ppm으로 나타낸다. 10°B(1.040)인 맥아즙은 약 220ppm의 FAN을 포함하고 있고 이 정도의 농도는 효모의 생장에 이상적이다. 싹 틔우지 않은 보리는 FAN함량에 큰 영향을 미치지 않는다.

Free House(프리 하우스) : **자유(독립) 술집**. 영국에서 특정 주류 회사에 소속되지 않고 원하는 각종 술을 취급하는 술집.

French Degree(프렌취 디그리) : **프랑스 도**. 물의 경도를 나타내는 단위로 1 프랑스 단위는 물 1000리터에 1mg의 탄산 칼슘이 포함된 것을 말한다. 1 프랑스 도 = 10ppm = 0.583g/U.S. 갤런 = 0.7 클라크 도 = 0.56 독일 도.

Freshness Dating(프레쉬니스 데이팅) : **신선도 보증 기간**. 병에 표시한 맥주가 신선한 기간으로 소비자가 이를 보고 맥주를 구입할 때 신선한지 그렇지 않은지를 알 수 있다.

Froth(프로스) : **거품**. **포말**. Foam(포움), Fob(파브), Head(헤드)와 동의어. 참조.

Fructose(프럭토우스) : **프룩토스**. 분자식은 $C_6H_{12}O_6$. 단당류로 약간 누르스름한 백색의 수용성 결정(結晶). 좌선성의 케토당(당)(Ketose Sugar(키토우스 슈거르)). 설탕의 한가지성분. 설탕보다 달고 벌꿀이나 여러 과일에 포함되어있다.

Frühjahrsbierfest(프레야르즈비어페스트) : **봄 맥주축제**. 매년 뮌헨에서 성 요셉의 날인 3월19일에 시작하는 봄 맥주축제.

Fruit Beer(프루트 비어) : **과일맥주**. 과일을 넣고 발효하여 만든 맥주.

Fruit Extract(프루트 익스트래크트) : **과일추출물(抽出物)**. 여러 가지 과일 시럽 또는 시럽농축액으로서 때로는 과일 향 강화맥주에 사용되기도 한다.

Fruit Mead(프루트 미드) : **과일 벌꿀 술**. Melomel(멜로멜)과 동의어. 참조.

Fruity(프루티) : **과일 맛(향)의**. **프루티**. Estery(에스터리)와 동의어. 참조.

FTU(에프티유) : **에프티유**. Formazin Turbidity Unit(포르머진 터비디티 유니트)의 약어. 참조.

Fuggles(퍼젤즈) : **퓨글**. 4.0-6.0%의 알파 산과 2.5-4.0%의 베타 산을 가지고 있으며 영국에서 재배하고 있는 홉 품종. 미국의 오리건 주에서도 재배하고 있다.

Full-Bodied(풀 바디드) : **감칠맛 나는. 맛이 풍부한. 입에 꽉 차는.** Thin-Bodied(신 바디드. 맛이 엷고 물 같은)와 대비되는 말.

Fullness(풀니스) : **풍부함. 바디.** Body(바디)와 동의어. 참조.

Fully Modified Malt(풀리 마더파이드 몰트) : **완전히 전환(轉換)된 맥아.** 맥아중의 단백질성 물질이 단백질분해효소에 의해 거의 완전히 아미노산이나 펩타이드로 전환된 맥아. Undermodified Malt(언더르마더파이드 몰트. 불완전 전환(不完全 轉換)된 맥아(麥芽)) 참조.

Fungicide(펀지사이드) : **살진균제(殺眞菌劑). 곰팡이 방지약.** 진균류란 자낭균류(子囊菌類. 예 : 누룩곰팡이. 효모), 담자균류(擔子菌類. 예 : 버섯), 조균류(藻菌類. 예 : 빵 곰팡이) 및 불완전 균류(不完全 菌類. 푸른곰팡이. 캔디다 균)를 통틀어 이르는 말로써 몸이 무색의 균사(菌絲)로 이루어져 있으며 엽록소가 없어 다른 생물에 기생하는데 이러한 균류를 사멸시키는 약제.

Funky(펑키) : **고약한 냄새의.** 긍정적인 의미와 부정적인 의미로 사용된다. 바람직하다면 Barnyard(바른야르드. 농가 마당), Wet Hay(웻 헤이. 젖은 풀), Slightly Earthy(슬라이틀리 어시. 약한 흙냄새), Horse Blanket(호르스 블랭키트. 말 담요), Farmyard(파름야드. 농가 안마당) 등으로 표현한다. 바람직하지 않다면 Silage(사일리지. 가축의 겨울 먹이로 말리지 않은 채 저장하는 풀), Fecal(피컬. 배설물의), Baby Diaper(베이비 다이어퍼. 애기 기저귀), Horse Stall(호르스 스톨. 마구간)으로 표현한다.

Furfural Ethyl Ether(퍼르퍼랠 에틸 이터르) : **퀴퀴한 솔벤트 냄새의.** Solventy-Stale(살븐티 스테일) 참조. 감각용어.

Fusarium(퓨제리엄) : **퓨사륨. 퓨사륨 속(屬).** 토양과 식물에 광범위하게 기생하는 실모양의 곰팡이. 일반적으로는 병을 일으키지 않으나 일부는 채소나 곡식에 기생하여 곰팡이 독소인 트라이코테센(Trichothecene(트라이커시신))과 푸모니신(Fumonisin)을 생산하여 사람에게 위해를 가하고 홉과 기타 많은 식물에 병을 일으킨다. 이 균에 오염된 보리로 맥주를 만들면 분출(噴出. Gushing(거쉉))이 일어날 수 있다.

Fusel Oil(퓨절 오일) : **퓨젤유.** 음료용 알코올보다 분자량이 큰 알코올류. 고급 알코올(Higher Alcohol(하이어르 앨커홀))이라고도 한다. 여기에 속하는 알코올에는 장미 아로마로 표현되는 2-페닐에탄올(2-Phenylethanol(2-페닐에서노울). 감지 한계치 : 45-50ppm), 알코올로 표현되는 n-프로파놀(n-Propanol(n-프로우퍼노울). 600ppm), 아이소뷰탄올(Isobutanol(아이소부타노울). 80-100ppm), 아이소아밀알코올(Isoamyl Alcohol(아이소우애밀 앨커홀). 50-60ppm) 등이 있다. 효모의 대사작용으로 만들어진다. 일반적인 알코올 농도의 맥주에서는 대개 감지되지 않으나 높은 온도에서 발효되면 증가한다. 감각용어.

Fusel Alcohol(퓨절 앨커홀) : **퓨젤 알코올**. Fusel Oil(퓨절 오일), Higher Alcohol(하이어르 앨커홀)과 동의어. 참조.

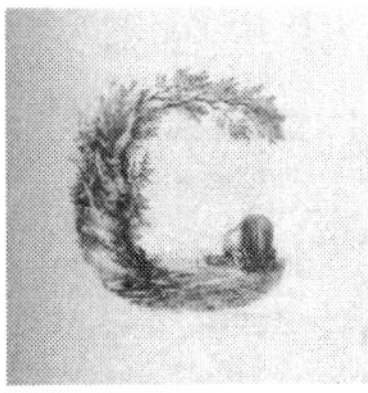

g(그램) : **그램**. Gram(그램). 미터법의 중량의 단위. 섭씨 4도에 있어서의 물 1cc의 무게. 약어로 gm, gr로도 쓴다.

Gail(게일) : **게일**. Gyle(가일)의 다른 철자. 참조.

gal(갤) : **갤런**. Gallon의 약어. Gallon(갤런) 참조.

Galactose(걸랙토우스) : **갈락토스**. 분자식은 $C_6H_{12}O_6$. 백색이고 수용성의 6탄당(炭糖)으로 락토스의 구성성분이다.

Galena(걸리너) : **갈레나**. 12.5-13.5%의 알파 산을 가지고 있고 미국의 워싱턴 주와 아이다호 주에서 재배하고 있는 쓴맛이 강한 홉 품종.

Gallon(갤런) : **갤런**. 1. 미국에서는 3.7854리터를 말하며 126 액량 온스이다. 미국 1갤런은 영국 갤런의 5/6이다. 약어로 U.S. gal. 2. 영국과 영연방에서는 4.5459말하며 160 액량 온스이다. Imperial Gallon(임피어리얼 갤런. 영 갤런)이라고도 한다. 영국 1갤런은 미국 갤런의 6/5이다. 약어로 Imp. gal 또는 U.K. gal.

Galopin(갈로펭) : **갈로펭**. 프랑스에서 사용하는 150ml의 작은 맥주 컵. 잔이 아주 작으므로 희귀하고 거의 사용하지 않는다.

Gambrinus(갬브라이너스) : **감브리누스**. 1. 맥주를 발명하였다는 전설상의 플랑드르 왕. 2. 1869년도에 체코 플젠에서 설립된 양조장이며 이곳에서 생산되는 맥주 상표명.

Garten Brau Bock(가르텐 브라우 보크) : **가르텐 브라우 복**. 대단히 풍부한 초콜릿맛과 아주 미묘한 홉 맛을 가지고 있는 미국 복의 한 가지.

Gas Line(개스 라인) : **가스관**. 탄산가스 또는 질소가스를 이동시키는데 사용하는 두껍고 고압에 견디는 관.

Gassy(개시) : **과도한 가스의**. 음료수의 가스가 너무 많이 든. 거품이 많이 이는.

Gastropub(개스트로우퍼브) : **개스트로펍**. 레스토랑 형태의 펍으로 맥주뿐 아니라 맛있는 다양한 음식 종류를 함께 판매하는 고급 카페 형 펍 매장.

Gay-Lussac(게일러새크) : **게이 뤼삭 알코올 농도계**. 프랑스의 화학자이자 물리학자인 게이 뤼삭(Gay-Lussac)이 1824년에 만든 알코올 농도계의 일종. 용액 중의 알코올농도 %로 측정한다. 프랑스에서 음료의 알코올측정계로 측정한 알코올 농도는 15°C에서의 부피로 나타낸다. 순수 알코올의 농도는 100°이고 알코올 함량은 맥주나 포도주 100리터에 함유되어있는 알코올 리터수로 나타낸다. 약어로 °G.L., °GL로 쓴다.

Gel(젤) : **겔**. 흐르지 않는 콜로이드 현탁액 또는 콜로이드 용액이 응고한 상태. Sol(솔) 참조.

Geläger(겔뢰거) : **침전물**. **앙금**. 발효조 밑에 가라앉은 침전물. 독일어.

Gelatin(젤러틴) : **젤라틴**. 동물의 인대, 뼈, 가죽 등을 삶아서 얻으며 거의 투명하고 담황색이고 무미, 무취한 점착성(粘着性) 물질로써 맥주의 청징에 사용된다.

Gelatinization(절래터나이제이션) : **젤라틴 화**. **아교질화**. 1. 담금 중 열을 사용하여 세포벽을 파괴하고 녹말입자의 내부결합을 느슨하게 하고 끊어서 진한 현탁 물질을 만들어 효소에 의한 녹말의 가수분해를 쉽게 하는 것. 효소에 의한 녹말의 액화와 당화의 첫 번째 단계이다. 완전한 젤라틴 화는 65°C에서 일어난다. 젤라틴화가 추출효율에 직접적인 영향을 미친다. 2. 맥주에 부가 물을 맥아즙에 가하기전에 부가 물을 쪄서 젤라틴화 하는 것.

Generation(제너레이션) : **세대**. 양조과정에서 사용되는 효모들의 시간대.

Genetic Modification(저네티크 마더퍼케이션) : **유전자 조작(변형)**. 외부의 특정 DNA를 생물의 유전체(遺傳體)에 삽입시켜 새로운 형질을 갖도록 하는 것.

Genome(지노움) : **유전체(遺傳體)**. **게놈**. 세포나 생명체의 유전자 총체. 유전체가 세포의 본질과 행동을 결정한다.

Geosmin(지어스민) : **지오스민 냄새의**. 곰팡이 냄새 또는 흙냄새가 나게 하는 중요물질. Musty(머스티) 참조. 감각용어.

Geraniol(저레이니얼) : 1.**게라니올**. 장미향을 가진 무색의 액체. 2. **제라늄 꽃 향의**. 감각용어.

Geranium(지레이니엄) : 1. **제라늄**. 2. **제라늄 꽃 향의**. 감각용어.

Germ(저름) : 1. **싹**. **발아(發芽)**. 2. **세균**, 미생물.

German Beer Brands(저르먼 비어 브랜즈) : **독일 맥주 상표**. 2012년 상위 10위까지 많이 판매한 독일의 맥주 상표명(또는 양조장명)은 다음과 같다. Oettinger(외팅거), Krombacher(크롬바커), Bitburger(비트부르거), Beck's(벡스), Warsteiner(바르슈타이너), Hasseröder(하세뢰더), Veltins(벨틴스), Paulaner(파울라너), Radeberger(라데베르거), Erdinger(에르딩거).

German Beer Purity Law(저르먼 비어 퓨리티 로) : **독일맥주 순수령**. Reinheitsgebot(라인하이츠게보트) 참조.

German Degree(저르먼 디그리) : **독일 도(度)**. 물의 경도를 표시하는데 사용하는 단위로 1 독일 도는 1mg의 산화 칼슘(Calcium Oxide. CaO)이 1000리터에 존재할 때를 말한다. 1 독일 도 = 탄산 칼슘(Calcium Carbonate. $CaCO_3$) 17.9ppm = 1.4285클라크 디그리(Clark Degree.클라르크 디그리) = 1.78프랑스도(French Degree(프렌취 디그리)).

Germinal Brush(저르머널 브러쉬) : **곡물용 솔**. Grain Brush(그레인 브러쉬)와 동의어. 참조.

Germinating(저르머네이팅) : **발아(發芽)**. Germination(저르머네이션)과 동의어. 참조.

Germination(저르머네이션) : **발아(發芽)**. 곡물에서 싹이 만들어져 나오는 것. 물에 침지(浸漬)했던 보리를 건저 내어 물을 빼고 7-9일 동안 맥아를 생성시킨다. 이때 발아촉진제인 지베렐린산(Gibberellic Acid(지버렐리크 애시드))을 사용할 수도 있으며 발아기간을 11-13일로 늘려 보리중의 성분을 좀 더 전환시킬 수도 있다. 발아 중 배(胚)는 아밀레이스(때로는 디아스테이스라고도 불림)를 생성하는데 이 효소가 나중에 배젖의 녹말의 일부를 맥아당과 덱스트린으로 분해한다. Floor Malting(플로어 몰팅), Germination Box(저르머네이션 박스), Malting(몰팅) 참조.

Germination Box(저르머네이션 박스) : **발아 상자**. 커다란 4각형의 뚜껑 없는 상자로 약 200쿼트(189.4리터)용량이며 때로는 시멘트로 만들기도 한다. 이 안에는 움직일 수 있는 구멍 뚫린 바탕 판이 바닥 위의 20cm에 위치하고 있는데 이를 통하여 적당한 온도와 습도의 공기가 주입되도록 설계되어있다. 60-100cm 두께의 보리입자는 세로축으로 장착되어있는 5개의 날개를 가진 프로펠러에 의해 지속적으로 섞인다. 이 과정은 약 6일간 계속된다. 살라딘 상자(Saladin Box(샐러딘 박스))라고도 한다.

Germinative Capacity(저르머네이티브 커패시티) : **발아능(發芽能)**. 실험실에서 물에 젖은 모래 또는 여과지위에서 6일후에 싹튼 보리의 %를 말한다. Germinative Energy(저르머네이티브 에너지. 발아세(發芽勢)). Thunaeus Test(투네이어스 테스트) 참조.

Germinative Energy(저르머네이티브 에너지) : **발아세(發芽勢)**. 일정기간까지의 발아율. 즉 특정조건 및 기간에서 보리입자의 발아 %. 실험실에서 물에 젖은 모래 또는 물에 젖은 여과지 사이에 100-수백 개의 보리 입자를 넣고 이를 9cm 페트리접시에 넣은 후 15-20°C에서 3일후 발아되는 보리의 %를 말한다. 3세트를 행한다. 95%이상이 되어야 하고 바람직한 것은 98%이상이다. 종자의 양부(良否)를 판정하는 기준이다. Germinative Capacity(저르머네이티브 커패시티. 발아능(發芽能)) 참조.

Germinative Power(저르머네이티브 파우어) : **발아력(發芽力)**. 씨앗이 싹틀 수 있는 힘. 종자의 양부(良否)를 판정하는 기준인데 보리입자를 사용한 맥아제조에는 98%이상의 발아력이 있어야 좋다. Germinative Energy(저르머네이티브 에너지)와 동의어. 참조

Geuze(구에즈) : **괴즈**. Gueuze(구에즈)의 이철자. 참조.

Gibberellic Acid(지버렐리크 애시드) : **지베렐린산(酸)**. 벼의 바카나에(馬鹿苗病. 마록묘병) 병균인 지베렐라 후지쿠로이(*Gibberella fujikuroi*(지버넬러 후지쿠로이))의 대사산물로 식물 성장 호르몬의 일종이며 보리의 배(胚)에서 분비되는 것과 같은 물질이다. 보리의 휴면타파와 식물의 성장촉진을 위해 보리 1kg당 0.5mg(즉 0.5ppm)을 침지 수(浸漬水)에 첨가한다. 또한 발아유발이나 발아촉진을 위해 보리 1kg당 0.25mg(즉 0.25ppm)을 보리에 스프레이 하는데

이렇게 하면 단백질분해효소의 분비와 작용촉진, 호흡률, 전환률, 열생산률, 배의증식 등을 개선하여 발아시간을 단축한다. 그러나 아밀레이스에는 거의 영향이 없다. Gibberellin(지버렐린)의 한 성분이다.

Gibberellin(지버렐린) : **지베렐린**. 1. 보리의 배(胚)에서 생성되는 식물 호르몬의 한 가지. 호분(糊粉. Aleurone(앨류로운))으로 이동하여 효소합성을 자극한다. 2. 벼의 바카나에(馬鹿苗病. 마록묘병) 병균에 의해서 생산되는 식물 호르몬의 한 가지. 보리의 발아 등 고등 식물의 발아와 생장을 촉진하며 농작물의 증수(增收)나 품질 개량에 이용한다. Gibberellic Acid(지버렐리크 애시드)가 지베렐린의 한 성분이다.

Gildenbier(길덴비어) : **조합맥주**. 벨기에어. Bière De Diest(비에흐 드 다이에스트)와 동의어. 참조.

Gill(길) : 1. **질**. 야드-파운드 법의 액량 단위로 1/4 파인트(Pint), 약 0.14리터이다. 2. **질 에일**. Gill-Ale(길 에일) 참조.

Gill-Ale(길 에일) : **질 에일**. 홉 대신 간(마쇄한) 담쟁이로 향미를 내었던 에일의 한 형태. Ale Gill(에일 길), Gill(길)이라고도 한다.

Ginger(진저르) : **생강(生薑)**. 명절용 맥주에 많이 사용되는 향신료.

Ginger Ale(진저르 에일) : **진저에일**. 생강 맛을 첨가한 탄산음료로써 알코올 성분이 없다. Ginger Beer(진저르 비어) 참조.

Ginger Beer(진저르 비어) : **진저맥주**. 생강 맛을 첨가한, 알코올 성분이 아주 적게 든 탄산음료인데 진저에일보다 생강 맛이 강하다.

GL(지엘) : **알코올 농도계**. Gay-Lussac(게이 뤼삭)의 약어. G.L.로도 쓴다.

gl(길) : **질**. Gill(질)의 약어. 참조.

Glass(글래스) : 1. **유리잔**. 유리로 만든 음료용 그릇. 2. **한잔**. 음료의 양. 3. **진저에일**. Ginger Ale(진저르 에일)과 동의어. 참조.

Globulin(글라뷸린) : **글로불린**. 단순 단백질의 일군(一群)으로 특히 혈장 단백질이 여기에 속한다. 증류수에는 녹지 않고 묽은 염류(塩類)에는 녹으며 가열하면 굳는다.

Glucoamylase(글루코애멜레이스) : **글루코아밀레이스**. Amyloglucosidase(애멀로우글루코서데이스)와 동의어. 참조.

Glucophilic(글루코필리크) : **호포도당성(好葡萄糖性)의**. 포도당을 포함하고 있는 배지에서 잘 자라는 미생물을 기술할 때 사용하는 용어.

Glucose(글루코우스) : **포도당**. 글루코스. 분자식은 $C_6H_{12}O_6$. 단당류. 다양한 광학이성체(光學異性體)가 있으며 일반적인 우선성(右旋性) 포도당은 많은 과일, 동물조직, 체액에 존재하고 동물의 중요한 에너지원이다. 산업적으로는 녹말을 묽은 산으로 가수분해하여 얻는데 발효되지 않는 덱스트린을 항상 포함하고 있다. 단맛은 설탕의 1/2정도이다. Dextrose(덱스트로우스), Corn Sugar(코른 슈거르) 참조.

Glume(글룸) : **포영(苞潁). 영(潁)**. 곡물을 싸고 있는 포. 벼의 겉을 싸고 있는 왕겨, 겉보리를 싸고 있는 겉껍질을 말한다.

Glycolysis(글라이칼리시스) : **해당(解糖). 당 분해**. 생물이 산소 없이 당을 분해하여 에너지를 얻는 일련(一連)의 대사과정으로 포도당에서 피루브산까지 분해하는 경로이다.

Glycoprotein(글라이코우프로우틴) : **당단백질**. 탄수화물과 단백질이 결합한 복합단백질로 싹이 나지 않은 보리입자에 많이 포함되어 있다. 맥주거품의 지속시간을 길게 한다.

Glycoside(글라이커사이드) : **배당체(配糖體)**. 당을 포함하고 있는 화합물. 가수분해(加水分解)에 의해서 당을 만들어내는 화합물의 총칭.

Goaty(고티) : **염소냄새의**. 동물 냄새 중 카프릴릭 애시드(Caprylic Acid(커프릴리크 애시드)), 카프로익 애시드(Caproic Acid(커프로이크 애시드)), 카프릭 애시드(Capric Acid(캐프리크 애시드))에 의한 냄새. 감지 한계치는 산의 종류에 따라 다르나 8-15ppm이다. 일반적으로 불쾌한 냄새이다. Animal(애미멀), Sweat Socks(스웨트 삭스), Sweaty(스웨티)라고도 표현한다. 감각용어.

Goblet(가블리트) : **고블렛**. 1. 성배와 유사하며 유리나 금속으로 되어있고 굽이 높은 술잔. 볼의 깊이가 깊고 손잡이는 없으며 영국의 경우 용량은 1질(0.14리터)이상이다. 2. 현대 굽 달린 술잔의 분류상 고블렛은 가장 긴 유리잔이고 용량은 9-12온스(약 266-355ml)이다.

Godisgood(가디즈구드) : **효모**. 옛날 영국 양조인 들이 효모의 작용이 알려지기 전에 발효를 일으키는 그 무엇을 부르던 이름. Goddisgood, Godesgood라고도 쓴다.

Goldings(고울딩즈) : **골딩**. 4.6-5.2%의 알파 산을 가지고 있고 영국에서 재배하고 있는 홉 품종.

Gondale(고달) : **고달**. 중세 프랑스의 릴(Lille)에서 양조되었던 맥주 타입.

Goods(구드즈) : **구즈**. 당화과정의 말기에 당화 솥에 존재하는 모든 물질을 의미하는 양조 인들의 용어.

Gose(고제) : **고제**. 독일 고슬라르(Goslar)에서 상면발효로 만든 맥주의 한 종류. 이 맥주는 밀로 만든 바이스 비어(Weißbier)를 기본으로 허브, 고수, 소금 등 다른 원료를 추가하여 독창적인 맛(주로 짠맛)을 낸 것을 말한다. 또한 바이스 비어를 흑맥주처럼 만든 둥켈(Dunkel)을 기본으로 만드는 고제 맥주도 있다. 밀 엿기름을 50%이상 사용한다. 주요 향미는 레몬의 시큼함, 그리고 첨가한 허브의 향미를 가진다.

Goudalier(구달리에) : **구달리에**. 중세에 북부 프랑스에서 맥주상인을 일컫던 이름.

Goût De Jeune(구 드 젠) : **풋내**. 숙성되지 않은 그린비어(또는 영 비어)에서 나는 향기롭지 않은 냄새를 말하는 프랑스어. 독일에서는 Jungbukett(융부케트)라 한다. Green Beer(그린비어) 참조.

Grading(그레이딩) : **등급매기기**. 크기에 따라 보리입자를 분류하는 것.

Graetzer(그래쳐) : **그래쳐**. 훈연하고 가마건조 한 밀 엿기름을 많이 사용하여 만든 비중이 낮고 강한 홉의 향미를 가지고 있는 맥주.

Grain(그레인) : 1. **곡물**. **곡식**. 먹기 위하여 재배한 씨앗. 2. **그레인**. 무게단위로 밀 이삭의 중간에서 채취한 곡물입자 1개의 평균값. 64.7989mg.

Grain Alcohol(그레인 앨커홀) : **곡물알코올**. Ethanol(에서노울)과 동의어. 참조.

Grain Bag(그레인 배그) : **곡물자루**. 섬유 또는 합성 직물로 거칠게 짠 자루로서 침지, 당화, 스파징 시 곡물을 담아두는데 사용한다. 거칠게 짠 직물로 만드는 이유는 액체가 쉽게 곡물에 도달할 수 있으며 쉽게 물이 빠져 나가게 하기 위함이다.

Grain Bed(그레인 베드) : **곡물베드**. 맥아즙 여과기(Lauter Tun(라우터르 턴))에서 덧 바닥위에 고형물이나 곡물 껍질을 쌓아 놓은 것. 전형적인 곡물베드의 깊이는 30-45cm이다.

Grain Beer(그레인 비어) : **곡물맥주**. 맥아추출물이아니라 맥아로부터 만든 맥주를 말한다. All-Grain Beer(올 그레인 비어)와 동의어. 참조.

Grain Bill(그레인) : **곡물목록**. 맥주양조용 레시피에 기재되어있는 곡물의 종류와 그 양. Mash Bill(매쉬 빌)과 동의어.

Grain Brush(그레인 브러쉬) : **곡물 솔질기**. 맥아제조 시 보리입자의 겉에 붙어있는 이물질을 제거하는데 사용하는 기계.

Grain Malt(**그레인 몰트**) : **곡물맥아**. 맥아를 만든 곡물자체를 양조에 사용하는 것. 맥아추출물(Malt Extract(몰트 익스트레그트))을 양조에 사용하는 것과 구분하기위한 용어.

Grain Mill(그레인 밀) : **제분기**. 곡물을 작은 조각으로 부수고 껍질로부터 가루를 분리하는데 사용되는 도구. 곡물을 분쇄하는 데는 해머 형과 롤러 형이 사용된다.

Grain Per Gallon(그레인 퍼르 갤런) : **그레인/갤런**. 약어로 GPG. 물의 경도를 표시하는 단위로 탄산 칼슘 1그레인(64.8mg)이 물 1미국 갤런(3.785412리터)에 용해되어있는 것이 1단위이다. 이것은 1부분/물 5만8천부분이고 17.1부분/물 1백만 부분(즉 ppm) 이다.

Grains(그레인즈) : **찌꺼기**. 양조하고 남은 찌꺼기.

Grain Sugars(그레인 슈거르즈) : **곡물당류**. 추출물로 맥주를 만들기 위하여 곡물로부터 얻은 당류.

Grain Weevil(그레인 위블) : **곡물바구미**. 학명은 칼란드라 그라나리아*Calandra granaria*(컬랜드러 그러나리어)이다. Malt Worm(몰트 워름)과 동의어.

Grains of Paradise(그레인즈 어브 패러다이스) : **그레인 오브 파라다이스**. 서아프리카 산 생강과(科) 식물인 아프라모뭄 멜레구에타(*Aframomum melegueta*(애프러모우멈 멜러궤터)의 매운 씨. 향신료, 강심제, 가축 약으로 사용한다. Guinea Grains(기니 그레인즈), Guinea Pepper(기니 페퍼르), Paradise Seeds(패러다이스 시즈)라고도 한다.

Grainy(그레이니) : **곡물 같은 향기의. 녹맥아 같은 향기의**. 다른 특성과 잘 어울리나 편차가 크다. 감지한계치는 낮은 ppb정도이다. 감각용어.

Gram(그램) : **그램**. 미터법의 중량 단위. 섭씨 4도에 있어서의 물 1cc의 무게. 약어로 g, gm, gr.

Gram Equivalent(그램 이퀴벌런트) : **그램당량**. 원소 또는 화합물의 1당량에 그램을 붙인 것을 말한다. 예를 들어 황산(H_2SO_4)은 2당량이기 때문에 분자량 98.08인 황산의 1당량은 49.04이고 1그램당량은 49.04g이다. Equivalent Weight(이퀴벌런트 웨이트) 참조.

Gramineae(그러미니애) : **벼과(科). 화본과(禾本科)**. 벼나 밀을 비롯한 식량이나 사료로 사용되는 식물의 과(科).

Gram Molecule(그램 말러큘) : **그램분자**. 몰. 물질의 질량을 재는 단위의 일종으로 대개 Mole(모울)이라고 하나 영국에서 쓰는 용어이다. Mole(모울) 참조.

Granny(그래니) : **그래니**. 영국의 올드 에일과 마일드 에일을 섞은 음료.

Grant(그랜트) : **그랜트**. 대개 구리나 철로 만들어진 원통형 작은 그릇으로서, 담금액을 담금 솥(Mash Tun(매쉬 턴))에서 담금액 여과 솥(Lauter Tun(라우터르 턴))으로 옮길 때 이곳에 일단 옮겨졌다가 담금액 여과 솥으로 펌핑(Pumping)한다. 뜨거운 물 살포(Sparge(스파르쥐))할 때 맥아즙은 그랜트를 통하여 이동하며 양조 인이 담금액을 조사하는 것을 쉽게 한다. 자가 양조에서는 대개 사용하지 않는다.

Grapefruit(그레이프프루트) : **자몽 향의**. 이 과일은 약간 신맛과 쓴맛이 나고 큰 오렌지같이 생긴 노란 과일이다. 감각용어.

Grassy(그래시) : **풀잎 같은 향의**. 다른 특성과 잘 어울리나 편차가 크다. 감지한계치는 낮은 ppb정도이다. 감각용어.

Grätzer(그래쳐) : **그래쳐 맥주**. Grodzisk(그라드지스크) 참조.

Grave Ale(그레이브 에일) : **축제용 에일. 장례용 에일**. 덴마크의 축제 또는 장례식에서 영혼을 떠나보낸 뒤 제공하는 에일.

Gravity(그래비티) : **중력. 비중**. 제2의 다른 물체로 향하여 끌리는 힘을 말하며 보통 제2의 물체를 지구로 상정하므로 지구가 물체를 당기는 힘이다. 물체에 작용하는 중력의 크기를 그 물체의 무게라 한다. 그런데 양조학에서 Gravity(그래비티)라고하면 대개 Specific Gravity(스피시피크 그래비티), 즉 비중을 의미한다. 비중이란 비중계를 써서 맥아즙에 녹아있는 물질의 농도를 말한다. 양조학에서 비중이 1.050이면 1050으로 표현한다. 용액의 비중은 물과 비교한 비중으로써 1ml당의 그램으로 나타낸다. 즉 물의 비중은 1이고 1보다 값이 작으면 단위부피당 무게가 물보다 가볍다는 뜻이다. 에탄올의 비중은 0.789이므로 물보다 가볍다. Specific Gravity(스퍼시픽 그래비티. 비중) 참조.

Gravity Unit(GU)(그래비티 유니트(지유)) : **중력단위**. 중력의 크기를 나타내는 단위. 1GU = 10^{-4}Gal = 10^{-1}mGal = 10^{-4}cm/sec^2. 비중의 중력단위는 정수로 나타낸다. 즉 소수점 오른쪽의 유효수자로 나타낸다. 예 : 비중 1.050은 50으로 나타낸다. Gravity(그레비티), Excess Gravity(에크세스 그래비티) 참조.

Green Apple(그린 애플) : **풋사과 아로마의**. Acetaldehyde(애시탤디하이드) 참조. 감각용어.

Green Beans(그린 빈즈) : **풋콩 냄새의**. 다이메틸설파이드(Dimethylsulfide(다이메털설파이드)) 냄새의. Dimethylsulfide 참조. 감각용어.

Green Beer(그린 비어) : **풋 맥주**. 1. 일반적으로 채 숙성되지 않은 영 비어(Young Beer). 마실 수는 있으나 아직 숙성되지 않아 마시기에 좋지 않은 맥주. 2. **그린 비어**. 다른 첨가물 없이 곡물과 홉으로만 만들어진 맥주.

Green Leaves(그린 리브즈) : **나뭇잎 아로마의. 풋사과 아로마의**. Acetaldehyde(애시탤디하이드) 참조. 감각용어.

Green Malt(그린 몰트) : **녹맥아(綠麥芽)**. 물에 침지되고 발아 기구에서 싹은 텄으나 가마에서 건조하기 전의 맥아. 가마건조 한 맥아보다 많은 효소를 가지고 있으나 저장을 할 수가 없다.

Grinder(그라인더르) : **그라인더**. 가는(빻는)기계. 싹튼 보리를 가는데 사용하는 1쌍이상의 원통형 롤러를 가지고 있는 기계. Malt Mill(몰트 밀), Malt Crusher(몰트 크러셔르), Mill(밀), Roller Mill(로울러르 밀)과 동의어.

Grinding(그라인딩) : **빻음. 방아 찧기. 제분(製粉)**. Milling(밀링)과 동의어. 참조.

Gripperhead(그리퍼르헤드) : **병목 잡개**. 자동 입병(入瓶)기계의 일부로 병목을 잡는 기구.

Grist(그리스트) : 1. **그리스트**. 담금에 사용 할 수 있도록 갈아서 체로 친 맥아와 곡물. 물을 가하기 전의 담금의 원료이다. 2. **간 곡식**. 찧은 곡식. 3. **그리스**

트. 1회 담금 할 수 있는 간 맥아. 4. **갈 필요가 없는 부가 물**(Adjunct(애드정크트)). 예 : 시럽.

Grist Cage(그리스트 케이지) : **그리스트 케이지**. 간 곡식을 담아놓는 커다란 원통형 용기.

Grit(그리트) : **그리트**. 보리대체품으로 사용되는 곡물 등의 부가 물. Raw Grain(로 그레인)과 동의어.

Grodzisk(그라드지스크) : **그로지스크 맥주**. 폴란드의 그로지스크에서 만드는 특수한 에일 맥주로써 싹 틔운 밀을 참나무로 훈제하여 만든 맥주. 독일에서는 이러한 맥주를 그래쳐(Grätzer)라고 부른다.

Grouchevoï(그루셰보이) : **그루셰보이**. 배 추출물이 들어있는 크바스(Kvas). 크바스(Kvas) 참조.

Growler(그라울러르) : **그로울러**. 지역 선술집에서 맥주를 사 가는데 한때 사용되었던 용기.

Gruit(그로이트) : **그루이트**. 옛날에 홉이 일반적으로 많이 사용되기 전에 에일 맥주에 쓴맛과 향미를 주기위해 영국과 유럽에서 사용했던 허브와 향신료 혼합물. 기본적으로 늪 도금양(桃金孃 또는 들 버드나무. Sweet Gale(스위트 게일)), 야생 로즈메리(Wild Rosemary), 고수(Coriander(코리앤더르)), 서양가새풀(Yarrow(앨로우))을 기본으로 노간주나무열매(Juniper Berry(쥬니퍼르 베리), 캐러웨이 씨(Caraway Seed(캐러웨이 시드)), 아니스열매(Aniseed(애니시드)), 생강, 육두구(肉荳蔲. Nutmeg(너트메그)), 계피 등의 혼합물이다. 어떤 나라에서는 홉과 홉 수지를 그루이트에 혼합하여 사용하였다. 양조업자 길드가 조직된 후에는 그루이트하우스를 운영하는 전문가가 만들었다. Grut, Gruyt, Grug, Gruz 등의 철자로도 썼다.

Gruitbier(그로이트비어) : **그루이트 맥주**. 중세부터 15세기까지 그루이트를 첨가하여 만들었던 맥주. Gruit(그로이트) 참조.

Grundy Tanks(그런디 탱크스) : **그룬디 탱크**. 영국에서 만들었던 약 573-1146리터용량의 양조용 통.

Gueuze(구에즈) : **괴즈**. 벨기에산 맥주의 일종으로 숙성기간이 다른 두 개의 람빅(Lambic) 맥주, 즉 올드 람빅과 영 람빅을 1:2로 혼합하여 만든 맥주. 이렇게 섞으면 재 발효가 일어나는데 이를 입병하여 1년 이상 숙성시키면 샴페인 같은 거품이 나며 드라이하고 과일향이 나는 맥주가 만들어진다. 약 5.5%(V/V)의 알코올 농도를 가진다. Geuze라고도 쓴다. Gueuze Lambic(구에즈 람비크)와 동의어. Cherry Beer(체리 비어), Faro(파로), Framboise(프랑부아즈), Kriek(크리크), Lambic(람비크), Mort Subite(모르 수비트) 참조.

Gueuze-Lambic(구에즈 람비크) : **괴즈 람빅**. Gueuze(구에즈)와 동의어. 참조.

Guinea Grains(기니 그레인즈) : **기니 그레인즈**. 아프리카산 생강과의 한 식물의 씨. Grains of Paradise(그레인즈 어브 패러다이스)와 동의어. 참조. Guinea Pepper(기니 페피르)라고도 한다.

Guinea Pepper(기니 페퍼르) : **기니 후추**. 아프리카산 생강과의 한 식물의 씨 Grains of Paradise(그레인즈 어브 패러다이스)와 동의어. 참조. Guinea Grains (기니 그레인즈)라고도 한다.

Guinness Stout(지니스 스타우트) : **기네스 스타우트**. 아일랜드의 드라이 스타우트의 한 가지로 세계적으로 알려진 맥주.

Gumming(거밍) : **풀칠**. 맥주병에 붙이려 맥주 상표에 풀을 뿌리는 것.

Gushing(거쉉) : **분출(噴出)**. 맥주병의 왕관이나 캔을 땄을 때 맥주거품이 격렬하게 뿜어져 나오는 것.

Gushing Beer(거쉉 비어) : **분출(噴出)맥주**. 맥주병의 왕관이나 캔을 땄을 때 맥주거품이 격렬하게 뿜어져 나오는 맥주. 나쁜 맥아를 사용하여 양조했거나 금속이온 등이 과량으로 존재했을 때 등 다양한 원인에 의해 일어난다. Wild Beer(와일드 비어)와 동의어.

Gyle(가일) : 1. **가일**. 발효가 끝난 맥주에 2차 발효가 일어나게 하거나 알코올농도를 높이기 위해 첨가하는 약간의 발효되지 않은 당화 액. 2. **가일**. 1회분의 맥주 양조 량. 3. **발효용기**. Gail(게일)이라고도 쓴다.

Gyle Vat(가일 배트) : **발효용기**. 옛 영국에서 발효용기를 뜻하던 말.

Gyngleboy(징글보이) : **징글보이**. 16세기 영국에서 사용되던 가죽으로 만든 병 또는 큰 조끼를 말하는데 은이나 금도금한 금속으로 안을 대고 은으로 만든 종으로 장식했다.

Gypsum(집섬) : **석고(石膏)**. 분자식은 $CaSO_4 \cdot 2H_2O$. 결정이나 덩어리로 많이 산출되는 석회질 광물. 양조 시 연수를 경수로 만들 때 사용한다. 페일 에일 만들 때 물을 경수로 만든다.

Hag(하크) : **하크**. 기원전 약 2000년경에 이집트에서 “나일의 붉은 보리”라고 불리는 곡물로 만든 맥주의 한 타입. Hak, Hek, Hequ(p)로도 쓴다.

Haircloth(헤어클로스) : **말 털로 짠 보포. 바소직(馬巢織)**. 마미단(馬尾緞). 말 털로 짠 광택이 나는 견고한 직물. 이것을 전통적 홉 건조 가마가 있는 마루에 깐다. Horse-Hair Cloth(호르스 헤어 클로스)와 동의어.

Halbe(할베) : **할베**. 독일에서 사용하는 1/2리터 용량의 머그잔. Masskrug(마스크루크) 참조.

Half-And-Half(해펀해프) : **하프 앤드 하프**. 근본적으로 같은 두 가지 맥주, 즉 마일드와 비터, 에일과 스타우트, 에일과 포터를 각각 반씩 섞은 것.

Half en Half(해프 엔 해프) : **해프 엔 해프**. 동량의 람빅(Lambic(람비크))과 마르즈(Mars. Bière De Garde(비에흐 드 가흐드)유사한 프랑스 스타일 맥주))를 섞어 만든 옛날 스타일의 람빅 맥주.

Hallertau(할레르타우) : **할러타우**. 할러타우어 미텔프루(Hallertauer Mittelfruh(할레르타우에르 미텔프루))를 말한다. 독일산 향기용 홉의 왕이라고도 불리는 홉의 한 가지 품종이며 세계적으로도 향이 가장 좋은 품종이다. 독일 바바리아 지방에서 재배하고 알파 산 함량은 3.0-5.5%이고 베타 산 함량은 3.0-5.0%이다. 질병 때문에 대부분이 브루어즈 골드(Brewer's Gold(브루어르즈 골드)), 노던 브루어(Northern Brewer(노르던 브루어르)), 헤르스브루커(Hersbrucker)로 교체되었다. 현재는 독일 홉 생산량의 약 10%를 차지하고 있다. 미국 워싱턴 주와 아이다호 주에서 재배하는 할러타우는 5.0-6.5%의 알파 산, 4.0-6.0%의 베타 산을 함유하고 있다.

Hallertauer Mittelfruh(할레르타우에르 미텔프루) : **할러타우어 미텔프루**. Hallertau (할레르타우) 참조.

Hammer Capper(해머 캐퍼르) : **해머 왕관타전기**. 해머를 사용하여 수동으로 병에 왕관을 타전하는 기구.

Hammer Mill(해머 밀) : **해머 밀**. 맥아즙을 만들 때 담금액 여과기(Mash Filter(매쉬 필터르)를 통과할 수 있도록 곡물을 충격 식으로 아주 미세하게 분쇄하는 기계.

Hand Pump(핸드 펌프) : **수동(手動) 펌프**. 생맥주를 통에서 뽑아 올릴 때 사용하는 손으로 작동되는 펌프.

Hang(행) : **지속(持續)**. 쓴맛이나 불쾌함이 계속 느껴지는 것.

Hansen, Emil Christian : **에밀 크리스티안 한센**. 덴마크의 식물학자로 1850년 사상 처음으로 칼스버그 실험실에서 맥주효모를 분리하였고 이 균이 알코올 발효를 한다는 사실을 발견한 사람.

Harbor Beer(하르버르 비어) : **하버맥주**. 알코올농도가 아주 낮은 맥주에 대한 속어.

Hard Cider(하르드 사이더) : **사과발효주**. 사과를 발효하여 만든 술. 알코올 함량은 대부분 10% 이하.

Hardness(하르드니스) : **경도(硬度)**. 물에 포함되어 있는 칼슘과 마그네슘의 양을 탄산 칼슘($CaCO_3$)의 ppm으로 환산하여 나타낸 수치. 전경도(全硬度), 일시경도, 영구경도 등의 구별이 있다. 칼슘이나 마그네슘이 탄산수소염으로써 존재하는 경우는, 끓이면 분해되어 탄산염을 침전시켜 연수화가 가능하기 때문에 일시경수라고 한다. 황산염으로 존재하는 경우는 이 조작으로 연수화가 불가능하기 때문에 영구경수라고 한다. 각각의 경도를 일시경도, 영구경도라고 하고, 두 가지를 포함한 것을 전경도라고 한다. Water Hardness(워터르 하르드니스) 또는 Hardness of Water(하르드니스 오브 워터르)라고도 한다.

Hard Resins(하르드 레진즈) : **경수지(硬樹脂)**. 홉 저장 중 알파산과 베타 산이 산화-중합되어 형성되는 무정형의 물질. 저장 중 알파산은 점차 결정구조, 아로마, 쓴맛과 방부 력을 잃어버리며 다음단계에서는 양조에는 필요 없는 경수지가 만들어지는 수지화가 일어난다. Soft Resin(소프트 레진) 참조.

Hard Water(하르드 워터르) : **경수(硬水). 센물**. 많은 양의 칼슘염과 마그네슘염을 가지고 있는 물.

Harsh(하르쉬) : 1. **불쾌한. 거친**. 맛과 향 등을 표현할 때 사용한다. 2. **수렴성의. 수축성의**. Astrigent(어스트린전트)와 동의어.

Haze(헤이즈) : **혼탁**. Chill Haze(칠 헤이즈. 한냉 혼탁)의 약어. 참조.

Hazemeter(헤이즈미터르) : **혼탁도 측정계**. 맥주의 혼탁함을 측정하는 기계. 입자가 빛을 산란한다는 원리, 즉 입자가 많아질수록 산란이 많이 된다는 것을 이용한다.

Hazy(헤이지) : **흐린. 혼탁한**. Cloudy(클라우디)와 동의어. 참조.

HBU(에이치비유) : 1. **자가 양조 쓴맛단위**. Homebrew Bitterness Units(호움브루 비터르니스 유니츠)의 약어. 참조. 2. **홉 쓴맛단위**. Hop Bitterness Units(하프 비터르니스 유니츠)의 약어. 참조.

Head(헤드) : 1. **거품**. 맥주잔 꼭대기에 있는 거품. Beer Head(비어 헤드)와 동의어. 2. **거품**. 일차발효 중 맥아즙의 꼭대기에 형성되는 거품. Beer Head(비어 헤드)와 동의어. 3. **헤드**. 캐스크나 배럴의 평평한 면.

Head Brewer(헤드 브루어르) : **양조장(釀造長)**. Brewmaster(브루 매스터르), Master Brewer(매스터르 브루어르)와 동의어. 참조.

Heading Compound(헤딩 캄파운드) : **발포제(發砲劑)**. Foam Stabilizer(포움 스테이벌라이저), Heading Liquid(헤딩 리퀴드)와 동의어. 참조.

Heading Liquid(헤딩 리퀴드) : **발포제(發砲劑)**. 거품을 오래 지속시키기 위하여, 또는 두껍게 하기 위하여 사용하는 첨가제. Foaming Agent(포우밍 에이전트), Foam Stabilizer(포움 스테이벌라이저. 참조), Heading Compound(헤딩 캄파운드)와 동의어.

Head Retention(헤드 리텐션) : **거품지속성**. 맥주거품이 3cm 가라앉는데 요구되는 시간(초)으로 나타내는 거품의 안정성.

Headspace(헤드스페이스) : **공간부분**. 맥주나 음료 제품의 밀봉 용기 내 상부의 빈 부분. Ullage(얼리지) 참조.

Heat Chamber(히트 체임버) : **가열 챔버**. 맥아를 만드는 마루(상)의 밑에 있고 열을 저장하고 고르게 분배하도록 고안된 가마의 한 부분.

Heater And Cooler(히터렌드 쿨러르) : **히터 앤드 쿨러**. 폭탄주를 만들 때 적은 양의 독주와 많은 양의 맥주.

Heat Exchanger(히트 익스체인저르) : **열교환기**. 온도가 다른 두개의 유체를 직접 또는 간접으로 접촉시켜 열을 교환하는 장치. 맥주 양조의 경우 맥아즙을 빠르게 가열과 냉각을 하는 기계를 말한다.

Heavy Beer(헤비 비어) : **고 비중 맥주. 알코올 함유량이 높은 맥주**. 도수가 높은 맥주. High Gravity Beer(하이 그래비티 비어)와 동의어. 참조.

Heavy Wet(헤비 웨트) : **헤비 웻**. 1. Strong Ale(스트롱 에일)의 옛 이름. 2. 맥아(麥芽) 양조주. 영국의 속어.

Hectoliter(헥터리터르) : **헥토리터**. 100리터. 액량의 단위. 약어로 hl. 2.8378 부셸 또는 26.418 미국 갤런에 상당.

Hefe(헤페) : 1. **효모**. 독일어. 2. 헤페 맥주. 효모를 여과하지 않아 바닥에 가라앉아있는 맥주.

Hefeweizen(헤페바이첸) : **헤페바이첸**. 여과하지 않아 효모가 남아있는 밀 맥주. 독일어로 Hefe(헤페)는 효모, Weizen(바이첸)은 밀을 말한다.

Hek(하크) : **하크**. Hag(하크)의 이형철자. (주(註))맥주의 고대 이집트의 표기는 Hnqt(헨케트)였으나 이집트학자들이 관습적으로 모음을 첨가하여 Henqet로 썼는데 발음적으로는 hehnqeht(헨케트)이다(우리 언어로는 구분불가). 콥트어로는 Hen-keh(헨케)이다.

Hell(헬) : **헬 맥주**. Helles(헬레스)와 동의어. 참조.

Helles(헬레스) : **헬레스 맥주**. 헬레스는 독일어로 영어의 페일(Pale. 연한 색) 또는 라이트(Light)를 의미한다. 맥아향이 나는 독일 바바리아 지방의 연한 색 라거 맥주를 말하는데 맥주의 비중은 11-12°플라토이고 알코올 농도는 4.5-5.0%(V/V)이다. 흑맥주(Dunkles(둥클레스)에 대비한 보통 맥주를 말한다.

Helles Bock(헬레스 보크) : **헬레스 복**. Maibock(메이 보크)와 동의어. 참조.

Hemocytometer(히모우사이타미터르) : **혈구계산기. 효모계산기**. 혈구나 효모를 현미경으로 보아서 셀 수 있도록 만들어진 작은 공간을 가진 유리 슬라이드.

Hequ(p)(하크) : **하크**. Hag(하크)의 변형 철자.

Herb Beer(허르브 비어) : **허브맥주**. 1. 허브 식물을 사용해서 향을 낸 맥주. 주로 에일. 2. 허브로 향을 낸 발효 당을 부르는 잘못된 이름. 이를 때로는 허브 와인이라고도 잘못 부르기도 한다.

Herbal(허르벌) : **약초향의**. 감각용어.

Hero Drink(히어로우 드링크) : **영웅음료**. Bragot(브라거트) 참조.

Hersbrucker(헤르스브루커) : **허스브럭커**. 5.0-6.5%의 알파 산을 가지고 있고 미국 워싱턴 주에서 재배하고 있는 홉 품종. 알파 산 농도가 이보다 낮을 수도 있다.

Heterocyclic(헤터러사이클리크) : 1. **이종(異種) 고리식의, 복소(複素) 고리식의**. 2종 또는 그 이상의 원소의 원자로 구성된 고리식 화합물. 맥주중의 맥아 아로마를 나타내는 물질. 메일라드 반응(Maillard Reaction(마이야르드 리액션))에 의해 형성된다. 2. **이소(異素) 고리 식 화합물에 관한**. 산화에틸렌($H_2C(O)CH_2$) 등.

Het Pint(헤트 파인트) : **헤트 파인트**. 에일, 위스키, 계란으로 만든 전통적 스코틀랜드 음료.

Hexose(헥소우스) : **육탄당(六炭糖)**. **헥소스**. 6개의 탄소원자를 가진 단당류의 총칭. 포도당, 프룩토스, 갈락토스(Galactose(걸랙토우스)) 등.

Hhd(에이치에이치디) : **에이치에이치디**. Hogshead(호그즈헤드)의 약어. 참조.

High Alpha Hop(하이 앨퍼 하프) : **고 알파 산 홉**. 맥주의 쓴맛을 나타내는 연수지(Soft Resin(소프트 레진))인 알파 산 또는 후물론이 많이 생산토록 육종한 홉 품종에서 수확한 홉. Bittering Hop(비터링 하프) 참조, Flavoring Hop(플레이버링 하프)와 동의어. 참조.

Higher Alcohol(하이어르 앨커홀) : 1. **고급알코올**. 퓨젤 알코올(Fusel Alcohol(퓨절 앨커홀))이라고도 한다. 에탄올과 유사하나 에탄올보다 많은 탄소를 가지고 있으며 높은 비등점을 가진 알코올을 말하는데 효모의 단백질합성 중에 케토산으로부터 만들어진다. 고급알코올의 형성은 효모의 균종에 따라 달라지며, 효모의 성장, 발효온도(온도가 높으면 고급알코올 생산량이 많아짐), 발효방법(저어주면서 발효시키면 고급알코올 생산량이 많아짐)에 따라서도 달라진다. 다음과 같은 두부류의 고급알코올이 있다. 1). 휘발성 고급 알코올 : 프로필알코올(Propyl Alcohol(프로우필 앨커홀)), 부틸알코올(Butyl Alcohol(뷰틸 앨커홀)), 아밀알코올(Amyl Alcohol(애밀 앨커홀)). 2). 비휘발성 알코올 : 티로살(Tyrosal(타이로우설))같은 페놀 알코올. 많으면 숙취의 원인이 된다. Alcohol(앨커홀), Fusel Alcohol(퓨절 앨커홀)과 동의어. Volatiles(발러틸즈) 참조. 2. **고급알코올향의**. 여기에 속하는 알코올에는 장미 아로마로 표현되는 2-페닐에탄올(2-Phenylethanol(2-페닐에서노울). 감지 한계치 : 45-50ppm), 알코올로 표현되는 n-프로파놀(n-Propanol(n-프로우퍼노울). 600ppm), 아이소뷰탄올(Isobutanol(아이소부타노울). 80-100ppm), 아이소아밀알코올(Isoamyl Alcohol(아이소우애밀 앨커홀). 50-60ppm) 등이 있다. 효모의 대사작용으로 만들어진다. 일반적인 알코올 농도의 맥주에서는 대개 감지되지 않으나 높은 온도에서 발효되면 증가한다. 감각용어.

High Fermentation(하이 퍼르멘테이션) : **상면발효**. Top Fermentation(타프 퍼르멘테이션)과 동의어. 참조.

High Gravity(하이 그래비티) : **고비중의**. 비중이 1.050이상의 맥아즙의. 결과적으로 알코올 농도도 높다.

High Gravity Beer(하이 그래비티 비어) : **고 비중 맥주**. 1.050이상의 초기 맥아즙 비중으로 양조하여 만든 맥주. 알코올 함유량이 높은 맥주. 도수가 높은 맥주. Heavy Beer(헤비 비어)와 동의어. 참조.

High Gravity Brewing(하이 그래비티 브루잉) : **고 비중 양조법**. 알코올 함유량이 높은 맥주를 생산하기 위하여 또는 발효조의 효율적인 이용을 위하여 고비중의 맥아즙을 사용하여 알코올 농도가 높은 맥주를 생산하는 양조법. 일반적인 맥아즙의 비중은 10-13°P이고 이것으로 만든 맥주의 알코올 농도는 4-6%(V/V)인데 고 비중의 맥아즙은 14-17°P로 이 맥주의 알코올 함량은 6-8%(V/V)이다. 이렇게 만들어진 고 알코올 맥주에 탄산가스가 용해되어있는 물을 첨가하여 원하는 알코올 농도로 희석하여 완제품을 만들기도 한다.

High Kraeusen(하이 크로이젠) : **고 크로이젠**. Kraeusen(크로이젠) 참조.

Highly Modified Malt(하일리 마더파이드 몰트) : **고 전환맥아**(高 轉換麥芽). 복합단백질은 적게 가지고 있고 많은 유리 아미노산과 전환 가능한 많은 가용성 녹말을 가지고 있는 맥아. 고 전환맥아는 대개 유아초(幼芽鞘)의 길이가 보리입자길이의 약 3/4이다. 고 전환맥아는 양조 시 다음과 같은 장점을 가진다. 1. 존재하는 유리아미노산은 최종 맥아즙에서 효모의 증식에 도움을 준다. 2. 복합단백질이 적으므로 제품맥주에서의 혼탁문제가 적다. 3. 단백질 레스트 과정이 필요 없으므로 당화일정을 당길 수 있고 1단계 침출당화(Infusion Mashing(인퓨젼 매싱))법을 사용할 수 있다. 단점은 맥아가 만들어질 때 무게가 저 전환맥아(底 轉換麥芽)의 무게보다 많이 손실되어 맥아생성량이 적을 수 있다.

High Performance Liquid Chromatography(하이 퍼르포르먼스 리퀴드 크로우머타그러피) : **고 작위 액체 크로마토그래피**. 약어로 HPLC. 고압의 액체 흐름 또는 고체 지지체에서의 어떤 혼합물질들의 친화력을 기본으로 혼합물의 성분을 분리하고 양을 측정하는 기계.

High Temperature Mashing(하이 템퍼러쳐르 매싱) : **고온 담금**. 정상적인 담금 온도보다 높은 온도에서 담금을 행하는 것. 이렇게 하면 녹말을 가수분해하는 효소의 하나인 베타 아밀레이스를 불활성화 시킬 수 있어서 효모가 이용할 수 있는 맥아즙의 당 함량이 줄어들고 만들어진 맥주의 알코올 함량은 낮아 저알코올 맥주 생산에 사용되는 방법이다.

Hint(힌트) : **힌트**. 어떤 아로마나 향미의 느낌을 줌 또는 풍김.

Hippocras(히퍼크래스) : **히포크라스**. 멜로멜(Melomel)과 메테글린(Metheglin(머세글린). 허브와 향신료로 향미를 낸 벌꿀 술)을 혼합하여 만든 의료용 술. 그리스 작가이자 의료의 아버지로 불리는 히포크라테스(기원전 460-377)의 이름에서 따온 용어.

Hiya(히야) : **찬술**(사케). 冷(냉)의 일본어. ひや.

hl(헥터리터) : **헥토리터**. Hectoliter(헥터리터르)의 약어. 100리터.

HLT(에이치엘티) : **에이치엘티**. Hot Liquor Tank(하트 리커 탱크. 열수보관 탱크)의 약어. 참조.

Hnke(헨케) : **헨케**. 맥주의 콥트어.

Hnqt(헨케트) : **헨케트**. 맥주의 중세 이집트어.

Hoan Tsie'u(호안치우) : **호안치우. 황주**(黃酒). 노란색의 중국 쌀 막걸리의 일종.

Hoegaarse Wit(오가르체 비트) : **백색 호가든 맥주**. Blanche De Hoegaarden(블랑쉬드 오가르데)와 동의어. 참조.

Hoff Stevens Tap(하프 스티빈즈 태프) : **홉 스티븐즈 꼭지**. 상업용 스타일 케그에 사용되는 두 갈래로 나누어진 꼭지. 현재는 많이 쓰이지 않는다.

Hogs(호그즈) : **호그즈**. Hogshead(호그즈헤드)의 약어. 참조.

Hogshead(호그즈헤드) : 1. **큰 통**. 54-140갤런(245.4-636.4리터) 용량의 통. 2. **호그즈헤드**. 옛날 액량의 단위로 52.5 영국 갤런(238.7리터). 맥주의 런던 호그즈헤드는 54갤런(245.4리터)이고 에일인 경우에는 48갤런(218.2리터)이었다. 현재는 미국의 경우 1 호그즈헤드는 63갤런(238.5리터)이고 영국의 경우는 54갤런(245.4리터)이다. 약어로 Hhd, Hogs(호그즈)로 쓴다.

Homebrew(호움브루) : **자가 양조맥주**. 일반 가정에서 즐기기 위하여 양조한 맥주. Homemade Beer(호움메이드 비어)와 동의어.

Homebrew Bitterness Units(호움브루 비터르니스 유니츠) : **자가 양조 쓴맛단위**. 약어로 HBUs. 맥주의 쓴맛을 표시하기위해 미국 자가 양조협회(American Homebrewing Association(어메리컨 호움브루어즈 어소시에이션)에서 채택되어 사용하고 있는 단위. 이 단위는 양조한 맥주의 쓴맛을 내기위하여 사용되는 홉의 양을 계산하는 간단한 방법으로서 맥주중의 쓴맛단위의 숫자는 온스수 x 홉의 알파 산 %이다. 만약 10 HBU의 5갤런(19리터)의 맥주를 양조한다면 알파 산 농도가 5%인 홉 2온스(56.70g)가 필요하다는 뜻이다. 그런데 실제적인 쓴맛은 알파 산이 끓임에 의해 아이소알파 산으로 전환되는 비율, 홉 첨가 시간 등에 영향을 받으므로 이 값이 정확한 것이 아니라 잠재적 쓴맛이다. Alpha Acid Units(앨퍼 애시드 유니츠. 알파 산 단위), Bittering Units(비터링 유니츠. 쓴맛단위), Bitterness Units(비터르니스 유니츠. 쓴맛단위), Hop Bitterness Coefficient(하프 비터르니스 코우이피션트. 홉 쓴맛 계수), Hop Bitterness Units(하프 비터르니스 유니츠. 홉 쓴맛단위) 참조.

Homebrewed Beer(호움브루드 비어) : **자가 양조맥주**. 일반 가정에서 양조한 맥주. Home Brewing Beer(호움 브루잉 비어)와 동의어. 참조.

Homebrewer(호움브루어르) : **자가 양조인**. 개인적인 소비를 위하여 맥주를 양조하는 사람.

Homebrewing(호움브루잉) : **자가 양조**. 집에서 양조하는 것. 미국의 경우 1979년부터 자가 양조가 합법화 되었다. 1인이 연간 100갤런(378.5리터), 2인 이상인 경우는 1가정 당 200갤런(757리터)이하로 양조하여 소비할 수 있다. 영국에서는 1963년 대법관인 레지날드 몰들링(Reginald Maudling)에 의해 자가 양조의 거의 모든 규제가 철폐되었고 팔지 않으면 양조 량에는 제한이 없다. 우리나라에는 아직 자가 양조에 대한 법령이 없다.

Home Brewing Beer(호움 브루잉 비어) : **자가 양조맥주**. 수제 맥주. 매아, 홉, 물, 효모를 사용하여 소규모 맥주양조장(Microbrewery(마이크로우브루어리))에서 만든 맥주. 큰 양조회사에 비해 다양한 양조기법을 사용해 품질과 향미 등이 다양한 맛의 맥주를 생산할 수 있는 장점이 있다. Craft Beer(크래프트 비어), Homebrewed Beer(호움브루드 비어), Homemade Beer(호움메이드 비어), House Beer(하우스 비어)와 동의어.

Homemade Beer(호움메이드 비어) : **자가 양조맥주**. 일반 가정에서 양조한 맥주. Home Brewing Beer(호움 브루잉 비어)와 동의어. 참조.

Homofermentative(호우모우퍼르멘터티브) : 1. **정상발효성의**. 단(單)발효성의. 한 종류의 최종생산물을 생성하는 발효. 2. **동종발효성의**. 한 종류의 탄소원만 대사 할 수 있는 미생물의.

Honeybeer(허니비어) : **꿀 맥주**. 에일 1파인트(473.2ml)에 꿀 1스푼을 넣고 끓여 만든 칵테일.

Honey Wine(허니 와인) : **허니 와인**. 미드(Mead. 벌꿀 술)와 동의어. 이 용어중의 와인이라는 단어는 포도주는 오직 포도로 양조한 술을 의미한다는 많은 포도주 순주주의자와 입법자(프랑스 포함)의 거부를 당하고 있는 용어임. Pyment(피멘트)와 동의어. 참조.

Hoop(후프) : **테**. 나무로 만든 캐스크나 통의 널을 둘러싸는 금속으로 된 원형 밴드.

Hoop Binding(후프 바인딩) : 1. **테 감기**. 나무로 만든 캐스크나 통의 널을 테로 감기. 2. **테**. 테 감기에 사용하는 금속으로 된 원형 밴드.

Hop(하프) : 1. **홉**. 다년생 덩굴 식물로 학명은 휴물루스 루풀루스(*Humulus lupulus*(휴멀러스 루펄러스))이다. 암컷 식물은 부드러운 잎 같은 약 2.5cm의 구과(毬果)를 만든다. 맥주에는 수정되지 않은 구과만이 향미를 내기위하여 사용한다. 구과가 수정되면 향미가 없어지므로 수컷 식물은 같이 재배하지 않는다. 세계에는 100가지 이상의 재배품종이 있다. 잘 알려진 품종은 브루어즈 골드(Brewer's Gold(브루어르즈 골드)), 불리온(Bullion(불리언)), 캐스케이드(Cascade), 클러스터(Cluster(클러스터르)), 코밋(Comet(카미트)), 에로이카(Eroica), 퓨글(Fuggles(퍼젤즈)), 갈레나(Galena(걸리너)), 골딩(Goldings(고울딩즈)), 할러타우(Hallertau(할레르타우)), 너겟(Nugget(너기트)), 노던 브루어(Northern Brewer(노르던 브루어르)), 페렐(Perle), 사즈(Saaz), 스티리언 골딩(Styrian Goldings(스티리언 고울딩즈)), 테트낭(Tettnang), 윌라메츠(Willamettes(윌래미츠)), 와이 타깃(Wye Target(와이 타르기트)) 등이다. 홉은 체코, 독일의 바바리아 지방, 영국의 켄트, 호주의 태즈메니아, 미국 오리건 주의 윌라메츠 밸리, 워싱턴 주의 야키마 밸리 등에서 많이 재배된다. 홉은 맥주에 쓴맛을 주는 것 이외에 아로마와 향미, 끓임 단계에서의 표면장력 감소, 에일 양조 중 효모거품형성에의 도움, 맥아즙과 맥주에서의 세균의 증식 억제 작용 등을 한다. 홉은 끓임 초기에 첨가하여 양조액에 쓴맛을 부여하거나(이를 향미용 홉, 끓임 용 홉, 쓴맛용 홉이라 한다) 끓임 말기에 첨가하여 아로마와 홉 특성을 부여한다(이를 끝손질용 홉 또는 아로마 용 홉이라 한다). 상업적 양조에서 100리터의 맥아즙 당 200-700g의 홉을 사용한다. 홉 전체, 펠릿, 추출물의 형태로 사용한다. 홉을 사용한 것은 기원전 7000-1000년 전으로 추정되지만 파라오의 이집트에서 홉을 향미용으로 사용한 것은 기원전 600년경이다. 독일에서는 300년경에 재배를 시작했고 중세에는 독일과 프랑스에서 많이 재배하였고 14-15세기경에는 다른 허브와 향신료를 대신하여 사용 되었다. 홉이 사용되기 전에는 맥주의 향미료로 서양 향나무(Juniper(쥬너퍼르)), 고수(Coriander(코리앤더르)), 로마린(Romarin), 쿠민(Cumin(커민)), 육두구(Nutmeg(너트메그)), 갈잎, 라임 꽃, 정향(丁香. Clove(클로우브)), 로즈메리(Rosemary), 용담(龍膽. Gentian(젠션)), 구아시아(Guassia), 카밀레(Chamomile) 등을 사용하였다. Alpha Acid(앨퍼 애시드), Beta Acid(베이터 애시드), Hop Oil(하프 오일), *Humulus lupulus*(휴멀러스 루펄러스), Kiln Dried Hop(킬른 드라이드 하프), Lupulin(루퓰린), Preservative Value(프리저르버티브 밸류), Soft Resin(소프트 레진) 참조. 2. **홉을 가하다**. 맥아즙이나 발효중인 맥주에 홉을 가하다.

Hop Aroma(하프 어로우머) : **홉 아로마**. 홉의 방향성 기름에 의한 아로마. 테르펜(Terpene), 세스퀴테르펜(Sesquiterpene), 케톤(Ketone), 알코올 등이 여기에 속한다. 끓임 중 또는 건조 홉 추가(Dry Hopping(드라이 하핑)) 할 때 추출된다. 또는 용매로 추출한 자체 또는 혼합한 기름을 첨가한다. 맥주의 스타일에 따라 적합하기나 적합하지 않다. 감지한계치는 수 백 가지의 기름이 있으므로 어떤 것은 1ppb이하, 어떤 것은 100ppb정도인 것이 존재하다. 주관에 따라 모든 스타일의 맥주의 향미를 없음, 아주 약함, 약함, 중간, 중강, 강함, 아주 강함으로 나타낸다. Citrus(시트러스. Lemon(레먼향의), Lemongrass(레먼그래스향의), Grapefruit(그레이프프루트. 자몽향의) 등), Floral(플로럴. Rose(로우즈. 장미향의), Geranium(지레이니엄. 제라늄 향의), Orange Blossom(오린쥐 블라섬. 오렌지 꽃 향의) 등), Herbal(허르벌. 풀 향의), Hoppy(하피. 홉 향의), Lavender(래번더르. 라벤더향의), Piney(파이니. 소나무향의), Ribes/Black Current Leaf(라이비즈/블랙 커런드 리프. 까치밥나무속향의), Spicy(스파이시. 향신료향의)등으로 표현하기도 한다. 감각용어.

Hop Back(하프 백) : **홉 거르는 통**. **홉 백**. 끓임 후 쓴맛의 맥아즙에서 사용된 홉을 분리하기위해서 사용하는 구멍 뚫린 이중바닥의 커다란 용기. 현재는 거의 사용되지 않고 있다. Strainer(스트레이너), Hop Jack(하프 재크), Hop Strainer(하프 스트레이너르)와 동의어. Hop Separator(하프 세퍼레이터르), Moor's Head(무어즈 헤드) 참조.

Hop Bine(하프 바인) : **홉 덩굴**. 홉 식물의 자라는 줄기. Bine(바인)과 동의어.

Hop Bitterness Coefficient(하프 비터르니스 코우이피션트) : **홉 쓴맛계수**. 홉 품종에 따른 알파 산 %에 맥아즙 끓임에 사용된 홉의 온스(무게)를 곱하여 얻은 계수. 이 계수는 자가 양조 자가 레시피에는 있으나 그 홉이 없을 경우에 다른 홉을 사용하여 쓴맛을 맞출 때 유용하게 사용할 수 있다. 예를 들면 알파 산 6.0% 짜리 홉2온스를 사용해야 할 경우 8% 짜리 홉은 1.5온스를 사용하면 된다. Alpha Acid Units(앨퍼 애시드 유니츠), Bittering Units(비터링 유니츠), Bitterness Units(비터르니스 유니츠), Homebrew Bitterness Units(호움브루 비터르니스 유니츠), Hop Bitterness Units(하프 비터르니스 유니츠) 참조.

Hop Bitterness Units(하프 비터르니스 유니츠) : **홉 쓴맛단위**. 약어로 HBU. 자가맥주제조자가 만든 맥주의 쓴맛 또는 원하는 쓴맛을 맞추기 위한 홉의 첨가량을 계산하기위하여 고안된 식.

식 : HBU = (a x w)/K.

a = 홉(홉 전체, 펠릿, 또는 추출물)의 알파 산 %

w = 홉(홉 전체, 펠릿, 또는 추출물)의 무게에 기초한 상수.

온스/갤런 : 온스/미국 갤런 또는 온스/영국 갤런.

g/갤런 : g/미국 갤런 또는 g/영국 갤런.

g/리터.

예 : 홉 2.0온스/5 미국 갤런 = 0.4온스/미국 갤런.

K = 기술적 정보에서 얻은 수치에 기반을 둔 상수. 이 값은 w에 사용한 시스템의 단위에 따라 달라진다.

= 온스/미국 갤런의 경우는 0.093

= 온스/영국 갤런 의 경우는 0.078

= g/미국 갤런의 경우는 2.7

= g/영국 갤런의 경우는 3.2

= g/리터의 경우는 0.7

역으로 원하는 쓴맛단위를 만들기 위하여 첨가하는 홉의 양은 위의 식을 변형하여 계산할 수 있다.

w = K/(a/HBU).

Alpha Acid Units(앨퍼 애시드 유니츠), Bittering Units(비터링 유니츠), Bitterness Units(비터르니스 유니츠), Homebrew Bitterness Units(호움브루 비터르니스 유니츠), Hop Bitterness Coefficient(하프 비터르니스 코우이피션트) 참조.

Hop Bitterness(하프 비터르니스) : **홉의 쓴맛**. 홉의 알파 산의 이성질화(Isomerization(아이소머리제이션))에 의해서 생성되는 쓴맛. 맛이 깔끔하고 기분 좋아야하고 거칠거나 나무 향이 나거나 떫은 특성을 가지지 말아야한다. 대개 5-7ppm(5-7 IBU)정도 되도록 사용하는데 이 이상의 어느 정도까지는 바람직하다. 어떤 특별한 맥주는 100 IBU이상 사용하기도 한다. Bitter(비터르. 쓴맛), Hoppy(하피. 홉 맛이 나는)로 표현하기도 한다. 감각용어.

Hop Break(하프 브레이크) : **홉 브레이크**. 끓는 맥아즙에 홉을 가하면 단백질과 타닌 성 물질이 침전 되는 것. 홉을 첨가할 때마다 홉 브레이크나 핫 브레이크가 일어난다.

Hop Cone(하프 코운) : **홉 구과(毬果)**. 비늘 조각이 여러 겹으로 포개어져 둥글거나 타원형으로 되어 있는 홉 열매. 수정되지 않은 홉 구과를 양조에 사용한다. Strobile(스트라빌)과 동의어.

Hop Essential Oil(하프 어센셜 오일) : **홉 정유**. **홉 방향유**. Hop Oil(하프 오일)과 동의어. 참조.

Hop Extract(하프 익스트래크트) : **홉 추출물**. 주로 탄산가스를 이용하여 알파 산, 베타 산, 홉 기름, 소프트 레진을 함유한 홉 추출물을 만든다. 유기용매인 염화메틸렌(Methylene Chloride(머털린 클로라이드)이나 헥산(Hexane(헤크세인))으로 홉에서 추출한 쓴맛의 수지 또는 홉 기름, 그리고 뜨거운 물로 추출한 타닌, 당, 단백질 등을 얻을 수도 있다. 유기용매나 물은 증발시켜 제거한다. 이러한 추출물은 저장성이 좋고 부피가 작으며 냉장이 필요치 않고 끓이는 시간이 짧고 사용한 홉을 걸러내지 않아도 되기 때문에 양조산업에서 사용량이 증가하고 있다. 홉 추출물은 때로는 알칼리성에서, 또는 중성에서 마그네슘으로, 또는 특정파장의 빛으로 이성질화시킨다. 이성질화된 홉 추출물의 아이소 알파산은 가능한 한 늦게 첨가하는데 대개 2차 발효시에 첨가한다.

Hop Field(하프 필드) : **홉 재배지**. Hop Garden(하프 가든)과 동의어.

Hop Flavor(하프 플레이버르) : **홉 향미**. 홉이 나타내는 향미. 주관에 따라 모든 스타일의 맥주의 향미를 없음, 아주 약함, 약함, 중간, 중간 강함, 강함, 아주 강함으로 나타낸다.

Hop Flea Beetle(하프 플리 비틀) : **홉 뛰 벼룩 갑충**. 학명은 실로이데스 아테뉴아타(*Psylloides attenuata*(실로이디즈 어태뉴아터)). 작은 벌레로 홉 잎을 갉아먹는다.

Hop Flour(하프 플라우어르) : **홉 가루**. Lupulin(루풀린)을 뜻하던 옛날 말.

Hop Flower(하프 플라우어르) : **홉 꽃**. 홉의 구과(毬果).

Hop Fly(하프 플라이) : **홉 진딧물**. Damson Hop Aphid(댐즌 하프 애피드)와 동의어. 참조.

Hop Garden(하프 가르든) : **홉 농장**. Hop Field(하프 필드)와 동의어.

Hop Grower(하프 그로우어르) : **홉 재배인**. 홉을 재배하는 사람.

Hop Jack(하프 재크) : **홉 거르는 통**. 끓인 맥아즙에서 사용된 홉을 거르는 통. Hop Back(하프 백)과 동의어. 참조.

Hop Kiln(하프 킬른) : **홉 건조장**. 홉을 수확한 후 75-80°C에서 24시간 건조하여 수분을 8-10%로 만드는 곳.

Hop Mill(하프 밀) : **홉 분리기**. Hop Tearing Machine(하프 테어링 머신)과 동의어. 참조.

Hop Mold(하프 모울드) : **홉 곰팡이**. 홉에 질병을 일으키는 곰팡이인 스패로테카 마큘라리스(*Sphaerotheca macularis*(스피로티커 머컬라리스)). Powdery Mildew(파우더리 밀듀), Red Mold(레드 모울드), White Mold(화이트 모울드)와 동의어.

Hop Oil(하프 오일) : **홉 기름**. 1. 홉의 루풀린 선(Lupulin Gland(루풀린 글랜드))에 존재하는 휘발성 향기화합물의 복합체로 홉의 두 가지 활성 성분중의 하나(다른 하나는 소프트 레진(Soft Resin))로 맥주에 홉 아로마를 준다. 홉 기름은 탄화수소의 테르펜 무리(Terpene Group(터르핀 그루프))에 속하고 수백 가지의 다른 화합물을 포함하고 있는데 이중 약 70%는 테르펜 탄화수소이고 약 30%는 알코올류(주로 게라니올(Geraniol(저레이니얼)과 리날로울(Linalool(리낼로우올))이다. 기타 약간의 알데하이드와 에스터를 포함하고 있다. 홉 기름이 맥주의 홉 아로마와 홉 특성을 나타낸다. 모든 정유(방향유)와 같이 홉 기름도 휘발성이 강하고 대부분은 끓임 시 증발된다. Hop Essential Oil(하프 어센셜 오일)과 동의어. Soft Resin(소프트 레진. 연수지(軟樹脂)) 참조. 2. 홉에서 추출한 기름 농축액.

Hopped Wort(합트 워르트) : **홉 첨가 맥아즙**. 맥아즙에 홉을 첨가하였기 때문에 쓴맛 나는 (단)맥아즙. 끓임 단계를 지난 맥아즙.

Hop Pellet(하프 펠리트) : **홉 펠릿**. 홉을 가루로 만들어 완두콩 크기로 압축하여 자가 맥주 또는 상업적 양조에 사용하는 것을 말한다. 일반적인 홉 펠릿은 일반적인 홉 제품보다 무게로 20-30% 많은 양이다. 즉 1파운드(453.6g)의 홉 구과는 약 238.5-286g의 홉 펠릿이 만들어진다. 양조산업에서 사용하는 농축 홉 펠릿은 비수지성 물질을 제거하여 무게와 부피를 줄인다. 여러 가지 홉을 섞어서 원하는 알파 산 농도를 가진 홉 펠릿도 만들고 있다. 대개 12°C에서 공기가 없는 용기에서 저장하는 것이 바람직하다. Pelletized Hops(펠리타이즈드 합스)와 동의어.

Hopping(하핑) : 1. **홉 첨가**. 끓는 맥아즙 또는 발효 중인 맥주에 홉을 첨가하는 것. 2. **홉 따기(채집)**. Alpha Acid(앨퍼 애시드), Beta Acid(베이터 애시드), Boiler Hopping(보일러르 하핑), Dry Hopping(드라이 하핑), Fermentation Hopping(퍼르멘테이션 하핑), Hop Oil(하프 오일), Later Hopping(레이터르 하핑) 참조.

Hopping Beer(하핑 비어) : **홉 첨가 맥주**. 옛날 영국에서 홉을 첨가하지 않은 "향신료 에일(Spiced Ale)"의 반대말로 홉을 첨가한 맥주를 의미하던 옛 이름.

Hop Pocket(하프 파키트) : **홉 자루**(76kg). 홉 포대.

Hop Preparation(하프 프레퍼레이션) : **홉 조제품(調劑品)**. 대개 액체 탄산가스로 추출한 홉 추출물. 양조과정의 다양한 단계에서 사용되고 맥아즙이나 맥주에 효율적으로 쓴맛과 아로마를 부여한다.

Hoppy(하피) : **홉 향이 나는**. 홉의 정유에서 나는 독특한 냄새의. 홉의 쓴맛은 포함되지 않는다. 감각용어.

Hop Rate(하프 레이트) : **홉 비율**. 끓임 중인 단 맥아즙에 첨가한 홉의 양. 홉 비율은 상업적 맥주양조에서는 파운드/배럴 또는 g/100리터, 자가 맥주 양조에서는 온스/5갤런으로 나타낸다.

Hop Resin(하프 레진) : **홉 수지**. 홉을 유기용매로 추출하여 얻은 홉 수지와 기름. 맥주에 쓴맛을 주는 물질의 전구체인 알파 산을 함유하고 있다.

Hops(하프스) : **홉**. Hop(합) 참조.

Hop Separator(하프 세퍼레이터르) : **홉 분리기**. 사용된 홉을 제거하고 홉이 포함된 맥아즙에서 맥아즙만을 짜내기 위하여 체와 스크루 컨베이어를 장착하고 있는 큰 통. 일부 양조장에서 홉 백(Hop Back(하프 백). 홉 거르는 통)대신에 사용하고 있다.

Hop Sock(하프 사크) : **홉 거르개**. 맥아즙을 식히기 전에 맥아즙에서 홉을 제거하는 간단한 장치.

Hop Strainer(하프 스트레이너르) : **홉 여과기**. 홉 거르개. 홉 체. Hop Back(하프 백)과 동의어. 참조.

Hop Tannin(하프 태닌) : **홉 타닌**. 홉 유래의 타닌. 맥아타닌과 구분하기위하여 사용하는 용어. Tannin(태닌) 참조.

Hop Tea(하프 티) : **홉 차(茶)**. 홉으로 만드는 차.

Hop Tearing Machine(하프 테어링 머신) : **홉 분리기**. 홉을 루풀린(Lupulin(루퓰린)), 포엽(苞葉), 줄기 등으로 분리하는 기계. Hop Mill(하프 밀)과 동의어.

Hop Tonic(하프 타닉) : **홉 토닉**. 한때 가정에서 빚었던 금주자용 무알코올 맥주.

Hop Utilization(하프 유털라이제이션) : **홉 이용도**. 알파 산이 쓴맛의 알파 산 이성질체로 전환되는 정도. 여러 가지 환경에 따라 0-40% 범주에 속한다.

Hordein(호르디인) : **호르데인**. 보리에 존재하는 프롤라민(Prolamine(프로울러민))당 단백질. 물에 녹지 않으며 발아와 담금 중에 분해된다. 소아지방변증(小兒脂肪便症. Celiac Disease(실리애크 디지즈)의 원인물질이다. Prolamine(프로울러민) 참조.

Hordeum distichum(호르디엄 디스티컴) : **호르데움 디스티쿰**. 두줄보리, 즉 이조대맥(二条大麥)의 학명.

Hordeum hexastichum(호르디엄 헥새스티컴) : **호르데움 헥사스티쿰**. 여섯 줄 보리, 즉 육각대맥(六角大麥)의 학명.

Hordeum spontaneum(호르디엄 스판테이니엄) : **호르데움 스폰타네움**. 야생보리의 학명.

Hormone(호르모운) : **호르몬**. 생물에서 생성되어 다른 기관이나 조직의 작용을 촉진하거나 억제하는 물질. 예 : 호르몬인 지베렐린(Gibberellin(지버렐린))이

보리의 효소합성을 촉진하는 것.

Horse Blanket(호르스 브랭키트) : **말 담요 냄새의**. 효모인 브레타노마이세스(*Brettanomyces*(브레트노메이시즈))가 생성하는 4-에틸페놀(4-Ethyl Phenol(4-에틸 피노울)) 아로마 인데 대개 4-에틸 구아이아콜(4-Ethyl Guaiacol(4-에틸 구아이어코울))도 함께 생성된다. 감지한계는 약 420ppb이고 일반적으로 바람직하지 않은 냄새이나 람빅(Lambic(람비크)) 맥주에서는 바람직한 냄새이다. Barnyard(바른야르드), Horsey(호르시) 참조. 감각용어.

Horse-Hair Cloth(호르스 헤어 클로스) : **말 털로 짠 모포. 마소직**(馬巢織). Haircloth(헤어 클로스)와 동의어. 참고.

Horsey(호르시) : **말 냄새의**. 효모인 브레타노마이세스(*Brettanomyces*(브레트노메이시즈))가 생성하는 4-에틸페놀(4-Ethyl Phenol(4-에틸 피노울)) 아로마 인데 대개 4-에틸 구아이아콜(4-Ethyl Guaiacol(4-에틸 구아이어코울))도 함께 생성된다. 감지한계는 약 420ppb이고 일반적으로 바람직하지 않은 냄새이나 람빅(Lambic(람비크)) 맥주에서는 바람직한 냄새이다. Barnyard(바른야르드) 참조. 감각용어.

Hose(호우즈) : **옮기다**. 발효조에서 저장고로 맥주를 옮기다.

Hosing(호우징) : **옮김**. 발효조에서 저장고로 맥주를 옮기는 것.

Hospitality Room(하스피탤리티 룸) : **접대용 방**. 양조장에서 만든 제품을 맛보게 하기위하여 초대한 사람들을 위한 양조장에 만든 특별한 방.

Hot Break(하트 브레이크) : **열침전(熱沈澱). 핫 브레이크**. 1. 맥아즙(Wort(워르트))을 끓일 때에 생기는 폴리페놀(Polyphenol(팔리피노울. 타닌 등이 속한다))이 알부민(Albumin(앨뷰먼))등의 단백질과 결합하여 생성되어 침전 되는 것. 침전물의 50~60%는 단백질, 20~30%는 폴리페놀, 15~20%는 수지(Resin(레진)), 나머지 2~3%는 재(Ash(애쉬))로 구성되어 있다. 자가 맥주 양조에서 핫 브레이크를 개선하기위하여 끓임의 마지막 10-20분전에 뿔 가사리(Irish Moss(아이리쉬 모스))첨가하거나 맥아즙 중의 핫 브레이크를 홉 백 여과로 제거하거나 뜨거운 맥아즙을 맥아즙 냉각기로 옮길 때 침전시켜 제거하기도 한다. Hot-Break Trub(하트 브레이크 트루브), Hot Trub(하트 트루브)와 동의어. Cold Break(코울드 브레이크), Hop Break(하프 브레이크) 참조. 2. **단백질 침전에**

의한 혼탁.

Hot-Break Trub(하트 브레이크 트루브) : **핫 브레이크 트루브**. Hot Break(하트 브레이크)와 동의어. 참조.

Hot Liquor(하트 리커) : **열수**. 뜨거운 물 살포(Sparging(스파르징))에 사용하는 뜨거운 물.

Hot Liquor Tank(하트 리커 탱크) : **열수보관탱크**. 뜨거운 물 살포(Sparging(스파르징))에 사용할 뜨거운 물을 보관하는 탱크. 약어로 HLT(에이치엘티).

Hot-Side Aeration(하트 사이드 에어레이션) : **고온 맥아즙 통기**. 맥아즙을 식히기 위하여 산소(공기)를 공급하는 것. 어떤 양조인은 끓인 맥아즙을 빨리 식히는 장점은 있으나 맥아즙의 산화가 일어나 양조한 맥주의 저장기간이 짧아지고 기타 문제점이 나타나므로 사용하지 말 것을 권고한다.

Hot Trub(하트 트루브) : **핫 트루브**. Hot Break(하트 브레이크)와 동의어. 참조.

Hot Water Extract(하트 워터르 익스트래크트) : **더운물 추출물**. 약어로 HWE. 양조장에서 사용하는 맥아와 기타물질에 들어있는 용해성 고형물의 양을 실험실 수준으로 분석하고 측정하는 것. 이 분석은 맥아와 부가 물(附加物. Adjunct(애드정크트))들의 양조가(釀造價), 곡물의 종류와 발아방법에 따른 양조가(釀造價)의 비교 등에 사용된다. 더운 물로 추출하기 때문에 이 용어가 사용된다.

House Beer(하우스 비어) : **수제 맥주. 자가 양조 맥주**. 맥아, 홉, 물, 효모를 사용하여 소규모 맥주양조장(Microbrewery(마이크로우브루어리))에서 만든 맥주. 큰 양조회사에 비해 다양한 양조기법을 사용해 품질과 향미 등이 다양한 맛의 맥주를 생산할 수 있는 장점이 있다. Craft Beer(크래프트 비어), Home Brewing Beer(호움 브루잉 비어)와 동의어.

Household Sugar(하우스호울드 슈거르) : **가정용 설탕**. 사탕수수로 만들었고 가정에서 일반적으로 사용하는 설탕.

HPLC(에이치피엘씨) : **에이치피엘씨**. High Performance Liquid Chromatography(하이퍼르포르먼스 리퀴드 크로우머타그러피. 고 작위 액체 크로마토그래피)의 약어. 참조.

Hub Beer(허브 비어) : **허브맥주**. 곡물을 사용하지 않고 맥아추출물만으로 만든 맥주.

Huckle My Buff(허클 마이 버프) : **허클 마이 버프**. 영국의 따뜻한 맥주, 브랜디, 계란을 섞은 술.

Hukster(허크스터르) : **여자 맥주 소매인**(小賣人). 중세 영국에서 양조업자로부터 맥주나 에일을 사와서 소매하던 여자.

Humlonaria(휴믈로나리어) : **후믈로나리아**. 768년 페핀 르 브레프(Pépin le Bref)왕이 생 드니(St. Denis) 수도원에 수여한 홉 재배지. 이후 홉 재배지를 후물나륨(Humulnarium(휴물니리엄))이라 부르기도 했다.

Humulene(휴뮬린) : **후물렌**. 홉 구과의 정유중의 한 성분. 적은양이 존재하나 맥주 중에 존재하는 많은 향기물질들이 이것으로부터 만들어진다. 후물렌의 양은 홉 종류, 나이, 재배지역에 따라 다르다.

Humulone(휴뮬란) : **후물론**. $C_{21}H_{30}O_5$. 홉의 알파 산과 동의어이다. 홉에서 발견되는 두 가지 소프트 레진(Soft Resin)중의 한 종류이며(다른 한 종류는 베타 산) 후물론, 코후쿨론(Co-humulone(코우휴뮬란)), 애드 후물론(Ad-Humulone(애드휴물란))으로 구성되어있다. 오렌지 또는 노란색이고 맥주에 쓴맛을 부여하며 항생제로 작용한다. Alpha Acid(앨퍼 애시드. 알파 산)참조.

Humulus lupulus(휴멀러스 루펄러스) : **휴물루스 루풀루스**. 홉의 학명. 로마인들은 루푸스 살릭타리우스(*Lupus salictarius*(버드나무속의 늑대라는 뜻)).라고 불렀는데 그 이유는 버드나무 숲에서 늑대처럼 야생으로 자라기 때문에 이러한 이름이 붙여졌고 여기에서 현재의 이름이 유래하였다.

Husar(d)(후사르(드)) : **과생장**(過生長) **맥아**. Husky Grain(허스키 그레인)과 동의어. 참조.

Husk(허스크) : **겉껍질**. 어떤 곡물의 마른 외부 층. 보리의 겉껍질은 두 장의 포엽(苞葉), 즉 겉겨(Lemma(레머))와 내화영(內花穎. Palea(페일리어))이 가깝게 붙어있는데 이들은 일부가 겹쳐있다. 보리의 겉껍질은 싹틔움의 여러 단계에서 보리 알갱이, 내배유(內胚乳), 증식하는 유아초(幼芽鞘)를 보호하는 역할을 한다. 겉껍질은 담금액 여과 중에 중요한 여과지 역할도 한다.

Husky(허스키) : **수렴성의. 수축성의**. Astringent(어스트린전트) 참조.

Husky Grain(허스키 그레인) : **과생장(過生長) 맥아**. 유아초(幼芽鞘)가 곡물의 끝 부분을 넘어 자란 맥아. Husar(d)(후사르(드)), Overgrown Malt(오우버그로운 몰트)와 동의어.

HWE(에이치더블유이) : **에이치더블유이**. Hot Water Extract(하트 워터르 익스트래크트. 더운물 추출물)의 약어. 참조.

Hybrid Beer(하이브리드 비어) : **혼합맥주**. 라거 효모를 사용하여 에일 발효온도(높음)에서 발효시켰거나 에일 효모를 사용하여 라거 발효온도(낮음)에서 발효시켜 만든 맥주.

Hydrocarbon(하이드러카르번) : **탄화수소**. 탄소와 수소만으로 이루어진 화합물. 메테인(CH_4), 에틸렌($CH_2=CH_2$), 벤젠(C_6H_6) 등.

Hydrogel(하이드러젤) : **히드로겔**. 실리카(Silica)를 산 처리하여 만든 물질로 맥주의 혼탁을 가져오는 물질의 제거에 사용된다.

Hydrogen(하이드러전) : **수소**. 원소기호 H. 가장 가벼우며 무색, 무취의 인화성 기체.

Hydrogen-Ion Concentration(하이드러전 아이언 칸센트레이션) : **수소이온농도**. 용액중의 수소이온의 농도를 말하며 대개 pH로 나타내며 용액의 규정 농도(規定濃度)를 측정하는데 사용한다. pH 참조.

Hydrolysis(하이드랄리시스) : **가수분해(加水分解)**. 물 분자를 받아들여서 화합물이 분해되어 다른 화합물이 되는 일. 어떤 물질과 물의 분자적 조성이 분열되고 물의 OH이온과 H이온이 분열된 각 물질의 분획과 반응한다. 산이나 알칼리가 필요한데 대개 촉매처럼 작용한다. 단백질이 가수분해 되어 아미노산으로, 에스터는 알코올과 산으로, 이당류는 단당류로 전환된다.

Hydrolyzed Corn Syrup(하이드럴라이즈드 코른 시럽) : **가수분해 한 옥수수 시럽**. 옥수수 녹말을 산이나 효소로 가수분해하여 만든 시럽. 만드는 공정을 조절하면 다른 발효도를 가진 시럽을 만들 수 있다. 맥아즙 끓이는 솥에 첨가하면 담금 추출과 이것의 분리단계를 생략할 수 있으므로 양조장을 넓게 쓸 수 있는 장점이 있다.

Hydromel(하이드러멜) : 1. **벌꿀 물**. 벌꿀과 물로 이루어진 액체로서 발효하면 벌꿀 술이 됨. 2. **벌꿀 술**. 프랑스.

Hydrometer(하이드라미터르) : 1. **액체비중계. 부칭**(浮秤). 추의 부력을 추 자체의 무게와 균형을 맞춰서 액체비중을 측정하는 비중계의 일종. 비중계가 높이 띄워지면(올라가면) 용액속의 물질의 농도가 높은 것이다. 발효전의 맥아즙의 비중과 발효가 끝난 맥아즙의 비중 등을 측정한다. 15.6°C의 액체를 표준으로 삼는다. 발효과정을 관찰할 수 있고 알코올 농도를 계산할 수 있다. 2. **유속계**(流速計). 하천 등의 유속을 재는 기구.

Hydrometer Float(하이드라미터르 프로우트) : **액체비중계 부낭**(浮囊). 액체비중계의 전구 또는 방추체 모양의 부낭을 말하며 그 속에 납, 수은, 피치 등이 들어있으며 그 무게로 부력을 조절한다.

Hydrometer Jar(하이드라미터르 자르) : **액체비중계 병**. 비중을 측정코자하는 액체가 들어가는 투명한 유리 또는 플라스틱으로 만들어진 긴 원통형의 병. 이곳을 채운 액체에 비중계를 띄우고 수면을 가르키는 눈금을 읽는다. Testing Jar(테스팅 자르. 시험 병), Test Tube(테스튜브. 시험관(管)) 참조.

Hydrometer Tube(하이드라미터르 튜브) : **비중계 튜브**. Hydrometer Jar(하이드라미터르 자르)와 동의어. 참조.

Hydrophobicity(하이드라포우비시티) : **소수성**(疏水性). 수용액 속에서 물을 싫어하는 소수기가 서로 집합하는 현상. 기름이 물속에서 방울을 이루는 현상이 소수성에 의한 것이다.

Hydroxide(하이드락사이드) : **수산화물**(水酸化物). 수산기(OH)를 함유하는 화합물들의 총칭. 수산화 소듐(NaOH), 수산화 칼슘($Ca(OH)_2$) 등. 대개 알칼리성이다.

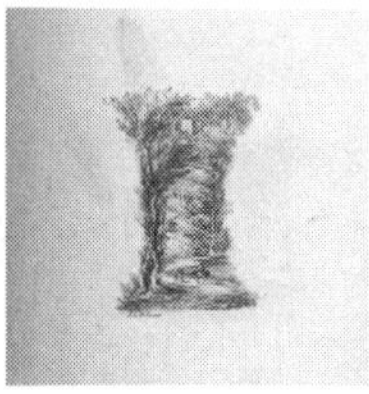

Iablochny(야블로크니) : **야블로크니**. 사과로 향을 낸 크바스(Kvas). Kvas(크바스) 참조.

IBU(아이비유) : **아이비유**. International Bitterness Unit(인터내셔널 비터르니스 유니트. 국제 쓴맛단위)의 약어. 참조.

Ice Beer(아이스 비어) : **아이스 맥주**. 맥주속의 물이 얼어 얼음 입자를 만들도록 온도를 낮추어 숙성시키고 얼음을 제거한 북미의 맥주. 그러나 미국의 법에는 입병 전에 이렇게 제거한 얼음 양만큼 물을 가하도록 되어있어 얼음 제거만큼의 알코올 농도는 증가하지 않는다.

Idromele(이드로멜레) : **이드로멜레**. 이탈리아의 벌꿀 술.

Imiak(이미아크) : **이미아크**. 그린란드의 가정에서 만든 맥아맥주.

Immature(이머추어) : **휴면중인. 미숙한**. Dormant(도르먼트)와 동의어.

Immersion Heater(이머전 히터르) : **투입식 전열기**. 수중 히터. 물이 담긴 그릇 속에 바로 코일을 넣어 끓이는데 사용하고 대개 50와트 정도이고 당화 솥에 장착하여 사용한다.

Immobilized Yeast(이모우벌라이즈 이스트) : **고정화효모**. 효모를 다공성 유리구슬 또는 통에 채워진 탄화규소(Silicon Carbide(실리컨 카르바이드))에 붙인 것. 일반적인 맥주제조에는 효모가 액체를 따라 이동하나 이 방법은 효모가 이동하지 않고 맥주원료가 이동하므로 만든 맥주에는 효모가 존재하지 않는다. 일종의 연속 발효법이다. 고정화 효모를 이용하여 만든 맥주를 고정화 효모 맥주(Immobilized Yeast Beer(이모우벌라이즈 이스트 비어))라 한다.

Imperial(임피리얼) : **야드, 파운드 법에 의한**. 도량형이 영국의 야드, 파운드 법에 의한.

Imperial Gallon(임피리얼 갤런) : **영국 갤런**. 영국과 영연방에서 사용하는 액체의 단위로 4.54596리터를 말한다. 미국 갤런(3.7854리터)의 1.2배. U.K. Gallon(유나이티드 킹덤 갤런)과 동의어. Gallon(갤런) 참조.

Imperial Gill(임피리얼 질) : **영국 질**. 액량 단위. ¼ 파인트(Pint). 0.14206리터.

Imperial Pint(임피리얼 파인트) : **영국 파인트**. 약어로 pt. 액량 · 건량 단위. 0.568245리터. 미국과 일부 다른 나라들에서의 1 파인트는 0.47316리터. 8파인트가 1갤런.

Imperial Quart(임피리얼 쿼트) : **영국 쿼트**. 약어로 qt. 액량의 단위. 영국, 캐나다에서는 1.14649리터. 2파인트(pint). 미국에서는 0.9463264리터.

Imperial Russian Stout(임피리얼 러션 스타우트) : **임페리얼 러시아 스타우트**. Imperial Stout(임피리얼 스타우트), Russian Stout(러션 스타우트)와 동의어. 참조.

Imperial Stout(임피리얼 스타우트) : **임페리얼 스타우트**. Russian Stout(러션 스타우트)와 동의어. 참조.

Independent Tied House Chains(인디펜던트 타이드 하우스 체인즈) : **독립된 직영 술집 체인**. 양조회사가 아닌 일반회사가 소유한 술집 체인. 각 술집은 체인으로 소속되어있고 체인에 따라 어떤 맥주를 파는지가 결정된다. 그러나 술집이 양조회사의 소유가 아니므로 면허 법에 따라 "독립(Independent(인디펜던트))"에 속한다.

Indian Corn(인디언 코른) : 1. **인디언 옥수수**. 대개 먹지는 않고 추수 감사절 같은 때 장식용으로 쓰는 알갱이가 큰 옥수수. 2. **옥수수**. 옥수수의 일반적인 이름.

India Pale Ale(인디어 페일 에일) : **인디아 페일 에일**. 약어로 IPA. 1. 18세기 인도에 주둔하던 영국군을 위해 양조했던 에일. 영국에서 인도까지 수송하려면 6개월 이상 걸렸으므로 알코올 농도를 높게, 홉의 쓴맛을 강하게 양조했다. 2. 현재는 특히 수출하기위하여 입병한 페일 에일(Pale Ale)을 말한다.

Indicator Time Test(인디케이터르 타임 테스트) : **지시약 탈색 시간 시험**. 약어로 ITT 또는 I.T.T.. 맥주의 산화도(酸化度)를 측정하는 시험이다. 이 시험은 산화-환원을 측정하는데 사용하는 지시약인 2.6-다이클로로페놀 인도페놀 염(Sodium 2,6-Dichlorophenol-Indophenol(소우디엄 2,6-다이클로로우피노울 인도

피노울)) 용액에 맥주를 첨가했을 때 색이 없어지는 시간(초)을 측정하는 것이다(이 물질의 산화 형은 청색, 환원 형은 무색). 항산화제를 처리한 맥주를 첨가하면 그 즉시 무색으로 변하지만 처리하지 않은 맥주는 500 ITT(즉 500초), 산화된 맥주는 수천 ITT(초)이다.

Indirect Fire Kiln(인더레크트 파이어 킬른) : **간접가열 가마건조**. 열(熱) 챔버를 가지고 있는 가마건조 장치의 한 타입을 사용하여 맥아를 가마 건조하는 방법으로 열 챔버의 열로 맥아를 데우는 방식으로 행하는 가마건조.

Indirect Heating(인더레크트 히팅) : **간접가열**. 직접 불을 때서 열을 가하는 것이 아니라 더운 공기를 사용하여 맥아의 온도를 올리는 것.

Indole(인도울) : **인돌냄새의**. 세균에 의해 트립토판이 분해되어 생성되는 물질로서 많으면 분변 같은 불쾌한 냄새가 나지만 미량인 경우는 재스민(Jasmin) 꽃냄새와 같은 향기가 난다. 재스민 유, 정향유(丁香油), 동물 내장의 부패물에 포함되어있다. 감각용어

Infection(인펙션) : **감염**. 야생효모나 세균에 의한 맥주의 손상. 맥주에 감염하는 주요 세균 속(屬)은 페디오코쿠스 균(Pediococcus(페디어카쿠스)), 아크로모박터 균(Achromobacter(애크로우머배크터르)), 젖산균(Lactobacillus(래크토우버실러스)), 초산균(Acetobacter(어시터배크터르)) 등이다.

Infestation(인페스테이션) : **침입**. 원재료에 동물성 생물이 살아가는 것. 예 : 잘못 저장한 보리에 곤충이 사는 것.

Infusion(인퓨전) : **침출**. 우려내기. 맥아나 곡물에 포함되어있는 성분을 발효에 사용될 수 있도록 뜨거운 물을 사용하여 액체 속으로 나오도록 하는 것. 끓이지는 않는다. Single Infusion(싱글 인퓨전. 단일침출), Step Infusion(스테프 인퓨전. 단계침출(段階浸出)) 참조.

Infusion Brewing Method(인퓨젼 브루잉 메터드) : **침출 양조법**. 우려내기 양조법. 침출 담금 법(Infusion Mashing(인퓨젼 매슁))으로 맥아나 곡물의 성분을 우려내어 맥주를 만드는 양조법.

Infusion Mashing(인퓨젼 매슁) : **침출 담금 법. 우려내기 담금 법**. 맥아 담금 법의 한가지로 상면발효맥주를 생산하는데 사용하는 전통적인 방법이며 가장 간단한 방법이다. 이 방법은 정온(定溫)에서, 그리고 사용한 맥아를 분리하

기위하여 구멍 뚫린 이중바닥을 가진 1개의 용기(이를 Mash Tun(매쉬 턴), 즉 담금 솥이라 한다)에서 행해진다. 담금액에는 가열하지 않고 뜨거운 물을 뿌려 담금 온도를 65-68°C까지 올리고 1-2시간 담근다. 담금이 끝나면 맥아즙은 구멍 뚫린 판을 통해 빼낸다. 영국의 에일과 스타우트 맥주를 만들 때 사용하고 자가 맥주양조에 적당한 방법이다. Infusion Brewing Method (인퓨젼 브루잉 메터드)와 동의어. 또는 가끔 Single-Temperature Mashing(싱글 템퍼러쳐르 매싱. 정온(定溫) 담금 법)이라고도 한다. Decoction Mashing(디칵션 매싱. 디콕션 당화), Mashing(매싱. 담금) 참조.

Infusion Method(인퓨젼 메디드) : **침출 법. 우려내기 법**. Infusion Mashing(인퓨전 매싱) 참조.

Initial Fermentation(이니셜 퍼르멘테이션) : **일차발효**. Primary Fermentation(프라이메리 퍼르멘테이션)과 동의어. 참조.

Initial Heat(이니셜 히트) : **초기온도**. 담금 시작 할 때의 온도.

Inoculate(이나큘레이트) : **접종(接種)하다**. 미생물을 그들이 자랄 수 있는 환경에 도입하다.

Inorganic(인오르개니크) : **무기물의**. 탄소를 포함하지 않는 물질 및 탄소를 포함하고 있으나 탄산가스(CO_2)등과 같은 간단한 탄소화합물을 의미 할 때 사용하는 용어.

Insecticide(인섹티사이드) : **살충제**. 곤충을 죽이는 물질.

International Bitterness Units(인터르내셔널 비터르니스 유니츠) : **국제 쓴맛단위**. 약어로 IBU. 완성된 맥주의 알파 산 이성질체의 농도를 ppm단위로 나타낸 것. 각 맥주의 정확한 쓴맛을 나타내는 단위이다. 1 IBU=이성화된 알파 산 1ppm. 분광광도계(Spectrophotometer(스펙트로우포우타미터르)), HPLC, 질량분석계(Mass Spectrometry(매스 스펙트로우머트리)), 형광분광기(Fluorescence Spectroscopy(플루어레슨스 스펙트라스코피))등으로 측정한다. Bitterness Units (비터르니스 유니츠)와 동의어. 참조.

Inversion(인버르젼) : **전화(轉化)**. 전도(顚倒). 설탕이 구성 성분인 포도당과 프룩토스로 분해되는 것.

Invertase(인버르테이스) : **전화(轉化)효소**. 설탕을 가수분해하여 전화당(Invert

Sugar(인버르트 슈거르))으로 전환시키는 효소. Saccharase(새커레이스), Sucrase(수크레이스)와 동의어.

Invert Sugar(인버르트 슈거르) : **전화당(轉化糖)**. 포도당과 프룩토스의 등 분자(等分子. 같은 량의 분자) 혼합물. 프라이밍(Priming)에 사용한다.

Invisible Haze(인비저블 헤이즈) : **불가시(不可視) 혼탁**. 혼탁계로는 측정가능하나 눈으로는 감지할 수없는 혼탁.

IOB(아이오비) : **아이오비**. British Institute of Brewing(브리티쉬 인스티튜트 어브 브루잉. 영국양조협회)의 약어. 참조.

Iodine Starch Test(아이어다인 스타르치 테스트) : **요오드 녹말 시험**. Starch Test(스타르치 테스트)와 동의어. 참조.

Iodine Test(아이어다인 테스트) : **요오드 시험**. Starch Test(스타르치 테스트)와 동의어. 참조.

Ion(아이언) : **이온**. 전자를 획득하거나 또는 잃어 전하를 갖게 된 원자 또는 원자단(原子團). 이온을 포함하고 있는 물은 담금 중의 효소의 활성에 영향을 미치고 맥주 향미에도 영향을 미친다. Anion(애나이언. 음(陰)이온), Cation(캐타이언. 양이온) 참조.

IPA(아이피에이) : **아이피에이**. India Pale Ale(인디아 페일 에일)의 약어. 참조.

Irish Moss(아이리쉬 모스) : **뿔 가사리**. 유럽의 대서양 연안과 북미에서 산출되는 식용의 진두말속(屬) 홍조(紅藻)의 일종이고 학명은 콘드루스 크리스푸스(*Chondrus crispus*(칸드러스 크리스퍼스))이다. 부착력, 내구성이 풍부하여 맥아즙의 끓임 시에 사용하면 핫 브레이크Hot Break(하트 브레이크)를 촉진한다. Carrageen(캐러진)과 동의어.

Irish Picon(이이리쉬 페이칸) : **아이리시 피콘**. 큰 유리잔에 들어있는 얼음위에 리큐어의 일종인 아메르 피콘(Amer Picon)과 맥주인 기네스 스타우트(Guiness Stout)를 부어 조제한 칵테일. 레몬으로 풍미를 더하고 차게 제공한다.

Iron(아이어른) : 1. **철**. 화학기호 Fe. 맥주의 혼탁과 효모의 작용을 방해한다. 2. **철분 맛이 나는**. 양조용수 또는 오래된 양조시설에서 기인한다. 다른 특성과는 어울리지 않는다. 감지한계치는 0.15ppm이다. 감각용어.

Isinglass(아이징글래스) : **부레풀**. 아이징글라스. 철갑상어, 대구, 잉어 등의 어류의 부레로 만든 순백색의 투명 또는 반투명의 젤라틴. 맥주나 포도주등의 청징제(淸澄劑)로 사용한다. Fish Stuffing(피쉬 스터핑. 생선내장), Fish Gelatin(피쉬 젤러틴. 생선 젤라틴)과 동의어.

Island Grog(아일런드 그라그) : **아일랜드 그로그 주(酒)**. 필젠 맥주 12 온스(354.9ml)에 설탕가루 4 커피스푼, 화이트 럼 1 스프 스푼을 가하고 열을 가하여 만든 칵테일. 끓기 바로 전에 불을 끄고 따뜻하게 제공한다.

Iso(아이소우) : **아이소**. Isomer(아이서머. 이성질체)의 약어. 동등(同等)이라는 뜻.

Iso-Alpha Acid(아이소우 앨퍼 애시드) : **아이소 알파 산**. 알파 산이 이성화되어 반들어진 맥주에서 쓴맛 나는 물질. 이성화는 홉을 맥아즙에서 일정시간이상 끓여야 생성된다. 끓임 시간을 길게 하면 더 많은 이성화물이 생성된다. Alpha Acid(앨퍼 애시드) 참조.

Isoamyl Acetate(아이소우애밀 애시테이트) : **아이소아밀 아세트산 향의. 바나나(배) 아로마의**. 효모의 지방산 합성 중 형성되고 분비된다. 맥주의 중요한 아로마 중의 하나인 과일 냄새를 낸다. 맥주에 너무 많은 양이 존재하는 것은 너무 높은 발효온도, 부적절한 당화 액 통기, 효모의 스트레스에 대한 징후이다. 바바리안 바이첸(Bavarian Weizen)에서는 일반적으로 존재하고 과다하지 않으면 바람직하다. 감지 한계치는 약 1.2ppm이다. 감각용어.

Isoamyl Alcohol(아이소우애밀앨커홀) : **아이소아밀 알코올 아로마의**. 화학식이 $(CH_3)_2CHCH_2CH_2OH$인 무색의 맑은 액체이고 고급 알코올(Higher Alcohol(하이어르 앨커홀))의 일종이다. 바나나 향의 주된 성분이고 송로버섯 아로마 성분이다. Higher Alcohol(하이어르 앨커홀) 참조. 감각용어.

Isobutanol(아이소우부타노울) : **아이소뷰탄올 아로마의**. 바나나 향과 유사한 아로마를 갖는 고급 알코올(Higher Alcohol(하이어르 앨커홀))의 일종. Higher Alcohol(하이어르 앨커홀) 참조. 감각용어.

Iso-Humulone(아이소우 휴뮬란) : **아이소 후물론**. Alpha Acid(앨퍼 애시드) 참조.

Isomer(아이서머) : **이성질체(異性質體)**. 같은 분자와 분자량을 가지고 있으나 다른 분자구조를 가지고 있는 유기화합물. Iso(아이소우)로 약해서 쓴다.

Isomerization(아이사머리제이션) : **이성질(체)화**. 물리적 또는 화학적 변화에 의하여 한 이성질체가 다른 이성질체로 변화되는 현상. 어떤 화합물이 이성질화되면 같은 화합물이지만 화학적 구성이 달라진다. 맥아즙의 끓임 중에 홉의 알파 산이 아이소 알파 산(Iso-Alpha Acid)으로 전환되어 쓴맛을 내는 것이 그 예이다.

Isomerize(아이사머라이즈) : **이성질화하다**. 이성체로 바꾸다(바뀌다). 물리적 또는 화학적 변화에 의하여 한 이성질체가 다른 이성질체로 변화하다. 어떤 화합물이 이성질화되면 같은 화합물이지만 화학적 구성이 달라진다.

Isomerized Hop Extract(아이사머라이즈드 하프 익스트래크트) : **이성질체화 홉 추출물**. Hop Extract(하프 익스트래크트) 참조.

Isovaleric(아이소우벌레리크) : **아이소발레르산 아로마의**. 맥주에서 나는 나쁜 치즈냄새의 성분. 이 냄새를 Cheesy(치지), Stinky Cheese(스팅키 치즈), Stinky Feet(스팅키 피트)라고도 한다. 감지한계치는 2.2ppm이다. 감각용어. 각 용어 참조.

I.T.T.(아이티티) : **아이티티**. Indicator Time Test(인디케이터 타임 테스트)의 약어. 참조. ITT라고도 쓴다.

Jacob's Ladder(제이커브즈 래더르) : **야곱의 사다리**. 에일 캐스크 저장소로부터 양조장 또는 펍으로 캐스크를 운반하는데 사용하는 사다리 닮은 컨베이어.

Jacob's Ladderman(제이커브즈 래더르먼) : **야곱의 사다리 운전자**.

Japanese Rice Wine(재퍼니즈 라이스 와인) : **일본청주**. 다른 이름으로 Sake(사케), Japanese Rice Beer(재퍼니즈 라이스 비어)라고도 한다.

Jean Primus(장 프리무스) : **장 프리무스**. 맥주를 발명하였다는 전설상의 플랑드르 왕. Gambrinus(갬브라이너스) 참조.

Jenlain(제래) : **제래**. 프랑스 북쪽의 제래에 위치하고 있는 브하스리 듀익(Brasserie Duyck. 듀익 양조장)이 만든 진한 구리 색이며 과일 향을 가지고 있고 식전맥주로 사용되는 상면발효 맥주. 풀 바디이고 20°B이며 여과는 했으나 비 살균맥주이다. 샴페인 코르크 닮은 마개를 한 750ml 병에 담아 판매한다.

Jetting Machine(제팅 머신) : **분사(噴射)기계**. 병을 자동으로 세척하는 기계.

Jingle(징글) : **징글**. 향료나 약용으로 사용하는 육두구(肉荳蔲)의 종자와 사과로 단맛과 향미를 낸 에일.

Joao Weisse(즈와우바이세) : **즈와우바이세**. 1 파인트(473.2ml)의 백(白) 맥주(Weissbier(바이스비어))와 깬 얼음, 1 스푼의 레드 포트(Red Port), 1커피스푼의 설탕을 가하여 만든 칵테일. 천천히 섞은 후 약간의 간 육두구(肉荳蔲)의 종자를 뿌려준다. 차게 제공한다.

Jockey Box(자키 박스) : **자키 박스**. 맥주를 비롯한 음료수의 제공 장치. 냉각용 코일이 장착된 소풍용 냉장박스이고 겉에 1개 이상의 꼭지가 달려 찬 음료를 제공할 수 있게 만들어졌다. 냉각장치는 얼음으로 채워지고 음료는 이 냉각장치를 통과하는 코일을 통해 꼭지로 이동해서 제공한다. 이 장치는 이동이 용이하고 냉각 기계 없이 찬 음료를 제공할 수 있다는 장점을 가지고 있다.

Jug(저그) : **맥주 잔. 조끼**. 손잡이가 달려있고 속이 깊은 커다란 컵. 주로 맥주를 담아 마신다. 서양 배(Pear(페어)) 모양이고 입구가 병 입구를 닮았으며 코르크로 마개 한 것을 말하기도 한다.

Julifest Maubergeoise(율리페스트 모베르즈와즈) : **프랑스 모뵈주 7월 축제**. Kermesse de la Bière de Marbeuge(케르메스 드 라 비에흐 드 모베르즈)의 다른 이름. 참조.

Jungbukett(융부케트) : **설익은 방향(芳香). 풋내**. 프랑스어 Goût De Jeune(구 드 젠. 풋내)의 독일어.

Jungfrauenbecher(융프라우엔베셔) : **융프라우엔베셔**. 16-17세기에 독일에서 축제용으로 만든 술잔으로 종모양의 긴 치마(거꾸로 놓으면 커다란 컵으로 바뀜)를 입고 회전축이 붙은 사발을 머리 위에 받쳐 들고 있는 소녀 같은 형상으로 된 술잔으로 대개 은으로 만들었다. 종모양의 긴치마는 크고(큰 잔) 머리에 인 사발은 작다(작은 잔). 결혼식 피로연에서 큰 잔과 작은 잔에 술을 따른 후 신랑이 큰 잔의 술을 마실 때 작은 잔의 술이 흘리지 않도록 조심해서 마시고 신부에게 전달하여 마시게 한다. 결혼식을 유쾌하게 하는 잔이다. Maiden's Cup(메이든즈 커프)라고도 한다.

Juniper Berry(주니퍼 베리) : **노간주나무 열매. 두송자(杜松子)**. 진(Gin)과 맥주의 향미제로 사용되는 노간주나무 열매. 송진 냄새가 난다. 건위(健胃), 소화, 해독, 이뇨, 구풍(驅風)의 약재로도 사용된다.

Kachasu(커샤서) : **쿠샤수**. Kuchasu(커샤서)의 이형철자. 참조.

Kafir(캐퍼) : **수수. 캐퍼**. 학명은 파니쿰 밀리아세움(*Panicum miliaceum*(패니컴 밀리어시엄)). Kafir Corn(캐퍼 코른)이라고도 한다.

Kafir Beer(캐퍼르 비어) : **수수맥주**. 아프리카의 반투(Bantu(밴투))어(語)를 사용하는 사람들의 전통음료. 전통적으로 수수(기장)으로 만들었다. 기장을 24시간 침지한 후 천으로 단단히 뭉쳐서 48시간동안 싹을 틔운 후 햇빛에 말린다. 싹튼 곡물과 일반 곡물을 섞어 담금하고 끓이고 공기 중에서 식히고 야생효모로 자연 발효시킨다. 이 맥주를 처음 상업화한곳은 1908년 로데지아(Rhodesia. 현재의 짐바브웨)의 솔즈베리(Salisbury. 현재의 명칭은 하라레(Harare))에서였다. 현재는 남아공에서 싹튼 기장으로 만드는데 이 기장을 현지에서는 Kafir Corn(캐퍼르 코른)이라고 한다. 여러 곳에서 싹튼 수수와 맥아를 섞어서 맥주를 만들고 있고 나이지리아에서는 카사바 가공물인 가리(Gari)를 섞어 맥주를 양조하고 있다. 이 맥주는 홉을 첨가하지 않고 여과도 하지 않으므로 많은 양의 입자물질을 포함하고 있다. 이 맥주는 1차 발효 후 살균하므로 2차 발효에서는 약간의 당과 효모를 첨가한다. 발효가 일어나는 중에 판매되고 공식적 알코올 농도는 3%이나 발효가 계속 일어나고 있으므로 알코올농도는 약간 증가한다. Bantu Beer(밴투 비어), Sorghum Beer(소르검 비어)와 동의어.

Kafir Corn(캐퍼 코른) : **수수. 캐퍼**. Kafir(캐퍼)와 동의어.

Kaoliang(카우리앙) : **고량(高粱)**. 중국 송나라 때 수수를 사용해서 만든 맥주의 한 형태. 수수를 중국어로 Kaoliang(카우리앙)이라고 하고 사천 성에서 많이 재배 되었다.

Kaulms(콜름즈) : **콜름즈**. 싹튼 보리에서 잘라낸 뿌리. Culms(컬름즈)라고도 쓴다.

Rootlet(루틀리트. 어린뿌리)와 동의어. 참조.

Kava(카버) : 1. **카와카와 나무**. 폴리네시아산(産) 후추나무속의 관목인데 학명은 피페르 메틸스티쿰(*Piper Methylsticum*(파이퍼르 메실스티컴). 2. **카와카와 술**. 폴리네시아에서 한때 카와카와 나무뿌리로 만들었던 마취 성 술. 마른 뿌리를 씹어서 당화시킨 다음 뱉어서 양조하였다.

Keg(케그) : **케그**. 특히 5-10갤런(20-40리터)용량의 맥주 저장용 작은 통. 영국에서는 9, 10, 11갤런(각각 41, 45.5, 50리터) 용량의 알루미늄 또는 스테인리스 통을 말한다.

Keg Beer(케그 비어) : **케그 맥주**. 영국에서 금속 통에서 따라 주는 통 맥주. 생맥주를 여과하고 냉각시켜 케그에 담고 살균된 탄산가스로 압력을 가하여 따라낸다. 일반 맥주는 차게 제공되나 리얼 에일(Real Ale)은 주위온도(13.3°C)로 제공한다. Real Ale(리얼 에일) 참조.

Kegging(케깅) : **케깅**. 발효조에서 케그로 맥주를 옮기는 것.

Keggle(케글) : **케글**. 자가 맥주제조에 솥(Kettle(케틀))으로 사용할 수 있는 상업용 맥주 케그의 별명.

Kellerbier(켈러비어) : **켈러맥주**. 캐스크 에일(Cask Ale)과 비슷한 방법으로 2차 발효(Conditioning(컨디셔닝))하여 만든 여과하지 않은 라거 맥주. 알코올 함량과 색깔은 다양하다. 지금도 캐스크에서 숙성한 라거 맥주가 일반적인 독일 프랑코니아(Franconia. 독일이름은 Franken(프랑켄))에서 만든 맥주의 알코올 농도는 5% 또는 이보다 약간 높고 색깔은 진한 호박색(琥珀色)이며 캐스크에서 2차 발효 한다. 켈러비어란 영어로 "Cellar Beer(셀러 비어. 지하저장고 맥주)"란 뜻이다.

Kent Goldings(켄트 고울딩즈) : **켄트 골딩즈**. 약 5%의 알파 산을 함유하고 있고 영국에서 재배하고 있는 홉 품종.

Kermesse De La Bière De Mauberge(케르메스 드 라 비에흐 드 모베르즈) : **모뵈주 맥주축제**. 프랑스의 포터 39 양조장(Porter 39 Brewery)의 후원 하에 모뵈주(Mauberge)에서 1961년부터 열리고 있는 맥주축제. 매년 대개 7월 13일경에 시작하여 12-16일 동안 12시-자정까지 행사가 열린다. Julifest Maubergeoise(율리페스트 모베르즈와즈. 프랑스 모뵈주 7월 축제)라고도 한다.

Kettle(케틀) : **맥아즙 끓임 용 솥**. 탕(湯)솥. 담금솥(Mash Tun(매쉬 턴))과 비슷한 모양이고 구리나 스테인리스 스틸로 만들어졌고 이 솥에서 맥아즙을 가열한다. Copper(카퍼르), Brew Kettle(브루 케틀)과 동의어.

kg(킬러그램) : **킬로그램**. Kilogram의 약어. 1000그램.

Khadi(카디) : **카디**. 보츠와나에서 꿀과 야생 딸기류를 섞어서 양조한 벌꿀 술 또는 Melomel(멜로멜) 닮은 알코올음료.

Kick(키크) : **오목한 바닥**. Punt(펀트. 병 밑바닥의 들어간 곳)와 동의어. 참조.

Kiesel(키절) : **키젤**. 과거 소련과 중유럽에서 귀리와 호밀을 사용하여 한때 만들었던 맥주 종류. Zur(쭈르)와 동의어.

Kieselguhr(키절구어) : **규조토(硅藻土)**. 규조류가 바다 밑이나 호수 밑에 쌓여서 이루어진 흙. 가볍고 무르며 흰색, 누런색, 회색 따위를 띤다. 다공질이어서 흡수성이 풍부하다. 청징제로 사용된다.

Kieselguhr Filter(키절구어 필터) : **규조토 거르개**. 규조토로 두껍게 만들어진 거르개이며 맥주를 통과시켜 효모와 불순물 등을 거른다.

Kil(d)(킬) : **킬(드)**. Kilderkin(킬더킨)의 약어. 참조.

Kilderkin(킬더킨) : **킬더킨**. 1. 용량단위로 대개 1/2 배럴 또는 2퍼킨(Firkin)에 해당. 영국의 경우 약 84리터. 2. 16-18 갤런 들이 중형(中型) 물통(약 73-82리터용).

Kiln(킬른) : **맥아건조용 가마. 맥아건조용 노(爐)**. 구멍 뚫린 바닥을 가지고 있는 큰 건조용 가마. 전에는 직화로 가열했으나 지금은 대부분이 기름을 때는 히터를 사용하여 열을 만들고 조절이 가능한 통풍장치로 맥아를 건조하고 볶는다. Malt Kiln(몰트 킬른)과 동의어.

Kiln Dried Hop(킬른 드라이드 하프) : **가마건조 홉**. 홉을 수확한 후 홉을 건조할 수 있도록 특별히 만들어진 가마에서 잠깐 동안 건조시킨 홉. 방금 수확한 홉은 75-80%의 수분을 가지고 있으나 소프트 레진과 정유의 산화와 중합을 방지하기위하여 수분을 12-13%로 급격히 감소시킨다. 루풀린(Lupulin)의 손실에 의한 품질 하락을 방지하기위하여 건조온도는 50°C를 넘기지 않아야 한다.

Kiln Fan(킬른 팬) : **가마 팬**. 가마 속에서 회전하는 팬으로 가마 속의 맥아를 고르게 저어주는 역할을 한다.

Kiln Floor(킬른 플로어) : **가마바닥**. 가마내부의 단.

Kilning(킬른닝) : **가마건조**. 맥아의 증식을 중단시키고 맥아를 건조하여 빻기 쉽게 하며 뿌리를 쉽게 맥아에서 떨어지도록 싹튼 보리를 열로 건조시키는 것. 가마건조는 또한 싹튼 보리에서 나는 풋내를 없애주고 가마건조의 강도와 시간에 따라 새로운 아로마, 향미, 색을 만든다. 가마건조에 의해 보리의 발아에 의해 생성되었던 효소활성의 30-60%가 소실되고 맥아 자체의 효소 활성도 억제된다. 가마건조는 우선 45-50°C에서 맥아의 수분을 10%로 낮추고 다음에 80-110°C에서 6%까지 낮춘다(에일 용은 2%). 온도는 맥아껍질의 색에 영향을 미치고 결과적으로 맥주의 색에 영향을 미치게 된다. 옅은 색깔의 순한 맛의 맥주는 맥아보리를 건조 후 바로 꺼낸 것을 사용하고 검고 강한 맥주에는 고온에서 오랫동안 건조시킨 맥아를 사용한다. Drying(드라잉)과 동의어. Melanoidin(멜러노이딘) 참조.

Kilocalorie(킬러캘러리) : **킬로칼로리**. 1000 칼로리. 약어로 kcal. Calorie(캘러리) 참조.

Kilogram(킬러그램) : **킬로그램**. 1000 그램. 약어로 kg.

Kindl Berliner Weisse(킨들 베를리너 바이세) : **킨들 베를리너 바이세**. Berliner Weisse(베를리너 바이세) 참조.

Kiu(키우) : **키우**. Chiu(치우)의 이철자. 참조.

Kjeldahl Method(켈달 메터드) : **켈달방법**. 유기물중의 질소화합물 함량을 측정하는 분석법.

Kloeckera(클로에케러) : **클로에케라 속 효모**. 람빅(Lambic(람비크))맥주 발효 초기에 나타나는 효모 속.

Klosterbräu(클로스테르브로이) : **수도원맥주**. Abbey Beer(애비 비어) 참조.

Koji(코지) : **코지**. **국(麴)**. 쌀이나 보리 등에 곰팡이인 아스페르길루스 오리재(*Aspergillus oryzae*(애스퍼르질러스 오리줘))를 번식시킨 것. 막걸리나 청주 만들 때 녹말의 액화와 당화를 행하여 효모가 이를 이용하여 번식되도록 한다.

Kolbach Index(콜바크 인덱스) : **콜바크 지수**. 용해성 질소 비율. 맥아중의 총 질소(단백질)에 대한 맥아즙에 용해되어있는 질소(단백질)의 비율. 질소 전환(轉換. Modification(마더퍼케이션))의 직접적인 지표이다. Soluble Nitrogen Ratio(살류블 나이트러전 레이쇼우)와 동의어.

Kölsch(쾰쉬) : **쾰쉬 맥주**. 아주 연한 금색이고 가벼운 바디의 상면발효 맥주인데 법적으로 단지 독일의 쾰른(Köln. 영어로는 Cologne(콜론))에서만 양조해야하는 맥주. 다른 지방에서도 만들 수 있으나 상표에는 반드시 지방 명을 앞에 붙이고 쾰쉬라고 해야 한다. 홉 향이 강하고 알코올 농도는 중간(4.6%(V/V)) 정도이다. 약한 포도주 향이 난다.

Korean Rice Beer(코리언 라이스 비어) : **막걸리**(Makkolli). **탁주**(Takju). 쌀 또는 밀가루를 누룩으로 호화(糊化), 액화(液化)한 후 효모로 발효시킨 한국의 대중주. Korean Rice Wine(코리언 라이스 와인)이라고도 한다.

Korean Rice Wine(코리언 라이스 와인) : **막걸리**(Makkolli), **탁주**(Takju). 쌀 또는 밀가루를 누룩으로 호화(糊化), 액화(液化)한 후 효모로 발효시킨 한국의 대중주. Korean Rice Beer(코리언 라이스 비어)라고도 한다.

Korma(코르머) : **코르마** 1. 고대 이집트에서 생강으로 향미를 낸 단맛의 보리 와인. 2. 켈트족이 양조했던 수수맥주. Corma라고도 쓴다. Kurmi(쿠르미)라고도 부른다. Courni(쿠르니) 참조.

Kottbusser(코트부서) : **코트부서**. 독일 코트부스(Cottbus) 시에서 양조되기 시작하여 가보(家寶) 스타일로 내려와 양조되는 맥주인데 밀과 보리 맥아에 귀리, 꿀, 당밀을 첨가하여 양조한다.

Kraeusen(크로이젠) : **크로이젠**. 1. 발효 중인 맥주 위에 형성되는 두꺼운 거품. 2. 발효의 한 단계로써 발효 1일차에 거품이 바위처럼 또는 콜리플라워(Cauliflower) 머리처럼 왕성하게 생성되는 단계. 최고의 높이는 4-7일 사이에 형성되고 이를 고 크로이젠(High Kreuzen(하이 크로이젠))이라한다. 크로이젠은 독일어인데 영어의 크라운(Crown. 왕관)이라는 뜻이다. 3. 크로이젠 하다. 발효 중인 맥아즙 또는 발효가 끝난 맥주에 맥아즙을 첨가하여 맥주를 탄산화 하는 과정.

Kraeusen Beer(크로이젠 비어) : **크로이젠 맥주**. 맥주의 발효 중 크로이젠 단계에 있는 맥주. 발효 말기에 도달한 맥주에 첨가하여 탄산화 또는 컨디셔닝(Conditioning)이 일어나도록 하는데 사용한다.

Kraeusening(크로이제닝) : **크로이제닝**. 2차 발효(Conditioning(컨디셔닝 또는 숙성))를 위하여 약 15-20%의 영(Young) 발효 맥주를 발효가 완전히 끝난 맥주에 첨가하여 2차 발효를 행하고 이때 자연적 탄산화가 일어나게 하는 것. 독일의 전통적인 방법이다.

Krebs Cycle(크레브즈 사이클) : **크레브스 회로**. Citric Acid Cycle(시트리크 애시드 사이클. 구연산 회로(回路))와 동의어. 참조. 어원 : 이 회로의 효소촉매작용을 처음으로 연구한 영국의 과학자인 한스 크레브스(Han Krebs)경의 이름을 따와서 지은 용어.

Kriek(크리크) : **크렉**. 숙성되지 않은 람빅(Lambic)이나 괴즈(Gueuze)에 샤르비크 체리(Shaarbeek Cherry)를 침지시켜 재 발효가 일어나게 하여 만든 벨기에 맥주. 붉은 체리(Kersen(케르센)이라한다)와 검은색체리(Krieken(크리켄)이라한다)를 7월말-8월초에 수확하여 500리터의 람빅 맥주 당 100kg의 비율로 가하고 4-8개월간 내용물을 용출시킨다. 이 맥주를 여과하고 청징하여 입병하고 다음해까지 숙성시킨다. 크렉 맥주를 5년간 저장하면 알코올농도는 변함이 없으나 체리향미는 사라진다. 이것이 체리 레드(Cherry Red)이고 크림 같은 미세한 거품을 가지고 있고 쓰고 단 향미를 가지고 있으며 알코올 농도는 6%(V/V)이다. 현재는 대부분의 체리가 센(Senne)강 계곡 또는 프랑스 북부에서 조달된다(이를 Morello Cherry(모렐로 체리. 버찌)라 한다). 크렉이란 말은 원래 시큼하다는 뜻이다. Kriek(en)-Lambic(크리크(엔) 람비크), Kriekenlambic(크리켄람비크), Cherry Beer(체리비어)와 동의어. Framboise(프랑부아즈. 프랑부아즈), Gueuze(구에즈. 괴즈), Kriekenbier(크리켄비어), Lambic(람비크. 람빅) 참조.

Kriekenbier(크리켄비어) : **크리켄 맥주**. 상면 발효로 만든 보리 맥주에 체리 내용물을 추출하여 만든 벨기에 맥주 타입. Kriek(크리크. 크렉)과 혼동하지 말 것.

Kristallweizen(크리스탈바이첸) : **크리스탈바이첸**. 여과하여 맑은 바이스비어(Weissbier). 효모향이 나는 바바리안 헤페바이첸(Bavarian Hefeweizen)맥주보다는 일반적으로 소비되지는 않으나 바바리안 헤페바이첸과 유사한 향미를 가지고 있다.

Krupnik(크루프니크) : **크루프닉**. 지역에서 생산한 위스키와 꿀을 넣어 만든 폴란드의 알코올 음료

Ku-Baba(쿠 바버) : **쿠바바**. 기원전 2400년경 수메르에 살았던 여자 양조인과 선술집 주인. 이들은 훌륭한 여자와 성공한 양조 업자였고 그녀는 바빌로니아 북동쪽 20km지점에 키스(Kish)라는 도시를 세웠고 결국에는 그곳의 통치자가 되었고 키스의 3대 왕조를 세웠다.

Kuchasu(커샤서) : **쿠샤수**. 짐바브에에서 현지의 전통술을 증류하여 만든 증류주. Kachasu로 쓰기도 한다. 때로는 Tileque(틸레이키)라고도 한다.

Kulminator(컬미네이터르) : **쿨미네이터**. 세계에서 가장 알코올도수가 높은 맥주의 하나. 독일 바바리아 지방 북쪽에 있는 쿨름바크(Culmbach)에서 양조되는 더블 복(Double Bock(더블 보크))으로 알코올 농도가 13.2%(V/V)이다.

Kupferstube(쿠페르스투베) : **쿠페르스투베**. 독일 프랑켄의 뉘른베르크에서 생산되는 12.8°B의 구리 색 하면발효맥주인데 색깔은 연기향이 나는 볶은 맥아에서 온 것이다.

Kurunnu(쿠루누) : **쿠루누**. 고대 바빌로니아에서 스펠트(Spelt. 밀의 원조)를 사용하여 만들었던 맥주 타입.

Kvas(케바스) : **크바스**. 러시아에서 귀리 빵을 발효시켜 만든 알코올 농도가 0.2-2%(V/V)로 낮은 맥주 닮은 음료. 발효된 술은 귀리나 기타 곡물에 의해 쓴맛으로 변한다. 이 술은 원래 2000년 전 원시 슬라브인들이 만들었던 음료이다. 기본 레시피는 검은색 마른 빵을 부수고 뜨거운 물과 설탕용액을 가하고 제빵용 효모를 첨가한다. 여기에 건포도, 박하, 압생트(쓴 쑥), 두송실(杜松實), 꿀, 설탕을 첨가하여 향미를 낸다. 부자들은 월귤(越橘), 신양 벗의 열매(Morello Cherry(모렐로 체리)), 까치밥나무의 열매(Currant(커런트)), 사과, 레몬, 배, 나무딸기로 향을 낸다. 18세기 영국 에일이 수입되면서 소비가 줄기 시작하였다. 이 술의 제조법은 수메르인, 아시리아인, 이집트인이

만들었던 술의 양조법과 유사하다. 이 술은 지금도 러시아 북부에서 생산되고 있다. 제조법은 귀리 빵이 뜨거운 물에 덮이도록 부어준 후 휘 젖고 24시간 방치한 후 적당량의 물과 효모를 가하여 통속에서 2-3일간 발효시킨다. 탱크가 실린 트럭에 양조된 술을 싣고 다니며 직접 판매한다. Kwas 또는 Quas로 쓰기도 한다. Quass(크바스)와 동의어. Grouchevoï(그루셰보이), Iablochny(야블로크니), Malinovoï(말리노보이) 참조.

Kwas(크바스) : **크바스**. Kvas(크바스)의 다른 철자. 참조.

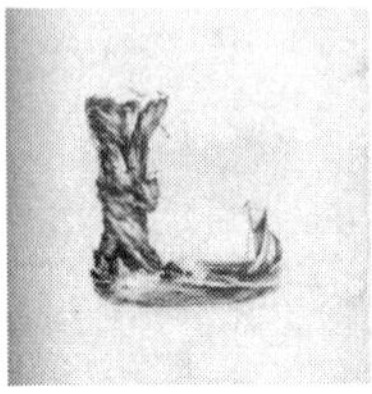

l(리터) : **리터**. Liter(리터)의 약어.

Label(레이벌) : **상표**. 라벨. 병에 붙어있으며 상표명, 알코올 농도, 양조장 이름, 기타 정보가 인쇄돼있는 종이나 포일(Foil).

Labeler(레이벌러르) : **상표부착기(商標付着器)**. 병에 상표를 붙이는 기계. Labeling Machine(레이벌링 머신)과 동의어.

Labeling Machine(레이벌링 머신) : **상표부착기(商標付着器)**. Labeler(레이벌러르)와 동의어. 참조.

Lace(레이스) : **레이스**. 맥주를 일부 또는 다 마셨을 때 맥주잔에 붙어있는 레이스 같은 거품의 패턴. Belgian Lace(벨지언 레이스)와 동의어. 참조. 외관 표현용어.

Lacing(레이싱) : **거품점착(粘着)**. Cling(클링)과 동의어. 참조.

Lack of Body(래크 어브 바디) : **바디 감 부족**. 맛이 연하고 물 같은 맥주. 이에 연관되는 용어에는 라이트 바디, 미디엄 바디, 풀 바디가 있다.

Lactic Acid(랙티크 애시드) : **유산(乳酸)**. 젖산. 분자식은 $CH_3CHOHCOOH$. 무색 또는 담황색의 끈적이는 수용성 액체. 부드럽고 신 향미의 카르복실 산이다. 락토바실루스(*Lactobacillus*(랙터우버실러스))속(屬) 세균의 대사부산물이다. 베를리너 바이세(Berliner Weisse) 맥주와 어떤 벨기에 에일의 시큼한 향미를 내고 우유의 산패, 또는 녹말, 당밀, 감자 등의 발효로 생성되거나 합성된다. 대개는 오염에 의해 생성된다.

Lactobacillus(랙터우버실러스) : **락토바실루스 속(屬)**. 유산균 의 한 가지 속으로 당을 젖산으로 전환시킨다. 베를리너 바이세(Berliner Weisse)는 이 균이 만드는 젖산에 의하여 하나의 스타일을 갖게 되었다.

Lactobacillus delbruckii(랙터우버실러스 델브루키) : **락토바실루스 델브루키**. Max

Delbruck교수가 분리한 동종발효성(Homofermentative(호우모우퍼르멘터티브))의 세균. 베를리너 바이세(Berliner Weisse(베를리너 바이세)), 쾰쉬(Kölsch) 맥주양조에 사용되는 세균이다.

Lactophilic(랙토우필리크) : **락토필릭**. 락토스를 포도당보다도 더 쉽게 대사 할 수 있는 균의.

Lactose(랙토우스) : **락토스**. 유당(乳糖). 분자식은 $C_{12}H_{22}O_{11}$. 유액(乳液)에 존재하는 2당류. 갈락토스와 포도당으로 이루어져 있다. 비발효성 당이므로 밀크 스타우트와 갈색맥주(브라운 비어)에서 바디 감을 높이고 단맛을 강화하는데 사용된다.

Lady's Waist(레이디즈 웨이스트) : **레이디즈 웨이스트**. 아일랜드와 호주에서 사용되는 약 100ml용량의 맥주잔.

Lagales(라게일즈) : **라게일즈**. 라거(Lager)와 에일(Ale)의 합성어로서 상면발효로 양조된 라거와 하면발효로 양조된 에일의 블렌드에 의해서 생산되는 혼합양조 물을 말한다.

Lager(라거르) : **라거 맥주. 저온저장숙성 맥주**. 하면발효에 의해 생산되는 맥주를 일컫는 일반적인 용어. 대개 디콕션 담금(Decoction Mashing(디칵션 매싱)) 법으로 생산 된다(상면발효에 의한 에일은 침출 담금 법(Infusion Mashing(인퓨젼 매싱)). 라거 양조법은 1840년에 도입되었고 영국에서 상면발효가 우위인 것을 제외하고 전 세계적으로 대부분의 맥주를 생산하는 양조방법이다(약 80%). 라거의 범주에는 뮌헨맥주(Münchener(뮌쉬너)), 빈 맥주(Vienna(비에너)), 필젠 맥주(Pilsener(필즈너르)), 도르트문트맥주(Dortmunder(도르트문더)), 복 맥주(Bock(보크)), 도펠 복 맥주(Doppelbock(도펠보크)) 등의 스타일이 있다. 대부분의 라거는 색이 연하고 상쾌하며 단맛이 적고 에일보다 알코올 농도가 낮은 필젠 맥주 스타일이다. 원형의 라거는 차가운 저장소에서 1-3개월간, 또는 그 이상 숙성(라거링)시키지만 현대적 방법은 이보다 훨씬 짧게 숙성시켜 시판한다. 이 용어는 "저장하다" 또는 "저장소"를 의미하는 독일어 동사와 명사인 Lagern(라건)에서 유래하였다. Bottom-Fermented Beer(바텀 퍼르멘티드 비어)와 동의어. Ale(에일), Bottom Fermentation(바텀 퍼르멘테이션. 하면발효), Bottom-Fermenting Yeast(바텀 퍼르멘팅 이스트. 하면발효 효모) 참조.

Lagered Beer(라거드 비어) : **저온저장숙성 맥주**. 거의 어는 온도의 저장고에서 수주-수개월간 숙성시킨 하면발효맥주.

Lagering(라거링) : **저온저장숙성**. 하면발효 맥주를 거의 어는 온도의 저장고에서 수주-수개월간 저장하여 숙성시키는 것. 때로는 1년 이상 저온저장숙성 시키기도 한다. 이 기간 동안 효모와 단백질은 침전되고 맛이 개선된 맥주가 만들어진다. 이 기법은 15세기 독일 바바리아 알프스(Bavarian Alps(버베어리언 앨프스))지역에서 개발된 방법인데 그 후 뮌헨, 비엔나, 필젠에서 실용화되었다. Cold Lagering(코울드 라거링. 저온저장숙성)과 동의어.

Lager Weisse(라거르 바이세) : **저온저장숙성 밀 맥주**. 독일의 하면발효 밀 맥주.

Lager Yeast(라거르 이스트) : **라거 효모**. Bottom-Fermenting Yeast(바텀 퍼르멘팅 이스트. 하면발효 효모)와 동의어. 참조.

Lag Period(래그 피리어드) : **유도기(誘導期)**. Lag Phase(래그 페이즈)와 동의어. 참조.

Lag Phase(래그 페이즈) : **유도기(誘導期)**. 맥주 양조 중 효모 투입과 맥아즙의 표면에서 거품이 일어나는, 즉 효모의 증식이 일어나기까지의 기간. 이 기간 동안 효모는 산소를 이용하여 생체막의 중요한 구성성분인 스테롤(Sterol)을 합성하여 효모의 크기가 커지는 기간으로 증식 준비기간이다. 초기비중이 1.010인 맥아즙에서는 약 2시간, 1.100인 맥아즙에서는 약 4시간이다. Lag Period(래그 피리어드)와 동의어. Reproduction Phase(리프로덕션 페이즈. 증식단계) 참조.

Lag Time(래그 타임) : **지체시간(遲滯時間)**. 효모나 세균의 증식단계 중 증식초기에 증식에 필요한 효소 등의 준비와 유전물질의 복제가 일어나는 시간으로 이때에는 겉보기로는 아무런 변화가 없는 것처럼 보이지만 이때가 지나면 활발히 증식이 일어나는 대수증식기(代數增殖期)에 접어든다. 균종, 영양물질의 양, 온도, pH 등에 따라 지체시간이 달라진다.

Lamb Ale(램 에일) : **램 에일**. 중세 영국에서 양털 깎을 시즌에 마시기 위해 양조했던 에일.

Lambic(람비크) : **람빅**. 파요텐란트(Pajottenland)라 불리는 지역에 있는 벨기에 수도인 브뤼셀의 남서쪽 반경 15km에서 야생효모와 맥주에 신맛을 내는 세균에 의해 양조되는 독특한 밀 맥주. 이 맥주는 전통적으로 겨울인 10월15일-5월15일에 양조와 자연발효가 행해지는데 그 이유는 여름에는 이 맥주가 만들어지는 젠느 계곡(Senne Valley)의 자연적인 미생물상(微生物相)을 전혀 예측할 수 없기 때문이다. 담금액은 60-70%의 보리와 30-40%의 밀로 구성되어있고 공기 중의 야생효모인 브레타노마이세스 브루셀렌시스(*Brettanomyces bruxellensis*(브레트노메이시즈 브러셀런시스))와 브레타노마이세스 람비쿠스(*Brettanomyces lambicus*(브레트노메이시즈 람비커스)), 그리고 내열성 세균과 젖산균에 의해 자연 발효된다. 발효용기는 참나무나 밤나무로 만든 252갤런(약 1146리터))용량의 큰 통에서 행한다. 발효는 3일후부터 일어나기 시작하여 첫 여름을 지나면 초기비중의 약 80%가 저감(低減)되고 두 번째 여름에는 거의 다 저감된다. 몇 년간 묵힌 홉을 첨가하여 방부효과와 약한 쓴맛을 낸다(100리터당 600g). 이 맥주는 덜 숙성된 상태(3개월-1년)로 또는 완전히 숙성된 상태(적어도 2년, 대개 3-4년)로 제공된다. 덜 숙성된 람빅은 아주 시고 약간 흐리며 거품이 약간 있거나 없을 수 있다. 완전히 숙성된 상태로 제공되는 람빅은 신맛이 적고 포도주의 쓰고 단 향미를 가지며 미세한 거품을 만든다. 덜 숙성된 람빅과 완전히 숙성된 람빅을 섞고 병에 담아 1년을 더 숙성하면 이 맥주를 괴즈(Gueuze(구에즈))라고 부른다. 1965년 칙령에 따라 람빅, 괴즈, 괴즈-람빅에 대한 정의가 내려졌는데 다음과 같다. "이들 맥주는 30%이상의 밀을 포함하는 적어도 5°벨기에의 맥아즙(허용오차는 5%이내)의 천연발효에 의해 만들어져야하고 라벨에는 생산자의 이름과 생산지를 표기해야한다." 어떤 지역에서는 Lambick로 쓰기도 한다. 이 맥주는 샴페인 병에 담고 코르크 마개를 하여 판매하기도 한다. Faro(파로), Gueuze(구에즈)), Kriek(크리크), Mort Subite(모르 수비트), Wheat Beer(휘트 비어) 참조.

Lambic Doux(람비크 두) : **단 람빅**. 단맛을 가진 덜 숙성된 람빅 맥주.

Lamb's Wool(램즈 울) : **램즈 울**. 17세기 영국에서 많이 마시던 음료로 5-6개의 구운 사과를 으깨고 설탕, 육두구(肉荳蔲)의 열매, 약간의 생강, 1-3 쿼트(1.14-3.42리터)의 데운 맥주를 섞은 음료. 새끼양의 털처럼 부드럽다는 뜻.

Lamswool로 쓰기도 한다.

Large Pack(라쥐 패크) : **대용량 포장**. 케그(Keg)나 캐스크(Cask) 포장.

Last Running(래스트 러닝) : **최종 여과분(濾過分)**. 거름 솥에서 마지막에 여과된 맥아즙.

Late Cluster(레이트 클러스터) : **레이트 클러스터**. 알파 산 함량이 5.5-7.5%이고 미국 아이다호 주와 워싱턴 주에서 재배하고 있는 홉 품종.

Late Hop Essence(레이트 하프 에센스) : **말기 홉 용 에센스**. 말기용 홉의 특성을 나타내도록 첨가하는 추출물.

Late Hopping(레이드 하핑) : **말기 홉 첨가**. 맥아즙을 끓일 때 홉을 첨가하는 것이 아니라 끓임의 마지막 또는 1차, 2차 발효 중에 건조 홉 또는 홉 펠릿을 첨가하여 홉 향미와 아로마를 나타내도록 하는 것. 자가 양조에서는 끓임 말기 10-20분전에 아로마 용 홉을 첨가한다.

Latent Heat(레이턴트 히트) : **잠열(潛熱)**. 정온, 정압 하에서 물질의 상태가 변화할 때, 즉 액체가 기체화 될 때에 흡수 또는 방사되는 열.

Lauter(라우터르) : 1.**로터**. 사용된 곡물이 들어있는 담금 액으로 부터 맥아즙을 분리하는 것. 2. **당화후의 맑은 담금 액**. 담금 액이 당화에 의해 맑아진 액. Lauter는 독일어로 맑은, 순수한 이라는 뜻.

Lautering(라우터링) : **담금 액 여과**. **로터링**. 거르개를 사용하여 담금이 끝난 곡물을 단맛의 담금 액으로 부터 분리하는 과정.

Lauter Tub(라우터르 터브) : **담금 액 여과 솥**. Lauter Tun(라우터르 턴)과 동의어. 참조.

Lauter Tun(라우터르 턴) : **담금 액 여과 솥**. 로터 턴. 곡류(穀類)의 당화 액(糖化液)에서 사용된 곡류와 홉 찌꺼기를 걸러내는 2층으로 된 그물눈(구멍 뚫린) 층(層)이 달린 커다란 탱크. 담금이 끝난 단 맥아즙을 조박(Spent Grain (스펜트 그레인))에서 걸러내는데 사용한다. 작은 양조장과 침출 당화 법을 사용하는 곳에서는 이 솥을 담금과 담금 액 여과에 같이 사용한다. Lauter Tub(라우터르 터브)와 동의어.

Lavender(래번더르) : **라벤더 향의**. 라벤더는 쑥 냄새 비슷한 향이 나고 연보라색 꽃이 피는 화초이다. 감각용어.

Lead(레드) : **납**. 원소기호 Pb. 혼탁을 일으키고 독성을 가진 물질.

Lead Conductance Value(리드 컨덕턴스 밸류) : **선평가(先評價) 값**. 홉에 존재하는 쓴맛 전구체가 얼마나 존재하는지를 평가하는 방법.

Leaven(레번) : **효모**. 구약과 신약에서 효모를 칭하는 말이었고 그 후 맥주효모, 효모, 우유 발효제 등의 발효를 일으키는 어떤 물질을 의미한다.

Lees(리즈) : **앙금. 찌꺼기**. 발효조 또는 저장조의 밑바닥에 쌓이는 효모, 세균, 기타 고체물질.

Leg(레그) : **레그**. 음료수를 마신 후 유리컵 안에 남아있는 흘러내린 자국. 품질과는 관계가 적고 알코올, 당, 글리세린 함량에 따라 달라지는 것으로 이들 함량이 많으면 길다. Tear(티어)라고도 한다.

Leipziger Gose(라이프치거 고제) : **라이프치히 고제**. 호박색(琥珀色)이고 아주 신맛의 밀 맥주 인데 소금을 첨가한 맥주이다. Leipzig(라이프치히) 근처에서 양조한다. 밀도는 10-12°플라토. 알코올 함량은 4-5%(V/V).

Lemon(레먼) : **레몬 향의**. 감각용어.

Lemonade(레머네이드) : **레모네이드**. 레몬주스에 설탕과 물을 탄 음료.

Lemon Shandy(레먼 섄디) : **레몬 섄디**. 맥주와 레모네이드(Lemonade(레머네이드))를 섞은 음료. Shandy Gaff(섄디 개프)와 동의어.

Lemongrass(레먼그래스) : **레몬그라스 향의**. 레몬그라스는 레몬 맛이 나는 풀인데 특히 열대 서남아시아 요리에 쓰인다. 감각용어. Lemon Grass로 쓰기도 한다.

Length(렝크스) : **양(量)**. 양조장을 가동할 때 매번 양조에 사용하는 맥아즙의 양.

Leuven Bier Festival(뢰벤 비어 페스티벌) : **루뱅(Leuvain) 맥주축제**. 벨기에의 루뱅에서 매년 성령 강림절(5월 12-15일)에 거행되는 맥주축제.

Leuvense Wit(뢰벤제 비트) : **뢰벤제 비트**. Blanche De Louvain(블랑쉬 드 루뱅. 백색 루벤 맥주)과 동의어. 참조.

Lever Capper(레버르 캐퍼르) : **지렛대 왕관 덮개**. 양손으로 들고 왕관을 막는 기구.

Lever Corker(레버르 코르커) : **지렛대 코르크 마개 막 개**. 한손 또는 두 손으로 들고 병목에 코르크를 밀어 넣는 기계.

Li(리) : **리**. 기원전 200년경 중국 한나라에서 만들었던 쌀 맥주의 한 형태. Chiu(치우), Shu(슈), T'ien Tsiou(티엔 치우) 참조.

Liberty(리버르티) : **리버티**. 알파 산 농도가 3.0-3.5%이고 미국에서 재배하고 있는 홉 품종.

Lickspigot(리크스피게트) : **릭스피겟**. 에일 선술집 주인을 의미하나 지금은 사용하지 않는 영국 속어.

Licorice Root(리커리스 루트) : **감초(甘草)**. 단맛이 나는 나무뿌리로 축제용 또는 기타 맥주의 향미를 위해 사용한다.

Life Expectancy(라이프 익스펙턴시) : 1. **유효기한**. 맥주 등의 재고상품이 상품으로서의 가치를 지니는 기간. 2. **평균여명(餘命)**. 기대수명(여명). 유전, 육체적 조건, 영양, 직업 등을 고려해서 통계적으로 산정된, 어떤 연령층의 사람이 가지는 여명(餘命)의 평균연수.

Light(라이트) : **낮은**. **가벼운**. **연한**. Low(로우)와 동의어로 사용된다.

Light Ale(라이트 에일) : **라이트 에일**. 1. 영국에서 마일드 에일보다 색이 연하거나 페일 에일보다 약간 알코올농도가 낮은 맥주를 말한다. 2. 병에 담은 비터, 즉 페일 에일과 동의어.

Light And Mild(라이트 앤드 마일드) : **라이트 앤드 마일드**. 페일 에일과 마일드 에일을 동량으로 섞은 음료.

Light Beer(라이트 비어) : **라이트 맥주**. Lite Beer라고도 쓴다. 1. 미국에서 덱스트린을 함유하고 있지 않은 저칼로리 맥주를 말한다. 이런 맥주는 가끔 살이 덜 찌는 맥주라고 선전한다. 라이트맥주는 1병당 약 90-160칼로리이다. 2. 미국에서 2.8-4%(V/V)의 낮은 알코올 농도를 가지고 있는 맥주를 말한다. 3. 미국과 유럽에서 진한 색 맥주에 대한 연한 색 맥주를 말한다. 4. 일반적으로 낮은 비중으로 양조를 시작하고 곰팡이에서 유래한 효소로 매시(Mash(당화 액))중의 탄수화물을 모두 당으로 전환하여 발효하며 만들어진 맥주는 탄수화물이 모두 발효되어 맥주 중에 잔류하는 탄수화물은 없으며 일반 맥주보다 알코올 함량이 낮은 맥주를 말한다. Low-Carb Beer(로 카브 비어),

Dry Beer(드라이 비어) 참조.

Lightstruck(라이트스트러크) : **일광취(日光臭)**. 맥주가 햇빛(청색광)에 노출됨으로써 황화수소와 아이소 후물론(Iso-Humulone(아이소우 휴뮬란))의 곁사슬이 가지고 있는 황 화합물들이 어떤 물질들과 바람직하지 않은 화학반응을 일으켜 페닐메르캅탄(Phenyl Mercaptan(페널 머르캡탠))을 형성하여 스컹크냄새 같은 불쾌한 향미를 내는 것. 잠시 햇빛에 노출되어도 일광취가 난다. 가끔 녹색 병에 들어있는 맥주에서도 일광취가 날 수 있으나 갈색 병이 일광취를 가장 잘 막아준다. Sunstruck(선스트러크)와 동의어.

Limewood(라임우드) : **린덴재목**. 피나무. 영국에서는 Lime Tree(라임 트리)라하고 스코틀랜드에서는 Lorit(로리트)라 한다.

Limit Attenuation(리미트 어태뉴에이션) : **최종저감도(最終低減度)**. Final Degree of Attenuation(파이널 디그리 어브 어태뉴에이션)과 동의어. 참조.

Limit Dextrinase(리미트 덱스트리네이스) : **한계 덱스트리네이스**. 녹말의 아밀로펙틴(Amylopectin(애멀로우펙틴))성분의 분지 점(α-1,6 결합)을 가수분해할 수 있는 효소의 총칭.

Linalool(리낼로우올) : **리날로울**. 은방울꽃 비슷한 향기를 가진 무색 액체로 향료로 사용된다.

Lintner(린트너) : **°린트너**. 맥아에 포함되는 녹말을 당화하는 아밀레이스(Amylase(애멀레이스)의 활성을 나타내는 단위를 말한다.

Lion(리옹) : **리옹**. 프랑스에서 400ml 용량의 맥주잔을 말한다. Botte(보트), Demi(데미), Distingué(디스텡게) 참조.

Lipid(리피드) : **지질(脂質)**. 글리세린과 지방산의 에스터로써 생물체 안에 존재하며 물에 녹지 않고 유기 용매에 녹는 유기 화합물을 통틀어 이르는 말. 일반적으로 액체는 오일(기름), 고체는 지방이라고 한다. 양조에서 지방은 거품의 안정성을 해치고 분해되어 불쾌한 냄새를 생성한다.

Lipoid(리포이드) : **지방성의**. 지방 비슷한. 레시틴, 납 등의 유지질(類脂質)의.

Liquefaction(리퀴팩션) : **액화(液化)**. **융해(融解)**. 알파 아밀레이스가 녹말을 덱스트린으로 용해하여 점도가 감소하는 것.

Liquefication(리쿼피케이션) : **덱스트린화. 호정화(糊精化)**. Dextrinization(덱스트리니제이션)과 동의어. 참조.

Liquefying Enzyme(리쿼파잉 엔자임) : **액화(液化)효소**. Alpha-Amylase(앨퍼 애멀레이스)와 동의어. 참조.

Liquid Carbon Dioxide(리퀴드 카르번 다이악사이드) : **액체탄산**. 탄산가스를 낮은 온도에서 20기압정도로 압축하여 액체로 만든 것. 홉 내용물을 추출하는데 사용한다.

Liquid Line(리퀴드 라인) : **액관(液管)**. 맥주 제공용 탱크 또는 케그(Keg)에서 따름용 꼭지까지 연결된 벽이 두꺼운 저압용 튜브.

Liquid Malt Extract(리퀴드 몰트 익스트래크트) : **액체 맥아추출물**. 자가 맥주 양조자 에게 담금은 까다롭고 시간이 많이 소비되는 작업이므로 이를 해소하기위하여 상업적으로 맥아를 추출하여 농축한 점성이 있는 시럽. 캔이나 병에 담아 판매하고 맥주양조나 식품공업에 사용한다. 약어로 LME.

Liquid Pint(리퀴드 파인트) : **액체 파인트**. 액량단위. 영국에서는 0.568리터, 유럽 일부 다른 나라들과 미국에서는 0.473리터. 8파인트가 1갤런. 약어로 pt. Pint(파인트) 참조.

Liquor(리커르) : 1. **물**. 양조산업에서 담금과 양조에 사용되는 많은 양의 칼슘염과 마그네슘염을 갖고 있는 천연수 또는 수처리(水處理)된 물. Brewing Water(브루잉 워터르), Mashing Liquor(매슁 리커르), Brewing Liquor(브루잉 리커르)와 동의어. Brewing Water(브루잉 워터르. 양조용수) 참조. 2. **증류주**. 발효주를 증류하여 만든 알코올 농도가 높은 술.

Lite Beer(라이트 비어) : **라이트 맥주**. Light Beer의 미국식 철자. Light Beer(라이트 비어) 참조.

Liter(리터르) : **리터**. 부피의 단위로 4°C에서 순수한 물 1kg의 부피로 1000cc이다. 약어로 l.

LME(엘엠이) : **엘엠이**. 액체형태의 맥아추출물. Liquid Malt Extract(리퀴드 몰트 익스트래크트. 액체 맥아추출물)의 약어. 참조.

Logarithmic Phase(로거리드미크 페이즈) : **대수 증식기(對數增殖期)**. Reproduction Phase(리프로덕션 페이즈)와 동의어. 참조.

London Yeast(런던 이스트) : **런던 효모**. 영국 에일 만들 때 사용되는 효모의 일종. 약간의 다이아세틸과 광물질 향미를 생성한다. 만들어진 맥주는 상큼하고 시큼하며 중간정도의 발효력을 가진다.

Long Glass(롱 글래스) : **롱 글라스**. Yard of Ale(야르드 어브 에일)과 동의어. 참조.

Loose Hops(루스 합스) : **전(全) 홉**. 홉을 말린 다음 홉의 구과에서 입을 골라내는 것 이외에는 어떤 처리도하지 않고 밭에서 수확한대로 포장한 홉. Whole Hops(호울 하프스)와 동의어. 전(全) 홉

Loss in Yield(로스 인 일드) : **생산손실**. 맥주양조의 여러 단계에서 일어나는 무게와 생산량의 감소.

Lovibond(러비반드) : **로비본드**. 맥주, 맥아, 맥아즙의 색깔을 표시하는 옛날의 단위인데 주로 영국의 생산품에서 볼 수 있다. SRM과 아주 유사하고 같은 의미로 사용된다. 로비본드 도, °L로도 표기한다. SRM에서 사용하는 것과 같이 1(예 : 필스너 맥아)-550(예 : 검은 특허 맥아(Black Patent Malt))로 나눈다. SRM 참조.

Low(로우) : **낮은. 가벼운. 연한**. Light(라이트)와 동의어.

Low-Alcohol(ic) Beer(로우 앨커홀(리크) 비어) : **저알코올맥주**. 일반적으로 2.5%(V/V)인 맥주를 말하는데 정의(定義)는 나라마다 다르다. 무알코올 맥주는 0.05-0.5%인 맥주를 말하고 맥아음료라고도 한다. 만드는 방법은 알코올을 적게 만드는 효모를 사용하거나 발효기간을 단축시킨다. Near Beer(니어 비어)와 동의어. 참조

Low-Cal Beer(로우 캘 비어) : **저칼로리맥주**. Low-Calorie Beer(로우 캘러리 비어)의 단축 형. 참조.

Low-Calorie Beer(로우 캘러리 비어) : **저칼로리맥주**. 덱스트린이 아밀로글루코시데이스(Amyloglucosidase(애멀로우글루코서데이스))에 의해 분해되고 발효되어 낮은 칼로리 함량을 가지고 있는 맥주. 단축 형은 Low-Cal Beer(로우 캘 비어). Diet Beer(다이어트 비어), Light Beer(라이트 비어) 참조.

Low-Carb Beer(로우 카브 비어) : **저탄수화물맥주**. 탄수화물을 적게 포함하고 있는 맥주. Carb는 Carbohydrate(카르버하이드레이트. 탄수화물)의 약어이다.

Light Beer(라이트 비어)와 비슷한 방법으로 만들어지나 초기 양조 액의 비중이 일반적인 맥주와 같으므로 알코올 농도는 같다. 모든 탄수화물이 발효되어 맥주에는 존재하지 않기 때문에 유럽에서는 당뇨병 환자가, 미국에서는 다이어트용으로 사용한다. Dry Beer(드라이 비어), Light Beer(라이트 비어)와 비교 할 것.

Low Fermentation(로우 퍼르멘테이션) : **하면발효**. Bottom Fermentation(바텀 퍼르멘테이션)과 동의어. 참조.

Lublin(루블린) : **루블린**. 알파 산 함량이 3.0-4.0%이고 폴란드에서 재배하고 있는 홉 품종.

Luda(루더) : **루다**. 아리안(Aryan)어를 쓰고 이란 혈통인 코카서스 부족인 오세트(Ossets)인이 맥주를 칭하던 말.

Lug(러그) : **손잡이**. **돌기(突起)**. 용기의 귀처럼 쑥 나온 부분.

Lunatic Broth(루너티크 브로스) : **미친 국물**. Old Ale(올드 에일) 참조.

Lupomaniac(루퍼메이니애크) : **홉 애호가**. 홉을 많이 첨가한 맥주를 애호하는 사람을 말하며 이 용어는 맥주 저술가인 테리 포스터(Terry Foster)가 지어낸 말인데 홉을 과도하게 첨가한 맥주를 좋아한다는 뜻은 아니다.

Lupulin(루퓰린) : **루풀린**. 홉의 구과의 포엽 기부(苞葉 基部)에 생기는 미세한 노란색 분말. 맥주에 쓴맛과 방향, 그리고 살균력을 주는 정유와 쓴맛의 수지를 포함하고 있다. 한때는 홉 가루(Hop Flour(하프 플라우어))라고도 불렸다. Alpha Acid(앨퍼 애시드), Beta Acid(베이터 애시드), Hop(하프), Hop Oil(하프 오일), Soft Resin(소프트 레진) 참조.

Lupulin Gland(루퓰린 글랜드) : **루풀린 선(腺)**. 암컷 홉의 구과의 포엽 기부(苞葉 基部)에 있는 직경이 약 0.1mm인 노란색 주머니. 쓴맛 레진(알파 산과 배타 산)과 정유가 들어있다.

Lupulone(루퓰로운) : **루풀론**. 베타 산과 동의어이고 홉에서 발견되는 두 가지 수지 중 한가지이고 루풀론(Lupulone(루퓰로운)), 애드 루풀론(Ad-Lupulone(애드 루퓰로운)), 코 루풀론(Co-Lupulone(코우 루퓰로운))으로 구성되어 있다. Beta Acid(베이터 애시드. 베타 산(酸)) 참조.

Lupus salictarius(루퍼스 살리크타리어스) : **루푸스 살릭타리우스**. 홉의 옛 이름으로 AD 23년 로마의 플라이니 더 엘더(Pliny the Elder)가 붙였으며 "버드나무속의 늑대"라는 뜻이고 현재의 학명인 휴물루스 루풀루스(*Humulus lupulus* (휴멀러스 루펄러스))가 거기에서 유래되었다.

Lüttje Lage(뤼체 라게) : **뤼체 라게**. 독일의 사격축제(Schützenfest(쉿츤페스트))에 사용하기위하여 소량 만든 맥주. 대개 이 맥주와 독한 네덜란드 진(Schnapps(쉬냅스. 스넵스))과 함께 섞어 마신다.

L-Xyloascorbic Acid(엘 자일로어스코르비크 애시드) : **엘 자일로아스콜빅 애시드**. Ascorbic Acid(어스코르비크 애시드)와 동의어. 참조.

Maas(마스) : **마스**. 옛 알자스 인이 사용하던 용량단위로 약 1.63리터.

Macerate(매서레이트) : **매세레이트**. 침연박리(浸軟剝離). 액체에 담가 연화(軟化)시키고 물질의 일부분을 박리(剝離)하는 것. 물에 불리는 것.

Madagascar Gum(매더개스커르 검) : **마다가스카르 검**. Agar-Agar(아가르아가르. 한천(寒天)와 동의어. 참조.

Madureira(마두레이러) : **마두레이라**. 필젠 맥주와 강화 포도주인 마데이라를 혼합하고 차게 하여 긴 술잔에 제공하는 칵테일.

Magnesium(매그니지엄) : **마그네슘**. 금속원소. 원소기호 Mg. 연소할 때 강한 흰빛을 내는 백색의 가벼운 연성(延性)금속. 맥주양조에서 담금 액과 맥아즙의 pH를 낮추지만 완성맥주에 얼얼한 맛을 준다.

Magnesium Sulfate(메그니지엄 설페이드) : **황산마그네슘**. 화학식은 $MgSO_4 \cdot 7H_2O$. Epsom Salt(에프섬 솔트. 에프솜 염)와 동의어. 참조.

Maibock(메이보크) : **메이복**. 색이 연하고 알코올 농도가 강하며 봄에 사용하려고 양조하는 라거 맥주. 16-17 °플라토. 알코올 농도는 6.5-7.0%(V/V). Pale Bock(페일 보크), Helles Bock(헬레스 보크)와 동의어.

Maiden's Cup(메이든즈 커프) : **메이든즈 컵**. Jungfrauenbecher(융프라우엔베셔)와 동의어. 참조.

Maillard Browning(마이야르드 브라우닝) : **메일라드 갈변화(褐變化)**. 비 효소적인 메일라드 반응에 의해 갈변화가 일어나는 것. Maillard Reaction(마이야르드 리액션. 메일라드 반응) 참조.

Maillard Product(마이야르드 프로덕트) : **메일라드 생산물**. 높은 온도에서 당과 아미노산에 의해 생성되는 일단의 화합물을 말하는데 이를 갈변화 물질이라고 말한다. 이 물질들은 풍부한 몰트향이 나며 때로는 고기향이 나는 화합물이 생성된다. 이 반응에서 생성되는 멜라노이딘(Melanoidin(멜러노이딘)) 류는 적갈색을 띠고 있고 강한 향미를 갖고 있다. 그러나 이 물질에 대한 화학과 향미특성은 잘 연구되어있지 않기 때문에 주류 판정 시 이 산물에 대해서는 세세히 따지지는 않고 그저 풍부한 맥아향미 정도로 평가한다.

Maillard Reaction(마이야르드 리액션) : **메일라드 반응**. 높은 온도에서 탄수화물과 아미노산의 반응에 의한 복잡한 연쇄적 화학 반응. 이 반응은 많은 식품 가공 중에 일어나며 멜라로이딘(Melanoidin(멜러노이딘))이라는 진한 갈색의 물질들을 만들어지고 이들은 다양한 향미와 색을 나타낸다.

Maize(메이즈) : **옥수수**. 부가 물용으로 사용되는 곡물이다. 플레이크로 만든 옥수수는 사용 전 열처리가 필요 없으나 기름을 많이 함유하고 있는 배아는 곡 제거해야한다. 옥수수 가루는 12-13%의 수분, 63%의 녹말, 9%의 단백질을 함유하고 있다. Indian Corn(인디언 코른)과 동의어. Flaked Maize(플레이크트 메이즈. 옥수수 플레이크) 참조.

Maize Meal(메이즈 밀) : **빻은 옥수수**. 가루를 뽑지 않은 빻은 옥수수. 빻은 옥수수에서 가루만 뽑아낸 옥수수 가루(Corn Flour(코른 플라우어르))와 혼동하지 말 것.

Makkolli(막걸리) : **막걸리**. 쌀 또는 밀가루를 누룩으로 호화(糊化), 액화(液化)한 후 효모로 발효시킨 한국의 대중주. Korean Rice Wine(코리언 라이스 와인), Korean Rice Beer(코리언 라이스 비어)라고도 한다. Takju(탁주)와 동의어.

Male(메일) : **수포기. 수컷 풀**.

Malic Acid(맬리크 애시드) : **말산. 사과산**. 분자식은 $HOOCCH_2CH(OH)COOH$. 무색, 수용성의 결정으로 사과, 포도 등에 들어있고, 또한 동물의 물질대사의 중간생성물로 생성된다. 신맛이 강하고 포도주 또는 벌꿀 술 양조에 첨가하기도 한다.

Malinovoï(말리노보이) : **말리노보이**. 침연(浸軟)된 나무딸기가 들어있는 크바스(Kvas(케바스)).

Malt(몰트) : 1. **몰트. 맥아(麥芽). 엿기름**. 보리를 물에 침지시킨 후 발아상(發芽床. Malting Floor(몰팅 플로어)), 발아상자(Germination Box(저르머네이션 박스)), 또는 발아관식 맥아제조(發芽管式 麥芽製造. Drum Malting(드럼 몰팅))

법으로 싹을 내고 건조용 가마(Kiln(킬른))에서 건조시켜 발효에 필요한 효소를 생산한 것. 건조의 목적은 보리의 불용해성 녹말을 용해성 물질과 당으로 전환시키기 위함이다. 좋은 맥아란 1). 단백질함량이 낮아야한다(12.8%이하가 적당하다). 2). 녹말 함량이 높을수록 좋다. 3). 발아력은 98% 이상이어야 하는 등의 3가지이다. Malted Barley(몰티드 바를리. 싹튼 보리)와 동의어. Black Malt(블래크 몰트. 흑 맥아), Caramel Malt(캐러멀 몰트. 캐러멜맥아), Crystal Malt(크리스털 몰트. 크리스털 맥아), Dextrin Malt(덱스트린 몰트), Malting(몰팅. 맥아제조), Munich Malt(뮤니크 몰트. 뮌헨 맥아), Pale Malt(페일 몰트. 옅은 색 맥아), Toasted Malt(토우스티드 몰트. 구운 맥아) 참조. 2. **몰트. 맥아(麥芽)**. 보리이외의 곡물을 싹틔운 것. 3. **보리를 맥아로 만들다**. 4. **몰트 아로마의**. 이 아로마는 몰트의 가마건조 또는 디콕션(Decoction)중의 갈변화(Maillard Browning(마이야드 브라운닝). 이를 캐러멜 화(Caramelization(캐러멜리제이션)라고도 한다), 맥아즙 끓임, 어떤 타입의 캐러멜화가 일어난 양조용 설탕에 기인한다. 다른 특성과 잘 어울리나 편차가 크다. 감지한계치는 낮은 ppb정도이다. Bready(브래디), Burned(번드), Caramel(캐러멀), Coffee(커피), 초콜릿(Chocolate(초컬리트)), Espresso(에스프레소), Grassy(그라시), Grainy(그레이니), Nutty(넛티), Roasty(로우스티), Toasty(토스티), Toffee(토피), 크리스털 몰트에서는 Dried Fruit(드라이드 프루트), Prune(프룬), Raisin(레이즌) 등으로 표현한다. 감각용어.

Malt Adjunct(몰트 애드정크트) : 맥아 부가 물. Cereal Adjunct(시리얼 애드정크트. 곡류 부가 물)와 동의어. Adjunct(몰트 애드정크트) 참조.

Maltase(몰테이스) : **말테이스**. 맥아당1223을 포도당으로 분해하거나 다른 배당체(配糖體)에 작용하여 포도당을 유리하는 효소.

Malt Beer(몰트 비어) : **맥아맥주**. 알코올 농도가 낮은 맥아음료로 수유중인 엄마와 아이의 영양보충을 위해 만든 음료. 현재는 운동선수와 자기의 건강을 의식하는 사람들이 소비한다. 프랑스에서는 Bière De Malt(비에흐 드 말트)라 하고 독일에서는 Malzbier(말츠비어)라 한다.

Malt Beverage(몰트 베버리쥐) : **맥아음료**. 싹튼 보리로 만든 알코올포함 또는 비포함 음료.

Malt Cleaning Machine(몰트 클리닝 머신) : **맥아뿌리제거기**. 싹튼 맥아의 뿌리를 제거하는데 사용하는 구멍 뚫린 금속 드럼.

Malt Comes(몰트 쿰즈) : **맥아왕겨**. Malt Tails(몰트 테일즈)와 동의어. 참조.

Malt Crusher(몰트 크러셔르) : **맥아분쇄기**. 싹튼 보리를 가는데 사용하는 한 쌍 이상의 원통형 롤러를 가지고 있는 기계. Grinder(그라인더르), Malt Mill(몰트 밀), Mill(밀), Roller Mill(로울러르 밀)과 동의어.

Malted(몰티드) : 1. **맥아로 만든**. 2. **맥아를 처리한** 또는 **맥아로 부터 만든**.

Malted Barley(몰티드 바를리) : **맥아**. **싹튼 보리**. Malt(몰트)와 동의어. 참조.

Malt Extract(몰트 익스트래크트) : 1. **맥아추출물**. 맥아로부터 추출한 걸쭉한 단맛의 시럽 또는 분말. 기본적으로 약한 진공 건조법으로 물의 일부 또는 전부를 제거하여 시럽이나 분말로 만든 것이며 2, 2.2, 2.5, 3.0, 3.3, 또는 3.5파운드의 캔으로 포장한 것이다(1파운드는 0.4535924kg). 색은 다양하고 홉을 첨가한 것과 첨가하지 않은 것이 있다. 2. **맥아추출물 음료**. 저알코올의 검고 걸쭉한 맥주 닮은 맥아음료.

Malt Floor(몰트 플로어) : **맥아상(麥芽床)**. 전통적 맥아제조에서 침지한 보리를 10-15cm으로 펼쳐놓아 싹이 트도록 하는데 사용하는 평평한 표면. 이 방법으로 맥아를 만들려면 많은 면적이 필요하므로 발아상자 같은 기계적 장치로 대체되었다. Malting Floor(몰팅 플로어)와 동의어.

Malt Heap(몰트 히프) : **맥아더미**. 맥아상(麥芽床)위에 싹틀 보리를 평평하게 쌓아 놓은 것. Couches(카우치즈)와 동의어.

Malt Hopper(몰트 하퍼르) : **맥아호퍼**. 건조한 맥아를 제분기에 보낼 때 사용하는 깔때기 형 기구. 곡물, 석탄, 사료를 아래로 내려 보내는 데도 사용한다.

Malthouse(몰트하우스) : **맥아제조소**. 보리를 맥아로 만드는 건물.

Malting(몰팅) : **맥아제조**. 보리를 맥아로 만드는 것. 다음과 같은 3단계로 나눈다. 1). 침지(浸漬)-적당한 수분함량을 가질 때까지 보리를 물에 담근다. 2) 발아(發芽)-조절된 조건에서 젖은 보리가 싹이 나도록 한다. 이때 효소가 활성화된다. 3) 가마건조-싹이 난 보리(이를 녹 맥아라 한다)를 건조하고 볶는다.

Malting Barley(몰팅 바를리) : **맥주보리**. 맥주를 만들 때 사용하는 보리로 대개 두줄보리이다. 전 세계적으로 300품종이상이 재배되고 있다. 식용보리보다 녹말함량은 높고 단백질함량은 낮다.

Malting Floor(몰팅 플로어) : **맥아상(麥芽床)**. Malt Floor(몰트 플로어)와 동의어. 참조.

Malting Grade(몰팅 그레이드) : **맥아등급매개기**. 일반적인 발아와 담금 후 높은 열수추출물을 생산할 수 있을지의 여부에 따라 보리품종을 평가하는 것.

Maltings(몰딩즈) : **맥아제조소**. 보리를 물에 침지시키고 싹을 틔워 건조하는 건물.

Malt Kiln(몰트 킬른) : **맥아건조용가마**. Kiln(킬른)과 동의어.

Malt Liquor(몰트 리커르) : **맥아 리커**. 1. 일반맥주보다 알코올 함량이 높은 맥주. 2. 미국의 경우 법에 따라 라거나 맥주라고 부르기에는 너무 알코올 농도가 높은 맥주. 일반 표준적인 라거 맥주의 알코올함량은 4.0-5.0%(V/V)인데 이 맥주는 평균 5.6-7.5%(V/V)이다.

Maltman(몰트먼) : **맥아제조인**. Maltster(몰트스터)와 동의어. 참조.

Maltmaster(몰트매스터르) : **맥아제조인**. Maltster(몰트스터)와 동의어. 참조.

Malt Mill(몰트 밀) : **맥아제분기. 맥아 빻는 기계**. 싹튼 보리를 가는데 사용하는 한 쌍 이상의 원통형 롤러를 가지고 있는 기계. Grinder(그라인더르), Malt Mill(몰트 밀), Malt Crusher(몰트 크러셔르), Mill(밀), Roller Mill(로울러르 밀)과 동의어.

Malt Oar(몰트 오어) : **맥아 노**. 맥아를 저어 전체가 잘 섞이도록 하는 기구.

Maltobiose(몰토우바이오스) : **엿당. 맥아당**. Maltose(몰토우스. 말토오스)와 동의어.

Maltodextrin(몰토우덱스트린) : **말토덱스트린**. 포도당이 α-1,4결합으로 3-20개 연결된 다당류(덱스트린의 일종)를 말한다. 녹말의 당화과정에서 생성된다. 효모에 의해서는 발효되지 않고 맥주양조에서는 맥주의 비중의 증가, 입맛의 개선, 거품 지속시간의 증가를 위하여 사용한다.

Maltogenic Amylase(몰토우제니크 애멀레이스) : **말토게닉아밀레이스**. 녹말, 글라이코젠, 덱스트린 등의 α-1,4-글루칸(α-1,4-Glucan)의 글루코스 결합의 비환원성 말단으로부터 순차적으로 β-말토오스를 생성하는 효소이다.

Maltose(몰토우스) : **말토오스**. 맥아당. 엿당. 포도당 2개가 α-1,4결합을 하고 있는 발효성 당. 녹말의 효소 적 가수분해에 의해 얻어진다. 맥아즙의 중요한 당 성분이다. Maltobiose(몰토우바이오스), Malt Sugar(몰트 슈거르)와 동의어.

Maltotetraose(몰토우테트러오스) : **말토테트라오스**. 포도당 4개가 결합된 비발효성 당으로 담금(Mashing(매슁))중 생성되며 맥아즙에 포함되어있다.

Maltotriose(몰토우트라이오스) : **말토트라이오스**. 포도당 3개가 결합된 당으로 서서히 발효되는 당으로 담금(Mashing(매슁))중 생성되며 맥아즙에 포함되어있다.

Malt Plow(몰트 플라우) : **맥아 뒤집는 기구**. 맥아상(麥芽床)에서 싹트는 보리를 뒤집는데 사용하는 기구.

Malt Polisher(몰트 팔리셔르) : **맥아광택기**. 맥아에 광택을 내기위하여 사용하는 기계로 회전하는 두개의 솔로 구성되어있다.

Malt Screen(몰트 스크린) : **맥아용 체**. 곡물을 선별하고 먼지, 모래, 돌 등을 골라내기 위하여 사용하는 체.

Malt Sprouts(몰트 스프라우츠) : **맥아근(麥芽根)**. Rootlet(루틀리트)와 동의어. 참조.

Maltster(몰트스터) : 맥아제조인. 맥아를 만드는 사람. Maltman(몰트먼), Maltmaster(몰트매스터르)와 동의어.

Malt Sugar(몰트 슈거르) : **맥아당**. Maltose(몰토우스)와 동의어.

Malt Tails(몰트 테일즈) : **맥아왕겨**. 건조 중 또는 건조가 끝난 맥아로부터 제거한 왕겨로 사료나 비료로 사용한다. Beard(비어드. 왕겨), Malt Comes(몰트 쿰즈)와 동의어.

Malt Tannins(몰트 태닌즈) : **몰트 타닌**. 맥아껍질로부터 유래한 타닌을 말하며 홉 타닌과 구별하기위하여 사용하는 용어. Tannin(태닌) 참조.

Malt-to-Sugar Ratio(몰트 투 슈거르 레이쇼우) : **맥아와 당 비율**. 자가 양조에서 맛에 영향을 주지 않고 끓는 맥아즙 또는 맥아추출물에 첨가하는 당의 최대량을 말하는데 2:1이상이 적당하다.

Malt Worm(몰트 워름) : **맥아바구미**. 학명은 칼란드라 그라나리아 *Calandra granaria*(컬랜드러 그러나리어)이다. Grain Weevil(그레인 위블. 곡물바구미)과 동의어.

Malty(몰티) : 1. **맥아향기의**. 다른 특성과 잘 어울리나 편차가 크다. 감지한계치는 낮은 ppb정도이다. 감각용어. Malt(몰트) 참조. 2. **맥아에 연관된**.

Malzbier(말츠비어) : **맥아맥주**. 독일에서 알코올 농도는 0.6-1.9%(V/V)이고 색이 검고 달며 향기로운 맥아음료를 말한다. 진짜 맥주는 아니고 한때 어린이와 수유부(授乳婦)를 위한 영양제로 양조되었고 현재도 운동선수와 건강을 의식하는 사람들이 마시고 있다. Mumme(무머), Karamalz(카라말츠), Vitamalz(비타말츠) 등이 있다. Bière De Malt(비에흐 드 말트), Near Beer(니어 비어), Malt Beer(몰트 비어) 참조.

Manganese(맹거니스) : **망가니즈**. 원소기호 Mn. 담금액 중에서 효소의 작용에 필수적인 미량원소. 양이 많으면 맥주에 금속 맛을 준다.

Manioc(매니아크) : **매니옥**. **타피오카**. 카사바 나무뿌리에서 얻는 녹말인데 여러가지 방법으로 요리하거나 가루로도 빻아서 식용과 양조 원료로 사용한다. Tapioca(태피오우커. 타피오카), Cassava(커사버. 카사바)와 동의어. 참조.

Manioc Beer(매니아크 비어) : **매니옥 맥주**. **타피오카 맥주**. 마니홋 나무(Manihot(메이니하트))뿌리로 만든 알코올음료. 1557년 이 술에 대한 첫 기록이 있는데 브라질 연안에 살며 투피 카니발(Tupi Carnival)을 행하던 민족이 만들어 마시던 술로 기록되어 있다. 17세기와 18세기에 투피남바(Tupinamba) 족은 대량으로 죽임을 당했으나 이 술은 현재 아마존에서 일상생활과 종교용 술로 사용되고 있고 히바로(Jivaro)족이 가장 좋아하는 술이다. Cassava Beer(커사버 비어)와 동의어. 참조.

Manway(맨웨이) : **출입구**. **통로**. 양조용 용기의 내부로 들어가는 통로.

Marl(마를) : **이회토**(泥灰土). **말**. 점토와 석회(탄산 칼슘)로 구성되어 있으며 부서지기 쉬운 흙 모양의 퇴적물로써 때로는 나무로 만든 2차 발효 탱크 뚜껑을 이것으로 덮어 이를 통하여 맥주에 공기를 공급함으로써 야생효모와 기타 균이 맥주에 들어가지 못하도록 하는 기능을 하기도 한다. 석회분이 적은 토양의 비료로도 사용된다.

Marmelo(마르멜로우) : **마르멜로**. 모과 비슷한 열매로 잼 등을 만드는 데 씀.

Marmite(마르마이트) : 1. **마르마이트 아로마와 향미의**. 효모의 자가분해에 의해 생성된 물질에 의한 느낌을 표현할 때 사용한다. Autolysed(오털라이즈드) 참조. 감각용어. 2. **냄비**. 금속 또는 도자기제의 뚜껑이 달린 요리용 냄비. 대개 크고 다리가 달린 것이 많다.

Mars(마르즈) : **마르즈**. 저 비중의 맥아즙으로 양조한 옛날 스타일의 람빅 맥주.

Märzenbier(메르첸비어) : **메르첸비어**. 1. 3월 맥주라는 뜻이다. 독일에서 인위적인 냉장법이 사용되기 전에는 맥주는 겨울에 양조를 시작했고 제일 마지막 양조는 3월에 양조했다. 이때 양조한 맥주는 늦여름에 마실 때까지 여러 달 숙성에 변질되지 않도록 특히 알코올농도가 높도록 양조한 맥주이다. 2. 1871년 춤 프란지스카네르켈러(Zum Franziskanerkeller) 소유주인 조제프 세들마이어(Josef Sedlmayer)가 발명한 맥주인데 당시 바바리아 지방에서 일반적이던 갈색맥주가 아닌 금색의 비엔나 스타일 하면발효맥주를 말한다. 첫 번째 배치(Batch)는 1872년 3월에 양조되었기 때문에 3월 맥주라 이름을 붙였으며 그해 옥토버페스트(Octoberfest)에 처음 일반에게 제공되었다. 메르첸비어는 지금도 옥토버페스트에서 사랑받고 있는데 알코올 농도는 5.2-6%(V/V)로 헬레스(Helles)라고 불리는 일반적인 연한 색 맥주의 약 4.5%보다 높고 초기 맥아즙 비중이 12.5-13°B에서 발효를 시작한다. 3. 비엔나 맥주 스타일과 메르첸 맥주 스타일이 비슷하기 때문에 때로는 두 맥주를 같은 스타일로 취급하기도 한다. Märzen Bier라고도 쓴다.

Mash(매쉬) : 1. **담금**. **담금액**. **엿기름 물**. 으깬 맥아 또는 빻은 보리 가루를 뜨거운 물과 섞은 것 또는 섞음. 2. **담그다**. 간 맥아와 뜨거운 물을 섞다. 이때 맥아중의 효소가 곡물의 녹말을 당으로 전환 시킨다. Dough-In(도우 인)과 동의어. Mash Goods(매시 구즈)와 동의어.

Mash Bill(매쉬 빌) : **곡물목록**. Grain Bill(그레인)과 동의어. 참조.

Mash Cooker(매쉬 쿠커르) : **담금 솥**. Mash Kettle(매쉬 케틀)과 동의어. 참조.

Mash Copper(매쉬 카퍼르) : **담금 솥**. Mash Kettle(매쉬 케틀)과 동의어. 참조.

Masher(매셔르) : **담금 용기**. 빻은 맥아, 간 곡식(Grist(그리스트), 그리고 뜨거운 물을 쉽게 혼합하기 위하여 담금 혼합기 앞에 놓여있는 용기.

Mash Filter(매쉬 필터르) : **담금액 거름기**. 담금액을 거르기위해 천이나 플레이트(판)을 장착한 압착식 여과기.

Mash Goods(매쉬 구드즈) : **매시 구드즈**. 디콕션 양조법(Decoction Brewing Method(디칵션 브루잉 메터드)에서 따로 끓이는 일부분의 맥아즙.

Mash In(매쉬 인) : **담금 개시**. Mashing-In(매쉉 인)과 동의어. 참조.

Mashing(매쉉) : **담금. 매싱**. 담금액의 녹말을 효율적으로 당화하기위하여 빻은 곡물과 뜨거운 물을 담금 솥(Mash Tun(매쉬 턴))에서 잘 섞어주어 맥아내용물의 추출, 혼탁형성 단백질의 분해, 곡물 녹말의 발효성 당으로의 전환, 또한 맥주에 비디 감, 거품, 기타 맥주의 특성을 주기위한 녹말의 비발효성 당(덱스트린)으로의 전환 등을 행하는 과정을 말한다. 이러한 전환은 알파 아밀레이스와 베타 아밀레이스 같은 내부효소의 가수분해작용에 일어난다. 알파 아밀레이스는 녹말을 용해성(溶解性) 또는 비용해성 녹말을 말토트라이오스와 덱스트린으로 전환시키고 배타 아밀레이스는 덱스트린을 포도당, 엿당, 말토트라이오스, 알파 한계 덱스트린(Alpha-Limit Dextrin(앨퍼 리미트 덱스트린))으로 전환시킨다. 이 과정은 다음과 같은 3가지 중 한 가지에 의해서 수행된다. 1) 에일을 양조 할 때처럼 단일 용기에서 65-68°C에서 행하는 침출 담금(Infusion Mashing(인퓨젼 매쉉)), 2) 라거를 양조 할 때처럼 다른 용기에서 담금액의 일부를 끓여서 남아있는 담금액에 첨가하여 45-76°C에서 행하는 디콕션 담금(Decoction Mashing(디칵션 매쉉)), 3) 침출 담금과 디콕션 담금을 혼합해 사용하는 담금을 사용한다. 담금에는 수 시간이 사용되며(1-7시간) 당이 풍부한 단 담금액이라는 뜻의 스위트 워트(Sweet Wort(스위트 워르트))가 만들어진다. Infusion Mashing(인퓨젼 매쉉)), Decoction Mashing(디칵션 매쉉)) 참조

Mashing-In(매쉉 인) : **담금 개시**. 담금의 첫 번째 단계이며 당화 솥에서 간 맥아, 부가 물 플레이크, 그리고 물을 섞는 과정. Doughing-In(도우잉 인), Mash In(매쉬 인)과 동의어.

Mashing Liquor(매쉉 리커르) : **담금 수**. Liquor(리커르. 물)와 동의어.

Mashing Off(매쉉 오프) : **담금 종료**. 담금액 분리단계 전에 온도가 높아져서 담금이 끝나는 것.

Mashing Time(매싱 타임) : **담금 시간**. 침출 담금(Infusion Mashing(인퓨전 매싱)) 또는 디콕션 담금(Decoction Mashing(디칵션 매싱)에 필요한 시간.

Mashing Tun(매싱 턴) : **담금 솥**. Mash Tun(매쉬 턴)과 동의어. 참조.

Mash Kettle(매쉬 케틀) : **담금 솥**. Mash Cooker(매쉬 쿠커르), Mash Copper(매쉬 카퍼르)와 동의어.

Mash Mixer(매쉬 믹서르) : **담금액 혼합기**. 담금액을 혼합할 때 사용하는 기계.

Mash Out(매쉬 아우트) : **담금 종료**. 디콕션 담금(Decoction Mashing(디칵션 매싱)의 최종단계. 효소휴지(休止)(Enzyme Rest(엔자임 레스트))후 담금액의 온도를 76°C로 높이고 5분간의 휴지(休止. Rest(레스트))를 갖는다. 이 과정은 온도를 올려 효소 활성을 없애고 맥아즙의 조성을 변치 않게 고정하는 것이다. Mashing Off(매싱 오프)와 동의어.

Mash Rest(매쉬 레스트) : **담금 휴지(休止)**. 담금에서 원하는 효소반응에 이상적인 온도를 유지하는 것. Strike Temperature(스트라이크 템퍼러쳐르. 스트라이크 온도) 참조.

Mash Tub(매쉬 터브) : **담금 솥. 맥아즙(麥芽汁)을 만드는 통**. Mash Tun(매쉬 턴)과 동의어. 참조.

Mash Tun(매쉬 턴) : **담금 솥. 맥아즙(麥芽汁)을 만드는 통**. 담금액과 물을 섞을 수 있는 큰 용기. 대개 구리, 놋쇠, 또는 스테인리스 스틸로 만든다. 침출 담금(Infusion Mashing(인퓨전 매싱))에 사용되는 담금 솥은 구멍 뚫린 이중바닥으로 되어있고 맥아즙을 빼낼 수 있는 파이프 시스템과 사용된 곡물을 씻어낼 수 있는 살포기가 장착되어있다. 디콕션 담금(Decoction Mashing(디칵션 매싱)에 사용되는 담금 솥은 둥근 솥바닥을 저을 수 있게 프로펠러나 교반기가 장착되어있고 둥근 지붕에는 미닫이문이 달려있고 꼭대기에는 증기가 배출되는 굴뚝이 달려있다. 자가 맥주양조에서는 커다란 요리용 냄비가 사용된다. Mash Tub(매쉬 터브), Mash Tun(매쉬 턴)과 동의어.

Mash-Tun Rake(매쉬 턴 레이크) : **담금 솥용 갈퀴(써레)**. 담금 솥의 찌꺼기를 제거하기위해서 사용하는 갈퀴.

Maskin' Loom(매스켄 룸) : **담금 솥**.

Mass Filter(매스 필터르) : **매스필터**. 구멍 뚫린 판에 압축된 펄프를 붙여서 이곳으로 맥주를 가압하여보내어 여과하는 필터. Pulp Filter(펄프 필터르. 펄프필터)와 동의어.

Masskrug(마스크루크) : **마스크루크**. 1. 독일의 액량(液量) 단위로 1-2리터. 2. 독일의 1리터용 맥주잔.

Master Brewer(매스터르 브루어르) : **양조장(釀造長)**. 1. 숙달된 양조인. 2. 양조장에서 양조에 대한 감독을 하는 사람. Brewmaster(브루 매스터르), Head Brewer(헤드 브루어르)와 동의어.

Master Brewers Association of the America(매스터르 브루어르어즈 어소우시에이션 오브 디 어메리커) : **미국 양조장(釀造長) 협회**. 1887년에 설립된 협회로 양조업자, 맥아생산업자, 개인 양조 자들의 양조기술의 발전과 홍보를 위해 설립된 협회로 양조에 관한 학술대회, 교육, 출판 등을 수행하고 있다. 미국 미네소타 주 세인트폴에 본부가 있다. 약어로 MBAA.

Matted Couche(매티드 카우치) : **밀생(密生)한 맥아 상(麥芽床)**. 적당한 시기에 뒤집어 주지 않아 긴 어린뿌리들이 엉겨 붙어있는 맥아보리. Couch(카우치. 맥아 상(麥芽床), Radicle(래디클. 어린뿌리), Turner(터르너르. 뒤집개) 참조.

Maturation(매추레이션) : **숙성(熟成)**. **익음**. 라거 맥주는 거의 어는 온도, 에일 맥주는 4.4-7.2°C의 저장탱크에 저장하여 맥주의 품질을 높이는 것. 이 기간 동안에 효모는 침전하고 맥주는 마시기 부드럽고 향기롭게 변화한다. Maturing(머추링), Aging(에이징)과 동의어.

Maturing(머추링) : **숙성(熟成)중**. 숙성과정에 있는 맥주.

Mead(미드) : **미드**. 벌꿀 술. 벌꿀과 물을 섞어 발효시켜 만든 술. 이 술도 드라이하게, 단맛 나게, 발포주로 만들 수도 있다. Honey Wine(허니 와인)과 동의어. 구식이름은 Bees Wine(비즈 와인). Black Mead(블래크 미드. 검은 벌꿀 술), Cyser(사이저), Hippocras(히퍼크래스. 히포크라스, Melomel(멜로멜), Metheglin(머세글린. 메테글린), Pyment(피멘트), Red Mead(레드 미드. 붉은 벌꿀 술) 참조.

Meadery(미더리) : **벌꿀 술 양조장**.

Mealie Beer(밀리 비어) : **옥수수 맥주**. 남아공에서 옥수수 또는 수수와 향초를 첨가하여 양조한 맥주.

Meadmaker(미드메이커르) : **벌꿀 술 양조인**.

Mealy(밀리) : **퍼석퍼석한**. 보리의 녹말 성 내배유(Starchy Endosperm(스타르치 엔도스퍼름))가 완전히 전환되어 곡물을 깨물어 봤을 때 퍼석퍼석한 특성의.

Measure(메저르) : **척도**. 액체를 측정하는데 사용되는 표준사이즈의 용량 용기(容量 容器).

Measured(메저르드) : **정확히 잰**. 정확히 측정한.

Medicinal(머디시널) : 1. **약의**. 의약의. 약효(치유력)가 있는. 2. **약냄새의**. Phenolic(피노울리크. 페놀 아로마의)과 동의어. 참조.

Medicinal Beer(머디시널 비어) : **약용맥주**. Brutolé(브휘톨레. 브뤼톨레)와 동의어. 참조.

Medium(미디엄) : 1. **중간의**. 보통의. Moderate(마더리트)와 동의어로 사용된다. 2. **배양기(培養基)**. 3. **매개물**. 매체.

Medovina(메도비너) : **메도비나**. 체코의 벌꿀 술.

Medu(메두) : **메두**. 독일의 벌꿀 술.

Medus(메이두스) : **메두스**. 꿀(리투아니아어).

Melanoidin(멜러노이딘) : **멜라노이딘**. 멜라닌화합물. 맥아중의 단백질과 당이 가마 건조 중 또는 끓임 중에 메일라드 반응(Maillard Reaction(마이야르드 리액션))이라 불리는 복잡한 연쇄 화학반응에 의해 생성되는 진한 색(갈색 또는 검은색)의 유기 화합물. 검은 맥아는 멜라노이딘의 색깔을 가진다. Maillard Reaction(마이야르드 리액션. 메일라드 반응) 참조.

Melibiose(멜러바이오스) : **멜리비오스**. 분자식은 $C_{12}H_{22}O_{11}$. 갈락토스와 포도당이 α-1,6결합에 의해 형성된 환원성 이당류. 주로 삼당류인 라피노오스의 구성 성분으로 존재한다. Raffinose(래퍼노우스. 라피노오스) 참조.

Mellow(멜로우) : **부드럽고 맛이 좋은**. 향기로운. 부드럽고 풍부한. 감각용어.

Melomel(멜로멜) : **멜로멜**. 꿀의 일부를 과일로 대체하여 만든 벌꿀 술(Mead(미드)). Fruit Mead(프루트 미드), Mulsum(멀섬)과 동의어. Black Mead(블래크 미드), Cyser(사이저), Pyment(피멘트), Red Mead(레드 미드) 참조.

Membrane(멤브레인) : **막(膜)**. 1. 효모세포를 싸고 있는 세포질 막(원형질막)처럼 생체의 얇은 막. 2. 맥주 여과에 사용되는 것 같이 양조장에서 특수한 목적으로 사용하는 막.

Meniscus(미니스커스) : **메니스커스**. 원통안의 액체 상부 표면이 표면장력에 의해 볼록 또는 오목 모양이 되는 것. Meniscus Effect(미니스커스 이페크트)라고도 한다.

Meodu(메이오두) : **메오두**. 옛 영국의 벌꿀 술.

Mercaptan(머르캡탠) : 1. **메르캅탄**. RSH(R은 탄화수소기(基))의 일반분자식으로 나다내는 유황함유 회합물의 총칭으로 마늘냄새 비슷한 특유의 악취를 내는 물질. 2. **메르캅탄냄새의**. 썩은 달걀 냄새의. 효모의 자가분해에 의해서 생성된다.

Merissa(머리서) : **메리사**. Bilbil(빌빌)과 동의어. 참조.

Mertzbier(메르츠비어) : **메르츠비어**. 3월 맥주라는 뜻이다. 1763년 프랑스 알자스의 스트라스부르(Strasbourg(스트래스베르그))에서 양조된 맥주 타입이다. 맥주 만들기에 최고 계절인 겨울에 양조하여 차가운 저장소에서 수개월간 숙성시켜 3월에 제공하기 때문에 이 이름이 붙여졌다.

Metabolism(머태벌리점) : **물질대사. 신진대사**. 생물이 외부로부터 섭취한 영양물질을 체내에서 변화하여 일정한 생리기능을 다한 후, 필요하지 않은 생성물은 체외로 배출시키는 작용.

Metallic(머탤리크) : **금속 맛이 나는**. 양조용수 또는 오래된 양조시설에서 기인하는 금속 맛이 나는. 어떤 금속 향미는 금속이온의 촉매에 의한 지질의 산화에 의해서도 생성된다. 다른 특성과는 어울리지 않는 바람직하지 않은 맛이다. 감지한계치는 0.15ppm이다. Bitter(비터르), Bloody(블라디), Coppery(카퍼리), Iron(아이어른)등으로 표현된다. 감각용어.

Methanol(메서노울) : **메탄올**. 메테인이 산소에 반응할 때 생성되는 독성 알코올. Methyl Alcohol(메털 앨커홀), Wood Alcohol(우드 앨커홀)과 동의어. 참조.

Metheglin(머세글린) : **메테글린**. 허브와 향신료로 향미를 낸 벌꿀 술. Sack Metheglin(새크 머세글린) 참조.

Méthode Champenoise(메토드 샹프느와) : **샹프느와(샴페인) 방법**. 프랑스와 벨기에에서 맥주 만들 때 병에서 2차 발효가 일어나게 하여 탄산가스가 맥주에 녹아들도록 하는 양조법. 원래는 프랑스의 샴페인 만들 때 사용하던 방법이다.

Méthode Traditionnel(메토드 트하디숀넬) : **전통방법**. Méthode Champenoise(메토드 샹프느와. 샹프느와 방법)와 동의어. 참조.

Methyl Alcohol(메털 앨커홀) : **메틸알코올**. 분자식은 CH_3OH. 무색, 수용성, 휘발성의 유독한 액체로 목재 건류(乾溜)나 천연가스의 불완전 연소에 의하여, 또는 일산화탄소(CO)와 수소의 화학반응에 의해 얻어진다. 사람에게 유독하여 적은 양(약 10ml)은 눈을 멀게 하고 많은 양(약 100ml)은 사망에 이르게 한다. Methanol(메서노울), Wood Alcohol(우드 앨커홀)과 동의어.

Methylated Alcohol(메털레이티드 앨커홀) : **변성 알코올**. 메탄올 등을 첨가하여 사람이 마실 수는 없고 램프 등에 쓰이는 알코올. 이를 마시면 실명, 심하면 사망에 이르므로 주의하여야한다.

Methylene Blue(메털린 블루) : **메틸렌블루**. 분자식은 $C_{16}H_{18}ClN_3S \cdot 3H_2O$. 티아진(Thiazine(사이어진)) 염료의 하나로써 청동색 광택을 지닌 암녹색, 무취의 결정 또는 결정성 분말로 수용액은 짙은 청색을 띈다. 효모 샘플에서 살아있는 효모는 이 물질이 효모의 세포질 막을 통과할 수 없으므로 염색이 되지 않으나 죽은 효모는 청색을 띠므로 죽은 효모의 개수를 측정하는데 사용한다. 이 시약은 메틸렌블루 0.01%와 구연산 소듐(Sodium Citrate(소우디엄 시트레이트)) 2%를 포함하고 있다. 또한 세균, 일반미생물의 염색, 살균제, 진통제로 사용한다. Thiazine(사이어진) 참조.

Methyl Isophenyl Mercaptan(메털 아이소우페널 머르캡탠) : **메틸 아이소페닐 메르캅탄**. 스컹크 냄새의. Skunky(스컹키) 참조. 감각용어.

Metric Bitterness Units(메트릭 비터르니스 유니츠) : **미터법 쓴맛단위**. 미터법으로 표시한 쓴맛단위. 약어로 MBUs. 홉의 g수 x 알파 산 %. Homebrew Bitterness Units(호움브루 비터르니스 유니츠. 자가 양조 쓴맛단위) 참조.

mg(밀리그램) : **밀리그램**. 무게 단위로 Milligram의 약어. 1/1000그램.

Microaerophile(마이크로우에러파일) : **미호기성균(微好氣性菌)**. 미량의 산소를 성장에 필요로 하는 세균. Microaerophilic Organism(마이크로우에러필리크 오르거니점)과 동의어. 참조.

Microaerophilic Organism(마이크로우에러필리크 오르거니점) : **미호기성균(微好氣性菌)**. 산소가 풍부한 환경에서는 생육에 저해를 받으나 대사에 미량의 산소를 필요로 하는 세균. Microaerophile(마이크로우에러파일)과 동의어.

Microbrewery(마이크로우브루어리) : **소형양조장**. 대개 1년에 1만2천hl 이하의 맥주를 생산하는 소규모 맥주 양조장. 나라마다 규정이 다르다. 대개 레스토랑에 딸린 양조장이다. 여과하지 않은 맥주를 제공한다.

Micromalting(마이크로우몰팅) : **소량맥아제조**. 특정한 보리 타입 또는 배치(Batch)에 응용하기 위하여 실험실에서 발아력, 휴면상태, 침지시간, 발아과정 등을 결정하기위해 소량의 맥아를 제조하는 것.

Micropyle(마이크러파일) : **주공(珠孔)**. 보리의 배주(胚珠) 끝의 주피(珠皮)에 있는 미소한 구멍. 물이 들어갈 수 있다.

Middy(미디) : **미디**. 호주의 뉴사우스웨일스에서는 맥주 244.1225ml(10온스), 웨스턴오스트레일리아 에서는 415ml(17온스)들이 조끼. 호주속어.

Midus(미두스) : **미두스**. 벌꿀 술(리투아니아어).

Mild(마일드) : **마일드**. 홉을 적게 첨가하여 거칠거나 쓴맛이 강하지 않은 부드럽고 균형이 잘 잡혀있는 맥주. 알코올 농도는 대개 중간정도이다. Mild Ale(마일드 에일)과 동의어. 참조.

Mild Ale(마일드 에일) : **마일드 에일**. 영국에서 생산되는 검은 갈색, 라이트-미디엄 바디, 맥아향이 강하고 달며 홉을 적게 첨가하였고 비터 에일과 다소간의 대비를 이루는 상면발효 맥주이다. 알코올농도는 3.0-3.6%이고 입병이나 캐스크로도 판매되나 최고의 맛은 생맥주로 판매되는 것을 마실 때이다. 주로 영국 중부와 서부, 그리고 북서부에서 제공되고 있다. 마일드란 말은 숙성한 맥주의 톡 쏘는 듯 한 맛이 적다는 의미와 홉 첨가가 적다는 의미이다.

Mild Ale Malt(마일드 에일 몰트) : **마일드 에일 맥아**. 높은 온도에서 가마 건조한 영국의 맥아. 금색과 호박색 맥주에 사용되는데 특히 마일드 에일의 생산에 사용된다. Mild Malt(마일드 몰트)와 동의어.

Mild And Bitter(마일드 앤드 비터르) : **마일드 앤드 비터**. 마일드 에일과 비터 에일을 반씩 섞은 맥주. Half-And-Half(해펀해프)라고도 한다.

Mild Malt(마일드 몰트) : **마일드 맥아**. 연한 색을 가진 맥아로 Mild Ale(마일드 에일)을 만들 때 사용한다. Mild Ale Malt(마일드 에일 몰트)와 동의어.

Milk Ale(밀크 에일) : **밀크 에일**. 칵테일의 한 종류로 다음과 같이 만든다. 팬에서 1리터의 에일, 설탕 1커피스푼, 약간의 생강가루와 육두구(肉荳蔲)의 종자 가루를 넣고 가열한다. 1리터의 우유를 다른 용기에서 끓인 후 가열한 에일에 가한다.

Milk of Amnesia(밀크 어브 앰니저) : **망각 유(乳)**. Old Ale(오울드 에일)의 다른 이름. 참조.

Milk Stout(밀크 스타우트) : **밀크 스타우트**. 우유에서 유래한 발효되지 않는 락토스를 첨가하여 만든 쌉쌀한 맛이 없는 달콤한 스타우트. Sweet Stout(스위트 스타우트)와 동의어. 참조.

Mill(밀) : 1. **빻다**. 가루가 되도록 갈다. 2. **빻는(가는)기계**. 싹튼 보리를 가는데 사용하는 한 쌍 이상의 원통형 롤러를 가지고 있는 기계. Grinder(그라인더르. 그라인더), Malt Mill(몰트 밀), Malt Crusher(몰트 크러셔르. 맥아분쇄기), Mill(밀), Roller Mill(로울러르 밀. 롤러 밀)과 동의어.

Millet(밀리트) : **수수. 조**. 벼과(Gramineae(그러미니이))에 속하는 곡물들의 일반적인 이름이며 섬유상 뿌리와 상대적으로 작은 열매(밀이나 쌀보다 작다)를 가진다.

Millet Beer(밀리트 비어) : **수수(조) 맥주**. 한때 아프리카에서 만들었던 맥주. 싹튼 수수(조)를 말리고 빻은 후 24시간 끓이고 여과하여 다시 끓여 발효시켜 만든 맥주.

Milliequivalent(밀리이퀴벌런트) : **밀리그램당량(當量)**. **리터당 밀리그램 당량**. 1밀리그램의 수소이온 또는 이와 화합하거나 교환할 수 있는 다른 이온의 양으로서 mg/리터로 표시한다. 약어 mEq. Gram Equivalent(그램 이퀴벌런트) 참조.

Milligram(밀리그램) : **밀리그램**. 무게의 단위로 1/1000그램. 기호로 mg.

Milliliter(밀러리터르) : **밀리리터**. 용적의 단위로 1/1000리터. 기호로 ml.

Milling(밀링) : **방아 찧기. 빻음. 제분(製粉)**. 담금 과정에서 당이나 기타 용해성 물질이 잘 추출되도록 곡식이나 부가 물 등을 빻아서 가루로 만드는 것. 배유는 가루로 되기보다 중간 크기로 빻아지도록 하는 것이 좋고 보리껍질은 담금액 여과 시 필터역할을 하므로 될 수 있으면 원형 그대로 남겨놓는 것이 중요하다. Grinding(그라인딩)과 동의어.

Millipore Filtration(밀러포어 필트레이션) : **미세여과**. 세균을 포함한 미세입자를 거를 수 있도록 초산 섬유소(Cellulosc Acctatc(셀룰로오스 애서테이트))로 만들어진 여과지를 사용하여 저온살균(Pasteurization(패스쳐라이제이션)) 없이 미생물을 제거하는 것.

Millivals(밀러벌즈) : **밀리그램당량(當量)**. 약어 mEq. Milliequivalent(밀리이퀴벌런트)와 동의어. 참조. Gram Equivalent(그램 이퀴벌런트) 참조.

Mineral(미너럴) : 1. **광물**. 2. **광물 맛이 나는**. 맛을 표현할 때 사용한다. 어떤 페일 에일(Pale Ale), 그리고 일부의 도르트문트 라거와 에일에서는 분명히 감지 할 수 있고 바람직한 맛이다. 양조용수에서 기인한다. Chalky(쵸키), Plaster(플래스터), Salty(솔티) 등이 미네랄을 표현하는 용어이다. 감각용어.

Miôd(미오드) : **미오드**. 벌꿀 술(폴란드어).

Misérable(미제하블) : **미제라블**. 옛 프랑스의 용량단위로 0.5 포송(59.509ml).

Mitaca(미타커) : **미타카**. 치차 플로르(Chicha Flor) 침전물을 물과 꿀로 희석한 것. Chicha(치차) 참조.

Mitochondrion(마이터칸드리언) : **미토콘드리온**. 진핵 세포 속에 들어 있는 소시지 모양의 알갱이로 세포에 필요한 에너지를 생성하는 역할을 하는 작은 기관. 에이티피(ATP)를 합성하고, 독자적인 디엔에이(DNA)와 알엔에이(RNA)를 함유하고 있으며 세포질 유전에 관여한다.

Mittelfrueh(미텔프루에) : **미텔프루에**. 독일의 바바리아 라거를 만드는데 사용하였던 노블 타입 홉. 바바리아 지방의 할러타우 지역의 400에이커에서 생산되었던 홉이고 이 지역은 미텔프루에 홉이 자라는데 최적의 토양과 기후를 가지고 있다. 현재는 청고병(青枯病. Verticillium Wilt Disease(버르터실리엄 월트 디지즈))에 의하여 전멸하였다.

Mixed Brewing Method(믹스트 브루잉 메터드) : **혼합양조법**. Mixed Mashing(믹스트 매쉬)과 동의어. 참조.

Mixed Mashing(믹스트 매쉬) : **혼합 담금**. 디콕션 양조법(Decoction Brewing Method(디칵션 브루잉 메터드))과 침출양조법(Infusion Brewing Method(인퓨젼 브루잉 메터드))을 교차하여 행하는 양조법. 이 방법은 벨기에의 람빅 맥주와 그 외의 밀 맥주 양조에 사용되는데 밀은 다른 용기에서 끓임을 행하고 맥아의 담금은 침출법을 사용하여 양조한다. Mixed Brewing Method(믹스트 브루잉 메터드)와 동의어.

Mjöd(미외드) : **미에드**. 벌꿀 술(스웨덴).

ml(밀리리터) : **밀리리터**. Milliliter(밀리리터르)의 약어. 1리터의 1/1000.

MLT(엠엘티) : **엠엘티**. Mash/Lauter Tun(매쉬/라우터 턴)의 약어. 담금과 담금액 여과를 겸하게 되어 있는 용기.

Moderate(마더리트) : **중간의**. **보통의**. Medium(미디엄)과 동의어로 사용된다.

Modification(마더퍼케이션) : 1. **전환(轉換)**. **변형**. **수정**. 발아 중에 보리의 녹말성 내배유(Starchy Endosperm(스타르치 엔도스퍼름))에서 나타나는 물리적, 화학적인 총체적 변화. 이때 물리적으로는 제분이 잘 될 수 있는 부드러운 상태로 변하고 화학적으로는 복잡한 화합물이 단순한 화합물로 변한다. 2. **전환율(轉換率)**. 맥아생성 중에 유아초(幼芽鞘)의 증식을 측정하여 나타내는 맥아가 전환되는 정도.

Modified(마더파이드) : **전환(轉換)된**. 녹말의 전환된 정도를 서술 할 때 쓰는 용어. 미국산 맥아는 대개 불완전 전환된 상태(Undermodified(언더마더파이드))이고 유럽 맥아, 특히 영국맥아는 완전히 전환(Fully Modified(풀리 마더파이드))된다. Fully Modified Malt(풀리 마더파이드 몰트), Undermodified Malt(언더르마더파이드 몰트) 참조.

Modified Malt(마더파이드 몰트) : **전환맥아(轉換 麥芽)**. 맥아중의 녹말이 맥아의 녹말분해효소에 의해 발효성당이나 덱스트린으로 전환되고 단백질이 단백질분해효소에 의해 아미노산 및 펩타이드로 전환된 맥아.

Môdu(모두) : **모두**. 에스토니아의 벌꿀 술로 국가(國歌)에 나온다.

Moisture Content(모이스쳐르 칸텐트) : **수분함량**. 홉, 보리, 맥아 등에 포함된 수분의 양(%).

Molality(모울랠러티) : **몰랄농도**. **중량 몰농도**. 용매 1000g에 녹아있는 용질의 몰수.

Molarity(모울래러티) : **몰농도**. 용액 1 리터 중에 녹아있는 용질의 그램분자량, 즉 몰(mole)수로 표시하는 것. mole/리터, mmole/ml 또는 M으로 표시한다.

Molasses(멀래시즈) : **당밀(糖蜜)**. 사탕수수 또는 사탕무로부터 착즙 또는 열 용출한 즙에서 설탕을 뽑고 난 후에 남은 끈적거리는 액체. 일반적으로는 당밀이라고 하는 경우가 많지만 엄밀히 말하면 폐당밀이며 당밀이라고 하는 경우는 정제 당밀을 의미한다.

Mold(모울드) : **곰팡이**. **사상균(絲狀菌)**. 몸의 구조가 간단한 하등 균류(菌類)를 통틀어 이르는 말이며 진핵생물(眞核生物)이다. 동물이나 식물에 기생하고 산업적으로는 누룩, 메주 등을 만드는데 사용한다. 몸은 균사(菌絲)로 되어 있고, 대개 분열에 의하여 포자로 번식하나 유성 생식도 한다. 검은 곰팡이, 푸른곰팡이, 털곰팡이, 버섯 등이 속한다.

Moldy(모울디) : **곰팡이냄새의**. 코르크로 마감한 병마개를 사용할 때 코르크 자체가 곰팡이에 오염되어있을 수 있고 맥아에 곰팡이가 필 수가 있는데 이러한 곰팡이 냄새가 양조장의 플라스틱 호스에 밸 수가 있으며 이것이 곰팡이냄새를 나게 한다. 곰팡이 냄새의 감지 한계치는 무려 0.1ppt(parts per trillion(파츠 퍼 트릴리온). 1조분의 1)이다. 주요한 곰팡이 냄새는 트라이클롤로아니솔(Trichloroanisol(트라이클롤로우애니소울))이며 기타 지오스민(Geosmin(지어스민). 흙냄새), 2-에틸펜콜(2-Ethylfenchol(2-에틸펜코울. 흙냄새))등이 있다. Musty(머스티)와 동의어. 감각용어.

Mole(모울) : **몰**. **그램분자량**. **그램화학식량**. 물질의 질량을 재는 무게단위의 일종. 분자량과 같은 그램 수의 물질량을 1몰이라 하는데 물질에 따라 다르지만 어떤 물질이라도 1몰에는 6.0225 x 10^{23}개의 분자가 포함되어있다. 화학 반응은 분자와 분자가 서로 반응하기 때문에 화학 반응하는 물질사이의 양적관계는 그램보다 몰로 표시하는 것이 편리하다. 약어는 M. 영국에서는

Gram Molecule(그램 말러큘)이라한다.

Monastery Beer(마너스테리 비어) : **수도원 맥주**. Abbey Beer(애비 비어)와 동의어. 참조.

Monosaccharide(마너새커라이드) : **단당류(單糖類)**. 포도당, 프룩토스, 리보오스처럼 보다 더 간단한 분자로 가수(加水) 분해되지 않는 탄수화물. 천연적으로 존재하며 인공적으로는 배당체(配糖體. Glycoside(글라이커사이드)) 또는 다당류(多糖類)(Polysaccharide(팔리새커라이드))의 가수 분해에 의해 얻어진다. 탄소 수에 따라 삼탄당(Triose(트라이오우스)), 사탄당(Tetrose(테트로우스)), 오탄당(Pentose(펜토우스)), 육탄당(Hexose(헥소우스)), 칠탄당(Heptose(헵토우스)) 등으로 나누기도 한다. Glycoside(글라이커사이드), Polysaccharide(팔리새커라이드. 다당류(多糖類)) 참조.

Moor's Head(무어즈 헤드) : **무어즈 헤드**. 작은 양조장에서 사용하는 구멍이 많이 뚫린 원뿔형 홉 거르개.

Morath(모래트) : **모라트**. 오디를 첨가하여 만든 벌꿀 술. Morat로 쓰기도 한다.

Moreau Index(모로 인덱스) : **모로 인덱스**. 홉 재배품종을 확인하는데 사용하는 인덱스. 이 인덱스는 꽃대 100개에 존재하는 마디의 수자(n)와 cm으로 측정한 길이(l)를 사용하여 계산한다. 10n/l 비율이 모로 인덱스이다. 이 값을 그라프에 그리고 이미 존재하는 홉 품종의 커브와 비교하여 품종을 결정한다.

Morellenbier(모렐렌비어) : **모렐렌비어**. 벨기에의 림부르그(Limbourg(림버르그))에서 맥아즙에 버찌(Morello Cherrt(메렐로우 체리))를 가하여 만들었던 맥주 타입.

Mort Subite(모르 수비트) : **모르 수비트**. 1. 벨기에 브뤼셀의 아소(Assaut)가와 몽타뉴(Montagne)가 모퉁이에 있던 유명한 카페이름. 2. 드 케이르스마커(Kobbegem Brouwerij De Keersmaeker)양조장에서 만든 괴즈(Gueuze(구에즈))의 유명 상표이며 모르 수비트 카페에서 판매되었다

Mother-In-Law(머더르 인 로) : **시어머니**. 스타우트와 비터 에일을 동량 섞은 맥주.

Mouthfeel(마우스필) : **입맛**. 맥주를 마셨을 때 입에서 촉감으로 느끼는 맛에 대한 감각으로써 탄산의 상쾌함, 홉의 쌉쌀함, 미각적으로 풍부함, 귀리와 호

밀의 기름 맛 등등에 대한 감각. 향미는 제외한다. 바디(Body), 질감(Texture (테크스쳐르))과 동의어로 사용되기도 한다.

Mt. Hood(마운트 후드) : **마운트 후드**. 알파 산 함량이 5.0-8.0%이고 미국에서 재배하고 있는 홉 품종.

Muddy(머디) : 1. **애매한**. 2. **선명치 않은 아로마와 향의**. 효모의 자가분해에 의해 생성된 물질에 의한 감각을 표현할 때 사용한다. Autolysed(오털라이즈드) 참조. 감각용어.

Mug : **조끼**. **머그**. 대개 손잡이가 달렸고 오지로 만든 잔을 말한다. 받침 접시는 딸리지 않는다.

Mughouse(머그하우스) : **머그하우스**. 남자만 출입 할 수 있고 에일과 스타우트만 제공되던 영국 빅토리아 여왕시대와 에드워드 7세 시대의 음악 홀. 거기에는 회장을 위한 큰 방이 있었고 끝에는 하프연주자가 있었으며 돌아가면서 노래를 부르거나 연설하거나 건배를 제의하였다.

Mugroom(머그룸) : **머그룸**. Mughouse(머그하우스)와 동의어. 참조.

Mugwort(머그워르트) : **쑥**. **약쑥**. 맥주에 쓴맛을 내기위하여 전통적으로 사용하였던 식물.

Mull(멀) : **멀**. 영국에서 따뜻한 에일에 설탕, 향신료(생강 등), 때로는 달걀노른자 등을 혼합하여 만든 술. 전통적으로 멀은 빨갛게 달은 부지깽이로 가열하였다.

Muller(멀러) : **멀러**. 멀을 준비하는데 사용되는 용기. Mull(멀) 참조.

Mulsum(멀섬) : **물섬**. Melomel(멜로멜)과 동의어. 참조.

Multum(물툼) : **물툼**. 한때 맥주에 첨가하였던 콰시아(Quassia(콰셔))와 감초 조제품.

Mum(뭄) : **뭄**. 18세기 독일의 브라운슈바이히(Braunschweig)에서 만들었던 알코올 농도가 높고 홉을 첨가하지 않은 에일 맥주. 이 맥주를 처음 만든 사람은 15세기후반(약 1487년경) 크리스티안 무메(Christian Mumme)이다. 독일에서 양조한 Malzbier(말츠비어. 맥아맥주(麥芽麥酒))인 Mumme(무메)와 혼동하지 말 것. Mumm으로도 쓴다.

Münchener(뮌쉬너) : **뮌헨맥주**. 19세기 이래 독일 바바리아 지방의 뮌헨에서 생산하고 있는 하면발효맥주. 원래의 뮌헨맥주는 검은 색이었다. 1929년 파울라너(Paulaner) 양조장이 헬레스(Helles)라 불리는 연한 색 맥주를 만들기 시작하였고 이 맥주가 거의 모든 검은 맥주를 대체하였다. 뮌헨 페일 라거인 헬레스 비어(Helles Bier)와 뮌헨 다크 라거인 둥켈 비어(Dunkel Bier)는 홉 첨가량이 적고(180-200g/100리터) 뮌헨 맥아를 사용하여 독특한 맥아 향을 가지고 있고 알코올 농도는 4.4-5.0%(V/V)이다. 독일이외에서 양조하는 뮌헨스타일 맥주는 대개 색이 진하다. Munich Beer(뮤니크 비어), Münchner(뮌쉬너)와 동의어.

Munich Beer(뮤니크 비어) : **뮌헨스타일맥주**. Münchener(뮌쉬너) 참조.

Munich Malt(뮤니크 몰트) : **뮌헨맥아**. 특수 맥아의 한 가지. 싹튼 보리를 가마건조 할 때 연한 색 맥아보다 약간 높은 온도에서 행하지만 시간은 짧게 한다. 단맛과 원만한 향미, 그리고 옥토버페스트(Oktoberfest)와 복(Bock)맥주 스타일의 붉은 색조를 가진다.

Murbimeter(머르비미터르) : **머비미터**. 보리와 맥아의 경도를 잴 때 사용하는 기구.

Muscat(머스커트) : **머스캣**. 과일을 첨가한 람빅(Lambic) 맥주이며 덜 숙성된 람빅 맥주에 포도를 첨가하여 만든다.

Must(머스트) : **머스트**. 1. 포도나 기타과일의 발효전의 과즙 액. 2. 벌꿀 술 양조에서 발효가 되지 않은 꿀과 물의 혼합물.

Musty(머스티) : **곰팡이냄새의**. 코르크로 마감한 병마개를 사용할 때 코르크 자체가 곰팡이에 오염되어있을 수 있고 맥아에 곰팡이가 필 수가 있는데 이러한 곰팡이 냄새가 양조장의 플라스틱 호스에 밸 수가 있으며 이것이 곰팡이냄새를 나게 한다. 곰팡이 냄새의 감지 한계치는 겨우 0.1ppt(parts per trillion(파츠 퍼 트릴리온). 1조분의 1)이다. 주요한 곰팡이 냄새는 트라이클롤로아니솔(Trichloroanisol(트라이클롤로우애니소울))이며 기타 지오스민(Geosmin(지어스민). 흙냄새), 2-에틸펜콜(2-Ethylfenchol(2-에틸펜코울. 흙냄새))등이 있다. Moldy(모울디)와 동의어. 감각용어.

Mutchkin(머츠킨) : **머치킨**. 스코틀랜드의 액량(液量) 단위. 0.43리터.

Myddyglyn(머두글렌) : **머두글렌**. 웨일스에서 벌꿀 술을 부르는 이름.

Myrcene(머르신) : **미르센**. 분자식은 $C_{10}H_{16}$. 모노테르펜의 하나. 홉(Hop(하프))의 중요한 방향유 성분이다. 맥주에서 원래의 미르센으로는 거의 존재하지 않으나 다른 향미성분으로 전환되어 많은 양이 존재한다. 홉 품종, 생육기간, 재배지에 따라 양이 다르다.

Nährbier(내르비어) : **영양맥주**. 특수한 방법으로 만든 맥주로서 달고 맥아가 많이 들어있으나 같은 초기비중의 맥아즙으로 발효시켰더라도 알코올 농도는 낮은 특수한 맥주. 영양분이 많이 들어있다.

Natural Conditioning(내처럴 컨디셔닝) : **자연 2차 발효**. **자연 숙성**. 양조액이 효모를 가지고 있을 때 숙성용기에서 일어나는 2차 발효.

Naturally Conditioned(내처럴리 컨디션드) : **자연 2차 발효한**. **자연 숙성한**. 병이나 캐스크에서 일어난 2차 발효에 의해 탄산화 된.

Near Beer(니어 비어) : **저알코올맥주**. 알코올 성분이 법정률(法定率) 이하(대개 0.5- 2.0%)인 약한 맥주. 미국의 금주 법 시행중 이를 증류하여 알코올을 생산하였다. 미국의 경우 저알코올맥주의 알코올함량은 0.63%(V/V)이하, 독일은 0.6%이하, 우리나라는 1%이하이다. 여기에 속하는 맥주는 비렐(Birell), 말타(Malta), 메트브루(Metbrew), 무시(Moussy), 니어 비어(Near Beer), 팬서(Panther), 세인트 크리스토퍼(St. Christopher), 비타스타우트(VitaStout) 등이다. 체코에서는 비 알코올 맥주를 프로모(Promo), 저 알코올 맥주(0.5% 이하)를 피토(Pito), 일반맥주를 피보(Pivo)라 한다. Low-Alcohol(ic) Beer(로우 앨커홀(리크) 비어)와 동의어.

Near-Infrared(니어 인프러레드) : **근적외선**(近赤外線). 약어로 NIR. 가시광선의 적색파장보다는 길고 원적외선보다는 짧은 파장의 빛스펙트럼 구간. 이를 이용한 NIR 분광광도계는 빠른 측정이 가능하기 때문에 발아와 양조에서 광범위하게 사용되고 있다.

Neck(네크) : **병목**. 병 위쪽의 입구 바로아래 좁은 부분.

Nephelometer(네펄라미터르) : **탁도계**(濁度計). **비탁계**(比濁計). 액체의 탁도를 측정하는 기계. 맥아즙이 식으면 현탁이 일어나기 때문에 70°C에서 행한다. 어떤 기계는 포마진 탁도 단위(Formazin Turbidity Unit(포르머진 터비디티 유니트))로, 다른 기계는 Coleman Nephelometer(네펄라미터르)의 네펠로스 단위(Nephelos Degree.°N)로 나타낸다. 이비씨 테스트(EBC Test) 참조.

Neutralize(누트럴라이즈) : **중화**(中和)**시키다**. **중성으로 하다**. 산(酸)도 알칼리도 아닌 중성용액으로 만들다. 중성용액은 pH7이다.

New World Hop(뉴 월드 하프) : **신세계 홉**. 미국, 호주, 뉴질랜드, 그리고 구세계에 위치하고 있지 않은 곳에서 생산되는 홉. 미국 홉의 특성과 열대 과일, 핵과일, 청포도, 기타 특수한 방향을 갖고 있다.

Ngarlu(응가를루) : **꿀**. 호주 원주민 방언으로 꿀을 말한다.

Nickel(니클) : **니켈**. 금속 원소. 원소기호 Ni. 맥주에서 거품을 일으키는 이온.

Nidaba(니다버) : **니다바**. 고대 바빌로니아의 맥주의 여신.

Nin-Bi(닌 비) : **닌 비**. 고대 수메르의 맥주의 여신.

Ninkasi(닌카지) : **닌카시**. 고대 수메르의 맥주 수호여신. 기원전 3600년에 수메르에는 보리를 사용해서 만든 맥주가 8가지 있었고 밀의 조상을 사용한 또 다른 8가지의 맥주가 있었다. Nin.KA.SI.라고도 쓴다.

Ninurta(니누르터) : **니누르타**. 바빌로니아의 밀과 보리의 여신.

Nip(니프) : **닙**. 1. 한 모금. 술의 액량(液量) 단위로 1/6질(Gill). 약 23ml. 2. 작은 조끼 한잔의 에일. 약 285ml.

Nitrate(나이트레이트) : **질산염**. **질산에스터**. 1가(價)의 $-ONO_2$기(基) 또는 $-NO_2$기를 갖는 화합물의 총칭. 예 : 질산 소듐($NaNO_3$). 어떤 맥아즙 변패세균에 의해 아질산염(Nitrite(나이트라이트))의 환원으로 만들어지는데 이 자체로는 해롭지 않다.

Nitrite(나이트라이트) : **아질산염**. **아질산에스터**. 예 : 아질산 소듐($NaNO_2$). 효모대사를 방해한다.

Nitrogen(나이트러전) : **질소**. 1. 원소기호는 N. 무색, 무취의 기체로 대기의 약 78%를 차지하며 생체세포 조직 내에서는 주로 단백질로 존재한다. 2. **질소 가스**(N_2). 맥주의 거품을 증가시키기 위해 사용하는 가스.

Nitrogen Content(나이트러전 칸텐트) : **질소함량**(窒素含量). 보리나 맥아에 존재하는 질소의 함량(%). 곡물의 단백질함량은 질소함량 x 6.25이다.

Noble Hops(노우블 하프스) : **노블 홉**. 유럽에서 전통적으로 수백 년 간 사용되어져온 쓴맛은 약하나 향미와 아로마는 좋은 독일의 3개 품종, 즉 할러타우 미텔프루에(Hallertau Mittelfrueh(미텔프루에)), 테트낭저(Tettnanger), 슈팔트(Spalt), 그리고 체코의 사즈(Saaz)를 말한다. 이들은 전체 알파 산의 20-30%의 낮은 코후물론(Cohumulone(코우휴물란))을 가지고 있다. 노블 홉이란 용어는 과학적 근거가 있는 것은 아니고 그저 좋은 홉이라는 의미이다. 4개의 품종으로부터 많은 변종이 만들어졌다. Aromatic Hop(애러매티크 하프. 향기홉), Noble-Type Hops(노우블 타이프 하프스)와 동의어.

Noble-Type Hops(노우블 타이프 하프스) : **노블형 홉**. Noble Hops(노우블 하프스)와 동의어. 참조.

Nog(나그) : **노그**. 영국의 동부 노퍽(Norfolk(노르폴크)) 지방에서 양조되는 독한 맥주.

Noggin(나건) : **노긴**. 1. (고어, 방언) 작은 맥주잔. 손잡이 달린 작은 통, 물통. 한 잔의 음료. 2. 액량 단위로 약 120ml. Pony(포우니) 참조.

Nonalcoholic Beer(난앨커홀릭 비어) : **비알콜성 맥주**. 맥주와 비슷한 맛의 맥아음료. 나라마다 정의가 다르며 어떤 나라에서는 알코올 농도가 0.05%(V/V)이하인 경우에 이 용어를 사용하기도 한다. 알코올 농도 2%(V/V)이하인 저 알코올 맥주(Near Beer(니어 비어))와 혼동하지 말 것.

Nondeposit Beer(난디파지트 비어) : **혼탁방지 맥주**. Chillproofed Beer(칠프루프트 비어))와 동의어. 참조.

Nonenal(나네널) : **노네날**. 신선하지 않은 맥주에서 골판지 냄새를 나게 하는 물질.

Nonflocculating Yeast(난플라큘레이팅 이스트) : **비응집성 효모**(非凝集性酵母). 1. 발효 중 덩어리를 형성하여 침전하지 않는 효모 균주에 대한 일반적인 이름. 2. 발효 중 가루처럼 보이고 침전하지 않는 고 저감(低減. Attenuation(어테뉴에이션)) 하면발효효모.

Nonflocculent Yeast(난플라큘런트 이스트) : **비응집성 효모**(非凝集性酵母). Nonflocculating Yeast(난플라큘레이팅 이스트)와 동의어. 참조.

Nonhopped(난합트) : **홉을 첨가하지 않은**. 홉으로 향미를 내지 않은 맥주 또는 맥아추출물을 말할 때 사용하는 용어.

Nonic Glass(나니크 글라스) : **나닉 잔**. 1파인트(0.568리터) 또는 1/2파인트 용량의 옛날 스타일의 매끈한 유리 맥주잔. 위에서 5-6cm 아래에 미끄러짐을 방지하기 위하여 불룩 솟아나온 것이 특징이다. Nonick Pint(노니크 파인트)라고도 한다.

Nonick Pint(노니크 파인트) : **노닉 파인트**. Nonic Glass(나니크 글라스)와 동의어 참조.

Nonreturnable Bottles(난리털너블 바틀즈) : **미 반환 병**. 사용 후 양조장으로 회수되지 않은 병. One-Trip Bottles(원 트리프 바틀즈. 한 방향 여행 병)라고도 한다.

Nonreturnable Packaging(난리털너블 패키징) : **미 반환 포장용기**. 사용 후 폐기된 맥주 포장용기.

Normal Gravity Brewing(노르멀 그래비티 브루잉) : **최종알코올농도 양조법**. 맥주 최종 알코올 농도를 완성된 맥주가 갖도록 맥아즙의 농도를 맞추어 양조하는 방법. Original Gravity Brewing(어리저널 그래비티 브루잉)과 동의어.

Normality(노르맬러티) : **노르말농도**. 용액 1리터 중에 녹아있는 용질의 양을 그람당량(eq)으로 표시하는 농도로써 eq/리터, meq/ml, 또는 N으로 표시한다.

Northdown(노르스다운) : **노스다운**. 알파 산 함량이 6.0-7.0%이고 영국에서 재배하고 있는 홉 품종.

Northern Brewer(노르던 브루어르) : **노던 브루어**. 알파 산 함량이 8.5-11.0%이고 영국 켄트(Kent)에서 재배하고 있는 홉 품종. 미국의 워싱턴 주와 오리건 주에서도 재배하는데 알파 산 함량은 9.5-10.5%, 베타산 함량은 4.5-5.5%이다. 2. 캐나다 아마추어 양조인 연합(Canadian Amateur Brewers Association(커네이디언 애머츄어르 브루어즈 어소시에이션)에서 정기적으로 발간하는 잡지이름.

Northwest Hops(노르스웨스트 합스) : **노스웨스트 홉**. 미국의 중요한 홉 재배지역인 태평양연안 북서쪽에서 생산되는 홉. 클러스터(Cluster)라는 홉 품종의 원산지이지만 지금은 향기용 홉을 비롯한 많은 종류의 홉이 재배되고 있다.

Nose(노우즈) : **향**. **후각**. 맥주 감식인이 향기, 아로마, 부케 전체를 기술할 때 사용하는 용어.

Note(노우트) : **노트**. 1. 분위기. 느낌. 2. 특징. 특색.

N-Propanol(N-프로우퍼놀) : 1. **프로판올**. 화학식은 $CH_3CH_2CH_2OH$. 고급 알코올류의 한 가지. 발효 중에 대개 소량 생성된다. 프로판-1-올(Propan-1-Ol), 1-프로필알코올(1-Propyl Alcohol)이라고도 한다. 2. **프로판올 아로마의**. Higher Alcohol(하이어르 앨커홀) 참조. 감각용어.

Nucleation(뉴클리에이션) : **자발적 거품형성**. 맥아즙이나 맥주에서 자발적으로 거품이 형성되는 것.

Nucleic Acid(누클리크 애시드) : **핵산**. 염기, 당, 인산으로 이루어진 뉴클레오타이드가 긴 사슬 모양으로 중합된 고분자 물질. 단백질 합성이나 유전을 지배하는 중요한 물질로, 생물의 증식을 비롯한 생명 활동 유지에 중요한 작용을 한다. 구성 당인 오탄당이 리보스인 리보 핵산(RNA)과 데옥시리보스인 데옥시리보 핵산(DNA)으로 나뉜다.

Nugget(너기트) : **너겟**. 알파 산이 9.6-13.0%인 미국 오리건 주에서 재배하는 홉의 품종.

Nutrient(누트리언트) : **영양소**. 영양분. 1. 발효 중 효모의 증식과 건강에 필요한 필수성분, 특히 질소와 인. 2. 효모를 맥아즙에 가한다음 이 효모의 건강과 발효에 필요한 성분을 보충하기위하여 가하는 첨가물.

Nuts And Bolts(너천드 보울츠) : **너츠 앤드 볼츠**. 영국 동부에서 마일드와 비터 맥주를 섞어 만든 알코올음료.

Nutty(너티) : **견과류 향의**. 견과 맛이 나는. 다른 특성과 잘 어울리나 편차가 크다. 감지한계치는 낮은 ppb정도이다. 감각용어.

Nyp(니프) : **니프**. Nip의 다른 철자. 참조.

Oafka(오프카) : **오프카**. Tiswin(티즈윈)과 동의어. 참조.

Oast House(오우스트 하우스) : **홉 건조장**. 홉을 건조하기 편하게 설계된 건물.

Oat(오우트) : **귀리**. 벼과(科)의 아베나(Avena(어비너))속(屬)에 속하는 작물.

Oatmeal(오우트밀) : **오트밀. 빻은 귀리**.

Oatmeal Stout(오우트밀 스타우트) : **오트밀 스타우트**. 양조 중 오트밀을 최대 30%까지 첨가하여 만든 스타우트. 질감이 부드럽고 커피와 초콜릿 같은 풍미를 가지고 있다.

Oechsle(웩슬레) : **웩슬레**. 당 용액의 비중에서 끝 숫자만 따온 것으로 독일 등에서 사용하는 당분농도단위. 용액 1000ml의 무게가 1100g이면 100웩슬레이다.

Off-Dry(오프 드라이) : **약한 드라이함**. 포도주의 평가에서 0.5-1.0%의 당을 가졌을 때의 단맛을 표현하는 용어로 달지는 않지만 아주 드라이하지도 않은 것을 말한다.

Off-Flavor(오프 플레이버르) : **이취(異臭)**. 병이나 캔에 담은 맥주의 저장 중에 생성되는 불쾌한 냄새. 위생불량, 과잉 숙성, 산화 등이 원인이다. 이취중의 중요한 성분은 카르보닐(Carbonyl)이다. Stale Flavor(스테일 플레이버르), Aged Flavor(에이지드 플레이버르), Oxidized Flavor(악시다이즈드 플레이버르)와 동의어.

Off-Scent(오프 센트) : **상한 냄새**. 맥주에서 시고, 풀냄새 나고, 퀴퀴하고, 곰팡이 냄새 나는 것.

OG(오지) : **초기비중**. Original Gravity(어리저널 그래비티)의 약어. 참조.

Oil of Barley(오일 어브 바틀리) : **보리 기름**. 맥주에 대한 속어.

Oils(오일즈) : **정유(精油)**. Essential Oil(어센셜 오일), Hop Oil(하프 오일)과 동의어. 참조.

Okole(오컬레이) : **오콜레**. 옛날 하와이사람이 양조했던 알코올 농도가 낮은 알코올음료인데 땅 밑에 만든 솥에서 티(Ti)나무의 뿌리를 구워 발효될 수 있는 당밀 같은 당으로 만들어 발효시킨 것이다. 오케(Oke)라고도 한다.

Oktoberfest(옥토버페스트) : 1. **10월 제(祭)**. **옥토버페스트**. 1810년 이래 매년 뮌헨의 테레지엔비제(Theresienwiese. 테레사의 목초지)에서 행하는 9월 말과 10월 초에 16일간 열리는 축제이고 여러 가지 행사 중 맥주를 마시는 것이 가장 잘 알려져 있다. 이 축제의 기원은 1810년 바바리아 계승자 루드비히(Ludwig)왕자와 테레사 공주의 결혼식 축제행사이다. 2. **옥토버페스트 맥주**. 옥토버페스트를 위하여 만든 하면발효맥주인 비엔나 맥주 또는 Märzenbier(메르첸비어)를 말하지만 현재는 년 중 마실 수 있다. 이 맥주는 맥아즙의 초기비중이 1.050-1.060(12.5-15.0°B)이고 구리 색이며 맥아향미가 강하고 달다.

Ol(일) : **맥주**. 스칸디나비아에서 맥주를 부르는 말.

Old Ale(오울드 에일) : **올드 에일**. 영국에서 생맥주로 판매되는 색이 진하고 몰트향이 강하며 알코올 농도가 5%이상 되는 에일. 올드 에일을 Lunatic Broth(루너티크 브로스. 미친 국물), Milk of Amnesia(밀크 어브 앰니저. 망각유(乳)), Chateau Collapse-O(샤토 콜래프소. 샤토 콜랩소)라고 묘사한다. 호주에서는 알코올 농도와 상관없이 진한색의 에일을 뜻한다.

Old Boy(오울드 보이) : **올드 보이**. 18세기 영국에서 알코올농도가 높은 에일을 부르던 말.

Old World Hop(오울드 워틀드 하프) : **구세계 홉**. 전통적 유럽 양조용 홉을 말하는데 사즈(Saaz) 타입 홉, 영국 양조용 홉, 또는 이들의 특성을 가지고 있는 유럽 대륙의 홉을 말한다. 향미를 꽃, 향신료, 허브, 흙 등으로 표현한다. 일반적으로 신세계 홉보다 특성이 약하다.

Oligosaccharide(알리고우새커라이드) : **올리고당**. 포도당(Glucose(글루코우스)), 프룩토스(Fructose(프럭토우스)), 갈락토스(Galactose(걸랙토우스))와 같은 당(糖)이

2-8개 정도 결합한 당으로서 감미를 가진 수용성의 결정성 물질인데 비발효성 당이다. 담금 중 녹말의 분해에 의해 생성되기도 한다. 기존의 감미료인 설탕, 맥아당 등이 가진 건강상의 결점을 개선할 목적으로 효소 합성에 의해 만들어진 물질이다.

Omalofo(오멀로포) : **오말로포**. 남서아프리카에서 조나 수수로 만들었던 맥주의 한 종류. 아마도 캐퍼 맥주(Kafir Beer(캐퍼르 비어))와 동의어일 수도 있다.

Omm Bilbil(움빌빌) : **움빌빌**. Bilbil(빌빌)과 동의어. 참조.

Omphacomel(암파커멜) : **옴파코멜**. 덜 익은 포도과즙을 섞어 만든 벌꿀 술.

Open Firc Kiln(오우펀 파이어 킬른) : **개방 가열 가마건조**. 연소한 더운 가스가 섞인 공기를 맥아표면에 불어주는 가마건조 법.

Orange Blossom(오린쥐 블라섬) : **오렌지 블라섬**. 1. 오렌지 꽃 향의. 감각용어. 2. 오렌지 블라섬. 진, 오렌지 쥬스, 설탕에 얼음을 넣어 만드는 칵테일.

Ordinary Bitter(오르더네리 비터르) : **일반 비터맥주**. 초기 비중이 1.033-1.038인 맥아즙을 사용하여 양조한 일반적인 비터맥주. Bitter(비터르) 참조.

Ordre Du Houblon(오흐드흐 뒤 우블롱) : **홉 명령**. 1409년 프랑스 부르고뉴 공작인 장 상 페흐(Jean Sans Peur)가 명령한 것으로 홉을 첨가하여 맥주를 양조한 사람에게 휘장(徽章)을 주기위한 것이다. 휘장은 홉 입과 꽃으로 만든 왕관을 쓴 금색 사자가 중앙에 있는 문장(紋章)을 가지고 있다.

Organelle(오르거넬) : **세포기관(細胞器官)**. **세포소기관**. 진핵세포의 내부에 존재하며 여러 가지 기능을 하는 구조단위. 주로 막으로 둘러싸인 핵, 미토콘드리아, 엽록체(식물세포), 소포체, 골지체, 분비과립, 분비소포, 리소솜, 파고솜(Phagosome), 액포(식물세포), 퍼옥시솜(Peroxisome) 등이 있다.

Organic(오르개니크) : 1. **유기(有機)의**. 탄소를 가진 화합물의. 탄산가스는 예외. 2. **유기농 식품**.

Organic Acid(오르개니크 애시드) : **유기산**. 탄소를 가지고 있고 산성을 띠는 유기화합물의 총칭. 무기산(염산, 질산, 황산 등)과 대비되는 말로서 아세트산, 구연산, 부티르산, 팔미트산($C_{16}H_{32}O_2$), 옥살산, 타르타르산 등이 있다. 그 대부분은 카르복시산(Carboxylic Acid(카르박실리크 애시드))이므로 좁은 뜻으로는 카르복시산을 가리킨다.

Organoleptic(오르거널레프티크) : **감각기관의. 감각 수용성의**. 맛과 냄새에 관한.

Original Extract(어리저널 익스트래크트) : **원추출물**. 맥아즙이 발효를 시작할 때 맥아즙에 존재하는 발효성과 비발효성 추출물의 농도. 맥아즙의 무게에 대한 맥아즙의 부피비율, 즉 비중단위인 °볼링(Balling) 또는 °플라토(Plato)로 측정할 수 있다. °볼링(Balling) 또는 °플라토(Plato)는 100g의 맥아즙에 대한 추출물의 g수이다.

Original Gravity(어리저널 그래비티) : **초기비중**. 약어로 OG. 4°C의 물의 밀도(관례적으로 이를 1.000으로 한다)에 대한 어떤 온도에서의 발효 전 맥아즙의 비중. 즉 맥아즙에 용해된 고체물질의 총량이다. 비중이 높을수록 알코올 농도가 높은 맥주가 양조된다. 발효에 의해 비중이 감소한다. Starting Gravity(스타르팅 그래비티), Starting Specific Gravity(스타르팅 스퍼시픽 그래비티), Original Wort Gravity(어리저널 워르트 그래비티)와 동의어.

Original Gravity Brewing(어리저널 그래비티 브루잉) : **최종알코올농도 양조법**. 원하는 최종알코올 농도에 맞게 맥아즙의 농도를 맞추어 양조하는 방법. 현재 우리나라 맥주 양조회사 간에 양조산물에 물을 첨가하는 것에 대한 논쟁을 벌이는 양조법이다. Normal Gravity Brewing(노르멀 그래비티 브루잉)과 동의어.

Original Wort(어리저널 워르트) : **첫 맥아즙**. First Wort(퍼르스트 워르트)와 동의어. 참조.

Original Wort Gravity(어리저널 워르트 그래비티) : **초기맥아즙 비중**. Original Gravity(어리저널 그래비티)와 동의어. 참조.

Oscura(오스쿠러) : **오스쿠라**. 진한 색의. 호박색(琥珀色)을 띤 라틴아메리카 맥주에 사용하는 이름. 때로는 진한 금색 또는 연한 호박색을 띠는 맥주를 세미오스쿠라(Semi-Oscura)라 부른다.

Osmotic Pressure(아즈마티크 프레셔르) : **삼투압**. 반투막을 사이에 두고 용매와 용액이 있을 때, 용액의 압력이 증가할 때 생기는 압력차이.

Oud Bruin(우드 브루인) : **우드 브루인**. 젖산에 의한 신맛이 특징인 플랑드르가 기원인 갈색 에일. 영어로는 "Old Brown(올드 브라운)"이다. Flanders Brown(플랜더즈 브라운)이라고도 한다.

Outcrop(아우트 크라프) : **작황. 생산량**. Crop(크라프)와 동의어. 참조.

Overcarbonation(오우버카르버네이션) : **거품 넘침**. 자가 양조에서 과도한 프라이밍에 의해서 병이나 캔을 딸 때 거품이 넘쳐 나오는 것. Priming(프라이밍) 참조.

Overgrown Malt(오우버그로운 몰트) : **과생장(過生長) 맥아**. Husky Grain(허스키 그레인)과 동의어. 참조.

Overhopped(오우버합트) : **과(過)한 홉 첨가 맥주**. 너무 많은 홉을 첨가하여 대단히 쓴 맥주. 나쁜 의미. Underhopped(언더르하프트) 참고.

Overpriming(오우버프리이밍) : **과(過)프라이밍**. 자가 맥주 양조에서 발효가 끝난 맥주를 병이나 케그에 담을 때 과도하게 당을 첨가하는 것. 과도하게 탄산가스가 생성되어 병이 폭발하거나 분출(Gushing(거싱))이 일어날 수도 있다.

Oversteeping(오우버스티핑) : **과(過)담금**. 보리를 너무 오래 동안 침지하여 수분의 흡수가 과도하게 된 것. 과담금은 발아를 지연시키고 곰팡이나 세균이 증식할 가능성이 커진다.

Oxalic Acid(아크샐리크 애시드) : **옥살산**. 맥아에 존재하는 유기산. 양조장에서는 칼슘과 반응시켜 수산 칼슘(Calcium Oxalate(캘시엄 아크샐레이트))으로 만들어서 침전시켜 반드시 제거해야하는 산. 제거하지 않으면 맥주에서 수산 칼슘 돌로 만들어져 침전된다.

Ox-Horn Cup(악스 호른 커프) : **황소 뿔잔**. 황소 뿔을 닮은 잔. Drinking Horn(드링킹 호른)과 같은 의미로 사용되기도 한다.

Oxidation(악시데이션) : 1. **산화**. 어떤 물질이 산소를 받아들이는 것 또는 수소를 제거하는 것. 완성된 맥주의 산화는 불쾌한 냄새를 생산한다. 2. **산화 냄새/향미**. 맥아의 분쇄, 맥아즙의 끓임, 기타 양조 중에 맥아성분이 공기 중의 산소와 결합하여 만들어지는 냄새/향미인데 주성분은 트랜스-2 노네날(Trans-2 Nonenal(트랜스-2 나네널))이며 감지한계치는 0.05ppb로써 아주 낮은 함량이다. 맥주에 아주 바람직하지 않은 영향을 준다. Papery(페이퍼리), Stale(스테일), Cardboardy(카르드보르디), Shoe Box(슈 박스)라고도 표현한다. 감각용어.

Oxidized(악시다이즈드) : **산화된 냄새의**. 숙성 중 산소 또는 높은 온도에 의해 퀴퀴하고 젖은 골판지나 종이 냄새가 나고 썩은 파인애플 냄새가 나는.

Oxidized Flavor(악시다이즈드 플레이버르) : **산화취**(酸化臭). **이취**(異臭). Off-Flavor(오프 플레이버르)와 동의어. 참조.

Oxygen(악시전) : **산소**. 원소기호 O. 2개의 산소 원소로 만들어진 이원자로 된 분자. 공기의 주성분이고 맛, 빛깔, 냄새가 없는 물질이며 사람의 호흡과 동식물의 대사생활에 없어서는 안 되는 기체이다. 대부분의 원소와 잘 화합(化合)하여 산화물을 만들며, 화합할 때는 열과 빛을 낸다. 대기의 5분의 1, 지각질량의 2분의 1을 차지한다. 발효초기에는 필요하나 제품의 산소에 대한 노출은 피해야한다.

Oxymel(악시멜) : **옥시멜**. 포도주 식초와 섞은 벌꿀 술.

P(플라토) : **플라토**. 플라토(Plato)의 약어. 일반적으로 °P 또는 °플라토로 쓴다.

Pâche(페쉬) : **페쉬**. 숙성시키지 않은 람빅 맥주에 간 복숭아를 첨가하여 숙성시킨 맥수.

Pachwaï(파츠와이) : **파츠와이**. 인도 북부에서 카나비스 사티바(*Cannabis sativa*(캐너비스 서티버. 대마)를 넣어 만든 청주 같은 알코올음료.

Package(패키쥐) : 1. **용기**. 시장에서 파는 음료수를 담는 용기의 일반적인 이름. 맥주는 병, 캔, 케그(통이나 캐스크)를 용기로 사용한다. 2. **곤포(梱包)**. 홉 등을 포장하는데 사용하는 자루. Packaging(패키징)과 동의어.

Packaging(패키징) : **용기**. Package(패키지)와 동의어. 참조.

Pa-E-Bi(파 에이 비) : **파 에이 비**. 메소포타미아 왕조 이전(기원전 약 3000년)에 귀족과 판사를 위하여 공식적으로 양조하던 사람을 부르는 말.

Palate Fullness(팰리트 풀니스) : **미각포만(味覺飽滿)**. Body(바디) 참조.

Pale(페일) : **연한 색깔 맥주**.

Pale Ale(페일 에일) : **페일 에일**. 영국에서 경도(硬度)가 아주 높은 물과 연한 색 맥아를 사용하여 상면발효로 양조한 호박색(琥珀色) 또는 구리 색 맥주. 입병한 맥주는 비터와 비슷하지만 비터보다는 좀 더 드라이하고 홉 향이 강하고 색이 연하다. 브라운 에일, 스타우트, 포터 같이 짙은 색으로 양조하는 것과는 다르게 페일 에일은 발효초기 맥아즙 비중은 1.044-1.056(11-14°B)이고 알코올 농도는 약 3.4%(V/V)이다. 이 맥주의 클래식 스타일에는 배스 페일(Bass Pale)과 워싱턴즈 화이트 실드(Worthington's White Shield)가 있다. 페일 에일을 때로는 버튼 에일 이라고도 부르는데 그 이유는 1780년대 버튼 온 트렌트(Burton-on-Trent)에서 양조 한 것으로 부터 유래되어 이 스타일이 일반화되었기 때문이다. Light Ale(라이트 에일)과 동의어. 간혹 Dinner Ale(디너르 에일)이라고도 한다. India Pale Ale(인디어 페일 에일) 참조.

Pale Ale Malt(페일 에일 몰트) : **페일 에일 맥아**. 특히 페일 에일을 만드는데 사용하며 영국의 표준 맥아.

Pale Bock(페일 보크) : **페일 복**. Maibock(메이보크)와 동의어. 참조.

Pale Crystal Malt(페일 크리스털 몰트) : **연한 색 크리스털 맥아**. 연한 색 맥주에 바디 감을 주기위해 사용하는 크리스털 맥아의 한 형태. 크리스털 맥아와 다른 점은 볶지 않는다는 것이다. 이 맥아는 당화 후 녹 맥아를 높은 온도에서 건조시켜 만든다. 10%이상 사용하면 맥주에 좋지 않은 향미를 준다. CaraPils(캐러필즈)와 동의어.

Pale Malt(페일 몰트) : **옅은 색 맥아**. 맥주양조에서 가장 일반적으로 사용되는 맥아. 약 80°C에서 건조 시킨다.

Pallet(팰리트) : **팔레트**. 창고, 공장 등의 화물을 운반, 저장하기 위한 받침대(臺)이며 지게차의 포크로 끼워 운반한다.

Palm Sugar(팜 슈거르) : **종려당(棕櫚糖)**. 종려나무 수액에서 뽑은 당.

Panaché(파나쉐) : **파나쉐**. 프랑스에서 맥주와 레모네이드를 혼합한 술. Shandy(섄디) 참조.

Papain(퍼페이인) : **파파인**. 파파야 유(乳)즙에 함유된 단백질분해효소. 맥주의 혼탁제거에 사용된다.

Papery(페이퍼리) : **젖은 종이냄새의**. 맥주 양조 중 또는 유통 중에 공기 중의 산소에 의해 생성되는 물질인 트랜스-2 노네날(Trans-2 Nonenal(트랜스-2 나네널))에 의해서 나는 냄새. 감지한계치는 0.05ppb로써 아주 낮은 함량이다. 맥주에 아주 바람직하지 않은 영향을 준다. Oxidation(악서데이션) 참조. 감각용어.

Parachute(패러슈트) : **파라슈트**. 깔때기 모양으로 발효조 가장자리 또는 중간에 설치되어있고 효모가 포함된 거품을 거두는데 사용하는 기구. Skimming Oar (스키밍 오어) 참조.

Paradise Seeds(패러다이스 시즈) : **파라다이스 씨앗**. 감귤과 소나무 아로마를 가지고 있는 후추향의 허브. Grains of Paradise(그레인즈 어브 패러다이스)와 동의어. 참조.

Paraflow(패러플로우) : **파라플로**. 맥아즙 냉각기에 부착되어있는 판형(版形) 열교환기.

Parallel Fermentation(패럴렐 퍼르멘테이션) : **병행 복발효**(竝行 復醱酵). 당화와 발효가 동시에 일어나는 발효양식. 막걸리, 사케 등의 발효방식이다. 맥주는 단행 복발효, 포도주는 단발효 방식으로 양조한다.

Parfait(파흐페) : **파르페**. 프랑스의 1리터용 맥주잔.

Particulate Matter(퍼르티큘리트 매터르) : **부유 성 고형물**(浮遊性固形物). 침전하지 않고 액체에 부유하는 단백질, 효모, 기타물질 들.

Parti-Gyle(파르티 가일) : **파티가일**. 구식 양조장에서 사용하던 방법으로서 맥아즙의 첫 번째 여과액은 알코올 농도가 높은 맥주를 만들고 두 번째 여과액은 일반 맥주를 만들며 세 번째 또는 성분이 적은 여과액은 싸구려 맥주를 만드는 것.

Parts Per Billion(파르츠 퍼 빌리언) : **십 억분의 일**. 약어로 ppb(피피비).

Parts Per Million(파르츠 퍼 밀리언) : **백만분의 일**. 약어로 ppm(피피엠).

Party Barrel(파르티 배럴) : **파티용 배럴**. 영국에서 파티, 축하연, 페스티벌 등에 사용하는 5-10리터들이 에일 배럴.

Party Pig(파르티 피그) : **파티용 분배기**. 화학물질로 부풀게 만든 공기주머니로 압력을 가하여 약 7.6리터(2갤런)를 따를 수 있게 만들어진 기구.

Pasteur Effect(패스터르 이펙트) : **파스퇴르 효과**. 맥주가 완전히 발효되기 전에 맥주를 이송(Racking(래킹))하면, 즉 혐기적으로 발효가 일어나고 있는데 공기가 들어가면 혐기적 과정이 호기적 과정으로 전환되는 것. 다르게 표현하면 발효가 호기적 조건하(산소 존재 하)에서 강하게 억제되는 현상. 루이 파스퇴르(Louis Pasteur)가 발견하였다.

Pasteurization(패스쳐라이제이션) : **저온살균**. 세균, 곰팡이, 기타 생명체를 사멸시켜 생물학적으로 안정성을 확보하고 판매기간을 늘리기 위하여 입병했거나 캔이나 케그에 담은 맥주를 일정한 시간 정해진 온도로 처리하는 것. 대용량일 경우 입병하기 전에 뜨거운 물이나 스팀으로 가열한 튜브가 장착된 판형 살균기로 살균하고 입병한 맥주의 경우는 점차로 온도를 올려 60-75°C로 20-30분간 살균한다. 생맥주는 고온에서 20-30초간 순간살균 한다. 독일에서는 수출맥주만 저온살균 한다. 영국에서는 캐스크 숙성한 에일은 살균하지 않는다. 이 살균법은 약간의 향미손실을 가져온다. Flash Pasteurization(플래쉬 패스쳐라이제이션. 순간살균(瞬間殺菌), Tunnel Pasteurization(터널 패스쳐라이제이션) 참조.

Pasteurization Unit(패스쳐라이제이션 유니트) : **살균단위**. 약어로 PU 또는 P.U.. 저온살균에 의하여 일어나는 살균효과를 측정하는 단위. 1 단위는 60°C에서 1분간 노출 했을 때 죽는 미생물을 말한다. 온도가 올라가면 살균단위는 급격히 증가한다. 입병한 맥주는 대개 15-30 PU에서 살균한다.

Pasteurizer(패스쳐라이저) : **저온 살균기(低溫殺菌器)**. 액체를 저온으로 살균하는 기구.

PBW(피비더블류) : **양조장 세척용 분말**. Powder Brewery Wash(파우더 브루어리 와쉬)의 약어. 참조.

Peat Malt(피트 몰트) : **훈연(燻煙)맥아**. 토탄으로 훈연한 맥아. 불타는 토탄위에서 건조한 맥아. 이 맥아는 맥주에 독특한 훈연향미를 주는데 스카치 에일(Scotch Ale)에 때때로 사용된다.

Peat-Smoked Malt(피트 스모크트 몰트) : **훈연(燻煙)맥아**. Peat Malt(피트 몰트)와 동의어. 참조.

Peck(페크) : **펙**. 액량의 단위로 미국에서는 약 8.8리터, 영국에서는 약 9리터.

Pectin(페크틴) : **펙틴**. 갈락투론산(Galacturonic Acid(걸랙튜라니크 애시드))이 사슬을 이룬 식물성 물질로 당과 산의 존재에서 점착성(粘着性)을 갖고 식물에서는 세포를 결합시키는 작용을 하는 다당류의 하나. 잼, 젤리, 풀 따위를 만드는 데에 사용한다.

Pediococcus(페디어카커스) : **페디오코쿠스 속(屬)**. 그람 양성 젖산균 속(屬)이며 젖산을 생성하고 맥아즙의 pH를 떨어트리기 때문에 람빅 맥주 생산에 아주 중요한 균이다. 그러나 이 균이 맥주나 맥아즙에 감염되면 신맛과 탁한 기(氣)를 갖게 하므로 일반적인 맥주생산에는 유해균이다.

Peg(페그) : **하이볼**. 소다수를 탄 위스키 또는 브랜디.

Peg Tankard(페그 탱커드) : **페그 탱카드**. 17세기 후반에 일반화 되어있던 공용술잔. 손잡이안쪽에 돌기가 있어 눈금 구실을 했는데 이 돌기사이의 맥주가 한사람 몫이다. 돌기의 개수는 술잔의 크기에 따라 다른데 2쿼트(약 2.27리터) 술잔에는 8개의 돌기가 있는데 돌기사이의 맥주의 양은 1 질(Gill. 약 0.142리터)이다. 이러한 잔이 만들어진 것은 과도한 음주를 막기 위하여 캔터베리 대주교인 성 던스턴(Archbishop Dunstan of Canterbury)의 제안에 따라 에드워드 왕이 칙령을 내려 이러한 잔이 만들어졌고 음주법이 시작되었다. 당시의 잔의 안쪽에는 핀이나 못이 박혀있었고 한 칸 이상을 마신 사람은 중한 벌을 받았다. Pin Tankard(핀 탱커드)와 동의어.

P'Ei(베이) : **베이**. 중국 당나라 때 만들었던 맥주 타입. 여과하지 않은 맥주가 일반적이었으며 술 표면에 한국의 동동주처럼 용해성 성분이 빠진 곡물섬유소가 떠다녔으므로 개미동동주(Floating Ants(플로팅 앤츠))라고도 불렸다. Chiu(치우), Li(리), Sang-Lo(장 로), T'ien Tsiou(티엔 치우) 참조.

Pelletized Hops(펠리타이즈드 합스) : **펠릿 화 홉**. 건조하여 가루로 만들어 압착한 홉. Hop Pellet(하프 펠리트)와 동의어. 참조.

Penny Pot(페니 파트) : **페니 포트. 큰 잔**. 17세기 영국에서 고급 에일 1 쿼트(약 1.14리터)는 1페니였고 작은 잔은 1/2페니였기 때문에 큰 잔을 의미한다.

Pentosan(펜터샌) : **펜토산**. 가수분해에 의해 5탄 당인 펜토오스를 생성하는 다당류를 통틀어 부르는 말. 보리의 세포벽에 존재한다. Pentose(펜토우스) 참조.

Pentose(펜토우스) : **펜토오스. 5탄 당**. 탄소 원자가 5개인 단당류. 분자식은 $C_5H_{10}O_5$. 리보스(Ribose(리보우스)), 크실로오스(Xylose(자일로우스)), 아라비노스(Arabinose(어래비노우스)) 등.

Peptidase(페프티데이스) : **펩티데이스**. 작은 개수의 아미노산으로 구성된 펩티드를 아미노산으로 분해하는 효소. 프로티에이스(Protease(프로우티에이스)))보다 열에 약하므로 고온에서 빨리 실활(失活)된다. Peptide(페프타이드) 참조.

Peptide(페프타이드) : **펩티드**. 2-30개의 아미노산이 펩티드 결합으로 이루어진 물질. 펩티드는 맥주의 점도와 바디를 증강시킨다.

Peptization(페프티제이션) : **해교(解膠)**. 콜로이드 모양(교질(膠質. 솔이라고도 함))으로의 용액 화. 응결 또는 엉킴에 의해 침전한 콜로이드 덩어리가 펩타이저(Peptizer(페프타이저))의 흡착작용으로 입자표면에 결합하여 다시 콜로이드로 분산하는 현상. Peptizer(페프타이저. 해교(解膠)물질) 참조.

Peptizer(페프타이저) : **해교(解膠)물질**. 해교를 행하는 전해질(電解質), 계면활성제 등.

Peptizing Agent(페프티징 에이전트) : **해교(解膠)물질**. Peptizer(페프타이저)와 동의어. 참조.

Peptone(페프토운) : **펩톤**. 단백질이 펩신 등의 단백질 가수분해효소에 의하여 부분적으로 가수(加水)분해되어 생기는 물질로서 폴리펩티드 및 올리고펩티드류(類)의 혼합체를 통틀어 의미하는 말.

Peptonization Temperature(페프터나이제이션 템퍼러쳐르) : **펩톤화 온도**. 담금 중 질소를 포함하고 있는 물질의 분해에 최적의 온도.

Peptonizing(페프터나이징) : **펩톤화**. 단백질이 단백질분해효소에 의해 알부민/프로테오스(Proteose(프로우티오우스)) --> 펩타이드 --> 아미노산의 순서로 단계적으로 생성되는 것.

Percent Alcohol(퍼르센트 앨커홀) : **알코올 퍼센트**. Alcohol By Volume(앨커홀 바이 발륨. 부피로 나타낸 알코올 함량), Alcohol By Weight(앨커홀 바이 웨이트. 무게에 대한 알코올 함량) 참조.

Perle(페렐. 페를레(독일어)) : **페렐**. 알파 산 함량이 7.0-8.5%이고 독일과 미국 오리건 주에서 재배하고 있는 홉 품종.

Perlite(퍼를라이트) : **펄라이트**. 진주암(眞珠岩). 규조토(珪藻土. Kieselguhr(키절구어))대신 맥주의 여과에 사용되는 유리질의 화산암(火山巖) 재.

Permanent Hardness(퍼르머넌트 하르드니스) : **영구경도(永久硬度)**. 끓인 후에도 남아있는 물의 경도.

Pesticide(페스티사이드) : **농약. 살충제**. 재배와 저장 시 해충과 미생물의 감염과 침입을 막아 농작물 및 곡물을 보호하는데 사용하는 약제.

PET(페트) : **페트병**. 한국, 영국 등에서 맥주를 포함한 음료수를 담는데 사용하는 폴리에틸렌을 재료로 만든 병. PET는 폴리에틸렌 테레프탈산염(Polyethylene Terephthalate(팔리에털린 테러프탤레이트))의 약어.

pH(피에이치) : **피에이치**. Potential Hydrogen(퍼텐셜 하이드러전. 산도(酸度))의 약어. 용액의 산성도와 알칼리도의 수준을 나타내는데 사용하는 대수척도(代數尺度). 14단계로 되어있으며 7은 중성(Neutral(뉴트럴))이고 7이하는 산성(Acidic(어시디크)), 7이상은 알칼리성(Basic(베이지크))이다. 증류수는 중성, 즉 산성도 알칼리성도 아니다. pH등급은 지수 등급이므로 pH7과 pH6 사이는 10배 차이가 난다. pH가 양조에서 중요한 이유는 담금 중의 효소의 활성에 큰 영향을 미치기 때문이다. 맥주양조에 사용되는 맥아즙의 최적 pH는 4.0-5.0이다. pH미터나 pH시험지로 측정한다. pH Value(피에이치 밸류)와 동의어.

Phenol(피노울) : **페놀. 석탄산(酸)**. 분자식은 C_6H_5OH. 백색이고 수용성(水溶性)의 유독한 결정(結晶)덩어리. 소독제, 방부제 등으로 사용된다.

Phenolic(피노울리크) : 1. **석탄산 수지**. 단일결합과 이중결합이 번갈아 결합되어 있는 6개의 탄소로 이루어진 기본구조를 가지고 있는 화합물. 곡물의 겉껍질에 존재하는 타닌과 홉의 연수지(軟樹脂. Soft Resin(소프트 레진). 알파산과 베타 산)는 천연 석탄산 수지이다. 2. **페놀 아로마의**. 의약품의, 플라스틱의, 전기화재의, 구강청결 제 닮은, 반창고 닮은. 연기의, 정향(丁香. Clove(클로브)) 닮은 1가지 또는 복합적인 향의. 대부분은 야생 효모나 세균이 생성한다. 감각용어.

2-Phenylethanol(2-페닐에서노울) : 1. **2-페닐에탄올**. 2. **장미 아로마의**. 2-페닐에탄올향의. 고급 알코올(Higher Alcohol(하이어르 앨커홀))의 일종. Higher Alcohol(하이어르 앨커홀) 참조. 감각용어.

Phenylethyl Acetate(페닐에틸 애시테이트) : 1. **초산페닐에틸**. 2. **꽃 아로마의**. 장미, 귤, 단 아로마로 표현한다. 에스터의 일종. 맥주중의 감지 한계치는 3.8ppm이다. 감각용어.

pH Measurement(피에이치 메저르먼트) : **pH측정**. 이온화된 용액에서 수소이온농도를 결정하는 것. pH미터나 pH시험지로 측정한다.

pH Meter(피에치 미터르) : **pH미터**. 용액의 pH를 측정하고 계산하여 내보이는 기계. 이 기계를 사용할 때는 기지(旣知)의 용액으로 보정해야한다. pH시험지로 측정하는 것보다 기계로 측정하는 것이 정확하다.

Phoenix(피니크스) : **피닉스**. 알파 산 농도가 약 7.8%이고 영국에서 재배하고 있는 홉 품종.

Phorodon Humuli(포러단 휴멀레이) : **포로돈 휴뮬리**. 암자색 홉 진딧물(Damson Hop Aphid(댐즌 하프 에이피드))의 학명. Damson Hop Aphid(댐즌 하프 애피드) 참조.

Phosphate(파스페이트) : **인산염(燐酸鹽)**. 인산의 수소 이온을 금속 이온 따위의 양이온으로 치환한 염. 인산수소 2 소듐(Na_2HPO_4), 인산 2 수소 소듐(NaH_2PO_4) 등. 맥주양조에서는 맥아제조와 디콕션 담금(Decoction Mashing(디칵션 매싱)) 중에 피틴산(酸)(Phytic Acid(파이틱 애시드))로부터 생성되며 담금액의 산성화에 기여한다.

pH Paper(피에이치 페이퍼르) : **pH시험지**. 화학물질을 발라 용액의 pH를 측정할 때 사용하는 가느다란 종이 조각. 이 종이 조각에 용액을 묻히면 산 또는 알카리도에 따라서 색이 변한다. 색이 변한 정도를 표준 색상과 비교하여 산도 또는 알칼리도를 측정한다.

pH Value(피에이치 밸류) : **pH값**. pH와 동의어. 참조.

Phytase(파이테이스) : **피테이스**. 맥아의 피틴(Phytin(파이틴). 피틴산의 Ca 또는 Mg염)을 가수분해하여 피틴산(酸)(Phytic Acid(파이틱 애시드. 더 분해되면 미오이노시톨과 무기인산을 생성))을 생성하는 인산가수분해효소의 일종. 생성된 피틴산이 맥아즙의 pH를 낮춘다(즉 산도를 높인다). 이 효소는 당화, 맥아즙 청징, 발효에 도움을 준다.

Phytic Acid(파이틱 애시드) : **피틴산(酸)**. $C_6H_6(OPO(OH)_2)_6$. 백색-엷은 황색의 수용성 액체. 곡식의 알갱이의 껍질에 많이 존재하는데 더 분해되면 이노시톨(Inositol)과 무기인산을 생성하여 양조액의 pH를 나춘다(즉 산도를 높인다).

Phytin(파이틴) : **피틴**. 분자식은 $Ca_5Mg(C_6H_{12}O_{24}P_6 \cdot 3H_2O)_2$. 백색 분말로, 피틴 산(酸)의 마그네슘과 칼슘염. 피테이스(Phytase(파이테이스))에 의해 분해되어 피틴산(Phytic Acid(파이틱 애시드))을 생성한다. 페일 라거 몰트에 많이 존재하고 인산(燐酸) 저장 물질로서 종자, 괴경(塊莖), 근경(根莖)에도 함유되어 있다.

Pickle(피클) : **곡식의 낟알**. 보리, 맥아, 밀 등의 낟알.

Piece(피스) : **피스**. 전통적 상상 제맥아(床上 製麥芽. Floor Malting(플로어 몰팅))에서 약 10cm두께의 싹튼 보리 층. 통풍식 제맥아(通風式製麥芽. Pneumatic Malting(누매티크 몰팅))에서 발아상자 속의 보리 두께는 약 3피트(91cm)이다. Couching(카우칭), Matted Couche(매티드 카우치), Thinning the Piece(시닝 더 피스), Turner(터르너르) 참조.

Pigtail(피그테일) : **피그테일**. 적은 양의 샘플맥주를 채취하는데 사용하는 얇으며 탱크에 고정되어있는 코일.

Pils(필즈) : **필즈**. Pilsner(필즈너르) 맥주의 약어.

Pilsen(필젠) : **필젠**. Pilsner(필즈너르) 맥주의 독일어. Pilsner(필즈너르) 참조.

Pilsener(필즈너르) : **필젠 맥주**. 가벼운 바디와 훌륭한 홉 향미를 갖고 있는 연한 색의 라거 맥주의 일반적인 이름. 최초의 필젠 맥주는 1842년 체코서부의 보헤미아인 마을인 플젠(Plzen. 푸른 초원이라는 뜻)의 뷔르거리셰스 브라우하우스(Bürgerliches Brauhaus)에서 아주 좋은 연수로 처음으로 양조되었으며 아주 연한 색이었고 곧 세계적인 스타일이 되었다. 필젠 맥주의 원형은 플젠스키 프라즈로이(Plzensky Prazdroj) 또는 필즈너 우르켈(Pilsner Urquell(우루켈은 원조라는 뜻))이라하고 1898년 특허를 내었다. 원래의 맥주의 비중은 11-12°플라토. 알코올 함량은 4.5-5%(V/V). 아주 부드럽고 미네랄이 거의 없다. 사츠(Saaz) 홉으로 강한 홉 향기를 내는데 100리터당 400-500g을 첨가 한다(도르트문트 맥주(Dortmunder(도르트문더)는 100리터당 200-220g, 독일 필즈너는 300-400g을 사용한다). 가장 일반적인 맥주이고 전세계 맥주 판매량의 약 2/3를 차지한다. Pils(필즈), Pilsen(필젠), Pilsner(필즈너르)와 동의어.

Pilsner(필즈너르) : **필즈너**. 체코어. Pilsener(필즈너르)와 동의어. 참조.

Pilsner Beer(필즈너르 비어) : **필즈너 맥주**. Pilsener(필즈너) 참조.

Pilsner Malt(필즈너르 몰트) : **필즈너 맥아**. 부드럽고, 약간 구운 것 같으며, 꿀 닮은 약간의 단맛, 그리고 가벼운 곡물 특성을 갖고 있는 맥아. 다른 맥아보다 높은 DMS(Dimethylsulfide(다이메털설파이드)) 전구체를 갖고 있기 때문에 이 맥아를 사용할 때 약한 삶은 양배추 같은 냄새를 가질 수 있다. 특히 라거 맥주의 양조에 일반적으로 사용된다.

Pilsner Urquell(필즈너르 우르켈) : **필즈너 우르켈**. 라거 맥주인 필즈너 맥주의 원조. 체코어인 우르켈이란 말은 원조란 뜻이다. 상쾌한 맛을 가지고 있고 몰트의 맛과 홉의 뒷맛이 조화를 이루고 피니쉬는 쌉쌀한 사츠 홉의 맛이 느껴진다.

Pin(핀) : **핀**. 1. 영국의 용량의 단위로 20.45리터(4.5갤런). 1/2 퍼킨(Firkin(퍼르킨)) 또는 1/4 킬더킨(Kilderkin). 2. 20.45리터들이 캐스크.

Piney(파이니) : **소나무 향의**. 감각용어. Piny(파이니)라고도 쓴다.

Pint(파인트) : **파인트**. 약어로 pt. 액량, 건량(乾量) 단위. 1. 영국에서는 0.568리터(건량의 경우 34.678 세제곱 인치). 8파인트가 영국 1갤런. 액량과 건량이 같다. 2. 미국 및 일부 다른 국가에서는 0.473리터(건량의 경우 29.875 세제곱 인치). 8파인트가 1갤런. Reputed Pint(리퓨티드 파인트) 참조.

Pin Tankard(핀 탱커드) : **핀 탱카드**. Peg Tankard(페그 탱커드)와 동의어. 참조.

Pinte(펭트) : **펭트**. 파인트(영어). 옛날 프랑스의 부피 단위로 0.93리터 또는 1/2 Quarte(카르트)에 해당.

Piny(파이니) : **소나무 향의**. Piney(파이니)와 동의어.

Pipe(파이프) : 1. **큰 통**. 포도주, 기름 따위를 넣는 커다란 통. 2. **파이프**. 포도주 따위의 용량의 측정단위로서의 통. 4배럴(Barre), 2호그즈헤드(Hogshead), 1/2 턴(Tun)을 말하며 미국 126갤런(약 477리터), 영국 105갤런(약 477리터).

Pitch(피취) : 1. **효모를 첨가하다**. 식히고 통기한 맥아즙에 발효가 일어나도록 효모를 가하다. 2. **피치를 도포하다**. 맥주가 오염되는 것을 막기 위하여 나무로 된 캐스크나 배럴의 내부 벽을 피치로 칠하다. 3. **피치**. 원유, 콜타르 등을 증류한 뒤 남는 검은 찌꺼기. 오염과 습기를 방지하기 위하여 나무로 된 캐스크나 배럴에 도포한다.

Pitcher(피쳐) : **큰 물병**. 금속이나 도기로 만들어진 큰 물병. 대개 손잡이와 주둥이가 달려있다.

Pitching(피칭) : 1. **효모첨가**. 접종. 무균의 식힌 맥아즙(Wort(워르트))에 활발하게 배양된 효모를 접종(Inoculate(이나큘레이트)) 하여 발효가 시작되게 하는 것. 즉 맥아즙에 효모를 가하는 것. 맥아즙은 27°C이하로 식혀야한다. 이상적인 효모첨가 온도는 상면발효효모의 경우 14-15°C, 하면발효효모는 6-8°C이다. Yeasting(이스팅)과 동의어. 2. **피치도포**. 오염과 습기를 방지하기 위하여 나무로 된 캐스크나 배럴에 피치를 도포하는 것.

Pitching Machine(피칭 머쉰) : **피치도포기계**. 나무로 된 캐스크나 배럴에 피치를 도포하는 기계.

Pitching Rate(피칭 레이트) : **효모첨가 율**. 한 배치(Batch)를 발효시키는데 필요한 효모의 양. 대개 맥아즙 100리터당 200-600g의 압착효모를 사용한다.

Pitchy Taste(피취 테이스트) : **피치냄새**. 나무로 된 캐스크나 배럴에 도포한 피치에서 나는 나쁜 냄새.

Pito(피토) : **피토**. 싹튼 수수로 만든 나이지리아 맥주 타입.

Piva(피바) : **피바**. 알류샨 열도에서 감자, 건포도, 기타 당 함유 물질을 발효시켜 만든 알코올 음료.

Pivo(피보) : **피보**. 체코에서 만든 맥주.

Piwo(피버) : **피버**. 러시아와 폴란드에서 만든 맥주.

Piwowar(피보바) : **맥주양조인**. 폴란드어.

Piwowarstwo(피보바스트보) : **맥주양조업**. 폴란드어.

Piwsko(피브스코) : **나쁜 맥주**. 폴란드어.

Placbier(플라스비에르) : **일등맥주**. 15세기 벨기에에서 일등급 또는 최고로 알코올 농도가 높은 맥주를 칭하던 말. Bière De Luxe(비에흐 드 뤼크스. 고 알코올 맥주)라고도 한다.

Plasma(플래즈머) : **플라스마**. 세포가 가지고 있는 물질.

Plaster(플래스터르) : **석고 맛이 나는**. 맛을 표현할 때 사용한다. 양조용수에서 기인한다. 과다한 석고 맛은 불쾌한 떫은맛을 나타낸다. Drywall(드라이월)과 동의어. 감각용어.

Plaster of Paris(페이스터르 어브 패리스) : **소석고(燒石膏)**. 결정수의 2/3가 없어질 때까지 석고를 가열시켜 얻어진 백색분말. 물을 섞으면 급격히 굳어지는 성질이 있다. 프랑스의 파리에서 산출되는 석고로 만들어진데서 이 이름이 유래되었다. 석고의 일반 명으로도 사용된다.

Plate Heat-Exchanger(플레이트 히트 익스체인절) : **판형 열교환기**. 연속된 판판한 판과 파도모양의 판이 번갈아 이루어져있는 열교환기.

Plate-And-Frame(플레이트 앤드 프레임) : **평판형 여과기**. 맥주의 여과에 사용되는 여과기의 한 종류. 대개 여러 장의 평판이 하나의 여과기를 이룬다.

°Plato(플레이토) : **°플라토**. 약어로 °P. 액체비중계(Hydrometer(하이드라미터르))를 사용하여 20°C에서 측정한 맥아즙 100중에 용해되어있는 순수한 설탕의 %를 말하며 유럽과 미국에서 사용하는 단위. 이 단위는 나중에 양조가 끝났을 때의 알코올 농도를 추정할 수 있기 때문에 중요하다. 대체적으로 1°P는 0.4%(V/V)의 알코올 농도를 생산한다. 즉 12°P의 맥아즙은 약 5%(V/V)의 알코올 농도를 갖는다. Balling(볼링)단위는 17.5°C에서 측정하고 °플라토보다 정확하지 않다. °Balling(볼링), Belgian Degrees(벨전 디그리즈. 벨기에 도), Régie(헤지. 레지), Specific Gravity(스피시피크 그래비티. 비중) 참조.

Pleasant(**플레전트**) : **기분 좋은**. 마셨을 때 잡냄새가 없고 상쾌한.

Plimsol Line(플림설 라인) : **플림솔 선**. 영국에서 맥주잔에 정량을 표시하는 선을 그은 것.

Plumule(플루뮬) : **유아초(幼芽鞘)**. 종자식물의 어린 싹. 유아(幼芽). 동물의 솜털. 동물의 유모(柔毛). Acrospire(애크러스파이어)와 동의어. 참조.

Plunger(플런저르) : **플런저**. 퍼 올리는 펌프나 수압기 등의 펌프 실린더 내부에 있으며 왕복 운동을 하는 막대 피스톤. 피스톤 같은 것을 밀어내리도록 되어 있는 기기.

Pneumatic Malting(누매티크 몰팅) : **통풍식 제맥아(通風式製麥芽)**. 자동으로 온도가 조절되고 환기되는 상자 안에서 대량으로 맥아를 만드는 방법. Box Malting(박스 몰팅. 발아함식(發芽函式) 제맥아(製麥芽), Drum Malting(드럼 몰팅. 발아관식 맥아제조(發芽管式 麥芽製造), Saladin Box(샐러딘 박스. 살라딘 상자) 참조.

Pocket(파키트) : **포켓**. 마른 홉 50-150kg을 담을 수 있는 캔버스 천으로 짠 길고 큰 주머니.

Podosphaera macularis(파드스패러 매큘러리스) : **포도스패라 마큘라리스**. 홉 곰팡이의 학명. 전에는 *Sphaerotheca macularis*(스피어로우티커 매큘러리스. 스패로

테카 마쿨라리스)라 불렀다.

Polish(팔리쉬) : 1. **닦다**. 맥아의 먼지와 이물질을 솔로 닦다. 2. **최종여과**. 상업용 양조에서 입병하기전의 마지막 여과. 맥주가 맑아진다.

Polished Beer(팔리쉬트 비어) : **최종여과 맥주**. 상업용 양조에서 입병하기 전에 마지막으로 행하는 여과를 한 맥주.

Polishing(팔리쉬) : **최종여과**. 상업용 양조에서 입병하기 전에 마지막으로 행하는 여과.

Polyclar(팔리클라르) : **폴리클라르**. 플라스틱을 원료로 만들었으며 단백질과 폴리페놀의 환원제로 맥주의 청징(淸澄)에 사용하는 물질. 라거 맥주의 청징에는 입병 또는 통에 넣기 5일전에 첨가하여 저어준다. Polyvinylpolypyrrolidone(팔리바이닐팔리피로울리도운)과 동의어.

Polyethylene(팔리에틸린) : **폴리에틸렌**. 석유나 석탄에서 얻어지는 에틸렌의 중합으로 만들어지는 사슬 모양의 고분자 합성수지. 자가 맥주양조용 발효조를 만들 때 사용된다. 이외에 각종 용기, 포장용 필름, 전기 절연 재료, 도료, 섬유, 줄 테이프, 완구 등에 널리 사용된다.

Polymer(팔러머르) : **중합체(重合體)**. 저분자량의 단량체가 중합해서 생기는 고분자 화합물. 페놀이 중합하면 폴리페놀이, 펩타이드가 중합하면 폴리펩타이드가 된다.

Polymerize(팔러머라이즈) : **중합(重合)하다**. 저분자량의 단량체가 중합하다.

Polypeptide(팔리펩타이드) : **폴리펩티드**. 1. 아미노산이 펩티드 결합으로 여러 개 결합된 것의 총칭. 분자량이 수천에서 수백만에 이른다. 단백질과 동의어. 2. 단백질이 부분 분해되어 생성된 10-100개의 아마노산으로 되어 있는 물질.

Polyphenol(팔리피노울) : **폴리페놀**. 1. 분자하나에 페놀 무리를 2개 이상 가지고 있는 화합물로 타닌, 플라보노이드, 리그닌 등이 여기에 속한다. 보리의 겉껍질과 홉에 들어있다. 2. 냉각혼탁(冷却混濁)형성 및 산화에 의한 변화에 관계하는 페놀화합물의 복합체.

Polypropylene(팔리프로우펄린) : **폴리프로필렌**. 석유나 석탄에서 에틸렌과 함께 얻어지는 프로필렌을 중합하여 얻는 고분자 합성수지. 자가 맥주양조용 발효조를 만들 때 사용된다. 이외에 포장용 필름, 연신(延伸) 테이프, 섬유, 파이프, 일용 잡화, 완구, 공업용 부품, 컨테이너 등에 널리 쓰인다.

Polysaccharide(팔리새커라이드) : **다당류(多糖類)**. 단당류가 중합하여 형성된 물질로 녹말, 섬유소, 덱스트린, 이눌린 등이 속하며 1개 분자에 4개 이상의 단당류를 가지고 있는 탄수화물. 산 또는 효소로 가수분해하면 단당으로 전환된다.

Polysulfide(팔리설파이드) : **다황화물(多黃化物)**. 보통 량 이상의 황을 함유하는 화합물의 총칭. 삶은 채소, 양파, 스컹크, 고무, 황 등의 불쾌한 냄새와 맛에 관여하는 물질.

Polythene(팔러틴) : **폴리텐**. 폴리에틸렌(Polyethylene(팔리에틸린))과 동의어. 참조.

Polyvinylpolypyrrolidone(팔리바이닐팔리피로울리도운) : **폴리비닐폴리피롤리돈**. 약어로 PVPP. 플라스틱을 원료로 만든 청징제이고 Polyclar(팔리클라르)라고도 한다. 특히 폴리페놀과 결합하고 맥주에서 폴리페놀을 제거하는데 사용하는 청징제이다.

Pombé(폼베) : **폼베**. 아프리카 기니에서 수수를 원료로 만드는 맥주 닮은 음료. 축제나 정화의식 때 마신다. 이 술의 알코올에 의한 흥분은 영혼의 장애를 물리치는 신성한 수단이었고 평온함으로 재탄생을 얻게 하는 것으로 믿었다. 폼베는 여성에 의해 다음과 같이 만들었다 : 침지하여 싹 틔운 수수를 햇볕에 말리고 가루로 빻는다. 이를 큰 그릇에서 물과 오크라(Gombo(공보)) 줄기와 함께 섞어서 하루 낮 동안 곤다. 이를 다른 용기에 옮기고 밤새 끓인다. 다음날 아침 맥아가루와 물을 더 첨가하고 다음날까지 성분을 더 우려낸다. 여기에 약초나 마법 식물을 가하고 양조한다. 완성된 폼베는 약간 흐리고 노란색이며 거품이 있고 비타민 B가 풍부하고 알코올 농도는 낮다. Tan(탄), Pombo(폼보)와 동의어. 2. 르완다와 우간다에서 바나나 주스로 양조한 일종의 맥주. 너무 익었거나(이를 사용하면 너무 빨리 양조된다) 익지 않은(당이 적다) 바나나는 사용하지 않고 적당히 익은 바바나를 사용하여 여성이 양조한다. 바나나는 껍질을 벗기고 3일간 땅에 묻었다가 꺼내어 쇠가죽위에 놓고 나무 가지로 덮은 다음 밟는다. 이때 만들어진 주스를 항아리에 넣고 가열하고 향미를 위해 허브를 넣는다. 이때만 들어진 폼베와 탄 수수 가루를 나무통에 넣고 비빈다. 여기에서 48시간 정도의 발효로 술이 만들어진다.

Pombo(폼보) : **폼보**. Pombé(폼베)와 동의어. 참조.

Pome Fruit(포움 프루트) : **이과류(梨果類)**. 사과, 배, 마르멜로(Marmelo(마르멜로우). 모과 비슷한 열매로 잼 등을 만드는 데 씀)등과 같이 씨방은 응어리가 되고 그 바깥쪽을 다육부(多肉部)가 둘러싸고 있는 과일을 말한다.

Pony(포우니) : **포니**. 1. 용량 단위로 약 114ml(1/5파인트). 2. 호주의 뉴 사우스 웨일즈엣 사용하는 약 142ml용량의 맥주잔(5온스). 3. 호주의 빅토리아와 웨스턴오스트레일리아에서 사용하는 약 114ml용량의 잔(4온스).

Pony Keg(포우니 케그) : **포니 케그**. 29리터(1/4배럴) 용량의 케그.

Poperinge(포퍼링에) : **포퍼링에**. 플랑드르의 포퍼링에에서 재배하는 홉 품종. Poperinghe라고도 쓴다.

Poperinge Hoppefesten(포퍼링에 호페페스텐) : **포퍼링에 홉 페스티벌**. 벨기에 포퍼링에에서 3년마다 열리는 홉 페스티벌. 이 페스티벌은 싱싱한 홉, 빨간색과 노란색(이 도시의 색)의 옷을 입고 홉 꽃모양의 모자를 쓴 어린이의 민속행렬로부터 시작된다. 홉 따기와 맥주마시기 대회 등이 이어진다.

Porcupine(포르큐파인) : **많은 침(針)을 갖춘 기계**. 양조용 곡물을 섞는데 사용하는 많은 침을 가지고 있는 기계. Armstrong Rake(아름스트롱 레이크) 참조.

Porridge(포리쥐) : **포리지**. 1. 오트밀에 우유나 물을 부어 걸쭉하게 죽처럼 끓인 음식. 특히 아침식사로 먹는다. 2. 양조업자들이 담금액(Mash(매쉬))을 부르는 말. 프랑스에서 때로는 Salade(살라드. 샐러드)라고도 한다.

Porter(포르터) : **포터**. 중간정도의 쓴맛을 가지고 있고 거의 흑색이며 중간정도의 알코올 농도를 가지고 있는 흑맥주. 1730년 랄프 하우드(Ralph Harwood(랠프 하르우드))라는 사람이 런던의 쇼디치(Shoreditch)에서 에일, 맥주, 투페니(Twopenny(터퍼니))를 섞어 당시 일반적으로 마시던 트리 헤즈(Three-Heads)라 불리던 음료를 대체하기위하여 양조하였다. 이때의 이름은 엔타이어(Entire. 모두 들어있음))이었고 에일보다 진하고 영양이 많다고 광고하였으며 짐꾼, 마부, 중 노동자를 겨냥하였다. 별명은 포터즈 에일(Porter's Ale. 짐꾼의 에일)이었고 나중에는 약해서 포터라 불렀다. 검은 색은 볶은 보리에서 왔고 감초를 섞기도 했다. 19세기 영국제도에서 일반적으로 포터를 비터 스타우트로 바꿔마시게 되었고 마지막 포터는 더블린에서 1973년에 양조한 것이다. 포터는 현재까지도 독일, 남북 아메리카, 아프리카, 중국, 덴마크, 헝가리, 폴란드, 러시아 등에서 대개 하면발효로 생산하고 있다. 알코올 함량은 5.0-7.5% 사이이다.

Portergaff(포르터 개프) : **포터 개프**. 포터(또는 스타우트)와 레모네이드를 섞어 만든 칵테일.

Porter's Ale(포르터즈 에일) : **포터즈 에일**. Porter(포르터) 참조.

Posset(파시트) : **에일 우유 술**. 더운 우유를 에일, 포도주, 증류주 등으로 응고시킨 음료. 설탕이나 향신료를 섞기도 한다. 아주 많은 만드는 방법이 있는데 그중하나는 설탕, 생강가루, 간 육두구(肉荳蔻)의 종자로 향미를 낸 1리터의 더운 에일에 1 리터의 더운 우유를 섞어 만드는 것이다. 전에는 감기 걸렸을 때 마셨다. Ale Posset(에일 파시트)와 동의어.

Posson(포송) : **포송**. 옛 프랑스의 액량 단위로 119.018 ml.

Post-Off Discount(포우스트 오프 디스카운트) : **양조장 할인**. 할인된 가격으로 양조업자 에서 도매상 또는 소매상으로 맥주를 판매하는 것.

Pot(파트) : 1. **단지**. 항아리. 2. **주류**. 3. **포트**. 액량단위. 호주의 퀸즐랜드와 빅토리아 주에서 284.12ml(10온스) 맥주잔을 이르는 말. 웨스턴오스트레일리아에서 284.12ml, 426.18ml, 568.24ml의 맥주잔을 부르는 말.

Pot Ale(파트 에일) : **주정박(酒精粕)**. Spent Grain(스펜트 그레인)과 동의어.

Potable Water(포터블 워터르) : **식수**. Drinking Water(드링킹 워터르)와 동의어. 참조.

Potassium(퍼태시엄) : **포타슘**. 원소기호 K. 담금액에서 농도가 높으면 어떤 효소의 활성을 저해한다.

Potential Alcohol(퍼탠셜 앨커홀) : **잠재 알코올 함량**. 초기비중 또는 발효 전 당 함량을 측정하여 최종 알코올 농도를 추정하는 것. 대개 °플라토에 0.4를 곱하면 잠재 알코올 함량이 된다.

Pothouse(파트하우스) : **하급 맥주 집**. 고어(古語)로 질 낮은 맥주를 팔던 선술집 또는 주막.

Powder Brewery Wash(파우더르 브루어리 와쉬) : **양조장 세척용 분말**. 상점에서 구매하여 양조장에서 흔히 사용하는 비부식성 세척제. 약어로 PBW.

Powdery Mildew(파우더리 밀듀) : 1. **흰 가루 병균**. 백분병균(白粉病菌). 2. **흰 가루 병**. 백분 병. Hop Mold(하프 모울드. 홉 곰팡이)와 동의어. 참조.

ppb(피피비) : **피피비**. 십 억분의 일. Parts Per Billion(파르츠 퍼 빌리언)의 약어.

ppm(피피엠) : **피피엠**. 백만분의 일. Parts Per Million(파르츠 퍼 밀리언)의 약어.

Precipitate(프리시피테이트) : **침전물**. 용액에서 화합물들의 반응으로 형성된 고체 화합물이 액체에 잘 용해되지 않아 바닥에 가라앉은 물질.

Precipitation(프리시피테이션) : **침전**. 석출. 용액에서 화합물들의 반응으로 형성된 고체 화합물이 가라앉는 것

Precursor(프리커르서르) : **전구체(前驅體)**. 선행물(先行物). 어떤 물질이 만들어지기 전의 물질.

Pre-Isomerized Extract(프리 아이서머라이즈드 익스트래크트) : **이성화 추출물**. 알파 산이 이미 이성화 되어있는 홉 추출물.

Premium(프리미엄) : **프리미엄**. 양질의 재료를 사용하여 생산한 최고의 품질을 나타내는 양조 물을 의미하는 양조업자의 상업적인 용어. 네덜란드의 하이네켄(Hineken)이 여기에 속한다.

Preservative(프리저르버티브) : **방부제**. 맥주의 산화, 부패, 감염을 방지하거나 늦추는데 사용하는 화학물질.

Preservative Value(프리저르버티브 밸류) : **방부 값**. 약어로 PV 또는 P.V.. 홉의 방부 값 또는 보존 값. PV=10(a+(b-a/3))의 식으로 계산되며 이 식은 알파 산(a)의 방부 값은 베타 산(b)의 방부 값의 3배(b-a/3)에 달한다는 발견으로부터 만들어졌다. 알파 산과 베타 산의 방부 값은 매체의 pH와 기타 인자에 의해 크게 달라지므로 이 식은 범세계적으로 사용되지는 않는다.

Pressure Regulator(프레셔르 레귤레이터르) : **압력조절기(壓力調節器)**. 맥주 컨테이너의 압력을 조절하는 장치.

Pressure Relief Valve(프레셔르 릴리프 밸브) : **압력릴리이프밸브**. 과도한 압력의 탱크의 폭발을 방지하기위하여 사용하는 압력감지 밸브. 내부로 공기가 들어가는 것도 방지한다.

Pressurization(프레셔리제이션) : **가압**(加壓). 캐스크나 케그 내의 압력을 증가시키기 위하여 압력을 가하는 것.

Pricked Beer(프리크트 비어) : **산패**(酸敗)**맥주**. 맥주가 시어지거나 식초 맛이나 냄새를 갖는 것.

Pricking(프리킹) : **산패**(酸敗). 맥주의 알코올이 초산균(*Acetobacter*(어시터백터르) 속)에 의해 시어지는 것.

Pride of Ringwood(프라이드 어브 링우드) : **프라이드 오브 링우드**. 알파 산 농도가 5.5-7.0%이고 호주와 미국의 아이다호 주에서 재배하고 있는 홉 품종.

Prima Melior(프리머 멜리오르) : **프리마 멜리오르**. 중세 수도원에서 성직자와 귀빈을 대접하기위해 만들었던 1등급 품질 또는 알코올 농도가 높은 맥주. 2등급품질 맥주는 세쿤다(Secunda) 또는 체르비시아(Cervisia)라고 불렀고 평신도를 위한 것이었다. 3등급 맥주는 테르티아(Tertia)라고 불렀고 여행자나 순례자들을 위한 맥주였다. 어떤 벨기에 수도원에는 아직도 이런 관습이 남아있어 알코올농도가 3단계인 맥주를 양조하고 있고 이들을 싱글(Single), 더블(Double), 트리플(Triple)로 분류하고 있다.

Primary(프라이메리) : **1차 발효조**. 1차 발효조(Primary Fermentation Bin(프라이메리 퍼르멘테이션 빈))를 약해서 부르는 말.

Primary Attenuation(프라이메리 어테뉴에이션) : **일차저감**(低減). 일차발효에 의한 저감.

Primary Fermentation(프라이메리 퍼르멘테이션) : **일차발효**. **주발효**(主醱酵). 개방 또는 폐쇄된 발효조에서 행하는 첫 단계 발효. 크로이젠(Kraeusen)형성을 관찰함으로서 발효상태를 짐작할 수 있다. 대개 상면발효는 2-3일, 하면발효는 7-8일간 행하고 이때 대부분의 발효성 당은 에탄올과 탄산가스로 전환된다. 이 과정은 발효 전 과정의 60-75%정도로 행한 후 2차 발효를 진행한다. Initial Fermentation(이니셜 퍼르멘테이션), Principal Fermentation(프린서펄 퍼르멘테이션)과 동의어.

Primary Fermentation Bin(프라이메리 퍼르멘테이션 빈) : **1차 발효조**. Primary Fermenter(프라이메리 퍼르멘터르)와 동의어. 참조.

Primary Fermentation Vessel(프라이메리 퍼르멘테이션 베설) : **1차 발효조**. Primary Fermenter(프라이메리 퍼르멘터르)와 동의어. 참조.

Primary Fermenter(프라이메리 퍼르멘터르) : **1차 발효조**. 일차발효를 행하는 용기. Primary(프라이메리), Primary Fermentation Bin(프라이메리 퍼르멘테이션 빈), Primary Fermentation Vessel(프라이메리 퍼르멘테이션 베설), Primary Fermentor(프라이메리 퍼르멘터르)와 동의어.

Primary Fermentor(프라이메리 퍼르멘터르) : **1차 발효조**. Primary Fermenter(프라이메리 퍼르멘터르)와 동의어.

Priming(프라이밍) : **프라이밍**. 자가 양조에서 완전히 발효된 맥주를 입병 또는 캐스크에 담을 때 약간의 발효성 당(주로 옥수수당이나 시럽)을 첨가하는 것. 이렇게 함으로써 병속에서 재 발효가 일어나 맥주에 탄산가스가 녹아들어가게 된다. 19리터(5갤런)당 옥수수 포도당 3/4컵(175ml)을 첨가하는 것이 표준이다. Dry Priming(드라이 프라이밍), Overpriming(오우버프라이밍. 과(過) 프라이밍) 참조.

Priming Solution(프라이밍 설루션) : **프라이밍 용액**. 2차 발효(병속숙성)를 일어나게 하기위하여 입병 시 첨가하는 물에 탄 당 용액.

Priming Sugar(프라이밍 슈거르) : **프라이밍 당**. 프라이밍에 사용하는 옥수수당 또는 설탕. 맥주를 이송 또는 입병하기 전에 프라이밍 당을 약간 첨가하여 마개를 막으면 재발효가 일어나 탄산가스가 맥주에 녹아있게 된다. 자가 맥주의 경우 5갤런(약 19리터)당 3/4-1컵을 첨가한다. Priming(프라이밍) 참조.

Primus, Jean(프리무스, 장) : **장 프리무스**. 맥주를 발명하였다는 전설상의 플랑드르 왕. Gambrinus(갬브라이너스) 참조.

Principal Fermentation(프린서펄 퍼르멘테이션) : **주발효**(主醱酵). Primary Fermentation(프라이메리 퍼르멘테이션. 일차발효)와 동의어. 참조.

Private Label Beer(프라이비트 레이블 비어) : **개별 상표 맥주**. 개별 브랜드 맥주. 사설 회사, 큰 소매상, 개인 공급자를 위하여 지방 양조업자가 만든 맥주. 빌리 비어(Billy Beer(후에 Billy Carter(빌리 카르터르)로 바뀜), 누드 비어(Nude Beer), 뉴 암스테르담 앰버 비어(New Amsterdam Amber Beer) 등이 그 예이다. 일반적으로 계약양조맥주(Contract-Brewed Beer(컨트래크트 브루드 비어))라고 한다.

Progress(프라그레스) : **프로그레스**. 알파 산 농도가 5.0-7.0%이고 영국에서 재배하고 있는 홉 품종.

Prohibition(프로우어비션) : **금주 법**. 미국에서 알코올음료의 판매, 생산, 수입, 수송을 금지한 1919년 1월 16일 제정한 미국 헌법 제18조 수정조항에 의한 금주 법. 그 후 1933년 12월 5일 미국 헌법 제 21조 수정조항에 의하여 폐기 되었다.

Prohibition Bureau(프로우어비션 뷰어로우) : **금주 법 위반 단속 국**. 1920년 금주 법 위반을 단속하기위하여 설립된 연방 기구.

Prohibition-Days Beer(프로우어비션 데이즈 비어) : **금주기 맥주**. 감자 껍질, 건포도, 제빵용 효모 같은 기이한 물질로 금주기 동안에 만들었던 맥주.

Prohibition Era(프로우어비션 이어러) : **금주 법 시행기간**. 1920년 1월 16에서 1933년 12월 5일까지의 13년 10개월 18일간의 미국의 금주 법 시행기간.

Prohibition-Style Beer(프로우어비션 스타일 비어) : **금주 법 시행기간 스타일 맥주**. 자가 맥주 양조에서 비전문가적 기법으로 만들어 품질이 조잡하거나 그저 그런 맥주.

Prolamine(프로울러민) : **프롤라민**. 보리, 밀, 귀리, 옥수수, 조 등에 존재하는 높은 프롤린(Proline(프로울린))함량을 가지고 있는 단백질. 보리의 단백질을 호르데인(Hordein(호르디인))이라하는데 프롤라민은 이 단백질의 주성분이다.

Propagation(프라퍼게이션) : **증식**. 번식. 적은양의 효모를 발효에 필요한 많은 양으로 늘리는 것.

Propylene Glycol Alginate(프로우펄린 글라이코울 앨저네이트) : **알긴산프로필렌글리콜**. 바닷말로부터 얻은 알긴산의 에스터. 맥주에서 지방에 의한 거품의 손상을 막아주는 거품안정제로 사용되며 식품과 화장품의 유화제, 안정제, 점도증가제로 사용된다. 상용맥주의 경우 160ppm정도 사용한다.

Protease(프로우티에이스) : **프로티에이스**. 펩티드결합을 가수분해하는 효소의 총칭. 보리가 싹틀 때 생성되며 단백질을 가수분해하여 펩티드와 아미노산을 생성한다.

Protein(프로우틴) : **단백질**. 프로테인. 22가지의 아미노산이 펩티드결합으로 연결되어 고분자 화합물을 이룬 것. 아미노산 자체만으로 이루어진 단백질과 인산, 당, 비오틴 등으로 수식된 것이 존재한다. 다양한 입체구조를 이루고 있다. 맥주에서 효소활성, 효모 영양분, 거품 지속, 콜로이드 안정성, 바디감 등에 영향을 미치고 혼탁을 가져오기도 한다. 담금, 끓임, 냉각 할 때 분해되거나 침전된다.

Proteinaceous Layer(프로우티네이셔스 레어) : **단백립층**(蛋白粒層). **호분층**(糊粉層). Aleurone Layer(앨류로운 레이어)와 동의어. 참조.

Proteinase(프로우티네이스) : **프로테이네이스**. 큰 단백질을 중간크기의 단백질로 분해하는 효소. 약 50°C에서 최고의 활성을 가지므로 펩티데이스(Peptidase(펩티데이스))보다 열에 강하여 펩티데이스가 불활성 화되는 온도에서도 작용한다.

Protein Coagulation(프로우틴 코우애귤레이션) : **단백질 응고**. 단백질이 불용성 상태로 변하는 것. 현탁액으로 존재하거나 덩어리져 침전한다. 수용성 단백질을 포함하고 있는 용액을 가열함으로써 단백질이 변성되어 일어난다. 완성된 맥주에서 한냉혼탁을 일으키는 고분자량 단백질을 제거하는데 바람직한 작용을 한다. 그러나 고분자량 단백질을 완전히 제거 할 수는 없으므로 남아있는 단백질이 맥주의 바디감에 영향을 미친다.

Protein Content(프로우틴 칸텐트) : **단백질함량**(蛋白質含量). 맥아중의 단백질 %. Nitrogen Content(나이트러전 칸텐트. 질소함량(窒素含量)) 참조.

Protein Rest(프로우틴 레스트) : **단백질휴지**(休止). 복합단백질이 단백질분해효소에 의해 분해되어 점차 덜 복잡한 분획으로 되는 담금 과정의 한 단계. 완성된 맥주의 안정성은 주로 이 단계에서 결정된다. 적절한 발효에 필요한 영양소등도 이 과정에서 만들어진다. 단백질분해효소의 반응온도는 45-60°C이다. 단백질 레스트는 저 전환맥아일 경우 20-30분간 지속되어야한다.

Proteolysis(프로우티알리시스) : **단백질가수분해**. 단백질가수분해효소에 의해 맥아즙의 단백질이 아미노산으로 가수분해 되는 것.

Proteolytic Enzyme(프로우티알리티크 엔자임) : **단백질분해효소**. 고분자 단백질 또는 복합단백질을 가수분해하여 저분자 단백질, 펩티드, 아미노산으로 분해하는 효소. Amylolytic Enzyme(애멀랄리티크 엔자임. 녹말분해효소) 참조.

Proteose(프로우티오우스) : **프로테오스**. 효소, 알칼리, 무기산 등에 의한 단백질의 부분 가수분해 물질.

Protofloc(프로우토우플라크) : **프로토플록**. 뿔 가사리(Irish Moss(아이리쉬 모스)) 닮은 청징제(淸澄劑). Irish Moss(아이리쉬 모스) 참조.

Provisie(프로비지) : **프로비지**. 벨기에 오우데나르데(Oudenaarde)에서 양조한 갈색 맥주. 최저 숙성기간은 2년이고 20년간 숙성한 맥주도 있으며 알코올 농도는 약 6%(V/V)이다.

Prune(프룬) : 1. **프룬**. 자두의 한 변종. 2. **자두 향의**. 크리스털 몰트의 향기로 다른 특성과 잘 어울리나 편차가 크다. 감지한계치는 낮은 ppb정도이다. 감각용어.

Pseudohaze(수도우헤이즈) : **가성혼탁(假性混濁)**. 눈으로는 보이지 않으나 기계로는 측정되는 혼탁.

Pseudoperonospora humuli(수도우퍼라노스포러 휴멀레이) : **슈도페로노스포라 휴물리**. Downy Mildew(다우니 밀두. 노균병(露菌病))균의 학명. 참조.

Psylloides attenuata(실로이디즈 어태뉴아터) : **실로이데스 어테뉴아타**. 홉 뛰 벼룩갑충(Hop Flea Beetle(하프 플리 비틀))의 학명. 참조.

P.U.(피유) : **피유**. Pasteurization Unit(패스쳐라이제이션 유니트. 살균단위)의 약어. 참조. PU로도 쓴다.

Pub(퍼브) : **펍**. 대중 술집. 선술집. 영국에서 술을 비롯한 여러 음료와 대개 음식도 파는 대중적인 술집. Public House(퍼블리크 하우스)와 동의어.

Pubgoer(퍼브고어) : **펍에 자주 가는 사람**.

Public House(퍼블리크 하우스) : **술집**. 선술집. 영국에서 알코올음료를 파는 집. Pub(퍼브)와 동의어.

Publican(퍼블리컨) : **펍 주인. 펍 지배인**.

Pull Date(풀 데이트) : **판매 유효 최종일자**. 판매 유효기간 날짜. 이 날짜가 지나면 맥주를 폐기하거나 반납해야하며 그 기간은 대개 60일이다.

Pulp Filter(펄프 필터르) : **펄프필터**. 펄프로 만든 거름장치. Mass Filter(매스 필터르)와 동의어. 참조.

Pulque(풀케. 영어는 풀키) : **풀케**. 멕시코와 중앙아메리카 일부지역에서 아구아미엘(Aguamiel)이라 부르는 용설란 구과(龍舌蘭 毬果) 주스를 발효하여 만든 탁한 알코올음료. 알코올 함량은 6-7%(V/V)이다. 이를 증류한 것을 메스칼(Mescal) 또는 풀케 브랜디(Pulque Brandy)라고 하는데 테킬라(Tequila)주에서 만든 메스칼을 특히 테킬라라고 부른다.

Pulque Curado(풀키 쿠라도) : **풀케 쿠라도**. 파인애플 주스와 섞은 풀케.

Puncheon(펀천) : **큰 나무통**. 크기는 다양한데 70-120갤런(318-546리터) 들이 위스키 또는 브랜디를 담는 통 또는 그 용량. 럼의 경우는 114갤런(518리터).

Punt(펀트) : **펀드**. 병 밑바닥의 들어간 부분. Kick(키크)와 동의어.

Purchase(퍼르쳐스) : **퍼쳐스**. 기중장치(起重裝置). 큰 맥주잔(Tankard(탱커르드)) 뚜껑에 있으며 뚜껑을 올릴 때 엄지손가락으로 눌러 여는 부분을 말할 때 사용되는 말.

Pure(퓨어) : **퓨어**. 알파 산 함량이 약 5.5%이고 영국이 원산지인 홉 품종.

Purging(퍼징) : **공기배기(空氣排氣)**. 질소가스를 투입하여 원하지 않는 휘발성물질(향미 또는 과량의 탄산가스 또는 산소 등)을 제거하는 것.

Purity(퓨리티) : **깨끗함**. Brilliance(브릴리언스. 광채)와 동의어. 참조.

Purity Law(퓨리티 로) : 맥주 순수령(純粹令). Reinheitsgebot(라인하이츠게보트. 맥주 순수령) 참조.

Purl(퍼를) : **펄**. 1. 식물뿌리, 허브, 향신료를 사용하여 조주(造酒)한 마일드 에일 종류. 2. 옛날의 펄로서 데운 에일, 쓴 쑥, 설탕, 진(Gin)으로 만들어 1800년대 영국에서 아침 식욕촉진용으로 마셨던 알코올음료.

P.V.(피브이) : **피브이**. PV로도 쓴다. Preservative Value(프리절버티브 밸류. 방부값)의 약어. 참조.

PVPP(피브이피피) : **피브이피피**. Polyvinylpolypyrrolidone(팔리바이닐팔리피로울리도운. 폴리비닐폴리피롤리돈)의 약어. 참조.

Pyment(피멘트) : **피멘트**. 1. 꿀, 포도주스, 물을 섞은 머스트(Must)를 발효하여 만든 멜로멜(Melomel) 종류. 2. 꿀로 단맛을 낸 포도주. 때로는 Pymeat로 쓰기도 한다. Pyment-Clarre(피멘트 클레어르)라고도 한다.

Q

Quaff(콰프) : 1. **벌컥벌컥 마시다**. 2. **폭음(暴飮)**.

Quality Assurance(퀄리티 어슈런스) : **품질보증**. 고품질의 생산물을 만들기 위하여 설계되고 확립된 시스템에 의해 품질이 유지되는 것.

Quality Control(퀄리티 컨트로울) : **품질관리**. 정확한 물품을 생산하기위하여 생산에 관한 정보를 감시하고 생산물품의 품질이 규정에 맞는지를 조사하는 것.

Quart(쿼르트) : **쿼트**. 기호로 qt. 액량의 단위. 영국, 캐나다에서는 2파인트(Pint. 약 1.14리터), 미국에서는 0.94리터.

Quarte(카흐트) : **카르트**. 옛 프랑스의 액량단위로 46세제곱인치(1.863리터). Carte 라고 쓰기도 한다.

Quarter(쿼르터르) : **쿼터**. 1. 4분의 1. 2. 영국에서 사용하는 척도로 맥아는 336 파운드(152.4kg), 보리는 448파운드(203.2kg)를 말한다.

Quartern(쿼르터른) : **쿼턴**. 파운드(Pound), 온스(Ounce(아운스)), 파인트(Pint), 질(Gill), 펙(Peck(페크)), 스톤(Stone(스토운)) 등의 액량(液量), 중량(重量), 또는 곡량(穀量)의 1/4. 각 용어 참조.

Quass(크바스) : **크바스**. 보리, 엿기름, 호밀로 만드는 맥주와 비슷한 러시아의 알코올 성분이 적은 청량음료. Kvas(크바스)와 동의어.

Quaternary Ammonium Compound(콰터르네리 어모우니엄 캄파운드) : **제4암모늄 화합물**. 질소원자 1개에 유기 원자단(原子團), 즉 치환기 4개가 결합한 화합물의 총칭. 아세틸콜린(Acetylcholine(어시틸코울린)), NAD^+, 무스카린(Muscarine(머스커런)) 등이 그 예이다. 식품업계에서 헹굼이 필요 없는 살균제, 양(陽)이온 계면 활성제로 사용된다. Quats(쿼츠) 또는 QACs(퀘크스)로 부른다.

Quiet Process(콰이어트 프라세스) : **조용한 공정**. Burton Union System(버르턴 유니언 시스템) 참조.

Quinoa(키노우어) : **키노아**. 칠레와 페루에서 재배되는 명아주 속(屬) 식물(Goosefoot(구스푸트))로서 작고 둥글며 상아색이 나는 곡물을 생산하는데 이를 보리에 첨가하여 맥주양조에 사용한다.

R(알) : **°레지**. Régie(헤지) 또는 °Régie의 약어. 영어로는 레지로 발음한다. Régie (헤지) 참조.

Rack(래크) : 1. **이송(移送)하다**. 용기 바닥의 침전물을 분리해 내기위하여 맥아즙을 다른 용기로 이송하는 것. 전형적인 것은 1차 발효조에 침전된 물질을 제거하기위하여 2차 발효조로 옮기는 것이다. 자가 맥주양조에서는 사이폰(Siphone(사이펀))을 이용하여 바닥에 가라앉은 침전물을 건드리지 않고 따라내기를 할 수 있다. 2. **포장하다**. 맥주를 한 용기에서 다른 용기, 즉 병, 캔, 케그, 캐스크로 포장하다.

Racker(래커) : **이송(移送)용 장치**. **포장용 장치**. 이송(포장)에 사용하는 장치.

Racking(래킹) : **이송(移送)**. **포장**. 자기분해(소화)(Autolysis(오털리시스))되어 나쁜 냄새가 나는 것을 방지하기위하여 맥주를 한 용기에서 다른 용기나 병, 캔, 케그, 캐스크로 이송(포장)하는 것.

Racking Back(래킹 배크) : **이송(포장)용 탱크**. 숙성되지 않은 맥주를 숙성시키기위하여 배럴에 이송(포장)하기 전에 잠깐 보관하는 뚜껑이 없는 탱크.

Racking Cane(래킹 케인) : **이송용 케인(지팡이)**. 호스를 연결하여 사이펀으로 사용하기위하여 지팡이처럼 둥근 끝을 가지고 있는 플라스틱 튜브. 둥근 끝은 발효조 밑으로 내리는데 침전물보다는 위에 있도록 한다. Racking Tube(래킹 튜브)와 동의어.

Racking Cock(래킹 카크) : **이송(포장)용 꼭지**. 역압입병기(逆壓入甁機)에 달려있는 구멍이 두개인 발사구(發射口) 또는 노즐. 이것을 병 입구에 밀어 넣고 맥주를 병에 담을 때 한 구멍으로는 맥주가 들어가고 한 구멍으로는 병속의 공기가 배출된다. 제3의 구멍도 있는데 이는 맥주가 흘러나오기 전에 반대압력을 가하여 입병 중 맥주가 흘러나오는 방지한다.

Racking Gravity(래킹 그래비티) : **이송(포장)비중**. 숙성되지 않은 맥주를 병이나 배럴로 이송(포장)할 때의 비중. 대개 최종비중보다 몇도 정도 높다.

Racking Square(래킹 스퀘어) : **이송(포장)용 용기**. 맥주를 이송(포장)할 때 사용하는 커다란 용기.

Racking Tube(래킹 튜브) : **이송(포장)용 튜브**. 자가 맥주양조에서 사이펀(Siphon)으로 발효조 또는 저장 조에서 맥주를 따라내는데 사용하는 내경 약 3.8cm의 U자모양의 딱딱한 플라스틱으로 만들어진 튜브. Racking Cane(래킹 케인)과 동의어.

Radicle(래디클) : **어린뿌리**. 가장 작은 뿌리. Rootlet(루틀리트. 작은 뿌리. 지근(支根)) 참조.

Radlermass(라들러르마스) : **라들러마스**. 독일에서 맥주와 레모네이드로 만든 음료. 이 말의 의미는 자전거 타는 사람의 맥주란 뜻이다. Russ(루스) 참조.

Raffinose(래퍼노우스) : **라피노오스**. 갈락토스, 포도당, 프룩토스가 결합된 삼당류로 콩, 양배추, 브로콜리, 아스파라거스 등의 채소에 많이 존재하는 당이며 콩에 의한 고장(鼓腸. 위장 내에 가스가 많이 차는 것)의 원인물질이다.

Raisin(레이진) : 1. **건포도**. 2. **건포도 향의**. 크리스털 몰트의 향기를 말하며 다른 특성과 잘 어울리나 편차가 크다. 감지한계치는 낮은 ppb정도이다. 감각용어.

Raisonable(레종나블) : **레종나블**. 프랑스의 1리터용량의 유리맥주잔.

Rauch Malt(라우흐 몰트) : **라우흐 맥아**. 특수 맥아의 일종. 너도밤나무 장작을 사용하여 직화로 건조한 맥아로 훈연향이 난다.

Rauchbier(라우흐비어) : **라우흐비어**. 독일 프란코니아(Franconia) 지방의 밤베르크(Bamberg)의 몇몇 양조장에서 만드는 강한 훈연향의 호박색(琥珀色) 또는 갈색의 하면발효맥주. 독일식 스모크비어(Smoke Beer)이다. 독특한 훈연 향은 너도밤나무 장작을 사용하여 직화로 건조한 라우흐 맥아에서 온 것이다. Bamberg Beer(밤베르크 비어), Bamberger Rauchbier(밤베르거 라우흐비어), Smoked Beer(스모크트 비어. 훈연(燻煙) 맥주) 참조.

Raw Grain(로 그레인) : **생 곡물**. 보리대체품으로 사용되는 싹트지 않은 곡물. Grit(그리트)와 동의어. 참조.

Raw Sugar(로 슈거르) : **원당(原糖)**. 정제하지 않은 갈색의 사탕.

Razzleberry Ale(래즐베리 에일) : **라즈베리 에일**. 라즈베리와 블랙베리가 섞인 에일 맥주.

Reagent(리에이전트) : **시약(試藥)**. 화학 분석에서, 물질의 성분을 검출하거나 정량하는 데 쓰이는 약품.

Real Ale(리얼 에일) : **리얼 에일**. 비 살균이며 캐스크에서 숙성시킨 영국의 에일 생맥주. 펍으로 캐스크가 배달되면 펍의 저장고에서 숙성을 완료하고 탄산가스 첨가 없이 손님한테 제공하며 제공온도는 약 13.3°C이다. 일반 생맥주가 살균하고 여과하여 차갑게 제공되는 것과 비교된다.

Real Attenuation(리얼 어태뉴에이션) : **실제저감(低減)**. 알코올과 탄산가스를 제거한 맥주의 저감. 탄산가스는 자연적으로 증발하고 알코올은 증류하여 제거한다. 양조산업에서 단지 겉보기 저감(Apparent Attenuation(어패런트 어테뉴에이션))만을 측정하여 발효의 진행상황을 유추한다. 실제저감을 구하는 식은 다음과 같다.

식 : A=(B-b)/B x 100. A=실제저감. B=°B 또는 °P로 나타낸 초기비중. b=알코올과 탄산가스를 제외한 맥주의 비중.

Real Extract(리얼 익스트래크트) : **실제 추출물**. 약어로 RE. 발효된 맥주에 알코올로 전환되지 않고 잔류하고 있는 추출물의 비중. 즉 정확한 맥주의 비중. 초기 맥아즙의 비중과 발효가 끝난 맥주의 비중을 측정하여 계산한다.

RE=0.1808 x °P(초기 맥아즙) + 0.8192 x °P(완성된 맥주)

만약 맥아즙의 초기비중이 1.048(또는 12°P)이고 맥주의 최종비중이 1.012(또는 3°P)라면 RE는 다음과 같이 계산된다.

RE=((0.1808 x 12) + (0.8192 x 3))°P = (2.1696 + 2.4576)°P = 4.6272°P

Recirculation(리서르큘레이션) : **재순환(再循環)**. 담금 솥(Mash Tun(매쉬 턴)) 바닥의 맥아즙을 펌핑하여 맥아즙 표면으로 뿌려주는 것. 이렇게 함으로써 맥아의 껍질이 이중 바닥에 가라앉고 천연 여과상(濾過床)이 된다. Vorlauf(포를라우프)와 동의어.

Recirculating Infusion Mash System(리서큘레이팅 인퓨전 매쉬 시스템) : **재순환 침출 당화 시스템**. 약어로 RIMS(림즈). 자가 맥주양조에서 담금 솥을 따로 가열하지 않고 자체적으로 가열하여 단계적 침출당화를 행하는 방법. 대부분의 RIMS는 담금 솥, 맥아즙 끓임 용 솥(Brew Kettle(브루 케틀)), 담금액과 살포수를 가열하는데 사용하는 뜨거운 물 저장 통으로 구성되는데 일반적인 침출당화에 사용되는 용기와 다를 바는 없는데 담금 솥에 히터와 펌프가 장착되어있다는 것이 차이점이다. 담금은 낮은 온도에서 시작하여 휴지(Rest(레스트))를 가진 후에 담금 솥의 안에 장착된 히터를 가동하고 가열된 바닥의 추출물을 펌프로 퍼서 원하는 온도가 될 때까지 담금에 뿌려준다. 원하는 휴지와 온도를 올릴 때까지 계속한다.

Recrating Machine(리크레이팅 머쉰) : **리크레이팅 머신**. 새로 물질을 주입한 병이나 캔을 상자에 넣는 기계. Crater(크레이터)와 동의어.

Red Mead(레드 미드) : **붉은 벌꿀 술**. 꿀, 레드커런트(Red Currant. 열매가 붉은 까치밥나무 재배품종의 열매), 물로 머스트(Must)를 만들어 발효한 멜로멜(Melomel)의 변형음료.

Red Mold(레드 모울드) : **붉은 곰팡이**. Hop Mold(하프 모울드)와 동의어. 참조.

Reduced Hop Extrat(리두스트 하프 익스트래크트) : **환원시킨 홉 추출물**. 홉의 알파 산을 이성화시킨 홉 추출물. 이미 화학적으로 환원되었으므로 더 이상 광 민감성이 없고 풋 맥주에 쓴맛을 내기위하여 직접 첨가할 수 있는 홉 추출물.

Reducing Sugar(리듀싱 슈거르) : **환원당**. 펠링용액을 환원시키는 등의 환원성이 있는 당류. 포도당, 프룩토스, 맥아당, 갈락토스 등이 해당된다. Fehling's Solution(펠링즈 솔루션. 펠링용액) 참조.

Reducing Valve(리듀싱 밸브) : **감압밸브**. 유체, 기체, 액체의 압력이 사용 목적보다 높을 때 이것을 감압하고, 감압한 압력을 일정하게 유지하는 밸브.

Refractometer(리프랙타미터르) : **굴절계**. 프리즘을 써서 빛을 나누고 이 빛이 어떤 물질을 지날 때의 농도에 따른 빛의 굴절률(屈折率)의 감소를 재는 기구. 맥주의 비중, 바다물의 염도, 냉각재 농도 등을 측정할 때 사용한다.

Refrigerator(리프리저레이터르) : **냉각(냉동) 장치. 냉장기**. 냉장고. 빙실(氷室). 맥주 양조 중의 맥아즙의 냉각에 사용된다. 식품이나 약품 따위를 차게 하거나 부패하지 않도록 저온을 만들거나 이를 보관하기 위한 상자 모양의 장치를 말하며 저장실과 냉각 장치로 이루어지고 얼음, 전기, 가스 따위를 이용하여 냉각한다.

Régie(헤지) : **레지밀도**. 프랑스에서 맥아즙의 밀도를 측정할 때 사용하는 도량법(度量法). 법적인 밀도는 15°C에서 주어진 액체의 부피(대개 50cm^3)에 존재하는 물질의 질량에 대한 4°C(이때의 1리터의 무게를 1kg으로 한다)의 동일한 양의 물의 질량의 비율을 말한다. 레지밀도는 일반 밀도에서 소수점을 오른쪽으로 2자리를 옮긴 숫자를 사용한다. 즉 일반적인 밀도가 1.045라면 이는 4.5°레지(°R)이다. 식은 °R=(일반 밀도-1.000) x 100이다. 1°R=2.6°Balling(°B)이다. Bière(비에흐. 맥주) 참조.

Regional Specialty Brewery(리저늘 스페셜티 브루어리) : **지역 특성맥주 양조장**. 어떤 양조장의 최대판매맥주가 지역특성맥주이고 1년에 생산하는 양이 1만 5000배럴 이상인 양조장.

Regulator(레귤레이터르) : **조절기**. 가스가 탱크로부터 가스라인을 따라 흐르는 양을 감지하고 조절하는데 사용하는 장치.

Regulator-Carbonator(레귤레이터르-카르버네이터르) : **조절기-탄산가스 취입기**(吹入器). 탄산가스와 당의 비율을 조절하려고 탄산음료 산업에서 사용하는 탄산가스 취입기(불어넣는 기구)의 한 종류.

Reinheitsgebot(라인하이츠게보트) : **맥주 순수령**(純粹領). 순수서약 또는 순수명령을 뜻하는 독일의 령. 이 맥주 순수령이 독일 맥주의 생산과 품질을 보장한다. 맥주 순수령은 1487년 바바리아 지방의 알버트 4세 공작(Duke Albert IV)이 이미 제정하였던 법을 1516년 윌리엄 6세(William IV)공작이 선언한 것으로 맥주 양조할 때는 단지 맥아, 홉, 물만을 사용해야 한다는 내용이다. 이때 효모는 그때까지 존재를 몰랐기 때문에 맥주 순수령에 포함되지 못했다. 이 령은 1987년까지 유지 되었으나 그 후에는 가격경쟁력 때문에 독일에서 양조되고 판매되는 맥주에는 부가 물을 첨가할 수 있게 개정되었다.

Reinheitsgebot-Pure(라인하이츠게보트 퓨어) : **맥주 순수령에 따른 순수한 맥주**. 자가 맥주양조에 부가 물이나 화학적 첨가물 없이 맥아, 물, 홉, 효모만으로 만든 맥주.

Repitch(리피취) : **효모를 재투입하다**. 1. 재 발효가 일어나도록 효모를 가하다. Re-Yeasting(리이스팅) 참조. 2. 어떤 발효조에서 자란 효모를 취하여 다른 발효조의 맥아즙에 효모를 가하다.

Repitching(리피췽) : **효모재투입**. 1. 재 발효가 일어나도록 효모를 가함. 2. 어떤 발효조에서 자란 효모를 취하여 다른 발효조의 맥아즙에 효모를 가함.

Reproducibility(리프로두시빌리티) : **재현성**. 동일한 실험자가 어떤 실험을 다시 한번 동일한 방법과 장치를 사용하였을 때 오차범위 내에서 전과 같은 결과를 낼 수 있는 가능성. 모든 과학적 실험은 재현성이 있어야한다.

Reproduction Phase(리프로덕션 페이즈) : **증식단계**. 번식단계. 유도기(誘導期. Lag Phase(래그 페이즈))가 끝나고 증식이 활발히 일어나는 단계. 세대시간에 따라 세포는 2배씩 증가한다. 대부분의 효모의 최적 증식온도는 30°C이지만 균주에 따라 아주 다르다. Logarithmic Phase(로거리드미크 페이즈), Exponential Phase(엑스포우넨셜 페이즈)와 동의어. 참조.

Reputed Pint(리퓨티드 파인트) : **세칭 1파인트(들이)**. 1. 영국의 경우 0.38리터(1/12 영국 갤런). 2. 사우스오스트레일리아의 경우 426ml(15 온스)들이 맥주잔.

Reputed Quart(리퓨티드 쿼르트) : **세칭 1쿼트**. 영국에서 0.75리터(1/6 영국 갤런).

Residual Extract(리지듀얼 익스트래크트) : **잔류추출물**. 맥주를 약 30%정도 증발하도록 증류하여 알코올과 탄산가스를 제거하고 여기에 증발한 만큼의 물을 가하고 측정한 잔류 비중. 진정한 발효정도를 알 수 있다.

Residual Fermentation Extract(레지듀얼 퍼르멘테이션 익스트래크트) : **잔류 발효추출물**. 겉보기 발효한계(Apparent Limit of Fermentation(어패런트 리미트 어브 퍼르멘테이션))와 겉보기 발효정도(Apparent Degree of Fermentation(어패런트 디그리 어브 퍼르멘테이션. ADF))의 차이를 %로 나타낸 것. 발효되지 않고 남아있는 추출물의 양을 말하고 양조 인이 맥주에 잔류하는 단맛, 바디, 입맛 등을 추정하는데 사용한다.

Residual Grain(레지듀얼) : **잔류곡물**. 담금액 여과(Lautering(라우터링))중 맥아즙을 분리하고 남은 고형물. 이 부산물은 단백질을 많이 함유하고 있기 때문에 훌륭한 사료로 사용된다. 자가 맥주제조 후 남은 것은 뮤즐리(Muesli. 시리얼의 일종)나 빵 만드는데 첨가한다. 어떤 양조장에서는 이것을 발효시켜 이탈리아 그라파(Grappa. 포도주 제조 시 포도주를 짜고 남은 찌꺼기를 증류하여 만든 증류주)닮은 슈냅스(Schnapps)를 만들기도 한다.

Resin(레진) : **레진. 수지(樹脂)**. 송진. 어떤 식물 또는 나무가 생성한 끈적거리는 유기물. 예를 들면 후물론(Humulone(휴뮬란))과 루풀론(Lupulone(루퓰로운))은 홉 꽃이 생성한 쓴맛의 레진이다.

Resinification(레지너피케이션) : **수지화**. 홉의 저장 중에 후물론(Humulone(휴뮬란). 알파 산)과 루풀론(Lupulone(루퓰로운). 베타 산)이 산화되고 중합되는 것. 결정화된 쓴맛 내는 산들은 점차 쓴맛, 아로마, 항균성을 잃어버리고 결국 고화수지(固化樹脂)로 변하여 양조에 사용할 수 없게 된다.

Resin Scum(레진 스컴) : **수지거품**. 맥주의 1차 발효 중에 맥주의 거품에서 발견되는 갈색물질.

Resiny(레저니) : **수지향의**. 어떤 식물 또는 나무가 생성하는 수지향의. 감각용어.

Respiration(레스퍼레이션) : **호흡**. 1. 배(胚)의 활성과 호분립(糊粉粒. Aleurone(앨류로운))의 휴지(休止. Rest(레스트))에 의하여 싹트는 보리에서 산소를 흡수하고 탄산가스를 생성하는 것. 침지(浸漬)중 산소의 결핍이 일어나면 에탄올, 젖산, 에스터 같은 혐기성 물질이 생성된다. 2. 에너지를 얻어 증식하기 위하여 효모가 발효를 행하기전에 당을 산화하는 것.

Respiratory Phase(레스퍼러토리 페이즈) : **호흡단계**. 발효과정 중 유도기(Lag Period(래그 피리어드)) 바로 다음에오는 두 번째 호기적(好氣的) 단계. 효모가 맥아즙의 산소를 이용하여 여러 가지 산 화합물을 산화하기 때문에 호흡단계라 한다. 이 단계에서 6탄 당(포도당)은 첫 번째로 3개의 탄소를 가진 피루브산(Pyruvic Acid(파이루비크 애시드))으로 변하여 맥아즙의 pH를 많이 떨어뜨린다. 그 후 피루브산은 활성화 초산인 아세틸 Co-A(Acetyl Co-A)로 환원되어 에탄올을 생성하거나 TCA회로에 들어간다. Krebs Cycle(크레브즈 사이클), Lag Phase(래그 페이즈. 유도기(誘導期) 참조.

Rest(레스트) : 1. **휴지(休止). 레스트**. 효소반응을 유도하기위하여 당화 액을 특정온도에서 유지하는 것. 산성휴지(Acid Rest(애시드 레스트)), 단백질휴지(Protein Rest(프로우틴 레스트)), 당화휴지(Saccharification Rest(새커러피케이션 레스트))가 그 예이다. 참조. 2. **휴지시간. 유지시간**. 담금이 특정온도에서 유지되는 시간의 길이.

Rest Beer(레스트 비어) : **원(原)맥주** : 저장 탱크의 바닥에 침전물이 그대로 있는 맥주.

Retorrification(리토리퍼케이션) : **레토리피케이션**. 담금 전에 초기 온도와 담금 온도간의 차이를 줄이기 위하여 그리스트(Grist)를 따뜻하게 하는 것.

Returnable(리터르너블) : **반환받을 수 있는**. 환불되고 되돌아와 재사용할 수 있는 병, 배럴, 케그를 기술할 때 사용하는 용어.

Reverse Osmosis(리버스아즈모우시스) : **역삼투(逆滲透)**. 미세한 구멍을 가진 반투막을 통하여 삼투압보다 높은 압력을 가할 때 물과 기타 아주 작은 분자가 반투막을 통해 빠져 나오는 현상. 큰 분자는 제거 된다. 무기 오염물질(금속, 염화물, 질산염 등)을 제거하는 데는 좋은 방법이지만 탄소필터와 같이 사용하면 유기화합물도 제거된다. 역삼투법은 다른 방법보다 비싸고 많은 폐수가 생산된다.

Re-Yeasting(리이스팅) : **효모 재투입**. 맥주의 숙성 중 살아있는 효모가 적어서 남아있는 발효성당을 발효시키지 못할 때 적은 양의 효모를 투입해 2차 발효가 일어나게 하는 것.

Rhamnus prinoides(람너스 프리노이데스) : **람노스 프리노이데스**. 에티오피아 벌꿀주의 일종인 테즈(Tej)에 사용되는 갈매나무속(屬) 식물인데 잎을 사용한다.

Rhodomel(로더멜) : **로도멜**. 장미꽃잎을 증류하여 얻은 향료를 첨가한 벌꿀 술.

Rhyton(라이탄) : **뿔 잔**. 고대 그리스의 뿔 모양의 술잔.

Ribes(라이비즈) : **까치밥나무속(屬) 식물향의**. Blackcurrent(블랙커런트), Cat Pee(캣 피)라고도 한다.

Rice(라이스) : **쌀**. 벼(학명 : 오리자 사티바(*Oryza sativa*))에서 생산되는 곡물. 벼는 어떤 부가물 보다도 높은 70%의 녹말을 가지고 있어 부가 물중 가장 선호하는 곡물이다. 수분함량은 11-13%, 단백질함량 7-9%이다. 담금액에 첨가하여 녹말함량을 높이고 과량의 단백질이 있으면 이를 교정하는 역할을 한다. 미국에서 40-50%의 쌀 첨가는 그리 드물지 않고 유럽의 경우 대개 10-20%를 첨가한다.

Rice Beer(라이스 비어) : **막걸리**. 사케. Makkolli(막걸리), Takju(탁주), Saké(사케)와 동의어. 참조.

Rice Wine(라이스 와인) : **막걸리**. 사케. Makkolli(막걸리), Takju(탁주), Saké(사케)와 동의어. 참조.

RIMS(림즈) : **림즈**. Recirculating Infusion Mash System(리서큘레이팅 인퓨젼 매쉬 시스텀. 재순환 달이기 당화 시스템)의 약어. 참조.

Rinsing Machine(린싱 머쉰) : **헹굼 기계**. 병이나 캐스크를 씻은 뒤 헹구는 기계.

Roast(로우스트) : **볶다**. 굽다. 불에 노출시키다.

Roasted Barley(로우스티드 바를리) : **볶은 보리**. 싹이 트지 않은 보리를 초콜릿 맥아 또는 흑 맥아와 비슷한 색깔로 볶은 것. 초콜릿향이 아니라 커피 닮은 향미를 가진다.

Roasted Malt(로우스티드 몰트) : **볶은 몰트**. 온도를 160°C --> 215°C --> 220-225°C로 점차 올려가며 제조한 맥아. 이 맥아의 내배유(內胚乳)는 검지만 표면은 광택을 가진다. 플레이버 스타우트와 검은 색 맥주에 사용된다.

Roasty(로우스티) : **볶은 향의**. 다른 특성과 잘 어울리나 편차가 크다. 감지한계치는 낮은 ppb정도이다. 감각용어.

Rocky Heads(라키 헤즈) : **바위 닮은 거품**. Kraeusen(크로이젠) 참조.

Roggenbier(로겐비어) : **로겐비어**. 호밀로 만든 아주 검은색의 독일 맥주. 빵 향미 닮은 곡물 향미를 가지고 있다. 알코올 농도는 4.5-6%(ABV). Roggen(로겐)은 독일어로 호밀을 말한다.

Roller Mill(로울러르 밀) : **롤러 밀**. 로울러 제분기. 롤러사이를 통과시켜 재료(곡물)의 상태를 바꾸기 위한 장치의 총칭. Grinder(그라인더르), Malt Crusher(몰트 크러셔르), Malt Mill(몰트 밀), Mill(밀)과 동의어.

Root Beer(루트 비어) : **루트비어**. 1. 동록유(冬綠油. Wintergreen Oil(윈터르그린 오일))와 사사프라스유(油. Sassafras Oil(사서프러스 오일))로 향을 낸 비 알코올성 음료. 2. 생강과 다른 식물 뿌리로 향을 내어 만든 탄산음료. 3. 설탕과 효모로 발효시킨 뿌리, 수피(樹皮), 또는 풀의 즙에 과일시럽으로 맛을 낸 탄산음료.

Rootlet(루틀리트) : **어린뿌리**. 싹트는 보리에서 술(장식 술) 모양으로 자라는 어린뿌리. Malt Sprouts(몰트 스프라우츠. 맥아근(麥芽根)), Culms(컬름즈), Kaulms(콜름즈), Radicle(래디클) 과 동의어. 참조.

Ropiness(로우피니스) : **점질화(粘質化)**. 대개 페디오코쿠스(*Pediococcus*(페디어카커스)) 속(屬) 세균의 오염으로 인해 점질의 작은 덩어리가 생성되어 끈적거려지는 것.

Ropy Fermentation(로우피 퍼르멘테이션) : **점질(粘質)발효**. 대개 페디오코쿠스(*Pediococcus*(페디어카커스)) 속(屬) 세균의 오염으로 인해 점질의 작은 덩어리가 생성되는 발효.

Roquille(로키예) : **로키예**. 옛날 프랑스 파리에서 사용되던 액체의 용량단위로 1/32 파인트(약 17.8ml).

Rose Hip(로우즈 히프) : **장미열매**. 포도주와 특수맥주에 향미료로 사용되는 열매.

Rose(로우즈) : **장미꽃향의**. 감각용어.

Rotary Sparger(로우터리 스파르저르) : **회전분무기**. 담금액 여과 솥(Lauter Tun(라우터르 턴))에 장착되어 있으며 수압으로 회전하고 맥아즙에 뜨거운 물을 뿌려줄 때 사용하는 기구.

Rotten Egg(라턴 에그) : **썩은 계란 냄새의**. Sulfur(설퍼르) 참조. 감각용어.

Rough Beer(러프 비어) : **거친 맥주**. 여과하기전의 맥주.

Rough-Grind(러프 그라인드) : **애벌 갈기**. 맥아곡물을 실제적으로 양조하기 전에 거칠게 빻는 것. 이때는 가루를 낼 때처럼 곱게 가는 게 아니라 거칠게 간다.

Round(라운드) : **라운드**. 18세기에 수직의 원통형으로 만들어진 300갤런(1364리터)들이 나무통.

Rouse(라우즈) : **라우즈**. 멸균한 맥아즙에 정상적으로 투입하는 효모양의 1/3-1/4을 첨가하여 효모 종균(種菌. Starter(스타르터르))을 만드는 것.

Rouser(라우저) : **주걱모양의 도구**. Brewer's Paddle(브루어르즈 패들. 양조업자용 주걱)과 동의어. 참조.

Rousing(라우징) : **주걱모양의 도구로 저음**. 대개 발효에 도움을 주기위하여 큰 통, 탱크, 캐스크에 들어있는 내용물을 격렬히 저어주는 것.

Ruh(루) : **루**. 하면발효맥주에서 낮은 온도로 2차 발효과정(숙성)을 행하는 것을 의미하는 한때 사용되었던 용어.

Ruh Beer(루 비어) : **루 맥주**. 라거링 할 준비가 된 맥주.

Runchera(런체이러) : **런체이라**. Chicha(치차. 중남미에서 발효한 옥수수로 만드는 맥주) 참조.

Runnings(러닝즈) : **여과물(濾過物)**. 뜨거운 물 살포(Sparging(스파르쥥))시 담금으로부터 유출된 맥아즙.

Run Off(런 아프) : **비움**. 용기(대개 담금 용 솥)를 비움.

Runoff(런아프) : 1. **맥아즙 모음. 런오프**. 담금액 여과(Lautering(라우터링)) 중 주정박(酒精粕)으로부터 분리한 액체. Wort Collection(워르트 컬레크션)과 동의어. 2. **맥아즙 유출**. 뜨거운 물 살포(Sparging(스파르쥥))시 담금으로부터 맥아즙이 유출되는 것.

Russ(루스) : **루스**. 독일에서 밀 맥주와 레모네이드를 섞은 음료. Radlermass(라들러르마스) 참조.

Russian Stout(러션 스타우트) : **러시아 스타우트**. 1차 대전 중 러시아의 상트 페테르부르크(St. Petersburg(상트 피터르즈버르그))에 수출하기위하여 런던에 기반을 둔 앵커 브루어리(Anchor Brewery. 현재는 커리쥐(Courage)의 한 부문)가 처음 만들었던 알코올 농도가 아주 강한 스타우트. 현재는 커리쥐 양조회사가 만들며 비 살균이고 2개월간 캐스크에서 숙성시킨 후 입병하여 만 1년간 숙성하여 시장에 낸다. 초기 맥아즙의 비중은 약 1.100이고 맥주의 알코올 농도는 약 10.5%(V/V)이다. Imperial Russian Stout(임피리얼 러션 스타우트), Imperial Stout(임피리얼 스타우트)와 동의어.

Rustic(러스티크) : **시골냄새의**. 야취(野臭)의. 단순한. 오래되고 전통적이며 거친 특성을 지닌 것을 표현 할 때 사용하는 감각용어.

Rye(라이) : **호밀**. 학명이 세칼레 세레얼레(*Secale cereale*)인 작물용 식물이 생산하는 곡물.

Rye Malt(라이 몰트) : **호밀 엿기름**. 호밀을 싹틔운 것. 맥주 양조 시 소량사용하면 독특한 향미를 부여한다.

Saaz(사츠) : **사츠**. 체코어로는 Zatec(자텍). 알파 산 농도가 3.0-5.0%이고 체코 서부의 보헤미아 지방에서 재배하고 있는 홉 품종. 미국 오리건 주에서 재배하는 사츠 홉은 알파 산 농도가 4.0-6.0%이다. 필스너 타입 맥주에 전통적으로 사용되는 향미용 홉이다.

Saazer-Type Hop(사저르 타이프 하프) : **사츠 타입 홉**. 대개 노블 홉(Noble Hop)을 말하며 유럽의 전통적인 고급 홉이다. 가벼운 꽃 향미, 향신료 향미, 또는 허브 향미 특성을 갖고 있는데 드물게는 거칠 수도 있으나 대개 미묘하고 우아한 특성을 갖고 있다.

Saccharase(새커레이스) : **사카레이스**. 설탕을 포도당과 프룩토스로 가수 분해 하는 반응을 촉매하는 효소. Invertase(인버르테이스)와 동의어. 참조.

Saccharification(새커러피케이션) : **당화**(糖化). 효소를 사용하여 맥아중의 녹말을 발효성 당, 주로 맥아당으로 전환시키는 것. Stewing(스튜잉)과 동의어.

Saccharification Rest(새커러피케이션 레스트) : **당화 휴지**(休止). 당화과정 중 복합 포도당 사슬이 분해되어 발효될 수 있는 당으로 되도록 그대로 두는 것. 당화는 알파 아밀레이스(α-Amylase(앨퍼 애멀레이스))와 베타 아밀레이스(β-Amylase(베이터 애멀레이스))의 공조에 의해 복잡한 당 사슬을 분해한다. 알파 아밀레이스는 55-70°C에서 활성이 가장 좋고 베타 아밀레이스는 45-65°C에서 활성이 가장 좋다. 당화유지 단계는 63-70°C에서 행한다. 높은 당화온도는 높은 온도에서 베타 아밀레이스가 곧 불활성화 되므로 좀 더 풀 바디한 당화 액이 만들어진다. 낮은 당화온도는 좀 더 많은 발효가능한 당을 생산한다. 당화유지시간은 온도에 따라 달라진다. 높은 온도에서는 20-40분간에 당화가 이루어지고 낮은 온도에서는 45-120분이 필요하다. Sugar Rest(슈거르 레스트)라고도 한다.

Saccharifying Enzyme(서캐러파잉 엔자임) : **당화효소**. Beta Amylase(베이터 애멀레이스. 베타 아밀레이스)와 동의어. 참조.

Saccharometer(새커라미터르) : **당도계**. 당분농도측정기. 용액중의 당 농도를 비중으로 측정하는데 사용하는 액체비중계의 일종. 당도계는 당 농도를 무게로 읽는데 이를 부피로 환산 할 때는 비중에 따른 환산표에 나오는 값을 곱하거나 볼링(Balling)이나 플라토(Plato)로 환산하는 표에서 이 무게에 상당하는 부피를 찾아서 나타낸다.

Saccharomyces(새커로메이시즈) : **사카로미세스 속(屬) 효모**. 일반적으로 당으로부터 에탄올을 생성하는 효모의 속. 그러나 발효력은 서로 다르다. Zuckerpilz(츄케르필츠) 참조.

Saccharomyces carlsbergensis(새커로메이시즈 카를즈버르겐시스) : **사카로미세스 칼즈버겐시스**. 하면발효효모의 과학적인 이름. 일반적으로 라거 효모라 한다.

Saccharomyces cerevisiae(새커로메이시즈 세르비지에이) : **사카로미세스 세레비지애**. 상면발효효모의 과학적인 이름. 일반적으로 에일 효모라 한다.

Saccharomyces uvarum(새커로메이시즈 유버럼) : **사카로미세스 우바룸**. 하면발효효모의 과학적인 이름.

Saccharose(새커로우스) : **설탕**. 자당(蔗糖). Sucrose(수크로우스. 설탕)와 동의어. 참조.

Saccharum(새커럼) : 1. **사탕수수**. 2. **전화당(轉化糖)**. 전화당(Invert Sugar(인버르트 슈거르))을 양조 인들이 부르는 말. Invert Sugar(인버르트 슈거르) 참조.

Sack(새크) : **색 술.** 16-17세기에 영국으로 수입된 카나리아 제도산 알코올 농도가 높은 백포도주(Canary Sack), 스페인산 셰리주(Sherry Sack) 등. 알코올강화 와인이라는 뜻.

Sack Mead(새크 미드) : **색 벌꿀 술**. 벌꿀 함유량을 많게 양조하여 알코올 농도가 아주 높은 알코올음료.

Sack Metheglin(새크 머세글린) : **색 메테글린**. 단맛을 낸 메테글린. Metheglin(머세글린. 메테글린) 참조.

Sage Ale(세이지 에일) : **세이지 에일**. 17세기에 약용으로 사용되던 세이지 잎 추출물의 잘못된 호칭. 에일 맥주가 아님.

Sahti(새티) : **사티**. 핀란드 가정에서 맥아와 귀리 싹튼 것을 혼합하고, 홉과 노간주나무 열매로 향미를 내며 이를 밀짚으로 여과하여 양조한 맥주. 알코올 농도는 10%이상이다.

Saint Arnold(세인트 아르널드) : **세인트 아르놀드**. Saint Arnou(새 아르누) 참조.

Saint Arnou(새 아르누(불어), 영어로는 세인트 아르누) : **성 아르누**. 프랑스 메츠(Metz)의 대주교였고 맥주수호성인의 한 사람. 성 아르누 축일은 7월 18일이다.

Saint Bartholomew(세인트 바르톨러뮤. 생 바르텔르미(프랑스어)) : **성 바르톨로메오**. 벌꿀 술 수호성인. 성 바르톨로메오 축일은 8월 23일이다.

Saint Margaret's Ale(세인트 마르거리츠 에일) : **성 마가렛 에일**. 물의 부적절한 호칭. 에일 맥주가 아니다.

Saison(세종) : **계절맥주**. 벨기에, 왈룬(Walloon), 프랑스에서 여름(4,5월)에 마시기 위해서 마시기 4-6개월 전에 양조했던 알코올 농도가 높은 호박색(琥珀色) 또는 구리 색의 상면발효맥주(에일). 현재는 년 중 마실 수 있다. 계절맥주는 1리터 또는 750ml 병에서 숙성 시킨다. 과일 향미를 가지고 있고 알코올 농도는 약 5%(V/V)이다.

Sakazuki(사카주키) : **배(杯 또는 盃)**. 잔이라는 뜻. 사케 마실 때 사용하는 작은 도자기 잔. さかずき.

Saké(사케) : **사케**. 쌀을 사용해서 만든 전통적인 일본 술. 쌀을 세미(洗米)하고 증자(蒸煮)하여 발효시킨다. 국균(누룩곰팡이)인 아스페르질루스 오리재(*Aspergillus oryzae*(애스퍼르질러스 오라이재))로 당화시키고 효모(*Saccharomyces sake*(새커로메이시즈 사케))로 알코올발효를 행한다. 병행 복발효(竝行 復醱酵. Parallel Fermentation(패럴렐 퍼르멘테이션))이다. 1차 발효는 30-40일간 행하고 쌀과 물을 첨가하여 8-10일간 2차 발효를 행한다. 알코올함량은 14-17%(V/V)이다. 색이 없고 약간의 혼탁을 가지는 것도 있고 탄산가스는 포함되어 있지 않다. 대개 따뜻하게 제공된다(약 38°C). Amasaké(아마자케. 단 사케), Sakazuki(사카주키. 배(杯 또는 盃)), Shirosaké(쉬로사케. 흰색 사케), Shoto Saké(쇼토 사케. 사탕수수 사케), Tokkori(토코리. 도꾸리)

참조.

Saladin Box(샐러딘 박스) : **살라딘 상자**. Germination Box(저르머네이션 박스. 발아상자)와 동의어. 참조.

Salt(솔트) : 1. **소금**. 일반적인 소금. 2. **염**(塩). 산과 알칼리가 반응하여 만들어진 화합물.

Saltwater(솔트워터르) : **소금물**. Brine(브라인)과 동의어. Salt-Water로 쓰기도 한다.

Salty(솔티) : **짠**. 맛을 표현할 때 사용한다. 양조용수에서 기인하며 바람직하지 않은 맛이다. 감각용어.

Samichlaus Beer(사미클라우스 비어) : **사미클라우스 맥주**. Samichlaus는 스위스 독일어로 산타클로스를 말한다. 세계에서 가장 알코올도수가 높은 라거 맥주중의 하나(약 14%). 스위스에서 세인트 니콜라스(St. Nicholas)날인 12월 6일에 만드는 특수 맥주로 다음해 12월 6일에야 판매할 수 있는 맥주. 양조년도가 병 라벨에 찍혀있다. 알코올 농도는 약 14%(V/V)이다. 이 맥주를 만들던 스위스의 양조장은 폐쇄되었고 현재는 오스트리아 북부의 포르크도르프(Vorchdorf)에 있는 에겐베르크(Eggengerg)양조장에서 만든다.

Sang-Lo(장 로) : **장로**. 당나라(618-907)시대에 쌀을 원료로 만든 맥주 종류. 주로 쑤저우(蘇州) 남쪽지역에서 만든 지역 맥주.

Sanitary(새니테리) : 1. **위생의**. 2. **위생적인**. 미생물이 없고 깨끗한.

Sanitize(새니타이즈) : **살균하다**. 위생 처리하다. 약품이나 열 등으로 미생물을 죽이다.

Sanke Tap(생크 태프) : **생크 탭**. 상업용 케그에 달린 공형태의 일반적인 (수도)꼭지 머리.

Sarsaparilla(사르서퍼릴러) : **사르사**. 사르사파릴라. 청미래덩굴 속의 식물뿌리를 말린 것 또는 이것에서 추출한 물질. 맥주의 입맛을 개선하고 거품지속시간을 길게 하며 향료로 사용된다. 그러나 USDA에 의해 발암가능성이 있다는 판정을 받았다.

Saturate(새처레이트) : **포화시키다**. 흠뻑 적시다. 액체에 한계에 달하도록 탄산가스를 포화시키다. Carbonate(카르버네이트)와 동의어.

Saturation(새처레이션) : **포화**. 액체에 한계에 달하도록 탄산가스를 포화시키는 것.

Saturator(새처레이터르) : **포화기(장치)**. Carbonator(카르버네이터르. 소오다수 제조기(-水製造器)와 동의어. 참조. Saturater로도 쓴다.

Savinja Goldings(서비녀 고울딩즈) : **사비냐 골딩즈**. 알파 산 함량이 6.0-7.0%이고 옛 유고슬라비아 지역에서 재배하고 있는 홉 품종.

Scale(스케일) : 1. **저울**. 무게로 어떤 물질의 비교 량을 측정하는 기구. 곡물용 저울은 파운드(453.6g)의 1/8-1/4의 눈금이 매겨져있다. 홉의 무게와 수 처리 약품의 무게를 재는 저울은 g 단위로 측정한다. 실험실에서 사용하는 저울은 0.01-0.0001까지 눈금이 매겨져 있다. 2. **물때**. 보일러 등의 안쪽에 물 속의 염류(塩類)가 침전해 생긴 때.

Schankbier(샹크비어) : **샹크맥주**. 독일맥주의 3개 법적인 범주에서 7-8°B의 아주 낮은 비중을 가진 맥아즙으로 만든 맥주. 제품의 알코올농도는 약 2.5-3.7%(V/V)정도이다. Bier(비어), Starkbier(쉬타르크비어), Vollbier(폴비어) 참조.

Schechar(쉐이카르) : **쉐카**. Shekar(쉐이카르)의 다른 철자. 참조.

Schell Bock(셸 보크) : **쉘 복**. 미국에서 생산한 복 맥주의 일종. 원조 복보다는 알코올농도가 낮으나 필스너 맥주보다는 높은 복 맥주. 그러나 복 맥주의 특성인 맥아의 균형은 잘 맞는다.

Schenelle(셰넬레) : **셰넬레**. 아주 길고 날씬하며 돌이나 흙으로 만든 큰 맥주잔. 끝은 약간 오므라들었고 뚜껑은 손가락으로 눌러 열 수 있도록 되어있다.

Schnapps(슈나프스) : **슈냅스**. 진(Gin)닮은 알코올 농도가 높은 음료. 과일로 향미를 주기도 한다.

Schooner(스쿠너르) : **스쿠너**. 1. 약 426.2ml 용량(15온스)의 긴 맥주잔. 2. 사우스 오스트레일리아에서 사용하는 255.7ml 용량(9온스)의 맥주잔.

Schultheiss Berliner Weisse(슐타이스 베를리너 바이세) : **슐타이스 베를리너 바이세**. Berliner Weisse(베를리너 바이세) 참조.

Schwarzbier(슈바르츠비어) : **흑색맥주**. 하면 발효로 만들어지는 독일의 검은색 라거 맥주인데 풀 바디이고 볶은 향미와 초콜릿 향미를 갖고 있다. 밀도는 11-12°플라토. 알코올 함량은 4.5-5%(ABV). Schwarz(슈바르츠)는 독일어로 검은색이라는 말.

Scotch Ale(스카취 에일) : **스카치 에일**. 스코틀랜드기원의 상면발효맥주. 현재는 벨기에와 프랑스에서도 알코올농도 7-8%(V/V)의 스카치 에일이 생산되고 있다. 이 맥주는 전통적으로 알코올농도가 높고 색이 검고 진하며 부드럽다. 이 맥주의 특별한 예로는 스코틀랜드 에든버러에서 남쪽으로 32km 지점에 있는 트라퀘어(Traquair)의 피터 맥스웰 스튜어트(Peter Maxwell Stuart(피터르 맥스웰 스튜어르트))가 그의 성에서 양조한 맥주를 들 수 있으며 5-9월까지 그곳에서 맛볼 수 있다. 스코틀랜드의 펍에서는 이 스타일의 맥주를 "Wee Heavy(위 헤비)"라고 부르는데 벨하벤 양조장에서 양조한 맥주의 상표명이기도하다. 위스키 에일(Whisky Ale)이라고도 불린다.

Scotches(스카치스) : **굄목**. 술통이나 바퀴 등을 구르지 않도록 괴는데 사용하는 나무로 만든 쐐기.

Scottish Yeast(스카티쉬 이스트) : **스코틀랜드 효모**. 발효력은 낮으나 13°C의 낮은 온도에서 발효를 행할 수 있는 효모. 에일도 스코틀랜드에서는 낮은 온도에서 발효가 가능하다.

Screening(스크리닝) : 1. **스크리닝**. 하나씩 조사하여 원하는 것을 취함. Selection(실레크션)과 비교해 볼 것. 2. **스크리닝**. 보리에 포함되어있는 불순물을 제거함. 3. **기울**. 체로 친 찌꺼기. 밀기울 등.

Screw Cap(스크루 캐프) : **나사 형 마개**. 틀어서 여는 뚜껑.

Screw Stopper(스크루 스타퍼르) : **나사 형 마개**. 돌려막도록 고안된 병뚜껑의 한 가지 형태로 현재는 크라운 코르크(Crown Cork), 즉 왕관 뚜껑으로 대부분 대체되었다. Crown Cork(크라운 코르크) 참조.

Scum(스컴) : **거품**. 뜨는 찌끼. 1차 발효용기 표면에 뜨는 흰색의 거품.

Scurvy(스커르비) : **괴혈병**(壞血病). 비타민C의 부족으로 잇몸이 붙고 출혈하여 피부에 검푸른 반점이 생기며 쇠약해 지는 병.

Scurvy Grass(스커르비 그래스) : **양고추냉이속 풀**. 학명은 코클레아리아 오피시날리스(*Cochlearia officinalis*(코클리어리어 오피시널리스). 괴혈병에 효험 있다는 약초.

Scurvy Grass Ale(스커르비 그래스 에일) : 1. **양고추냉이속 풀 첨가 에일**. 옛날 미국에서 양고추냉이속 풀을 에일에 첨가하여 괴혈병에 효험이 있다고 만들었던 약용음료. 2. **양고추냉이속 풀 추출물**.

Scutellum(스큐텔럼) : **배반(胚盤)**. 보리입자에서 내배유(內胚乳. Endosperm(엔도스퍼름))에서 배(胚. Embryo(엠브리오우))를 분리하는 조직의 방패모양의 판.

Sealed Bottle(실드 바틀) : **밀봉된 병**.

Seam(심) : **이음매**. 접합선. 맥주 캔과 캔의 뚜껑간의 이음매.

Seasonal Beer(시저널 비어) : **계절맥주**. 10월제(Octoberfest(옥토버페스트))같은 특별한 계절에 사용하기위하여 양조하는 특수맥주.

Secondary(세컨데리) : **2차 발효조**. Secondary Fermentater(세컨데리 퍼르멘테이터르)와 동의어. 참조.

Secondary Attenuation(세컨데리 어테뉴에이션) : **2차 저감(低減)**. 2차 발효 끝에 측정한 저감.

Secondary Fermentation(세컨데리 퍼르멘테이션) : **2차 발효**. 1. 1차 발효조에서 닫힌 용기(탱크, 병, 캐스크 등)로 풋 맥주를 옮겨 상면발효맥주는 4-8°C, 하면발효맥주는 0-2°C에서 맥주 타입에 따라 수주-수개월간 서서히 진행하는 발효과정. 전체 발효과정의 25-40%를 행한다. 2차 발효에 의해 맥주는 더 맑아지고 숙성된다. 2. 병 또는 캐스크에서 효모 재(再) 첨가에 의해 새로운 발효가 일어나는 것.

Secondary Fermentation Bin(세컨데리 퍼르멘테이션 빈) : **2차 발효조**.

Secondary Fermenter(세컨데리 퍼르멘터르) : **2차 발효조**. 2차 발효가 일어날 수 있는 닫쳐진 용기. 자가 맥주양조에서는 대개 카보이를 사용한다.

Secondary Fermentor(세컨데리 퍼르멘터르) : **2차 발효조**. Secondary Fermenter(세컨데리 퍼르멘터르)의 다른 철자. 참조.

Secondary Tank(세컨데리 탱크) : **숙성탱크**. 2차 발효탱크. Conditioning Tank(컨디셔닝 탱크)와 동의어. 참조.

Second Running(세컨드 러닝) : **2차 맥아즙**. Second Wort(세컨드 워르트)와 동의어. 참조.

Second Wort(세컨드 워르트) : **2차 맥아즙**. 조박(糟粕. Spent Grains(스펜트 그레인즈))에 물을 살포(Sparging(스파르징))하여 얻어진 맥아즙. First Wort(퍼르스트 워르트. 첫 맥아즙) 참조.

Sediment(세더먼트) : **침전물(沈澱物)**. 앙금. 발효조나 숙성조의 바닥에 쌓여있는 고형물질. Settlings(세틀링즈. 침전물)와 동의어.

Seidel(자이델) : **맥주용 큰 컵**. 568ml이상의 용량의 손잡이가 달린 독일의 맥주잔. 대개 경첩으로 고정시킨 뚜껑이 있다.

Sekkar(쉐이카르) : **쉐카**. Shekar(쉐이카르. 쉐카)의 다른 철자. 참조.

Select(실레크트) : **실렉트**. 알파 산 함량이 4.0-5.0%이고 독일에서 재배하고 있는 홉 품종.

Selection(실레크션) : **선택**. 특수한 기법을 사용하여 원하는 것만 선택하는 것. Screening(스크리닝)과 비교해 볼 것.

Sensory Vocabulary(센서리 보우캐뷸레리) : **감각용어**. 감각을 표현할 때 쓰는 용어.

Separation of Cold Break(세퍼레이션 어브 코울드 브레이크) : **콜드브레이크 분리**. 맥아즙이 식은 후 단백질 성분과 홉 찌꺼기를 발효 전에 여과하여 제거 하는 것.

Separation of Hot Break(세퍼레이션 어브 하트 브레이크) : **핫 브레이크 분리**. 홉과 함께 맥아즙을 끓일 때 단백질 잔재가 침전되는데 이를 여과나 훨풀(Whirlpool(훠를풀)) 방법으로 제거하는 것. 자가 맥주제조에서는 단백질성 응고물질을 천 필터로 제거한다.

Sérieux(세리유) : **큰 맥주잔**. 프랑스의 술을 많이 마시는 사람을 위한 2리터용 맥주잔.

Serving Tank(서르빙 탱크) : **2차 발효탱크. 숙성탱크.** Conditioning Tank(컨디셔닝 탱크) 참조.

Session Beer(세션 비어) : **세션맥주**. 일정기간(파티 중 등)에 많이 마실 수 있도록 알코올 농도가 낮은 맥주. 알코올 농도는 대개 4.5%이하이다. 브리티시 비터(British Bitter), 비트비어(Witbier), 아메리칸 애드정크트 필스너(American Adjunct Pilsner) 등이 그 예이다.

Set Mash(세트 매쉬) : **맥아즙정체(停滯)**. 담금액 여과 중 맥아즙을 너무 빨리 배출하여 베드(조박(糟粕)과 혼합된 미세한 가루)가 붕괴되고 단단한 덩어리가 되어 맥아즙의 여과가 방해받는 상태.

Settlings(세틀링즈) : **침전물**. Sediment(세디먼트)와 동의어. 참조.

Settling Tub(세틀링 터브) : **발효시작 통**. 상업용 맥주양조에서 처음 발효가 시작되는 용기.

Sewer Gas(수어 개스) : 1. **하수구 기체**. 2. **하수구 냄새의**. 황 냄새의. Sulfur(설퍼르) 참조. 감각용어.

Shandy(섄디) : **섄디**. 1. 원래는 맥주에 생강, 생강맥주, 또는 생강 에일을 혼합하여 만든 맥주. 2. 맥주와 레모네이드(Lemonade(레머네이드))의 혼합음료를 말하며 때로는 레몬 섄디(Lemon Shandy), Shandy Gaff(섄디 개프)와 동의어로도 사용된다.

Shandy Gaff(섄디 개프) : **섄디 개프**. 맥주와 진저에일의 혼합음료. Shandy(섄디)와 동의어로도 사용된다.

Sheet Filter(쉬트 필터르) : **시트 거르개**. 단일방향으로 작용하고 재사용 섬유소 시트로 만든 평판 형 거르개.

Shekar(쉐이카르) : **쉐카**. 1. 구약 이사야 5:11에 언급되어있는 "술에 취하다"는 뜻의 히브리어. 2. 옥수수, 대추야자, 꿀로 만든 맥주 닮은 알코올음료. 노아의 큰아들 셈(Sem)이 마신 술.

Shelf-Keeping Unit(**쉘프 키핑 유니트**) : **선반보관 기구**. SKU(에스케이유) 참조.

Shelf Life(쉘프 라이프) : **맥주 저장수명**. 병이나 캔에 든 맥주가 변질되지 않고 선반에 있을 수 있는 기간. 살균맥주가 비 살균맥주보다, 검은색 맥주가 연한 색 맥주보다, 알코올 농도가 높은 맥주가 낮은 농도의 맥주보다, 홉을 많이 첨가한 맥주가 적게 첨가한 맥주보다 저장수명이 길다. 낮은 온도에 보관하면 저장수명이 길어진다. 대부분의 비 살균 생맥주는 30일 이내에 마셔야하며 살균한 병 또는 캔 생맥주는 60일까지 마실 수 있다. 포장한 맥주의 저장수명을 연장하기위하여 가끔 첨가물을 사용한다. Beer Life(비어 라이프), Life Expectancy(라이프 익스펙턴시)와 동의어. Pull Date(풀 데이트. 판매 유효 최종 일자) 참조.

Shelf Talker(쉘프 토커르) : **선반 광고지**. 선반에 홍보용 광고지를 붙이는 것. 맥주, 포도주, 기타 알코올음료 소매상들이 많이 사용한다.

Shimeyane(쉬메이야네이) : **시메야네**. 남아공에서 갈색설탕, 갈색 빵, 싹튼 옥수수를 사용하여 양조한 알코올음료.

Shirosaké(쉬로사케) : **흰색 사케**. 알코올 농도가 약 5%이고 색이 없는 사케.

Shive(샤이브) : 1. **나무마개**. 캐스크에 사용되는 원형의 나무마개. 2. **작은 구멍**. 가스의 분출을 조절하기위해 펍의 주인 또는 주류창고관리자가 나무로 된 마개에 뚫어 놓은 작은 구멍. 여기에 나무로 된 못을 적당히 박아 가스 량을 조절한다.

Shoe Box(슈 박스) : **구두상자 냄새가 나는**. 맥주 양조 중 또는 유통 중에 공기 중의 산소에 의해 생성되는 물질인 트랜스-2 노네날(Trans-2 Nonenal(트랜스-2 나네널))에 의해서 나는 냄새. 감지한계치는 0.05ppb로써 아주 낮은 함량이다. 맥주에 아주 바람직하지 않은 영향을 준다. Oxidation(악서데이션) 참조. 감각용어.

Shot And A Beer(샤트 앤드 어 비어) : **폭탄주용 독주**. 큰 잔의 맥주에 가하는 작은 독주 한잔.

Shoto Saké(쇼토 사케) : **사탕수수 사케**. 사탕수수 주스를 발효시켜 만든 사케.

Show Mead(쇼우 미드) : **쇼 미드**. 옛날영국에서 벌꿀과 물을 혼합하여 양조한 술을 칭하던 말.

Shu(슈) : **슈**. 중국 한나라 때 수수를 원료로 만들었던 맥주 스타일의 술. Chiu(치우), Li(리), Sang-Lo(장 로), P'ei(베이), T'ien Tsiou(티엔 치우) 참조.

Sicera(시세러) : **시세라**. 유대인이 바빌로니아에서 감금되었을 때 유내인이 만들었던 홉이 많이 첨가된 음료. 나병에 대한 면역을 갖게 해준다고 믿었다.

Siebel Institute of Technology(시벨 인스티튜트 어브 테크날러지) : **시벨 기술연구소**. 미국 시카고에 있는 양조과학 연구소. 1872년에 설립되었다.

Sieve(시브) : **체로 치다**. 맥아제조 할 때 체를 사용하여 곡물들을 크기대로 분리하다. Bolt(보울트. 거르다)와 동의어. 참조.

Sight Glass(사이트 글라스) : **관찰유리**. 투시유리. 맥아즙의 이동에 사용하는 파이프의 어느 지점에 박아놓아 맥아즙의 이동을 관찰하는데 사용하는 짧은 유리관.

Sikaru(시카루) : **시카루**. 수메르(Sumer)에서 고고학적 발굴 중 발견된 기원전 약 8000-4000년 전의 메소포타미아인의 점토판 문서에 기록된 "Grain Wine(곡물와인)", 즉 맥주를 칭하는 용어. 수메르는 한때 지금의 이라크 땅인 티그리스 강과 유프라테스 강에 걸쳐있었다. 시카루는 맥아로 만든 빵을 물에 풀어 3,4일간 발효시킨 후 보리 대 또는 갈대로 빨아 마셨다. 양조장을 비트 시카리(Bit Sikari), 양조하는 사람을 파에비(Pa-E-Bi)라 불렀다. 술집은 차비투(Tsabitu)라 불리는 여자가 운영하였다. 연하고 진한 16가지의 맥주가 생산되었는데 이중 8가지는 밀의 원종(原種)인 스펠트밀(Spelt)로 만들었고 5가지는 보리, 3가지는 보리와 밀을 섞어서 만들었다. 시카루는 계피로 향미를 냈다. 이 용어는 기원전 562년 이후에 바빌로니아에서도 사용되었다. Bi-Se-Bar(비 세 바르) 참조.

Sike's Hydrometer(사이크스 하이드라미터르) : **시크 액체비중계**. 1816년 영국의 소비세 담당 공무원인 바르토로뮤 시크(Bartholomew Sike(바르탈러뮤 사이크))가 특히 증류주의 알코올농도를 측정하기위해 고안하여 만든 액체비중계. 0-70프루프까지 측정할 수 있다.

Silica Gel(실러커 젤) : **실리카 젤**. 맥주중의 질소질 물질을 흡수하는데 사용하는 수화된 실리카인데 무정형의 단단한 입자이다. 흡습제(건조제)로도 사용된다.

Silicate(실러키트) : 1. **규소화합물**. 광물의 최대구성 물질이며 지각(地殼)의 조암광물(造巖鑛物)의 90%이상을 차지한다. 2. **규산염(硅酸塩)**. 규산(H_4SiO_4) 또는 2산화규소(SiO_2)에 의해 유도된 염류의 총칭. 혼탁의 원인 물질.

Sima(시머) : **시마**. 핀란드의 벌꿀 술.

Simcoe™(심코우) : **심코**. 미국에서 재배하고 알파 산 함량이 12.0-14.0%인 홉 품종. 씨 홉(C-Hop)에 속한다.

Simple Beer(심플 비어) : **단순맥주**. 일반맥주. 독일에서 비중이 2-5.5°인 맥아즙으로 만든 맥주. 독일어로 Einfachbier(아인파크비어)라고 한다.

Single Infusion(싱글 인퓨젼) : **단일침출**. 녹말이 완전히 전환될 때까지 단일온도로 맥아즙 담금을 행하는 옛 영국식 침출 법. 단일온도 침출(Single

Temperature Infusion(싱글 템퍼러쳐르 인퓨전))이 좀 더 적당한 말이다.

Single-Gauge Regulator(싱글 게이쥐 레귤레이터) : **단일게이지 조절장치**. 같은 라인의 압력만을 측정하는 조절장치.

Single-Stage Fermentation(싱글 스테이쥐 퍼르멘테이션) : **일단발효**. 자가 맥주양조에서 상업용 발효와는 달리 발효전(栓)(Fermentation Lock(퍼르멘테이션 라크))이 달린 하나의 용기에서 발효를 완료하는 것. 상업용 발효는 한 용기에서 1차발효를 행하고 다른 용기에 옮겨 2차발효를 행한다.

Single-Stage Fermenter(싱글 스테이쥐 퍼르멘터르) : **일단 발효기**. 자가 맥주양조에서 사용하는 7 8 미국 갤런(약 26.5-30.3리터)용량의 발효조로서 식품용 플라스틱으로 만들었고 입구가 넓으며 공기를 차단할 수 있는 뚜껑을 가지고 있는데 여기에는 발효전(栓)(Fermentation Lock(퍼르멘테이션 라크))이 달려 있다.

Single Temperature Infusion(싱글 템퍼러쳐르 인퓨전) : **단일온도 침출**. Single Infusion(싱글 인퓨젼. 단일침출)과 동의어. 참조.

Siphon(사이펀) : **사이펀**. 대기의 압력을 이용하여 액체를 하나의 용기에서 다른 용기로 옮기는 데 쓰는 맑은 플라스틱 관으로 길이는 약 1.2-1.8미터, 내경은 약 9.5mm이다.

Siphon Clamp(클램프) : **사이펀 클램프**. 자가 맥주양조에서 사이펀을 사용하여 액체를 다른 용기에 옮길 때 옮김의 시작과 중지를 쉽게 하기위하여 철이나 플라스틱(나일론)으로 만든 스프링을 가지고 있는 클램프.

Siphoning(사이퍼닝) : **사이퍼닝**. 사이펀을 사용하여 한 용기에서 다른 용기로 액체(맥주)를 옮기는 것. 이때 사용하는 사이펀은 U자를 거꾸로 한 모양의 튜브를 사용하는데 그 원리는 거꾸로 된 U자의 언덕을 넘으면 중력에 의해 액체가 계속 따라 나오는 것을 이용한 것이다. 때로는 이것을 이송(移送. Racking(래킹))이라고도 한다.

Siris(시리스) : **시리스**. 닌카시(Ninkasi)의 딸. 고대 수메르에서 이 여신을 맥주와 동일시했다.

Six-Row Brewers' Malt(식스 로우 브루어르즈 몰트) : **6줄 보리 양조용 맥아**. 여섯 줄 보리로 만든 맥아.

Six-Rowed Barley(식스 로우드 바를리) : **6줄 보리**. 각 마디에 3줄의 수정할 수 있는 잔 이삭(Spikelet(스파이클리트))이 존재하고 이것이 결국 6줄의 곡물을 형성하는 보리품종. 미국에서 많이 재배하고 있고 미국스타일 맥주생산에 사용된다. 높은 녹말 당화 효소 력Diastatic Activity(다이어스태티크 액티비티)을 가지고 있으므로 자체적인 녹말 전환능력이 없는 옥수수나 쌀 같은 부가 물의 담금에는 좋다. 그러나 두줄보리보다 겉껍질 형성물질의 비율이 높고 잘 발달하지 않은 곡물을 형성하므로 추출물의 함량은 낮다. 학명은 호르데움 헥사스티쿰(*Hordeum hexastichum*(호르디엄 헥새스티컴))이다. Six-Row Barley(식스 로우 바를리), Winter Barley(윈터르 바를리. 가을보리)와 동의어.

Skeachen(스키아켄) : **스키아켄**. 14세기에 만들었던 스코틀랜드 에일.

Skim(스킴) : 1. **걷어내다**. 발효조의 상부에 형성된 거품 또는 찌꺼기를 제거하다. 2. **걷어냄**. 발효조의 상부에 형성된 거품 또는 찌꺼기를 제거 함.

Skimming(스키밍) : **걷어냄**. 1. 1차 발효 중인 양조 액의 거품의 표면에서 효모 등의 찌꺼기를 걷어내는 노(Skimming Oar(스키밍 오어))로 제거함. 이 효모는 다음번의 양조에 사용한다. 2. 상면발효에서 발효가 끝난 맥아즙의 표면에 뜬 효모를 다른 용기로 옮기기 전에 회수함.

Skimming Oar(스키밍 오어) : **걷어내는 노**. 발효용기의 표면에 떠오른 효모를 걷어내는데 사용하는 기구. Parachute(패러슈트. 파라슈트)참조.

Skirt(스커르트) : **스커트**. 병 입구 주위를 압박하도록 물결모양의 윤곽을 가지고 있는 왕관마개

SKU(에스케이유) : **선반보관 기구**. Shelf-Keeping Unit(쉘프 키핑 유니트)의 약어. 생산물이 들어가도록 만들어 선반에 보관하도록 하는 포장의 한 형태.

Skunky(스컹키) : **스컹크 냄새의**. 홉의 쓴맛 물질의 일종인 아이소후물론(Isohumulone(아이소우휴뮬란))이 청색광의 작용으로 생성되는 메틸 또는 에틸 아이소페닐 메르캅탄(Methyl 또는 Ethyl Isophenyl Mercaptan(에틸 아이소우페널 머르캡탠)에 의한 냄새. 약한 고무냄새가 난다. 갈색 병이 청색광을 막아주나 완전히 막아주는 것은 아니다. 감지 한계치는 0.05ppb정도이고 어떤 스타일의 맥주에도 바람직하지 않은 영향을 미친다. Lightstruck(라이트스트러크. 일광취(日光臭) 참조.

Slaked Lime(슬레이크트 라임) : **수산화 칼슘($Ca(OH)_2$)**. 소석회(消石灰). 수처리(水處理)에서 중탄산염(Bicarbonate(바이카르버네트))을 침전시켜 물의 경도를 낮추는데 사용하는 물질.

Slotting Fees(슬라팅 피즈) : **선반 비(費)**. 소매인에게 선반을 사용케 하고 받는 대금. 미국에서 식품의 경우는 합법이나 알코올음료의 경우는 불법이다.

Small Ale(스몰 에일) : **스몰에일**. 영국에서 한때 사용되었던 용어로 알코올농도가 낮은 에일.

Small Beer(스몰 비어) : **스몰비어. 약한 맥주**. 1. 옛 영국에서 첫 맥아즙(First Running(피르스트 러닝)을 찌내고 남은 찌꺼기를 물로 씻어 내어 양조해서 만든 알코올농도가 낮은 맥주. 14세기 영국에서 스몰비어는 1펜스에 팔아 페니 에일(Penny Ale)이라 불렀고 알코올농도가 높은 맥주는 베터 비어(Better Beer(베터르 비어))라 했다. 2. 옛 미국에서 알코올농도가 낮은 일상 소비용 맥주. 3. 호주 퀸즐랜드에서 말하는 약 142ml용량(5온스)의 맥주잔. 4. 일반적으로 알코올농도가 약하거나 희석한 맥주.

Small Pack(스몰 패크) : **작은 용기**. 맥주 캔과 병.

Smoked Beer(스모크트 비어) : **훈연(燻煙)맥주**. Rauchbier(라우흐비어) 참조.

Smoked Malt(스모크트 몰트) : **훈연(燻煙)맥아**. 직화(直火)로 건조한 맥아. 맥주에 훈연 향을 주고 전통적으로 독일 스타일 라우흐비어(Rauchbier)에 사용된다.

Smooth(스무드) : **스무드**. 마셨을 때 기분 좋고 부드러운.

Society For The Preservation of Beers From The Wood(서사이이티 퍼 더 프레저베이션어브 비어즈 프럼 더 우드) : **통에서 꺼낸(병에 담지 않은) 맥주 보존협회**. 1973년 진짜 에일을 지키기 위한 운동(Campaign For Real Ale(캠페인 퍼 리얼 에일). 약어로 CAMRA)를 설립한 영국 맥주애호가 협회.

Sodium(소우디엄) : **소듐**. 원소기호 Na. 맥주에 대한 화학적 효과는 거의 없으나 유쾌하지 않은 향미를 생성할 수 있다.

Soft Resin(소프트 레진) : **연수지(軟樹脂)**. 홉 구과(毬果)가 발달할 때 루풀린 선(Lupulin Gland)에서 분비되는 2개의 분획 중 한 가지. 다른 한 가지는 경수지(硬樹脂. Hard Resin(하르드 레진))이다. 연수지는 45%의 알파 산(후물론)과 25%의 베타 산(루풀론)으로 구성되어있다. 끓임 단계에서 홉에서 추출되고 맥주의 900가지 쓴맛물질의 대부분에 관여하고 있다. 알파 산은 대부분 아이소 알파 산으로 이성화되지만 베타 산은 후물론 같은 쓴 물질로 산화 된다. Bitter Resins(비터르 레진즈)와 동의어. Hard Resins(하르드 레진즈. 경수지(硬樹脂)), Hop Oils(하프 오일즈. 홉 오일) 참조.

Soft Water(소프트 워터르) : **연수(軟水)**. **단물**. 칼슘염, 마그네슘염, 염소, 철 이온 등이 없는(적은) 물.

SOL(솔) : **솔**. Colloidal Solution(컬로이덜 설루션. 흐르는 교질(膠質)용액)의 약어. 액체와 콜로이드의 혼합물 또는 액체 속에 미세한 고체가 분산되어있는 상태. Gel(젤) 참조.

Solubilization(살류벌라이제이션) : **가용화(可溶化)**. 물질을 용액 중에 용해하는 것.

Soluble Nitrogen Ratio(살류블 나이트러전 레이쇼우) : **용해성 질소 비율**. 맥아중의 총 질소(단백질)에 대한 맥아즙에 용해되어있는 질소(단백질)의 비율. 질소 전환(轉換. Modification(마더퍼케이션))의 직접적인 양이며 때로는 콜바크 지수(Kolbach Index(콜바크 인덱스))라고도 한다.

Solute(살류트) : **용질(溶質)**. 1. 물리적 상태의 변함이 없이 용매(溶媒)(Solvent(살번트))에 녹아있는 물질. 해수 중의 소금 등. 2. 용매보다 양이 적게 존재하는 성분.

Solution(설루션) : 1. **용액(溶液)**. 두 가지 이상의 물질이 균일하게 혼합된 액체. 대개 액체상일 때를 말하지만 혼합체가 고체상인 고체 용액을 이르기도 한다. 2. **용해(溶解)**. 어떤 액체, 기체, 고체가 다른 액체, 기체, 고체 속으로 화학변화 없이 균일하게 퍼지는 것.

Solvent(살번트) : 1. **용제(溶劑)**. 대개 1가지 이상의 다른 물질을 녹일 수 있는 액체를 말하고 용액 중에 용질보다 많이 존재한다. 2. **용해력(溶解力)이 있는**. 3. **솔벤트 향의**. 에스터(Ester)향을 표현할 때 사용한다. Estery(에스테리) 참조. 감각용어.

Solventlike(살번틀라이크) : **솔벤트 향 닮은**. 아세톤이나 도료희석제 냄새를 닮은. 대개 발효온도가 높을 때 생성된다.

Solventy-Stale(살번티 스테일) : **퀴퀴한 솔벤트 냄새의**. 맥아가마건조 중에, 그리고 끓일 때 당과 아미노산이 결합하여 생성된 푸르프란 에틸 에터(Furfural

Ethyl Ether(퍼르퍼랠 에틸 이터르))에 의한 냄새인데 이 물질이 맥주의 퀴퀴함을 결정하는 표준물질로 사용되고 높은 발효온도에서 빨리 생성된다. 감지한계치는 6ppb정도이고 어떤 스타일의 맥주에서도 바람직하지 않은 냄새이다. Stale-Solventy(스테일 살븐티)와 Chemical(케미컬)로 표현되기도 한다. 감각용어.

Sor(조르) : **조르**. 맥주의 헝가리어.

Sora(소러) : **소라**. 스페인 정복자들이 오기 전에 페루에서 옥수수로 만들었던 맥주. 치차(Chicha)보다 훨씬 알코올농도가 높았다.

Sorghum(소르검) : **수수**. 학명이 소검 불가레(*Sorghum vulgare*(소르검 불가레))인 식물이 생산하는 곡물. 남아공에서는 Kafir Corn(캐퍼 코른)이라고 하며 이를 사용한 맥주도 생산하고 있다.

Sorghum Beer(소르검 비어) : **수수맥주**. Kafir Beer(캐퍼 비어)와 동의어. 참조.

Soubya(수비야) : **수비야**. 이집트의 쌀 맥주.

Sour(사우어르) : 1. **신**. **시큼한**. 2. **산패(酸敗)한**. 3. **불쾌한**.

Sour Ale(사우어르 에일) : **사우어 에일**. 플랑드르(Flanders)지방이 기원인 신맛의 에일. 전형적으로 이 맥주는 18-24개월간 오크통에서 숙성시키고 이 기간에 강한 초산 특성을 가진다.

Sour Beer(사우어르 비어) : **사우어 맥주**. Sour Ale(사우어르 에일)과 동의어. 참조.

Souring(사우어링) : **산패(酸敗)**. **변패**. 세균의 오염으로 맥주가 부패하는 것.

Sour Mash(사우어르 매쉬) : **사워 매시**. 맥주양조에서 담금액의 일부 또는 전부를 일정시간(대개 10시간) 방치하여 산의 향미가 필요한 맥주의 생산 중에 산을 생산하도록 세균의 감염을 유도하는 과정. 다른 방법은 인위적으로 세균을 접종한다.

Sowens(소웬즈) : **소웬즈**. 17세기 스코틀랜드에서 홉을 첨가한 덴마크 맥주를 부르던 이름.

Soy Sauce(소이 소스) : 1. **간장**. 2. **간장 아로마와 향미의**. 효모의 자가분해에 의해 생성된 물질에 의한 감각을 표현할 때 사용한다. Autolysed(오털라이즈드) 참조. 감각용어.

Spalt(슈펠트) : **슈펠트**. 3.5-4.5%의 알파 산 농도를 가지고 있고 독일에서 재배하고 있는 홉 품종.

Spalt Select(스폴트 실레크트) : **스폴트 셀렉트**. 3.0-6.0%의 알파 산 농도를 가지고 있고 미국에서 재배하고 있는 홉 품종.

Sparge(스파르쥐) : **뜨거운 물을 살포하다**. 담금 솥에서 담금 후 조박(糟粕. Spent Grain(스펜트 그레인))에 뜨거운 물을 뿌리다. 물이 곡물을 통과하여 곡물에 남아있던 당을 씻어낸다.

Sparge Arm(스파르쥐 아름) : **뜨거운 물 살포기 팔**. 담금 후에 조박(糟粕. Spent Grain(스펜트 그레인))에 뜨거운 물을 살포(Sparging(스파르쥥))할 때 사용하는 회전하는 구멍 뚫린 파이프.

Sparge Water(스파르쥐 워터르) : **뜨거운 살포 수**. 곡물에 남아있는 성분을 회수하기위하여 조박(糟粕. Spent Grain(스펜트 그레인))에 뿌리는 뜨거운 물.

Sparger(스파르저르) : **뜨거운 물 살포기**. 담금 솥의 조박(糟粕. Spent Grain(스펜트 그레인))에 뜨거운 물을 살포하는 기구.

Sparging(스파르쥥) : 1. **뜨거운 물 살포**. 담금 후 조박(糟粕. Spent Grain(스펜트 그레인))에 남아있는 맥아당을 회수하기 위하여 뜨거운 물을 뿌리는 것. 매시가 다져지는 것을 방지하기위하여 미리 빠져나간 양 만큼만 살포수를 뿌려야한다. Lautering(라우터링. 담금액 여과), Set Mash(세트 매쉬. 맥아즙 정체(停滯)) 참조. 2. **스파징**. 담금액으로 부터 맑은 단 담금액을 얻기 위해서 행하는 전체 과정.

Spargings(스파르쥥즈) : **2차 맥아즙**. Second Wort(세컨드 워르트)와 동의어.

Sparkle(스파르클) : **거품이 일다**.

Sparkler(스파르클러르) : **스파클러**. 맥주펌프에 장착되어있는 조절 노즐. 맥주잔 위의 거품의 양을 조절하는데 사용한다.

Sparklet Cartridge(스파르크리트 카르트리쥐) : **스파클렛 카트리지**. 케그에서 맥주를 뽑아냄에 따라 압력이 떨어지는 것을 방지하기 위하여 사용하는 재충전이 되지 않는 탄산가스 카트리지.

Sparkling(스파르클링) : **거품이 이는**. **탄산이 든**. 발포성(發泡性)의.

Sparkling Ale(스파르클링 에일) : **거품 에일**. 호주 애들레이드(Adelaide)에서 생산되며 영국 연한 색 에일 닮은 상면발효 맥주. 미국에서 금주령이전에 라거 맥주와 대항하기위해서 양조했던 에일 맥주 종류.

Sparkling Mead(스파르클링 미드) : **거품 벌꿀 술**. 병에서 2차 발효가 일어나 거품을 가지고 있는 벌꿀 술.

Spaten Club Weiss(슈파텐 클루브 바이스) : **슈파텐 클럽 바이스**. 독일 슈파텐 양조회사에서 만든 색이 아주 연하고 맑은 백색(Weiss(바이스))맥주. 맛은 가볍고 달며 부드럽다. 약간의 과일 향과 좋은 효모 향을 가지고 있다. SRM은 4.6.

Spaten Water(슈파텐 워터르) : **슈파텐 물**. 뮌헨의 슈파텐(Spaten) 양조장의 자분정(自噴井. 지하수가 수압에 의해 저절로 솟아 나오는 샘. 피압정(被壓井)이라고도 한다)에서 나오는 물. 세계에서 유명한 우물중의 하나이며 1880년에 행한 성분실험결과는 다음과 같다(g/리터). 탄산 칼슘 0.12, 탄산 마그네슘 0.077, 탄산 소듐 0.057, 황산 포타슘 0.009, 황산 칼슘 0.003, 질산 소듐 0.019, 무수 규산 0.014, 산화 철과 산화 알루미늄 0.001, 유기물 0.022, 염화 소듐 0.002. Brewing Water(브루잉 워터르. 양조용수) 참조.

Special Beer(스페셜 비어) : **특수맥주**. 자연발효에 의해 생산된 맥주. 예 : 파로(Faro), 괴즈(Gueuze(구에즈)), 람빅(Lambic(람비크)).

Special "B" Malt(스페셜 비 몰트) : **스페셜 "B" 맥아**. 특수맥아의 한 가지로써 맥주에 독특하고 강한 볶은 맥아향미를 주는 검은색 캐러멜맥아. 벨기에 스페셜 "B"(Belgian Special "B"라고도 한다.

Special Bitter(스페셜 비터르) : **특수비터**. 초기 비중이 1.038-1.045인 맥아즙을 발효시켜 만든 비터맥주. 알코올농도와 향미가 일반비터와 스트롱 비터의 중간이다. Best Bitter(베스트 비터르. 고급 비터)와 동의어. 참조. Bitter(비터르) 참조.

Special Roast(스페셜 로우스트) : **스페셜 로스트**. 일반적인 건조법을 벗어난 방법으로 맥아를 굽는 것.

Specialty Malt(스페셜티 몰트) : **특수맥아**. 일반적으로 사용하는 맥아가 아니라 최종 맥주의 향미나 색을 위해 적은 양 사용하는 맥아.

Specification(스페서퍼케이션) : **사양(仕様)**. 양조 중에 사용하는 원재료 또는 완성된 맥주의 조건(품질, 색도, 알코올 농도 등). 이러한 조건이 규정 값에 맞아야 다음단계로 진행한다.

Specific Gravity(스피시피크 그래비티) : **비중**. 액체나 고체의 무게를 같은 양의 물의 무게와 비교한 것. 보통 섭씨 4도에서 물의 밀도를 1.000으로 나타낸다. 기체의 경우에는 섭씨 0°C, 1기압의 공기를 표준으로 한다. 예를 들면 비중이 10°이면 물 90에 10의 고형물이 들어있다는 의미이다. 맥주 비중계로 측정한다. 발효정도를 아는데 사용한다. 약어는 SG 또는 s.g.

Specific Gravity Point(스피시피크 그래비티 포인트) : **비중단위**. 비중에서의 소수자리. 비중단위가 50이라면 비중이 1.050이라는 뜻이다.

Spectrophotometer(스펙트로우포우타미터르) : **분광광도계(分光光度計)**. 분광측광기(分光測光器). 용액이 흡수한 빛의 양을 측정하는 기계.

Speise(슈파이제) : **음식**. **슈파이제**. 독일어. 상면발효맥주에 탄산을 포화시키기 위한 2차 발효를 위하여 병, 캔, 케그에 첨가하는 맥아즙 또는 설탕.

Spelt(스펠트) : **스펠트 밀**. 1. 밀의 원시 종. 2. 학명이 트리티쿰 스펠타(*Triticum spelta*(트리티컴 스펠터))이고 독일과 스위스 일부에서 재배하는 밀과 보리의 잡종. 3. 학명이 트리티쿰 디코쿰(Triticum dicoccum(트리티컴 다이코컴))인 에머(Emmer) 밀. 유럽의 산간에서 주로 재배하는 4배체(2n=4x=28 염색체) 밀이다. 이탈리아에서는 파로(Farro)라고 부른다. Speltz로도 쓴다.

Spent Grain(스펜트 그레인) : **조박(糟粕)**. 담금 후 담금 용 솥에 남아있는 곡물 껍데기 또는 고형물. 이것에는 약 25%의 단백질을 가지고 있고 동물 사료의 훌륭한 질소분 첨가제이다. Draff(드래프), Brewer's Grains(브루어즈 그레인즈)와 동의어.

Spent Hop(스펜트 하프) : **홉 박(粕)**. 끓임 후 남아있는 홉 찌꺼기. 황산 제1철과 기타 금속염들과 화합물을 이루고 있어 원예용 비료로 사용된다.

Spezial(슈페치알) : **슈페치알**. 연한색이고 풀 바디이며 쓴맛과 단맛이 어우러지고 미묘하게 홉을 사용한 독일 라거 맥주. 밀도는 13-13.5°플라토. 알코올 함량은 5.5-5.7%(ABV).

Spezyme(스페자임) : **스페자임**. 영국의 파웰 앤드 래보라토리즈(Powell & Scholfield Laboratories(파우얼 앤드 래버러토리즈))가 개발하고 핀란드의 제당 회사인 핀슈거 그룹(Finnsugar Group)이 제조하는 Spezyme BBA, Spezyme AA, Spezyme GA, Spezyme IGI의 4개의 효소 군. Spezyme BBA는 보리로부터 추출한 베타 아밀레이스(Beta Amylase(베이터 애멀레이스))로써 양조산업에서 당화 성 맥아추출물의 역가를 표준화하거나 증가시키는데 사용한다. Spezyme AA는 특수한 바실루스 서브틸리스(고초균(枯草菌). *Bacillus subtilis*(버실러스 서브틸리스)) 균종이 생성하는 엔도 아밀레이스(Endo-Amylase(엔도우 애멀레이스))로써 호화된 녹말을 용해성 덱스트린으로 잘 가수분해한다. 이 효소는 전통적 전곡(全穀) 증자과정에서 베타 글루칸 활성이 필요할 때 사용된다. Spezyme GA는 글루코아밀레이스(Glucoamylase(글루코우애멀레이스))로써 저탄수화물 맥주양조에 사용한다. Spezyme IGI는 고정화 포도당 이성화효소(Glucose Isomerase(글루코우스 아이사머레이스))로써 포도당을 프룩토스로 이성화시키는데 사용된다. Supavit Z(수퍼비트 지) 참조.

Sphaerotheca macularis(스피어로우티커 매큘러리스) : **스패로테카 마쿨라리스**. 홉 곰팡이의 옛 학명. 현재는 포도스패라 마쿨라리스(*Podosphaera macularis*(파드스패러 매큘러리스)라 부른다(참조).

Spice(스파이스) : 1. **향신료**. **양념**. 맥주에 향신료 향을 주기위하여 사용하는 물질. Spicy(스파이시) 참조. 2. **풍미**. **풍취**.

Spicy(스파이시) : **향신료 향의**. 향신료(후추, 계피, 커민(Cumin), 육두구(肉荳蔻. Nutmeg(넛메그)), 생강, 강황(薑黃. Turmeric(터메릭), 고추, 겨자 등)의 향미(후추는 별도로 Peppery(페퍼리)로 별칭하기도 함). 자극적인 향을 표현할 때 사용한다. 감각용어.

Spigot(스피거트) : **스피고트**. **맥주 꼭지**. 맥주의 양을 조절하면서 따르게 만든 꼭지. Faucet(포시트), Spigot(스피거트), Tap(태프), Valve(밸브)와 동의어.

Spile(스파일) : **바람구멍**. 맥주 캐스크의 꼭대기에 뚫려있는 구멍. 맥주를 빼냈을 때 공기가 들어가 기압을 맞추는 역할을 한다. Spilehole(스파일호울)이라고도 한다. Shive(샤이브)와 동의어. 참조.

Spilehole(스파일호울) : **바람구멍**. Spile(스파일)과 동의어. 참조.

Spitzmalz(슈피츠말츠) : **슈피츠 맥아**. 끝이 뾰족한 맥아. 보리로 만든 단단한 맥아로 싹이 거의 나지 않은 맥아이다.

Split(스플리트) : **스플릿**. 술의 액량(液量) 단위로 1/6질(약 23ml). Nip(니프)와 동의어. 참조.

Spoilage Organism(스포일리쥐 오르거니점) : **부패균**. 맥주 또는 맥아즙(유기물)을 부패시키는 균.

Spreader(스프레더르) : **펴는 장치**. 맥아가 고르게 들어가도록 제분기 위에 달려 있는 장치.

Spring Barley(스프링 바를리) : **봄보리**. 춘맥(春麥). 이른 봄에 씨를 뿌려 첫여름에 거두는 보리.

Spruce Beer(스프루스 비어) : 1. **가문비나무 맥주**. 북미와 북유럽에서 가문비나무 또는 가문비나무 순이나 솔방울 삼출물(滲出物. 우려낸 물질)을 첨가한 당밀 또는 기타 당을 발효시켜 만든 알코올음료. 때로는 맥아를 첨가하기도 한다. 2. **단치히 가문비나무 맥주**. 단치히(Danzig(댄시그))에서 검은 가문비나무(학명은 피세아 니그라(*Picea nigra*(파이시에 나이그러)) 수액과 어린뿌리, 그리고 당밀로 만든 단 맥아즙 또는 단풍나무 당을 발효시켜 만든 검은색 맥주. Black Beer(블래크 비어. 흑맥주)와 동의어.

Square(스퀘어) : **그릇**. 액체를 담는 사각 진 용기 또는 통.

Squares(스퀘어즈) : **스퀘어즈**. 양조 인이 사용하는 용어로 사각 진 발효용기.

SRM(에스알엠) : **에스알엠**. Standard Reference(or Research) Method(스탠더르드 레프런스(리서치) 메터드)의 약어. 참조. 맥주의 색을 분석하여 표기하는 2가지 방법 중의 하나로 다른 방법은 EBC(European Brewing Convention(유러피언 브루잉 컨벤션. 유럽 양조협의회)단위가 있다(참조). 분광광도계(分光光度計. Spectrophotometer(스펙트로우포우타미터르))를 사용하여 430nm의 빛의 흡광도를 측정하여 10을 곱한 값이다. SRM 도(度)는 옛날의 로비본드(Lovibond(러비반드)) 도와 거의 비슷하고 ASBC(American Society of Brewing Chemists(어메리컨 소사이어티 어브 브루잉 케미스츠. 미국 양조화학자 협회)에서 사용하는데 유럽에서는 EBC 도를 사용한다.

Stabilization(스테이벌리제이션) : **안정화**. 고정화. 저장수명을 늘리기 위하여 맥주에 어떠한 처리를 하는 것.

Stacking(스태킹) : **쌓기**. 캐스크를 한줄 위에 다른 줄을 쌓는 것.

Stale(스테일) : **퀴퀴한 냄새가 나는**. 좋지 못한 냄새가 나는. 맥주 양조 중 또는 유통 중에 공기 중의 산소에 의해 생성되는 물질인 트랜스-2 노네날(Trans-2 Nonenal(트랜스-2 나네널))에 의해서 나는 냄새. 감지한계치는 0.05ppb로써 아주 낮은 함량이다. 맥주에 아주 바람직하지 않은 영향을 준다. Oxidation(악서데이션) 참조. 감각용어.

Stale Ale(스테일 에일) : 김빠진 에일. 신선하지 않은 에일. 17세기 영국에서 1년 이상 된 에일을 부르던 이름.

Stale Flavor(스테일 플레이버르) : **이취(異臭)**. Off-Flavor(오프 플레이버르)와 동의어. 참조.

Stale-Solventy(스테일 살븐티) : **퀴퀴한 솔벤트 냄새의**. Solventy-Stale(살븐티 스테일) 참조. 감각용어.

Stale Yeast(스테일 이스트) : **신선하지 않은 효모**. 죽은 효모를 포함하고 있어 발효시작 속도가 느리거나 발효자체를 일으키지 못하는 효모.

Staling(스테일링) : 1. **감쇄생장(減衰生長)**. 배지에 식균(植菌)한 효모의 생장 후기의 생장속도가 저하되는 현상. 생장에 필요한 영양소 일부의 결핍과 생장에 저해적인 대사산물 축적이 그 원인이다. 2. **진부(陳腐)**. 맥주의 향미가 나빠지는 것. 3. **노화(老化)**. 빵 따위가 시간경과에 따라 단단하게 되고 식감(食感)과 촉감이 떨어지며 향미가 손상되는 현상.

Standard Mash(스탠더르드 매쉬) : **표준당화**. 맥아의 품질을 검사하기위하여 양조가가 일정량의 물과 맥아를 사용하여 양조인의 실험실에서 매시를 만드는 것. Congress Mash(캉그리스 매쉬. 학회당화)와 동의어. 참조.

Standardization(스탠더르디제이션) : **표준화**. 절차, 규칙, 형식 등을 일반화 또는 평균화 시키는 것.

Standard Reference(or Research) Method(스탠더르드 레프런스(리서치) 메터드) : **표준참고방법**. 약어로 SRM이라고 한다. 미국 양조화학협회(American Society of Brewing Chemists(어메리컨 소사이어티 어브 브루잉 케미스츠))에서 색깔의 정도를 나타낼 때 사용하는 단위. 범위는 1-600까지이며 숫자가 커지면 진한 색깔을 말한다. SRM/Lovibond값은 EBC 값의 약 절반이다. 맥주 색깔을 측정할 때는 분광광도계(Spectrophotometer(스펙트로우포우타미터르))를 사용하여 파장 430nm에서 광밀도(흡광도)를 측정하여 10을 곱하여 표시한다. 특수하게 제조한 색깔을 띤 유리를 표준으로 한다. 로비본드와 거의 비슷한 값이다.

Starch(스타르치) : **녹말. 전분**. 어떤 식물이 저장에너지로 생산한 작은 알갱이형태의 탄수화물 또는 다당류. 약 1/4은 아밀로오스(Amylose(애멀로우스)), 3/4은 아밀로펙틴(Amylopectin(애멀로우페크틴))이다. 아밀레이스에 의해 덱스트린과 맥아당으로 가수분해 된다. 보리녹말은 내배유(內胚乳. Endosperm(엔더스퍼름))에 에워싸여 있는데 두줄보리는 무게로 약63-65%, 여섯 줄 보리는 약 58%의 함량을 가진다. Amylopectin(애멀로우펙틴. 아밀로펙틴), Amylose(애멀로우스. 아밀로스) 참조.

Starch Haze(스타르치 헤이즈) : **녹말 혼탁**. 녹말입자의 현탁에 의한 맥주의 혼탁. 원인으로는 대개 1. 적당하지 않은 담금 온도를 사용하였기 때문에 당화가 불완전하게 일어났거나 2. 뜨거운 물 살포(Sparging(스파르쥥))시 너무 높은 온도(82°C)의 물을 사용하여 담금 물질로부터 잔여녹말이 용해되어 생긴다.

Starch Test(스타르치 테스트) : **녹말시험**. 모든 맥아녹말이 맥아당으로 전환되었는지를 확인하는 간단한 시험. 깨끗한 흰 접시위에 있는 차가운 맥아즙에 요오드용액(1% 요오드화 포타슘(Potassium Iodide(퍼태시엄 아이어다이드)) 한 방울을 떨어뜨렸을 때 요오드의 갈색이 그대로 존재하면 녹말이 완전히 맥아당으로 전환된 것이고 청색 또는 진홍청색을 나타내면 녹말이 남아있다는 표시가 되어 당화를 계속해야한다는 의미이다. 요오드는 독성을 가지고 있기 때문에 시험용 샘플을 당화 액에 다시 가하면 안 된다. 상처에 바르는 의료용 요오드 용액을 사용해도 된다. Iodine Starch Test(아이어다인 스타르치 테스트. 요오드 녹말 시험), Iodine Test(아이어다인 테스트. 요오드 시험)과 동의어. 참조.

Starchy Endosperm(스타르치 엔도스퍼름) : **녹말 성 배젖. 녹말 성 내배유.** 배젖의 3가지 세포형태중의하나로써 배젖의 녹말과 단백질의 주저장고이다. Endosperm(엔도스퍼름. 내배유) 참조.

Starkbier(쉬타르크비어) : **쉬타르크맥주.** 독일맥주의 3개 법적인 범주에서 16°B의 초기비중을 가진 맥아즙으로 만든 맥주로 6.3%(V/V)이하의 알코올농도를 가져야하는 맥주. Bier(비어), Schankbier(샹크비어), Vollbier(폴비어) 참조.

Starter(스타르터르) : **종균(種菌). 스타터.** 효율적인 발효를 위해 21°C로 식힌 쓴 맥아즙에 가하는 다른 액체배양기에서 배양한 효모. 자가 맥주양조에 사용할 종균은 24°C로 식힌 맥아즙 약 1.14리터(1쿼트)에 약간의 효모를 가하고 1-2일간 배양하여 종균으로 사용한다.

Starting Gravity(스타르팅 그래비티) : **초기비중.** Original Gravity(어리저널 그래비티)와 동의어. 참조.

Starting Specific Gravity(스타르팅 스퍼시픽 그래비티) : **초기비중.** Original Gravity(어리저널 그래비티)와 동의어. 참조.

Stave(스테이브) : **통(桶) 널쪽.** 통 또는 캐스크 만드는데 사용되는 널빤지.

Stavewood(스테이브우드) : **통(桶) 만드는 나무.** 통 또는 캐스크 만드는데 사용되는 나무. Caskwood(캐스크우드)와 동의어.

Steam Beer(스팀 비어) : **스팀맥주.** 하면발효효모를 사용하여 상면발효온도인 15-20°C에서 혼합 발효하여 생산한 맥주. 발효는 정화기(Clarifier(클래러파이어))라 불리는 길고 얕은 팬 닮은 발효용 용기에서 15-20°C에서 행하고 크로이제닝(Kraeusening)한다. 이 스타일의 맥주는 미국의 토착적인 것이고 특히 19세기 후반 켈리포니아주의 골드러시 때 그곳의 온도가 너무 높아 하면발효효모의 발효최적온도를 맞출 수 없어 부득이 행해졌던 발효법으로 만들어진 맥주이다. 샌프란시스코에는 한때 이 맥주를 만드는 양조장이 27개에 달하기도 했다. 현재는 Steam Beer라는 등록상표명으로 샌프란시스코의 앵커 스팀 브루잉 컴퍼니(Anchor Steam Brewing Company)에서 생산하고 있는데 이 맥주는 홉 향미가 강하고 호박색(琥珀色)이며 거품이 많이 나는 4.74%(V/V)의 알코올 농도의 맥주이다. 이 용어는 캐스크의 마개를 땄을 때 높은 탄산가스 압력에 의해 생성되는 쉿 하는 소리 때문에 사용되었다.

Steam Heater(스팀 히터르) : **증기 가열(난방)장치**. 더운 공기를 만들어내는 장치.

Steely(스틸리) : **강철 같은**. 보리의 녹말 성 내배유(Starchy Endosperm(스타르치 엔도스퍼름))의 질감이 아주 단단한. 너무 단단하여 좋은 맥아를 만들기 어려운 보리를 기술할 때 사용하는 용어.

Steep(스티프) : **불리다. 침지(浸漬)하다**. 보리의 배(胚)에서 싹을 내기 위하여 40-120시간동안 물에 담그다.

Steeping(스티핑) : **침지(浸漬)**. 단단하고 마른 보리를 13-15°C물속에서 대개 40-80시간(때로는 120시간) 담가 불려 부드럽게 만드는 것. 함수량은 10-15%에서 42-50%로 증가한다. 전형적인 침지법은 15°C에서 12시간 침지 후 12시간동안 공기 중에서 휴지(Rest(레스트))하고 다시 16시간동안 침지한다. 보리의 경우 함수량이 42-44%이면 충분히 침지된 것이다. 때로는 Wetting(웨팅)이라고도 한다. Oversteeping(오우버스티핑. 과(過)담금) 참조.

Steeping Copper(스티핑 카퍼르) : **침지(浸漬)용 용기**. 담금이나 끓임에 사용하는 밀폐용기.

Steeping Tank(스티핑 탱크) : **침지(浸漬)탱크**. 보리를 침지하는데 사용하는 원통 원뿔형 탱크. Steep Tank(스티프 탱크), Steeping Vat(스티핑 배트)와 동의어.

Steeping Vat(스티핑 배트) : 침지(浸漬)용 통. Steeping Tank(스티핑 탱크. 침지(浸漬)탱크)와 동의어.

Steep Liquor(스티프 리커) : **침지액(浸漬液)**. 침지에 사용하는 석회질 알칼리성 물.

Steep Tank(스티프 탱크) : **침지(浸漬)탱크**. Steeping Tank(스티핑 탱크)와 동의어. 참조.

Stein(슈타인) : **도기(陶器) 잔**. 뮌헨에서 사용하는 500ml, 1리터, 또는 3리터용 도기로 만든 잔. Stein은 영어로 Stone(스토운. 돌 또는 보석)이다.

Steinie(스테니) : **스테니**. 프랑스에서 사이다, 레모네이드, 맥주 등의 음료용 1리터 용량의 대형 병.

Stemware(스템웨어) : **스템웨어**. 굽 달린 음료용 유리잔들의 일반 명칭. 손잡이가 가늘고 다리가 달린 유리잔과 그릇들. 바웨어(Barware(바르웨어). 술집의 식기류)와 달리 정찬용(正餐用) 식탁에서 사용된다.

Step Infusion(스테프 인퓨전) : **단계침출**(段階浸出). 온도를 조절하여 담금 하는 방법으로 대개 온도 설정 담금(Temperature Program Mash(템퍼러쳐르 프로우그램 매쉬))이라하고 여러 번의 온도휴지(Temperature Rest(템퍼러쳐르 레스트))를 사용한다. 이 침출 법에서 열을 가하거나 뜨거운 물을 가하여 원하는 담금액의 온도를 올린다. 전형적으로 이 방법은 단백질 휴지(Protein Rest(프로우틴 레스트)와 당화휴지(Saccharification Rest(새커러피케이션 레스트)를 사용한다. Decoction(디칵션. 디콕션) 참조.

Step-Mash(스테프 매쉬) : **단계 당화**. 담금액으로 부터 특수한 결과를 얻기 위하여 온도에 의한 전환을 단계 적으로 온도를 올리며 행하는 것.

Sterilant(스테럴런트) : **살균(멸균)제. 소독약**. Sterilizing Agent(스테럴라이징 에이전트)와 동의어. 참조.

Sterile(스테릴) : **살균한**. 멸균한. 독립 생활하는 세균과 곰팡이(효모)가 없는.

Sterile Beer(스테릴 비어) : **살균 맥주**. 한외 여과하여 모든 미생물, 특히 효모를 제거한 맥주.

Sterilizer(스테럴라이저) : **살균장치**. 소독기. 건열(乾熱), 증기, 끓는 물 등을 사용하여 멸균하는데 사용하는 기구.

Sterilizing(스테럴라이징) : **살균**. 멸균. 건열(乾熱), 증기, 끓는 물 등을 사용하여 생물, 특히 미생물을 사멸시키는 것.

Sterilizing Agent(스테럴라이징 에이전트) : **살균제**. 세균과 곰팡이를 포함한 모든 형태의 미생물을 사멸시키는데 사용하는 물질. 자가 양조인은 살균제를 다음과 같이 만들 수 있다. 1) 물 1쿼트(미국. 약 0.95리터)에 2 티스푼(약 10g)의 아황산 포타슘(Potassium Sulfite(퍼태시엄 설파이트. K_2SO_3))이나 아황산 소듐(Sodium Sulfite(소우디엄 설파이트. Na_2SO_3))을 가하여 녹인다. 약간의 구연산을 첨가하면 이산화 황(Sulfur Dioxide(설퍼르 다이악사이드. SO_2))의 유리를 활성화 시키는데 도움을 준다. 2) 1/2갤런(미국. 약 1.9리터)의 물에 2 티스푼(약 10g)의 가정용 염소표백제(주성분은 Sodium Hypochlorite(소우디엄 하이퍼클로라이트. NaClO))를 녹여 사용한다. 두 가지 살균제 모두 사용 후에는 뜨거운 물로 잘 헹구어야 한다.

Stewing(스투잉) : **당화(糖化)**. 전분을 발효성 당으로 만드는 것. Saccharification(새커러피케이션)과 동의어.

Stiftsbräu(쉬티프츠브로이) : **쉬티프츠브로이**. Abbey Beer(애비 비어) 참조.

Stillage(스틸리쥐) : **통 받침대**. 펍의 저장고에서 맥주의 캐스크를 지지하는데 사용하는 나무, 금속, 벽돌 등으로 만든 구조물.

Stillion(스틸리언) : **스틸리언**. X자 형태의 요람 모양의 가대(架臺). 이곳에 나무 캐스크나 배럴을 올려놓아 압력으로 배럴의 널이 분리되는 것을 방지하며 맥주를 숙성시킨다.

Stingo(스팅고우) : **스팅고**. 독한 에일 또는 독한 맥주.

Stinking Water(스팅킹 워터르) : **스팅킹 워터**. Waipiro(와이피로)와 동의어. 참조.

Stinky Cheese(스팅키 치즈) : **나쁜 치즈냄새의**. 잘못 저장한 홉, 세균 감염에 의한 많은 냄새중의 한 가지에서 기인하는데 아이소발레르산(Isovaleric Acid(아이소벌레리크 애시드))에 의한 냄새이며 상업용 맥주에서는 아주 드물다. 감지되면 안된다. 감지한계치는 아이소발레르 산으로써 0.7ppm이다. 감각용어

Stinky Feet(스팅키 피트) : **고약한 발 냄새의**. 잘못 저장한 홉, 세균 감염에 의한 많은 냄새중의 한 가지에서 기인하는데 아이소발레르 산(Isovaleric Acid(아이소벌레리크 애시드))에 의한 냄새이며 상업용 맥주에서는 아주 드물다. 감지되면 안된다. 감지한계치는 아이소발레르 산으로써 0.7ppm이다. 감각용어

Stir(스터르) : **교반(攪拌)**. 휘저어 섞음.

Stirring Spoon(스터링 스푼) : **교반용 스푼**. Brewer's Paddle(브루어르즈 패들. 양조용 주걱)과 동의어.

Stirrup Cup(스터러프 커프) : **스터럽 컵**. 고대 그리스의 뿔 모양의 술잔(이를 Rhyton(라이탄)이라한다)을 닮은 컵 또는 술잔. 이 술잔은 오랜 기간 여행을 떠나거나 도착하여 말을 타고 있는 사람에게 건네졌다. 이 술잔은 사냥개, 여우, 물고기의 머리모양 또는 주먹을 치켜든 모양의 잔도 있다.

Stock Ale(스타크 에일) : **저장용 에일**. 오랫동안 저장하기위하여 알코올 농도를 아주 높게 만든 에일. Stock Beer(스타크 비어)와 동의어.

Stock Beer(스타크 비어) : **저장용 맥주**. 오랫동안 저장하기위하여 알코올 농도를 아주 높게 만든 맥주. Stock Ale(스타크 에일)과 동의어.

Stone(스토운) : 1. **돌**. 2. **스톤**. 영국에서 14파운드의 무게(특히 체중)를 나타내는 단위. 약 6.342kg.

Stone Fruit(스토운 프루트) : **핵과(核果)**. 씨가 하나인 매실, 복숭아, 체리, 자두, 살구, 망고 등의 과일을 말하며 내과피(內果皮)가 있다.

Stop Cock(스타프 코크) : **맥주꼭지. 마개**. 맥주의 양을 조절하면서 따르게 만든 꼭지. Faucet(포시트), Spigot(스피거트), Tap(태프), Valve(밸브)와 동의어.

Stopper(스타퍼르) : **마개**. 끼우개. 병이나 캐스크를 막는데 사용하는 모든 형태의 마개의 일반적인 이름. 병마개는 마개의 타입에 따라 왕관마개(Crown Cork(크라운 코르크)), 나사 형 마개(Screw Stopper(스크류 스타퍼르), 와이어 온 마개(Wire-On Stopper(와이어르 언 스타퍼르)로 나눌 수 있다. Wire-On Stopper(와이어르 언 스타퍼르) 참조.

Stoppered(스타퍼르드) : **마개로 막은**. 마개를 끼운.

Storage(스토리쥐) : **2차 발효. 숙성**. Secondary Fermentation(세컨데리 퍼르멘테이션), Maturation(매추레이션)과 동의어. 참조.

Storage Cellar(스토리쥐 셀러) : **저장실**. 맥주의 2차 발효가 행해지는 동안 저장하는 곳. 원래는 지하실을 의미했으나 현대에서는 냉장장치가 되어있는 장소를 말한다.

Storage Tank(스토리쥐 탱크) : **저장탱크**. 맥주를 이송하기 전에 저장하는 용기나 탱크.

Stout(스타우트) : **스타우트**. 연한 색 맥아, 7-10% 의 싹틔우지 않은 볶은 보리, 때로는 캐러멜맥아 또는 설탕을 사용하여 상면발효로 양조한 아주 검은색의 영국 맥주. 이 맥주는 기니스(Guinness(지니스))사에서 일반 포터맥주보다 알코올농도가 높은 엑스트라 스타우트(Extra Stout)로 처음 소개되었다. 이 새로운 스타우트는 포터보다 색이 진하고 맛이 풍부하고 홉 향미가 강하고 알코올 농도가 강한데 포터를 점차로 대체하더니 현재는 포터를 완전히 대체하였다. 단 스타우트와 드라이 스타우트로 나누며 이들 간의 차이점은 단지 단맛의 정도이다. 이 두 가지 맥주 모두 홉을 많이 첨가(100리터당 600-700g)하지만 단맛의 스타우트가 덜 쓰다. 알코올 함량은 둘 다 약 5%(V/V)이다. Bitter Stout(비터르 스타우트)와 동의어. Dry Stout(드라이 스타우트), Porter(포르터), Russian Stout(러션 스타우트), Sweet Stout(스위트 스타우트) 참조.

Strain(스트레인) : **거르다**. 액체를 체 같은 것으로 통과시켜 고형물을 제거하다.

Strainer(스트레이너) : 1. **홉 거르는 통**. Hop Back(하프 백)과 동의어. 2. **거르개**. 체. 식품에서 물을 뺄 때 쓰는 여과기.

Straining(스트레이닝) : **거르기**. 체 등에 액체를 통과시켜 액체로부터 고체를 분리하는 것. 자가 양조에서는 나일론 체, 모슬린(Mouslin(머즐린)) 주머니, 나일론 그물코 주머니 등이 사용된다.

Strength(스트렝스) : **스트렝스**. 1. 맥주의 알코올 농도. 2. 발효전의 당화 액의 비중. 3. 맥주의 쓴맛 정도.

Strike(스트라이크) : **스트라이크**. 온도를 올려 담금이 시작되도록 빻은 맥아에 뜨거운 물을 첨가하는 것.

Strike Heat(스트라이크 히트) : **스트라이크 온도**. 찧은 곡식(Grist(그리스트))을 첨가하기 전에 유지하는 담금용 물의 온도.

Strike Temperature(스트라이크 템퍼러쳐르) : **스트라이크 온도**. 담금 솥에서 담금 개시(Mashing-In(매쉬 인)때의 온도. 일반적으로 찧은 곡식(Grist(그리스트))이 열을 흡수하므로 이것을 보정하기위하여 목표로 하는 담금 온도보다 약간 높게 한다.

Strike Water(워터르) : **스트라이크 물**. 뜨거운 물 살포(Sparging(스파르쥥))에 사용하는 뜨거운 물.

Strisselspalt(슈트리셀슈팔트) : **슈트리셀슈팔트**. 알파 산 함량이 약 2.7%인 홉 품종.

Strobile(스트로우바일) : **구과(毬果)**. 홉이나 솔방울같이 비늘 조각이 여러 겹으로 포개어져 둥글거나 타원형으로 되어 있는 열매. Hop Cone(하프 코운. 홉 구과), Hop Flower(하프 플라우어르. 홉 꽃)과 동의어.

Strong Ale(스트롱 에일) : **스트롱 에일**. 알코올도수가 높은 에일.

Strong Beer(스트롱 비어) : **스트롱 비어**. 독일과 스위스에서 Small Beer(스몰 비어. 약한 맥주)에 대비되는 말로 초기비중이 14°이상의 맥아즙으로 만든 맥주. 오스트리아에서는 이 맥주를 복 맥주(Bock Bier)라고 한다. Starkbier(쉬타르크비어)와 동의어.

Strong Bitter(스트롱 비터) : **스트롱 비터**. Extra Special Bitter(에크스트러 스페셜 비터르. 고급 비터맥주)와 동의어. 참조.

Strong Mild(스트롱 마일드) : **스트롱 마일드**. 알코올 농도는 높으나 색은 연한 맥주.

Stubbie(스터비) : **스터비**. 1. 한때 미국에서 일반적으로 사용되었던 0.375리터들이 땅딸막한 맥주병. 현재는 거의 사라졌다. 2. 호주와 뉴질랜드에서 사용하는 독특한 땅딸막한 맥주병.

Stuck Fermentation(스디크 피르멘테이션) : **발효정지**. 최종비중에 달하기전에 발효가 중간에 정지되는 것. 자가 양조에서 이러한 현상이 일어나는 것은 발효력이 약한 종균을 사용하였을 때, 잘 씻기지 않은 살균제에 의해 효모가 죽었을 때, 맥아즙의 온도가 너무 높았을 때, 발효온도가 너무 낮았을 때 등이다.

Stuck Mash(스터크 매쉬) : **맥아즙 정체(停滯)**. Set Mash(세트 매쉬)와 동의어. 참조.

Stuykmanden(스티크만덴) : **스티크만덴**. 벨기에 양조업에서 사용하는 버드나무가지 또는 구리로 만든 커다란 바구니. 이것을 맥아즙 탱크 위에서 맥아즙 표면 쪽으로 낮은 쪽이 가도록낮추어 덮는데 이것이 체 역할을 해서 담금액을 거르는데 사용된다.

Style(스타일) : **스타일**. 맥주들의 비교를 위해서 또는 어떤 맥주가 어떤 범주에 속하는지를 판단하기위한 향미와 기타 감각적인 특성의 전체 집합. 같은 스타일의 맥주는 같은 향미프로필(Flavor Profile(플레이버르 프로우파일))을 가진다. Flavor Profile(플레이버르 프로우파일) 참조.

Styrian Goldings(스티리언 고울딩즈) : **스티리안 골딩즈**. 알파 산 함량이 5-7%이고 과거 유고슬라비아지방에서 재배하고 있는 홉 품종.

Submarino(서브마리노) : **서브마리노**. 멕시코에서 맥주가 들어있는 잔에 테킬라가 가득 들어있는 작은 잔을 넣어 만드는 폭탄주. Depth Charge(데프트 차르지. 수중 폭뢰(爆雷)라는 뜻)라고도 한다.

Substrate(서브스트레이트) : **기질**(基質). 효소의 작용을 받는 물질. 접미사 에이스(-ase)는 특수한 기질에 작용하는 효소를 말한다. 예 : 설탕을 전화하는 (Invert(인버르트))효소는 인버테이스(Invertase(인버르테이스)), 맥아당(Maltose(몰토우스))을 가수분해하는 효소는 말테이스(Maltase(몰테이스)), 락토스(Lactose(래크토우스))을 가수분해하는 효소는 락테이스(Lactase(래크테이스))라고 한다. 그러나 펩신(Pepsin(페프신))처럼 어떤 효소의 원래이름이 아주 오랫동안 알려져 있어 그대로 그 이름을 유지하는 것도 있다.

Substratum(서브스트레이텀) : 1. **층**. 미생물이 자라는 토대. 2. **기층**(基層). 다른 어떤 층의 밑에 있는, 특히 암반이나 토양.

Sucellus(수셀러스) : **수켈루스**. 고대 갈리아에서의 양조의 신. 그는 한손에는 술잔, 한손에는 나무망치를 들고 있다.

Sucrase(수크레이스) : **수크레이스**. 이당류인 설탕을 분해하여 포도당과 프룩토스로 만드는 효소. Invertase(인버테이스. 전화효소)와 동의어.

Sucrose(수크로우스) : **설탕**. 사탕수수와 사탕무에서 얻은 포도당과 프룩토스로 이루어진 이당류. 효모에 의해 직접 발효에 사용되는 것이 아니라 효모가 분비하는 전화효소에 의해 포도당과 프룩토스로 가수분해 된 다음 사용된다. Cane Sugar(케인 슈거르. 사탕수수 설탕), Beet Sugar(비트 슈거르. 첨채당(甜菜糖)), Table Sugar(테이블 수거르), Household Sugar(하우스호울드 슈거르. 가정용 설탕, Saccharose(새커로우스. 설탕)과 동의어.

Süddeutsches Weizenbier(쥐도이체스 바이첸비어) : **남부독일 밀 맥주**. Weizenbier(바이첸비어. 밀 맥주)와 동의어. 참조.

Suds(서드즈) : **서드즈**. 1. 맥주의 속어. 원래는 비눗물 위에 뜬 비누 거품이라는 뜻. 2. 맥주공장 이름.

Sugar(슈거르) : 1. **당**. 포도당, 프룩토스, 맥아당, 락토스를 포함하는 탄수화물의 일반적인 이름. 많은 맥주들이 독일의 순수령에 따라 맥주를 양조하지 않고 담금 중에 비싼 맥아를 대신하여 당을 첨가한다. 많은 앵글로색슨민족들의 맥주 레시피에는 당을 첨가하게 되어 있다. 잘 알려진 벨기에나 네덜란드의 트라피스트맥주에도 후발효시 캔디용 설탕을 병에 가한다. 2. **설탕**. **자당**(蔗糖). 분자식은 $C_{12}H_{22}O_{11}$. 포도당과 프룩토스로 이루어진 이당류(二糖類).

Sugar Beet(슈거르 비트) : **사탕무**. 학명이 베타 불가리스(*Beta vulgaris*(베이터 벌거리스))인 무로써 당 함량이 15-20%이다.

Sugarcane(슈거르케인) : **사탕수수**. 학명이 사카룸 오피시나룸(*Saccharum officinarum*(새커럼 오피셔너럼))인 크고 굵은 풀. 따뜻한 지역에서 잘 자라고 높은 당 함량을 가지고 있어 많이 재배하고 있고 발효성 당인 설탕을 생산한다.

Sugaring(슈거링) : 1. **설탕첨가**. 맥아즙의 당 함량을 높이기 위하여 설탕을 첨가하는 것. 결과적으로 맥주의 알코올 함량은 높아진다. 2. **슈거링**. 튜브나 파이프내부에 형성된 검은 입자모양의 설탕 산화물.

Sugar Rest(슈거르 레스트) : **당화휴지**. Saccharification Rest(새커리피케이션 레스트) 참조.

Sulfate(설페이트) : 1. **황산염**. 황산 에스터. 황산의 수소 원자가 금속 또는 암모늄 이온과 치환하여 만들어진 화합물. 2. **황산염 맛이 나는**. 맛과 아로마를 표현할 때 사용한다. 양조용수에서 기인한다. 감각용어. Sulphate로도 쓴다.

Sulfidic(설파이디크) : **황 냄새의**. Sulfur(설퍼르) 참조. 감각용어.

Sulfitic(설파이티크) : **아황산 냄새의**. Sulfur(설퍼르) 참조. 감각용어.

Sulfur(설퍼르) : 1. **황**. 원소기호 S. 원자 번호 16. 2. **황 냄새의**. 중요한 물질은 황화수소(Hydrogen Sulfide(하이드로젠 설파이드. H_2S))이다. 효모의 대사 부산물이다. 대부분은 풋 맥주(Green Beer(그린 비어))에서 느낄 수 있다. 효모가 돌연변이 되었거나 스트레스를 받으면 이 물질을 생성한다. 많은 양의 황화수소가 생성되는 것은 세균인 자이모모나스(*Zymomonas*)의 오염을 나타내는 지표이다. 감지한계치는 황화수소 1ppb이하, 이산화 황(Sulfur Dioxide(설퍼르 다이옥사이드). SO_2) 25ppm이다. 맥주에서 대개 바람직하지 않은 냄새이나 어떤 라거 맥주에서는 약한 정도는 허용된다. Burned Match(번드 매취. 성냥탄 냄새), Rotten Egg(로튼 에그. 썩은 계란 냄새), Sewer Gas(수어 개스. 하수구 가스 냄새), Sulfidic(설파이디크), Sulfitic(설파이티크) 등으로 표현된다. 감각용어.

Sulfur Compound(설퍼르 캄파운드) : **황 화합물**. 황을 포함하고 있는 화합물.

Sulfuring(설퍼링) : **황 첨가**. 이산화 황(Sulfur Dioxide(설퍼르 다이아크사이드. SO_2))을 수확한 홉에 첨가하여 곰팡이에 의한 오염을 방지하는 것.

Sulfurlike(설퍼를라이크) : **썩은 계란 냄새의. 성냥 탄 냄새의**. 어떤 효모의 부산물로 만들어진 물질의 냄새.

Sulphate(설페이트) : **황산염**. Sulfate(설페이트)와 동의어. 참조.

Sun Flavor(선 플레이버르) : **일광취(日光臭)**. 맥주를 태양광선에 노출시켜 맥주에서 나는 바람직하지 않은 냄새.

Sunstruck(선스트러크) : **일광취(日光臭)**. Lightstruck(라이트스러크), Sun Flavor(선 플레이버르)와 동의어. 참조.

Supavit Z(수퍼비트 지) : **수퍼빗 지**. 영국의 파웰 앤드 래보라토리즈(Powell & Scholfield Laboratories(파우얼 앤드 래버러토리즈))가 개발한 효모 영양물. 효모의 맥아즙발효에 아연 이온(Zinc Ion)이 필수적이라는 연구결과를 바탕으로 개발했다. 양조산업에서 맥아즙의 비타민과 아미노산이 부족하고 아연도 부족할 때, 그리고 미량원소가 부족하여 발효가 지체될 때 사용한다.

Susquiterpen(서스퀴터르펜) : **서스키테르펜**. 홉 기름중의 한 가지 성분. 홉 향기 성분.

Sweat Socks(스웨트 삭스) : 1. **땀에 젖은 양말 냄새의**. 카프릴릭 애시드(Caprylic Acid), 카프로익 애시드(Caproic Acid), 카프릭 애시드(Capric Acid)등에 의한 냄새. 감지 한계치는 산의 종류에 따라 다르나 8-15ppm이다. 감각용어. 2. **땀 흡수 양말**. 두꺼운 흡수성 면, 털 등으로 만든 양말.

Sweaty(스웨티) : **땀 냄새의**. Goaty(고티. 염소냄새의) 참조. 감각용어.

Sweet(스위트) : 1. **달콤한**. 대비되는 용어는 Dry(드라이). 2. **신선한 냄새가 나는**. 3. **기분 좋은**. 상쾌한.

Sweet Gale(스위트 게일) : **들 버드나무**. 소귀나무속(屬)의 낙엽 관목. 습지에서 자라며 향기가 나는데 때로는 축제용 맥주의 향미용으로 사용된다.

Sweet Mead(스위트 미드) : **단 벌꿀 술**. 발효되지 않은 당을 포함하고 있어 단맛이 나는 벌꿀 술. 대비되는 용어는 Dry Mead(드라이 미드. 달지 않은 벌꿀 술).

Sweet Orange Peel(스위트 오린지 필) : **단 오렌지 껍질**. Curaçao Orange Peel(큐러소우 오린지 필), Bitter Orange Peel(비터르 오린지 필) 참조.

Sweet Stout(스위트 스타우트) : **단 스타우트**. 아일랜드에서 양조한 드라이 스타우트에 대해 영국에서 만든 단맛의 스타우트. 드라이 스타우트보다 알코올 농도는 약간 낮고 단맛을 강화시키기 위하여 가끔 락토스 첨가하기도 한다. 맥키슨 스타우트(Mackeson Stout)가 전형적인 단맛의 스타우트이다. Milk Stout(밀크 스타우트)와 동의어. Stout(스타우트) 참조.

Sweet Wort(스위트 워르트) : **단 맥아즙**. 1. 맥아를 담금과 뜨거운 물 살포(Sparging(스파르쥥))로 얻어진 단맛의 액체. 홉을 첨가하지 않은 맥아즙이므로 쓴맛이 없다. 2. 홉을 첨가하여 끓이기 전의 맥아즙.

Swimmer(스위머르) : **온도조절 용기(容器)**. Attemperator(어템퍼레이터르)와 동의어. 참조.

Swing Stopper(스윙 스타퍼르) : **철망 덮은 마개**. Wired-On Stopper(와이어드 온 스타퍼르)와 동의어.

Swing-Top(스윙 타프) : **스윙 톱**. 재사용 할 수 있는 병마개로 대개 고무 개스킷을 댄 세라믹으로 되어있고 매다는 고리에 금속선으로 묶여있다.

Syrup(시러프) : **시럽**. 농축한 당 용액.

TA(티에이) : **적정산도(滴定酸度)**. Titratable Acidity(타이트레이터블 애시디티)의 약어. 참조.

Table Sugar(테이블 수거르) : **설탕**. 일반적으로 사용하는 설탕.

Table Tent(테이블 텐트) : **테이블 텐트**. 식당의 음식과 음료를 선전하기위하여 식탁에 올려놓을 수 있게 단단한 종이를 접어 만든 디스플레이.

Taint(테인트) : **이취(異臭)**. 맥주와 원재료의 나쁜 냄새.

Takju(탁주) : **탁주**. 쌀 또는 밀가루를 누룩으로 호화(糊化), 액화(液化)한 후 효모로 발효시켜 만든 한국의 대중주. Makkolli(막걸리), Korean Rice Wine(코리언 라이스 와인), Korean Rice Beer(코리언 라이스 비어)라고도 한다.

Talisman(탈리스멘) : **탈리스맨**. 알파 산 농도가 7.5-9.0%이고 베타 산 농도가 약 4.5%이며 워싱턴 주에서 재배하고 있는 홉 품종.

Talla(탈러) : **탈라**. 에티오피아에서 볶은 보리, 수수, 또는 옥수수, 향을 내기위하여 지역특산 나무의 잔가지와 잎을 발효하여 생산한 맥주 스타일. 또한 탈라(또는 Dalla)는 아비시니아(Abyssinia(애버시니어. 에티오피아의 별칭))에서 보리와 삼자(穇子. 화본과의 일년생 식용곡물로써 이삭의 크기가 손가락 정도인 조(粟. 속). 다구사(Dagussa)라고도 한다)를 발효시켜 만든 맥주를 말한다. 만드는 방법은 마른 땅에 판 웅덩이에 보리입자를 나무 잎 사이에 넣어 3일간 매장했다가 흙을 걷어내고 바켈(Bakel)이라 불리는 넓고 판판한 케이크를 만들고 이것을 물로 희석하고 빻은 보리와 흰 수수(Mascilla(마실라))를 혼합하여 발효시킨다. 이 혼합물을 다시희석하고 끓이고 10일간 발효시킨다. 발효 전에 지시오(Gescio) 또는 게슈(Geshu)잎 가루로 향미를 낸다.

Tan(탄) : **탄**. Pombé(폼베)와 동의어. 참조.

Tango(탱고. 탕고(프랑스어)) : **탱고**. 프랑스에서 연한 색 맥주와 석류 시럽을 섞어 만든 음료.

Tank(탱크) : **탱크**. 액체나 가스를 저장하는데 사용하는 큰 용기.

Tankard(탱커르드) : **큰 맥주잔**. 경첩달린 뚜껑이 있고 밑바닥은 평평하거나 낮은 굽을 가지고 있으며 손잡이가 한개 달린 큰 맥주잔. 중세 이래 북유럽에서 사용되고 있다. Flagon(플래건)과 동의어. 참조.

Tannic(태니크) : **타닌성의. 수렴성의**. Astringent(어스트린전트)와 동의어. 참조.

Tannic Acid(태니크 애시드) : **타닌산(酸)**. Tannin(태닌)과 동의어. 참조.

Tannin(태닌) : 1. **타닌**. 단백질 또는 다른 거대 분자와 강하게 착화합물(錯化合物)을 형성하기에 충분한 수의 하이드록실(Hydroxyl(하이드락실))기 등을 가지고 있는 페놀성 화합물을 통틀어 이르는 말. 어떤 곡물 또는 식물이 함유하고 있다. 홉 타닌은 맥아즙의 끓임 또는 식힘 중에 혼탁형성단백질의 침전을 돕는 능력을 갖고 있다. 홉의 타닌은 주로 홉 구과(毬果)의 포엽(苞葉)과 작은 꽃자루(Pedicel(페더설))에 존재하고 맥주에 떫은맛을 준다. 홉에 존재하는 타닌을 특히 홉 타닌(Hop Tannin)이라 불러 보리의 타닌과 구분하기도 한다. 맥아즙의 대부분의 타닌은 맥아껍질에서 유래한 것이지만 맥아의 타닌은 홉 타닌과는 화학적으로 다르다. 단백질을 침전시키기 위하여 인위적으로 첨가하기도 한다. Tannic Acid(태니크 애시드)와 동의어. 2. **타닌성의. 수렴성의**.

Tanzemann(탄체만) : **탄체만**. 스위스에서 사용하는 음료수 잔. 농부(잔의 몸통)와 농부가 등에 지고 있는 광주리(잔)를 조각하여 만들었다. 독일에서는 부텐만(Buttenmann)이라한다.

Tap(태프) : 1. **맥주 꼭지**. 맥주의 양을 조절하면서 따르게 만든 장치. 2. **양조현장 바**. 손님에게 양조장에서 만든 맥주를 직접 제공하는 바나 펍. 3. **맥주를 퍼 올리다**. 캐스크나 케그로부터 맥주를 퍼 올리다. 4. **생맥주**.

Tapioca(태피오우커) : **타피오카**. 카사바(Cassava(커사버)) 나무의 덩이뿌리에서 생산되는 카사바 녹말. 타피오카는 알칼리성을 가지고 있어 맥주의 품질을 떨어뜨리기 때문에 맥주의 부가 물로는 거의 사용되지 않고 대개 우유와 함께 요리하여 디저트로 먹거나 증자하고 발효시켜 증류주 원료로 사용한다. Manioc(매니아크. 매니옥)와 동의어. 참조.

Taproom(태프룸) : 1. **바. 술청**. 주장(酒場). 펍(Pub), 호텔, 여인숙 등에 있는 바. 2. **양조현장 바**. 손님에게 양조장에서 만든 맥주를 직접 제공하는 바나 펍.

Tap Water(태프 워터르) : 1. **수돗물**. 2. **통에서 직접 따른 물**. 특히 증류 또는 정화하지 않거나 그 밖의 처리를 하지 않은 물.

Target(타르기트) : **타깃**. 알파 산 함량이 8.0-9.5%이고 영국에서 재배하고 있는 홉 품종.

Target Gravity(타르기트 그래비티) : **목표비중**. 원하는 발효도. 즉 맥아즙이 발효되면 맥아즙의 비중이 감소하고 감소한 만큼의 발효가 일어나고 이때 알코올 농도도 정해지므로 원하는 알코올 농도를 말한다.

Tart(타르트) : **시큼한**. 신. 감각용어.

Tartaric Acid(타르테리크 애시드) : **주석산(酒石酸)**. **타르타르산(酸)**. 분자식은 $HOOC(CHOH)_2COOH$. 포도주나 벌꿀 술을 만들 때 산도를 높이기 위하여 많이 사용한다.

Taste Test(테이스트 테스트) : **미각시험(味覺試驗)**. 산업체에서 새로운 제품을 개발했을 때 또는 기존의 제품의 성분을 바꾸었을 때 제품을 평가하기위하여 행하는 맛보기 시험. 대개 전문가나 소비자 검정 단이 행한다.

Tavern(태버른) : **선술집**. 1. 역사적으로 맥주를 파는 에일 하우스(Ale House)와 대비(對比)하여 포도주를 파는 술집. 2. 최근까지 맥주만을 판매하고 남자만 출입할 수 있는 주막을 말하는데 오늘날에는 이런 관습이 없어졌다. Brasserie(브하스히. 맥주홀) 참조.

Taverner(태버르너) : **선술집 주인**. 옛 영국에서 터번은 포도주상인 또는 포도주 제조인만 터번을 소유 할 수 있었기 때문에 터번에서는 포도주만 판매하였다. 1635년 법이 바뀌어 터번에서 에일, 맥주, 음식, 담배를 팔 수 있게 되었다. Tavern Keeper(태버른 키퍼)와 동의어.

Tavern Keeper(태버른 키퍼) : **선술집 주인**. **선술집 주류 판매 허가 소지자**. Taverner(태버르너)와 동의어. 참조.

TCA Cycle(티시에이 사이클) : **TCA회로(回路). 3카르복실산회로**. Tricarboxylic Acid Cycle(트라이카르바크실리크 애시드 사이클)의 약어(참조). Citric Acid Cycle (시트리크 애시드 싸이클. 구연산 회로), Kreb's Cycle(크레브즈 사이클)과 동의어. 참조.

T-Cork(티 코르크) : **T자 형 마개**. 병에 쉽게 막고 뺄 수 있도록 플라스틱으로 만든 T자형 마개.

TCW(티시더블유) : **천립중(千粒重)**. Thousand-Corn Weight(사우즌드 코른 웨이트)의 약어. 알곡 1000개의 무게. 참조.

Tej(테이지) : **테이지**. 에디오피아와 에리트레아에서 만드는 벌꿀 술.

Temperature Program Mash(템퍼러쳐르 프로우그램 매쉬) : **온도설정 담금**. Step Infusion(스테프 인퓨젼. 단계침출(段階浸出))과 동의어. 참조.

Temporary Hardness(템퍼레리 하르드니스) : **일시경도(一時硬度)**. 용해성 탄산 수소염 칼슘(Calcium Bicarbonate(캘시엄 바이카르버네이트). $Ca(HCO_3)_2$)과 탄산수소염 마그네슘(Magnesium Bicarbonate(매그니지엄 바이카르버네이트). $Mg(HCO_3)_2$)이 물에 존재하여 나타내는 물의 경도의 한 형태. 이 물을 끓이면 탄산 칼슘($CaCO_3$)과 탄산 마그네슘($MgCO_3$)의 형태로 침전되어 일시경도를 제거할 수 있다.

Terminal Extract(터르머널 익스트래크트) : **최종추출물**. 완전히 발효된 맥주의 밀도.

Terminal Gravity(터르머널 그래비티) : **최종비중**. 발효가 완전히 끝났을 때(숙성 포함)의 비중. Final Specific Gravity(파이널 스퍼시픽 그래비티)와 동의어. 참조.

Terpene(터르핀) : **테르펜**. 홉 오일과 식물 정유(精油)에 들어 있는 유기 화합물 중 탄소수가 5의 배수이며 아이소프렌(Isoprene(아이서프린))이 연결되어 생긴 구조의 탄화수소 또는 그 유도체 전체를 이르는 말. 홉 오일의 주성분이다.

Tertiary Fermentation(터르셔리 퍼르멘테이션) : **3차 발효**. 숙성을 목적으로 병에서 행해지는 새로운 발효.

Testing Jar(테스팅 자르) : **액체비중측정 시험 병**. Hydrometer Jar(하이드라미터르 자르)와 동의어. 참조.

Test Tube(테스튜브) : 1. **액체비중측정 시험 병**. Hydrometer Jar(하이드라미터르 자르)와 동의어. 참조. 2. **시험관(試驗管)**. 화학물질의 성질이나 반응 등을 시험하는 데 쓰이는, 한쪽이 막힌 길쭉한 유리관.

Tetrazolium(테트러졸리엄) : **테트라졸륨**. 테트라졸 고리에 함유되어있는 질소 원자에 치환기가 결합하여 4차 암모늄염의 형태로 된 화합물을 말하는데 이 물질은 탈수소효소나 환원효소에 의해 환원되어 포르마잔(Formazan)이라는 인공 색원체(色原體)를 만들어 진한 청색-진한 적색까지의 다양한 색깔을 나타낸다. 이를 이용하여 생체의 살아있는 조직과 죽은 조직을 구분하는데 사용하는 등 세포활성도 검출시약으로 사용된다. 보리가 살아있는지를 검사할 때도 사용한다.

Tettnang(테트낭) : **테트낭**. 알파 산 함량이 3.0-5.0%이고 독일 콘스턴스 호(Lake Constance)에서 재배하고 있는 홉 품종. 미국의 아이다호 주, 워싱턴 주, 오리건 주에서도 재배하고 있고 알파 산 함량은 4.0-6.5%, 베타 산 함량은 4.5-6.5%이다.

Texture(텍스쳐르) : **질감(質感)**. 재질(材質)의 차이에서 받는 느낌. Mouthfeel(마우스필. 입맛)과 동의어. 참조.

The American Homebrewers Association(디 어메리컨 호움브루어즈 어소시에이션) : **미국 자가 양조인 협회**. 약어는 AHA. American Homebrewers Association(어메리컨 호움브루어즈 어소시에이션)과 동의어. 참조.

Theater Popcorn(씨어터르 파프코른) : **극장 팝콘 아로마와 향의**. Buttery(버터리) 참조. 감각용어.

Thermometer(서르마미터르) : **온도계**. 온도를 재는 기구. 양조업자(포도주 생산업자)용 온도계는 대개 -10-110°C 사이에 눈금이 매겨져있다. 온도계에 채워진 액체는 수은이 아니라 알코올인데 그 이유는 깨졌을 때 맥주를 오염시키지 않게 하기 위함이다(깨진 유리는 여과 시 회수된다). 자가 맥주양조, 치즈, 우유 산업용 온도계는 0-100°C의 눈금이 매겨진 것이 적당하다. Centigrade(센터그레이드. 백분도(百分度), Fahrenheit(패런하이트. 화씨온도) 참조.

Thermophilic(서르머필리크) : **호열성(好熱性)의**. 고온성(高溫性)의. 대개 50-60°C가 생육최적온도이고 45°C-75°C에서 발육할 수 있는 성질.

Thermostat(서르머스태트) : **온도조절기**. 열전도 또는 열대류(熱對流)에 의해 작동되는 릴레이(Relay)를 사용하여 일정온도를 유지하는데 사용되는 장치.

Thiazine(타이어진) : **티아진**. 질소원자 1개, 유황원자 1개, 탄소원자 4개로 된 6원환(圓環)을 포함하는 화합물의 총칭. 염료, 진정제, 살충제로 사용한다.

Thin(신) : **묽은**. 감칠맛이 없는. 미각과 바디가 약한.

Thin-Bodied(신 바디드) : **엷은 맛의. 감칠맛이 없는. 물 같은**. Full Bodied(풀 바디드. 감칠맛 나는)와 대비되는 말.

Thinning the Piece(시닝 더 피스) : **맥아 얇게 하기**. 전통적 상상 제맥아(床上 製麥芽. Floor Malting(플로어 몰팅))에서 열이 공기 중으로 빠져나가게 하여 맥아의 온도를 낮추려고 맥아의 두께를 얇게 하는 것.

Thin Stillage(신 스틸리쥐) : **묽은 발효 폐액**. 담금이 끝나고 맥아즙을 분리하고 남은 폐기물들. 물을 포함하고 있기 때문에 묽다는 표현을 사용한다. 오래 보관하지 못하므로 이를 건조시켜 진한(마른)폐기물을 만들어 사료로 사용한다.

Thioester(사이오우 에스터) : **티오에스터**. C-S-CO-C 기능성 그룹을 가지고 있는 화합물. 카르복실산과 티올화합물의 에스터에 의하여 생성된다. 즉 RSH + $R'CO_2H \rightarrow RSC(O)R' + H_2O$. 불쾌한 냄새를 내는 물질이다.

Thousand-Corn Weight(사우즌드 코른 웨이트) : **천립중(千粒重)**. 곡물 천개의 무게(g). 건조한 보리1000개(때로는 5000개)의 평균무게를 말하는데 대개 35-45g이다. 무게가 많이 나가면 추출물 생산량이 많다. 두줄보리의 추출물 %=84.5-0.75P+0.1G이고 여섯 줄 보리의 추출물 %=80-0.75P+0.1G이다. 여기에서 P는 단백질 %이고 G는 그램으로 나타낸 보리 1000개의 무게이다. 보리의 단백질 함량은 8-16%로 다양하지만 맥아제조인은 9-11%의 단백질함량을 이상적으로 생각한다. 약어로 TCW.

Three Cs(트리 씨즈) : **3씨**. C가 들어간 유명하고 비슷한 3종의 홉으로 캐스케이드(Cascade), 센테니얼(Centennial), 콜럼버스(Columbus)를 말한다. 모두 쓴맛용과 아로마 용으로 사용된다.

Three-Glass Test(트리 글래스 테스트) : **삼배시험**(三杯試驗). 두 가지 맥주가 서로 다른지를 판단하기 위하여 행하는 블라인드 테스트 방법.

Three-Heads(트리 헤드즈) : **3가지 혼합주**. 영국에서 맥주, 에일, 2페니를 섞은 맥주. 이 맥주들은 포터(Porter) 맥주의 원료들이다.

Three-Point-Two Beer(트리 포인트 투 비어) : **3.2% 맥주**. 미국에서 알코올 함량이 3.2%(V/V)를 넘지 않는 맥주. 3.2 Beer라고도 쓴다. 1933년 알코올농도 3.2%이하인 맥주는 판매할 수 있게 되었다. Cullen Act(컬렌 액트. 컬렌 법) 참조.

Three-Tier System(트리 티어 시스텀) : **3단계 공급 시스템**. 금주 법 다음에 몇 개의 주에서 실행한 맥주공급체계. 맥주는 반드시 양조장-->도매상-->소매상을 거쳐야한다는 규정이다.

Throttle Valve(트라틀 밸브) : **나비 형 밸브**. 조절판(調節瓣). 두개의 플랩이 중심축 양쪽에 고정되어 그 회전으로 유체 통로의 넓이가 조절되는 밸브로 유량(流量)을 조절하는데 사용된다. Butterfly Valve(버터르플라이 밸브) 참조.

Thumbpiece(텀피스) : **큰 컵 뚜껑의 경첩 레버**. 플래곤(Flagon(플래건))이나 탱커르드(Tankard)에 달려있으며 엄지손가락으로 누르면 뚜껑이 위로 올라가 열린다. Thumb-Piece로도 쓴다. Billet(빌리트)와 동의어. Purchase(퍼르쳐스. 퍼쳐스. 기중장치(起重裝置)) 참조.

Thunaeus Test(투네이어스 테스트) : **투네우스 시험**. 0.75-1%(V/V)의 과산화 수소(Hydrogen Peroxide(하이드러전 퍼라크사이드))용액에 보리를 담가 보리의 발아력을 시험하는 것. 3일후 싹이 난 것을 센다. 싹이 나지 않은 것은 껍질을 벗겨 젖은 모래 또는 여과지 위에서 다시 싹이 트도록 한다. 이 두 가지 방법으로 싹이 튼 개수를 세어 몇 %나 싹이 났는지를 계산하는데 이 값이 발아세(發芽勢. Germinative Energy(저르머네이티브 에너지))이다. Germinative Energy(저르머네이티브 에너지) 참조.

Tied House(타이드 하우스) : **직영 술집 또는 여관**. 특정양조회사와 계약하여 그 회사의 술만 파는 특약 술집 또는 여관.

T'ien Tsiou(티엔 치우) : **티엔 치우**. 서기 2000년 전 문헌에 나오는 수수로 만든 맥주. 미숙성이고 청징하지 않았으며 발효를 완전히 끝내지 않은 맥주이다. 반면에 치우는 발효가 완전히 되었으며 청징한 맥주이다. Chiu(치우), Li(리), Shu(슈), Tsiou(치우) 참조.

Tileque(틸레이키) : **틸레키**. Kuchasu(커샤서. 쿠샤수) 참조.

Tin(틴) : **주석**. 원소기호 Sn. 혼탁을 일으키는 원소.

Tintometer(틴타미터르) : **색도계(色度計)**. 색조계(色調計). 표준 색조의 디스크와 어떤 색조를 비교하여 그 색조를 확인하기위한 정밀 장치.

Tiswin(티즈윈) : **디즈윈**. 이피치(Apachc)족(族)이 옥수수, 밀, 독말풀(Jimson(짐슨)), 물을 섞어 만든 맥주 닮은 음료. 1885년부터 미국정부에 의해 이 술의 생산은 불법이 되었다. 이 술을 만드는 방법은 다음과 같다. 마른 옥수수를 하루 밤 물에 담그고 이를 땅에 있는 구멍을 덮은 유카(Yucca)나무 잎 위에 펴고 황 마포 자루로 덮는다. 1주일간 매일 물을 뿌려주면 싹이 약 5cm정도로 자란다. 이를 햇볕에 쪼여 일부분 마르도록하고 이를 빻으며 약 4.54kg(10파운드)의 반죽으로 만든다. 이 반죽에 약 15리터(4갤런)의 물을 가하고 옹기에서 끓여 물이 약 반으로 줄게 하고 이때 독말풀을 첨가한다. 줄은 만큼의 물을 가하고 다시 끓여 다시 반으로 줄게 한다. 이를 거르고 빻은 밀을 첨가하여 하루 밤 발효시켜 다음날 아침에 마신다. Tulipai(툴리페이. 노란 물이라는 뜻), Oafka(오프카)와 동의어.

Titratable Acidity(타이트레이터블 어시디티) : **적정산도(滴定酸度)**. 약어로 TA(티에이). 알려진 표준 염기로 적정할 수 있는 산의 양. 포타슘과 소듐에 의한 완충(중화)작용으로 총산도보다 항상 작다. 그러나 양조산업현장에서는 TA가 총산도의 대부분을 차지하기 때문에 총산도와 같은 것으로 여긴다. 주석산(Tartaric Acid(타타릭 애시드)으로 표시한 TA=총산도-완충된 산 들. Total Acidity(토우털 어시디티. 총산도) 참조.

Titration(타이트레이션) : **적정(滴定)**. 정량(定量)하려고 하는 물질이 용해(溶解)되어 있는 시료용액(試料溶液)에 그 물질과 화학양론적(化學量論的)으로 반응하는 표준용액을 첨가하여 화학반응을 일으키게 하여, 반응의 당량점(當量點)에 달할 때까지 소비된 표준용액의 체적을 사용하여, 정량(定量)하려는 물질의 농도를 결정하는 방법.

TNBS Method(티엔비에스 메터드) : **티엔비에스 법**. TNBS는 2,4,6-Trinitrobenzene-1-Sulfonic Acid의 약어(참조)이며 이 물질을 이용하여 색깔변화로 아미노질소(Amino Nitrogen(어미노우 나이트러전))의 양을 빠르게 추정하는 일반적인 방법. 이 물질은 아미노산, 펩타이드, 단백질의 측쇄와 말단 무리의 아미노질소와 반응하여 노란색의 트라이니트로페닐(TNP)유도체를 생성하며 이를 340-350nm에서 분광광도계를 사용하여 측정하여 아미노질소의 양을 측정한다.

Toasted Malt(토우스티드 몰트) : **구운 맥아**. 176.6°C에서 10-15분간 가마건조 한 맥아. 맥주에 구운 아로마를 준다.

Toasty(토스티) : **구운 향의**. 다른 특성과 잘 어울리나 편차가 크다. 감지한계치는 낮은 ppb정도이다. 감각용어.

Toffee(토피) : **토피 향기의**. 설탕, 버터, 물을 끓여 만든 캔디인 토피에서 나는 것 같은 향의. 토피 향기는 다른 특성과 잘 어울리나 편차가 크다. 감지한계치는 낮은 ppb정도이다. 감각용어.

Tokkori(토코리) : **도꾸리**(とくり. 徳利). 일본에서 사케를 데우는데 사용하는 병.

Tomboy(탐보이) : **톰보이**. 반 컵의 토마토 주스와 반 컵의 차가운 맥주를 236.6ml(8온스)용량의 하이볼 잔에서 섞어 만든 음료. 왈가닥 처녀라는 뜻.

Ton(턴) : **톤**. 무게의 단위. 영국의 1톤은 2240파운드, 미국의 1톤은 2000파운드.

Tonne(턴) : **톤**. 1. 무게의 단위. 1000킬로그램에 해당. 약어로 t. 2. 2.2배럴 용량의 나무로 만든 캐스크.

Top Fermentation(타프 퍼르멘테이션) : **상면발효**. 윗면발효. 두 가지 기본적 발효방법 중 한가지로써 발효 중 효모가 위로 떠오르는 특성을 가지고 있는 발효법. 양조는 사카로미세스 세레비지애(*Saccharomyces cerevisiae*(새커로메이시즈 세르비지에이))를 사용하고 대개 15-25°C에서 행하며 발효기간은 약 7일이다. Ale Fermentation(에일 퍼르멘테이션)이라고도 한다.

Top Fermentation Yeast(타프 퍼르멘테이션 이스트) : **상면발효효모**. Top Fermenting Yeast(타프 퍼르멘팅 이스트)와 동의어. 참조.

Top Fermented Beer(타프 퍼르멘티드 비어) : **상면발효맥주**. 윗면발효맥주. Ale(에일)과 동의어. 참조.

Top Fermenting(타프 퍼르멘팅) : **상면발효**. 윗면발효. Top Fermentation(타프 퍼르멘테이션)과 동의어. 참조.

Top Fermenting Ale Yeast(타프 퍼르멘팅 에일 이스트) : **상면발효 에일 효모**. Top Fermenting Yeast(타프 퍼르멘팅 이스트)와 동의어. 참조.

Top Fermenting Yeast(타프 퍼르멘팅 이스트) : **상면발효효모**. 맥주양조에 사용되는 두 가지 양조효모 중 한가지로써 맥아즙의 발효 중 윗면으로 떠오르기 때문에 이런 이름이 붙었다. 13°C이하에서는 발효가 일어나지 않고 발효최적온도는 15-25°C이다. 그러나 여기에 속하는 균주인 사카로미세스 세레비지애(*Saccharomyces cerevisiae*(새커로메이시즈 세르비지에이))의 최고 증식온도는 37.7-39.8°C이다. 하면발효효모에 비해서 발효를 빨리 일으키고(2-3일) 알코올내성이 높다. 그러나 이 효모는 3당류는 효율적으로 발효시키지 못하므로 3당류가 존재하면 이 맥주는 단맛을 갖게 된다. Ale Yeast(에일 이스트), *Saccharomyces cerevisiae*(새커로메이시즈 세르비지에이), Top Fermentation Yeast(타프 퍼르멘테이션 이스트), Top Fermenting Ale Yeast(타프 퍼르멘팅 에일 이스트), Top Yeast(탑 이스트)와 동의어.

Top Yeast(탑 이스트) : **상면발효효모**. Top Fermenting Yeast(타프 퍼르멘팅 이스트)와 동의어. 참조.

Topping-Up(타핑 어프) : **채움**. 1. 자가 맥주 용어로써 1차 발효 후 산소와 접촉하는 면을 줄이기 위해 물을 가하여 2차 발효조를 가득 채우는 것. 2. 맥아즙이나 맥아추출물을 끓여 농축된 것에 물을 첨가하여 희석하는 것.

Topuy(토푸이) : **토푸이**. 필리핀에서 만드는 쌀 맥주.

Torrefication(토러피케이션) : **배소(焙燒)**. 빠르게 높은 열을 가하여 곡물을 팝콘과 같이 튀기는 것. 일반적으로 보리와 밀에 사용한다. 가끔 영국 페일 에일에 사용한다.

Torrefy(토러파이) : **배소(焙燒)하다**. 빠르게 높은 열을 가하여 곡물을 팝콘과 같이 튀기

Torrified Wheat(토러파이드 휘트) : **배소(焙燒)한 밀**. 빠르게 높은 열을 가하여 밀을 팝콘과 같이 튀긴 것. 밀을 부풀어 오르게 하여 당화를 쉽게 한다.

Total Acidity(토우털 어시디티) : **총산도(總酸度)**. 모든 유기산들과 그 염(Salt(솔트))들의 총량 값. 즉 총산도=적정산도(Titratable Acidity(타이트러터블 어시더티))+K+Na(몰)로 표시할 수 있으며 K와 Na의 완충효과를 고려한 것이다. Titratable Acidity(타이트러터블 어시더티. 적정산도)) 참조.

Total Alkalinity(토우털 앨컬리니티) : **총알칼리도**. 주어진 부피에 존재하는 알칼리들의 총량 값.

Total Hardness(토우털 하르드니스) : **총경도(總硬度)**. 일시경도(一時硬度)와 영구경도(永久硬度)의 합. Temporary Hardness(템퍼레리 하르드니스), Permanent Hardness(퍼르머넌트 하르드니스) 참조.

Total Resin(토우털 레진) : **총수지(總樹脂)**. 연수지(軟樹脂. Soft Resin(소프트 레진))와 경수지(硬樹脂. Hard Resin(하르드 레진))를 합친 것. 연수지는 다시 알파 산(홉 중량의 2-16%. 후물론, 코 후물론, 애드 후물론), 베타 산(루풀론, 코루풀론, 애드루풀론), 특성이 규명되지 않은 부드러운 레진으로 구성된다. 경수지는 홉 저장 중 알파산과 베타 산이 산화-중합되어 형성되는 무정형의 물질이다. Soft Resin(소프트 레진), Hard Resin(하르드 레진) 참조

Total Soluble Nitrogen(토우털 살려블 나이트러전) : **총 용해성질소**. 맥아즙에 용해되어있는 총 질소(단백질).

Tradition(트러디션) : **트래디션**. 알파 산 함량이 5.0-7.0%이고 독일에서 재배하고 있는 홉 품종. 미국에서 재배하고 있는 이 품종의 알파 산 함량은4.5-6.5%이다.

Trans-2 Nonenal(트랜스-2 나네널) : **트랜스-2 노네날**. 맥주의 양조 또는 유통 중에 공기 중의 산소에 의해 생성되는 물질. 감지한계치는 0.05ppb로써 아주 낮은 함량이다. 맥주에 아주 바람직하지 않은 영향을 준다. 감각용어.

Trappist Beer(트래피스트 비어) : **트라피스트 맥주**. 트라피스트수도회소속 수도원에서 만든 맥주. 이 맥주는 상면발효로 양조되고 색깔은 호박색(琥珀色)-갈색이며 알코올 농도는 5.7-12%(V/V)로 아주 높다. 과일 향을 가지고 있고 가끔 쓴 단맛을 가진다. 프라이밍(Priming)과 효모 재투입(Re-Yeasting(리이스

팅))으로 병속 숙성을 행한다. 이 맥주를 마신 후에는 맥주잔에 미묘한 벨기에 레이스문양의 거품이 남는다. 맥주를 생산하는 수도원은 전 세계에 10곳인데 벨기에에 6개, 네덜란드에 2개, 오스트리아에 1개, 미국에 1개가 있는데 그 이름, 나라, 설립연도는 다음과 같다. 1. 로슈포르(Rochefort. 벨기에. 1595) 2. 베스트말(Westmalle. 벨기에. 1836) 3. 베스트블레테렌(Westvleteren. 벨기에. 1839) 4. 시메(Chimay. 벨기에. 1862) 5. 라 트리프(La Trappe. 네덜란드. 1884) 6. 오발(Orval. 벨기에. 1932) 7. 아헬(Achel. 벨기에. 1952) 8. 스티프트(Stift. 오스트리아. 2012) 9. 쥔더르트(Zundert. 네덜란드. 2013) 10. 스펜서(Spencer. 미국. 2013). Abbey Beer(애비 비어. 수도원 맥주) 참조.

Treacle(트리클) : 1. **폐당밀(廢糖蜜)**. 설탕을 정제할 때 남는 검은 액. 2. **트리클**. 폐당밀과 콘 시럽 등을 섞은 것으로 요리에 사용한다.

Tricarboxylic Acid Cycle(트라이카르바크실리크 애시드 사이클) : **3카르복실산회로**. Citric Acid Cycle(시트리크 애시드 사이클)과 동의어. 참조.

Trichloroanisol(트라이클롤로우애니소울) : **트라이클롤로아니솔**. 곰팡이 냄새가 나게 하는 중요물질. Musty(머스티) 참조. 감각용어.

Tri-Clamp(트라이 크램프) : **트라이 클램프**. 발효조에 호스 또는 필요한 것을 부착하기위하여 사용하는 죔쇠. Tri-Clover(트라이 클로버)와 동의어.

Tri-Clover(트라이 클로버) : **트라이 클로버**. 발효조에 호스 또는 필요한 것을 부착하기위하여 사용하는 죔쇠. Tri-Clamp와 동의어.

Trigeminal Sense(트라이제머널 센스) : **삼차(三叉)신경(제5 뇌신경) 감각**. 삼차신경에 의해 감지되는 고통감각.

2,4,6-Trinitrobenzene-1-Sulfonic Acid(2,4,6-트라이나이트러벤진-1-설파니크 에시드) : **2,4,6-트라이나이트로벤젠술폰산**. 이 물질은 아미노산, 펩타이드, 단백질의 측쇄와 말단 무리의 아미노질소와 반응하여 노란색의 트라이니트로페닐(TNP)유도체를 생성하며 이를 340-350nm에서 분광광도계를 사용하여 측정하여 아미노질소(Amino Nitrogen(어미노우 나이트러전))의 양을 측정하는데 사용한다. 약어로 TNBS. TNBS Method(티엔비에스 메터드) 참조.

Tripel(트라이펠) : **트라이펠**. 색이 연하고 단 향미를 가지고 있으며 알코올농도가 아주 높은 벨기에 수도원 에일. Trippel로도 쓴다.

Triple(트라이플) : **트리플**. Tripel(트리펠)과 동의어. 참조.

Trisaccharide(트라이새커라이드) : **삼당류(三糖類)**. 단당류가 3개 결합된 탄수화물.

Triticum aestivum(트리티컴 에스티범) : **트리티쿰 애스티붐**. 연질밀의 학명. Wheat(휘트) 참조.

Triticum durum(트리티컴 듀어럼) : **트리티쿰 두룸**. 경질밀의 학명. Wheat(휘트) 참조.

Triticum vulgare(트리티컴 벌거르) : **트리티쿰 불가레**. 연질밀의 학명. Wheat(휘트) 참조.

Trojniack(트로이니애크) : **트로이니액**. 꿀과 물을 1:2로 섞어서 특수한 말라가(Malaga) 효모를 사용하여 발효시켜 만든 약간 단맛 나는 폴란드의 벌꿀 술. 알코올 농도는 평균 12.5%(V/V)이고 3년간 숙성시킨다. Trojniak로도 쓴다.

Trub(트루브) : **트루브**. 맥아즙의 끓임과 냉각단계에서 단백질, 홉의 알파 산, 타닌 등이 응고되어 생성되는 비용해성물질. 맥아즙으로부터 전문적이고 노련한 양조 인이 이를 제거한다. 자가 맥주양조에서는 상업적 양조보다 그리 큰 문제는 아니므로 큰 걱정을 하지 않아도 된다. Cold Break(코울드 브레이크), Hot Break(하트 브레이크), Tannin(태닌) 참조.

Trumpet(트럼피트) : **트럼펫**. 깔때기 모양의 기구.

Tsabitu(차비투) : **차비투**. 고대 수메르(Sumer)에서 에일 가게 안주인을 부르던 말.

Tsiou(치우) : **치우**. 서기 2000년 전 문헌에 나오는 수수로 만든 맥주. 발효가 완전히 되었고 청징한 맥주이다. 반면에 T'ien Tsiou(티엔 치우)는 미숙성이고 청징하지 않았으며 발효를 완전히 끝내지 않은 맥주이다. Chiu(치우), Li(리), Shu(슈), T'ien Tsiou(티엔 치우) 참조.

Tub(터브) : **큰 그릇**. 뚜껑이 없고 액체를 담는 큰 용기. 원래는 나무로 만들었으나 현재는 금속이나 플라스틱으로 만든다.

Tulipai(툴리페이) : **툴리페이**. 노란 물이라는 뜻. Tiswin(티즈윈)과 동의어. 참조.

Tun(턴) : 1. **큰 그릇**. 액체를 담는 큰 그릇. 2. **턴**. 주류의 용량 단위. 대개 252 포도주 갤런에 상당(약 954리터).

Tunnel Pasteurization(터널 패스쳐라이제이션) : **터널 형 저온 살균법**. 입병했거나 캔에 담은 맥주를 살균할 때 사용하는 방법으로서 터널 닮은 기구에서 가열하고 살균하는데 약 60°C의 물을 20분간 뿌려주고 그 후 찬물을 뿌려 식히는 살균방법. 전 과정은 약 1시간이 소요되고 시간당 약 2000-6만병을 처리한다. Flash Pasteurization(플래쉬 패스쳐라이제이션. 순간살균(瞬間殺菌)) 참조.

Tun Room(턴 룸) : **양조 실**. 양조장의 일부로 발효를 행하는 곳.

Tuplak(투플라크) : **투플락**. 체코에서 축제 또는 맥주 마시기 대회에 사용하는 징화 닮은 유리잔.

Tuppenny(터프니) : **터프니**. Twopenny(투페니)의 이형철자. Twopenny(투페니) 참조.

Turbidity(터르비디티) : **혼탁도**. 탁도. 맥주 등의 탁하게 흐려져 있는 정도. Chill Haze(칠 헤이즈. 한냉 혼탁), Haze(헤이즈. 혼탁) 참조.

Turner(터르너르) : **뒤집개**. 맥아를 뒤집고 서로 얽힌 뿌리를 분리하는 기구.

Twenty-First Amendment(트웬티 퍼르스트 어멘드먼트) : **미국 헌법 수정 제21조**. 1933년의 금주 법 폐지법. Prohibition(프로우어비션. 금주 법) 참조.

Two-Berry Ale(투 베리 에일) : **투 베리 에일**. 두 가지 베리를 사용하여 만든 에일이라는 뜻의 맥주 상표. 두 가지 베리가 무엇인지는 표기하지 않은 애매한 뜻의 상표.

Twopenny(투페니) : **2 펜스짜리 맥주**. 18세기 영국에서 팔렸던 연한색의 스몰비어(Small Beer). 싸구려 맥주라는 뜻. Tuppenny 또는 Two-Penny로 쓰기도 한다.

Two-Row Malt(투 로우 몰트) : **두줄보리맥아**. 두줄보리로 만든 맥아. Two-Row Brewers' Malt(투 로우 브루어르즈 몰트)와 동의어. 참조.

Two-Row Brewers' Malt(투 로우 브루어르즈 몰트) : **두줄보리 양조용 맥아**. 두줄보리로 만든 양조용 맥아. Two-Row Malt(투 로우 몰트)와 동의어.

Two-Rowed Barley(투 로우드 바를리) : **두줄보리**. 이삭줄기의 매 마디에 달리는 세 개의 이삭 중에 중앙의 1개의 잔 이삭(Spikelet(스파이클리트))만이 두 줄로 곡식 알갱이가 붙어서 여무는 보리. 알이 크고 탄수화물 함량이 높을 뿐만 아니라 단백질 함량이 낮고 향미가 좋아 미국을 제외한 전 세계 대부분의 맥주 원료보리로 사용된다.

Two-Stage Fermentation(투 스테이쥐 퍼르멘테이션) : **2단 발효**. 단일용기발효와 달리 두개의 용기를 사용하여 발효시키는 방법. 첫 번째 용기에서 일어나는 발효를 1차 발효 또는 주 발효, 두 번째 용기에서 일어나는 발효를 2차 발효라 한다.

Tyg(티그) : **티그**. 17세기에 4-6개의 손잡이가 달린 오지로 만든 공용술잔으로 들뜬 분위기에서 돌려가며 사용하였다.

U.K.Gallon(유케이 갤런) : **영국 갤런**. 영국, 캐나다를 포함한 국가들에서 사용하는 단위로 4.5리터. 참고로 미국 갤런은 3.8리터. Gallon(갤런), Imperial Gallon(임피리얼 갤런) 참조.

Ullage(얼리지) : 1. **공간**. 병, 캐스크, 배럴의 액체와 용기사이의 빈 공간. 표준형 병의 경우 2.5-3.7cm정도이고 빈 공간이 너무 많으면 그곳의 산소가 맥주의 산화 또는 세균의 증식을 촉진시킨다. Headspace(헤드 스페이스), Airspace(에어 스페이스)와 동의어. 2. **얼리지**. 용기의 빈 공간을 채우는데 필요한 액체의 부피. 3. **얼리지**. 누출 또는 이송 후 캐스크에 남아있는 액체 4. **얼리지**. 캐스크나 배럴의 공간을 계산하다. 캐스크나 병을 보충하다.

Ullaged(얼리즈드) : **손실량의**. 모자라는. 용기가 가득 채워졌을 때 보다 적은.

Ultra(얼트러) : **울트라**. 알파 산 함량이 2.0-4.5%이고 미국에서 재배하고 있는 홉 품종.

Ultrafiltration(얼트러필터레이션) : **한외여과(限外濾過)**. 일반적인 여과법으로는 여과하기 어려운 콜로이드입자나 분자 등을 합성 고분자의 막 등의 한외거름막을 사용하여 투석(透析), 압력가하기, 빨아들이기 등의 방법으로 거르는 것.

Umami(우마미) : 1. **감칠맛**. 맛난 맛. 2. **감칠맛의**. 효모의 자가분해에 의해 생성된 물질에 의한 좋은 맛을 표현할 때 사용한다. Autolysed(오털라이즈드) 참조. 감각용어.

Underback(언더르배크) : **언더백**. 맥아즙을 따라낼 때 맥아즙을 받기위하여 담금솥 밑에 두는 용기.

Undercarbonated(언더르카르버네이티드) : **탄산가스가 적은**. 탄산가스 또는 거품이 적은 맥주를 기술할 때 사용하는 용어. 자가 맥주 양조에서는 프라이밍당을 좀 더 첨가하면 해소할 수 있다. Priming Sugar(프라이밍 슈거르) 참조.

Underhopped(언더르하프트) : **홉을 적게 첨가한(맥주)**. 홉을 너무 적게 첨가하여 쓴맛이 거의 없는 맥주를 기술할 때 사용하는 용어. 나쁜 의미.

Underletting(언더를레팅) : **언더레팅**. 담금액을 가열하기 전에 이중 담금 솥의 밑에 뜨거운 물을 채우는 것. 담금액의 혼합을 빨리 그리고 완전히 행해지게 한다.

Undermodified(언더르마더파이드) : **불완전 전환(不完全 轉換)된**. 맥아용 보리가 말랐거나 단백질분해효소가 단백질을 완전히 전환시키기 전에 가마건조를 행하였기 때문에, 전환되지 않은 많은 단백질을 가지고 있는.

Undermodified Malt(언더르마더파이드 몰트) : **불완전 전환(不完全 轉換)된 맥아(麥芽)**. 맥아용 보리가 말랐거나 단백질분해효소가 단백질을 완전히 전환시키기 전에 가마건조를 행하였기 때문에, 전환되지 않은 많은 단백질을 가지고 있으며 높은 아밀레이스 활성을 가지고 있는 맥아.

Underoxygenated(언더르악저네이티드) : **산소가 모자라는**. 맥아즙의 산소농도가 9ppm이하로서 맥아즙중의 산소가 모자라는. 이 맥아즙에서는 효모의 생육이 좋지 않아 발효가 원할 하게 일어나지 않는다.

Unhopped(언하프트) : **홉 무첨가(맥주)의**. Nonhopped(난합트)와 동의어. 참조.

Union(유니언) : **유니언**. Burton Union System(버르턴 유니언 시스텀. 버튼 유니온 시스템)과 동의어. 참조.

Uni-Tank(유니 탱크) : **유니 탱크**. 발효와 숙성을 같이 행하는 발효탱크(조).

Units of Bitterness(유니츠 어브 비터르니스) : **쓴맛단위**. IBU(아이비유) 참조.

Unload(언로우드) : **꺼내다**. 침지(浸漬)탱크에서 침지된 보리를 꺼내다.

Unpitching(언피칭) : **피치제거**. 캐스크나 배럴 내부의 오래된 피치를 제거하는 것. Depitching(디피칭)과 동의어. Pitch(피취) 참조.

Ur-(우르) : **우르**. 독일어 접두사로 Urtyp(우르티프)의 약어 형이고 원형(原型)이라는 뜻. 원형 스타일로 만든 맥주라는 것을 의미할 때 사용한다.

Urbock(우르 보크) : **우르복**. 원조 복. Bock(보크) 참조.

Urtyp(우르티프) : **원형**(原型). 독일어. 영어로는 "Original Type(어리저늘 타이프)". 접두사로 Ur-(우르)라고 쓴다.

U.S.Gallon(유에스 갤런) : **미국 갤런**. 액량단위. 약어로 gal. 약 3.7853리터. Gallon(갤런) 참조.

U.S.Quart(유에스 쿼르트) : **미국 쿼트**. 액량단위. 약어로 qt. 약 0.94리터. 참고로 영국, 캐나다에서는 2파인트(pint) 또는 약 1.14리터.

V

Vacuum Pump(배큐엄 펌프) : **진공펌프**. 밀폐된 용기 속의 공기를 뽑아내어 진공상태(또는 감압)를 만드는 데 쓰는 펌프. 보리중의 먼지를 제거하는데 사용한다.

Valence(베일런스) : **원자가(價)**. 1. 어떤 원소의 원자(原子) 또는 원자단(原子團) 1개가 특정 원자 또는 원자단 몇 개와 결합하는지를 나타내는 수. 2. 수소원자 1개와 직접 또는 간접으로 결합하는 원자 또는 원자단의 개수. 예를 들면 염소이온 Cl^-은 HCl, KCl 또는 NaCl처럼 수소원자 1개 또는 그것의 당량(當量)과 결합하는 능력이 있으므로 원자가는 1이라고 한다.

Valve(밸브) : **맥주꼭지**. 맥주의 양을 조절하면서 따르게 만든 꼭지. Faucet(포시트), Spigot(스피거트), Tap(태프)와 동의어.

Vase(베이스) : **그릇**. 액체를 담을 수 있는 속이 우묵한 그릇.

Vat(배트) : **통**. 탱크. 특히 발효 등의 산업 현장에서 액체를 담는 데 쓰는 대형 통. 가끔 Tun(턴)이라고도 한다.

VDK(브이디케이) : **브이디케이**. Vicinal Diketone(비시널 다이키토운)의 약어(참조). Buttery(버터리) 참조.

Vegetable Gelatin(베지터블 젤러틴) : **식물성 젤라틴**. **우무**. Agar-Agar(아가르 아가르)와 동의어. 참조.

Vegetal(베지털) : 1. **식물의**. 식물성의. 2. **채소냄새의**. Dimethylsulfide(다이메털설파이드)의 냄새. Dimethylsulfide 참조. 감각용어.

Ventilation(벤털레이션) : **통기(通氣)**. Airing(에링. 통풍)과 동의어. 참조.

Venting(벤팅) : **분기(噴氣)**. 손님한데 맥주를 제공하기 전에 맥주 캐스크에 존재하는 과량의 탄산가스를 내보내는 것.

Verticillium Wilt Disease(버르터실리엄 윌트 디지즈) : **청고병(靑枯病)**. 버티실리움

(*Verticillium*)속의 토양균에 의한 홉 등의 시듦병.

Vessel(베설) : **그릇**. 용기. 액체를 담을 수 있는 속이 우묵한 그릇.

VGA(브이지에이) : **브이지에이**. 약 6.9%의 알파 산을 가지고 있으며 미국에서 재배하고 있는 홉 품종.

Viability(바이어빌리티) : **생존도**. 발아력. 살아남을 수 있는 능력.

Vicinal Diketone(비서널 다이키토운) : **인접 다이케톤**. 약어로 VDK. 다이아세틸(Diacetyl(다이어시털))처럼 양쪽으로 C=O기를 가지고 있는 분자형태로 분자식은 $(CH_3CO)_2$이고 Butane-2,3-Dione(뷰테인-2,3-다이언)이라고도 한다. 버터스가치 향미를 가지고 있으며 양조 중에 생성된다. Buttery(버터리), VDK 참조.

Victory(빅터리) : **빅토리**. 약하게 볶았으며 아로마와 향미용으로 사용되는 특수맥아의 한 가지. 짙은 색 라거와 포터 같은 에일 맥주에 비스킷향미를 준다.

Vienna(비에너) : **빈 맥주**. 1. 비엔나 맥주. 원래 오스트리아에서 양조되었던 호박색(琥珀色)의 상면발효맥주. 현재는 드물고 원래맥주와는 다른 슈페지알(Spezial)을 말한다. 빈 스타일 맥주는 지금도 남아메리카와 멕시코에서 양조되고 있는데 호박색이고 홉을 적게 첨가하며 맥아향이강하고 알코올 농도가 5.5%(V/V)인 맥주이다. Vienna Lager(비에너 라거르)와 동의어. 2. 가끔 Märzenbier(메르첸비어)를 말한다. 참조.

Vienna Lager(비에너 라거르) : **비엔나 라거**. Vienna(비에너. 빈 맥주)와 동의어. 참조.

Vienna Malt(비에너 몰트) : **비엔나 맥아**. 특수맥아의 한 가지. 색이연한 라거 맥아보다 약간 높은 온도에서 가마 건조한 맥아. 빵 또는 구운 맥아특성을 주는데 구운 특성은 약하고 구운 빵 특성보다는 굽지 않은 빵 특성을 닮았다. 진한 금색-구리 색이다.

Vienna Märzen Octoberfest(비에너 메르첸 옥토버페스트) : **비에너-메르첸-옥토버페스트**. 앰버 라거 무리에 속하는 비슷한 특성의 3가지 맥주. 비엔나 맥주는 19세기 비엔나에서 만들어졌다. 메르첸과 옥토버페스트는 비슷한 특성을 가지고 있기 때문에 합쳐서 부르며 3월과 10월을 의미한다. 약어로 VMO라 부른다.

Vieux Lambic(비유 람비크) : **짙은 황갈색 람빅**. 오래된 람빅 또는 캐스크에서 3년, 병에서 1년 숙성시킨 람빅 맥주.

Vigor(비거) : **생장 력**. 활력. 발아 중의 보리 배아의 증식 강도.

Vinegar(비너거르) : **식초**. 초산균에 의한 에탄올의 발효로 생성된다. 맥주양조산업에서는 성가신 물질이다.

Vinous(바이너스) : **포도주의 향미를 가진**.

4-Vinyl-Guaiacol(4-바이널-구아이어코울) : **4-비닐-구아이아콜**. 효모인 브레타노마이세스(*Brettanomyces*(브레트노메이시즈))가 생성하는 아로마 인데 4-에틸페놀(4-Ethyl Phenol(4-에틸 피노울))과 함께 만들어지며 퀴퀴한 냄새를 나타낸다. Barnyard(바른야르드) 참조.

Viscosity(비스카시티) : **점도(粘度)**. 유체(流體)의 점성 정도. 맥주의 바디.

Vitality(바이탤리티) : **활력**. 살아있는 효모의 건강성.

Vitamin C(바이터민 씨) : **비타민 씨**. Ascorbic Acid(어스코르비크 애시드)와 동의어. 참조

Vitner's Hose(비트너즈 호즈) : **비트너 호스**. 액체를 이동하는데 사용하는 보온호스. 뜨거운 맥아즙을 옮기기 위하여 내열성을 가져야 하다.

Volatiles(발러틸즈) : **휘발성물질**. 상온에서 액체가 기체로 변하여 날아 흩어지는 성질을 말하는데 맥주의 휘발성 물질은 다음과 같이 7개 무리로 나눈다. 알코올류(고급알코올 또는 퓨젤 알코올), 에스터(Ester(에스터르)) 류, 카보닐(Carbonyl(카르버닐))류, 유기산류, 함 황 화합 물류, 아민(Amine(어민))류, 페놀 Phenol(피노울)류. 이 휘발성물질들이 맥주에서 발견되는 향미성분의 대부분을 차지한다.

Vollbier(폴비어) : **폴맥주**. 독일맥주의 3개 법적인 범주에서 11-14°B의 초기비중을 가진 맥아즙으로 만든 맥주로 4.5-5.7%(V/V)의 알코올농도를 가지고 있는 맥주. 오스트리아에서도 독일과 같이 나눈다. Bier(비어), Schankbier(샹크비어), Starkbier(쉬타르크비어) 참조. 독일어.

Volstead Act(발스테드 애크트) : **볼스테드 금주 법**. Prohibition(프로우어비션. 금주 법)과 동의어. 참조.

Vorlauf(포를라우프) : **포를라우프**. 독일어. 곡물베드(Grain Bed(그레인 베드))에 맥아즙을 뿌리는 방법을 사용한 맥아즙의 재순환.

V/V(비 퍼 비) : **부피로 나타낸 알코올 함량**. Alcohol by Volume(앨커홀 바이 발륨)의 약어로 부피로 나타낸 알코올 함량을 말한다. Alcohol by Volume(앨커홀 바이 발륨) 참조.

Waghebaert(바레베르트) : **바레베르트**. 15세기 브뤼셀에서 양조했던 알코올 농도가 높은 스타일의 맥주.

Waipiro(와이피로) : **와이피로**. 1773년 뉴질랜드의 더스키 사운드(Dusky Sound)에서 제임스 쿡(James Cook(제임즈 쿠크))선장이 양조했던 술을 원주민인 마오리인(Maori(마우리))이 설명하는데 사용했던 말로 썩은 물(Stinking Water(스팅킹 워터르))을 의미한다. 이 맥주는 마누카(Manuka(머누커). 호주와 뉴질랜드 원산(原産) 도금양과(科)의 꽃나무. 학명은 렙토스페르뭄 스코파리움(*Leptospermum scoparium*(레프토스퍼르멈 스코퍼리엄))와 리무(Rimu. 소나무과(科)의 침엽수. 학명은 다크리디움 쿠프레시넘(*Dacrydium cupressinum*(더크리디엄 커프러시넘))의 작은 나무 가지를 3-4시간 끓이고 당밀과 효모를 첨가하여 만들었다. 당시 그는 마누카는 차나무, 리무는 가문비나무라고 기술하였다.

Wallop(왈러프) : **왈럽**. 영국 런던 사람들이 연한 맥주를 의미하는 속어.

Wash Beer(와쉬 비어) : **워시 비어**. Distiller's Beer(디스틸러즈 비어)와 동의어. 참조.

Wassail Bowl(**와셀 볼**) : **바세일 용 큰 잔(또는 술)**. 1732년 와트킨 윈 경(Sir Watkin W. Wynne)이 10갤런(약 45.46리터)의 술이 은으로 도금된 잔에 들어있는 것을 옥스포드(Oxford)의 지저스 칼리지(Jesus College)에 선물하였다. 그는 세인트 데이비드 데이(St. David's Day)를 위해 이 술을 만들었는데 이 잔속에 들어있던 술을 바셀(Wassail) 또는 스위그(Swig)라 부르고 만드는 방법은 다음과 같다. 설탕 1/2파운드(약 227g)에 따뜻한 맥주 1파인트(약 568ml)를 가하고 여기에 약간의 간 육두구(肉豆蔻. 육두구 나무의 열매로 양념 또는 향미료로 쓰임)와 생강을 가하고 4잔의 셰리주, 다시 5파인트(약

2840ml)의 맥주를 더 첨가하여 잘 저어주고 단맛이 나도록 설탕을 가한다. 뚜껑을 덮고 2-3시간 놓아둔 후 토스트 3-4조각을 가하면 마실 수 있게 완성된 것이다. 만약 당일 사용하려면 2-3조각의 레몬과 덩어리 설탕 몇 개를 가하고 향미가 강한 것을 원하면 레몬 껍질을 강판에 갈아 첨가한다. 와셀이란 "건강하시길(Be You Healthy)"이란 뜻이다.

Water(워터르) : **물**. 맥주의 4개 성분중의 하나. 양조에 사용되는 물의 요구조건은 단지 마실 수 있고 염소가 없어야한다. 화학적으로 말하면 비알칼리 성이어야 하고 적절한 처리로 쉽게 일정한 경도를 가질 수 있어야한다.

Water Hardner(워터르 하르드너르) : **경수화제(硬水化劑)**. 석고(황산 칼슘), 석고염, 소금 등이 중성 또는 연수에 첨가되어 경수로 만드는 미네랄.

Water Hardness(워터르 하르드니스) : **경도(硬度)**. 물에 용해되어있는 미네랄에 의해 일어나는 물의 경화정도. Hardness(하르드니스. 경도) 참조. 표기는 물에 대한 탄산칼슘(Calcium Carbonate(캘시엄 바이카르버네이트))의 ppm으로 나타낸다. 미국은 Grain Per Gallon(그레인 퍼르 갤런. 그레인/갤런)으로 나타내며 탄산칼슘 1그레인(64.8mg)이 물 1미국 갤런(3.785412리터)에 용해되어있는 것이 1단위이다. 이것은 1부분/물 5만8천부분이고 17.1부분/물 1백만 부분(즉 ppm) 이다. 영국은 클라크 도(Clark Degree)로 표기하는데 이는 물에 대한 탄산칼슘의 1/7만을 1도로한다. 프랑스는 탄산 칼슘 1mg/1000리터의 물을 1경도로 한다. 독일은 산화칼슘(Calcium Oxide. CaO) 1mg/1000리터의 물을 1경도로 하는데 독일 경도에 17.9를 곱하면 탄산 칼슘의 ppm이 된다. Hardness of Water(하르드니스 오브 워터르)라고도 한다. Brewing Water(브루잉 워터르. 양조용수), Grain Per Gallon(그레인 퍼르 갤런. 그레인/갤런), Hard Water(하르드 워터르. 경수(硬水)), Permanent Hardness(퍼르머넌트 하르드니스. 영구경도(永久硬度)), Soft Water(소프트 워터르. 연수(軟水)), Temporary Hardness(템퍼레리 하르드니스. 일시경도(一時硬度)) 참조.

각국에서 사용하는 경도간의 관계는 다음과 같다.

그레인 당 :	ppm	U.S.gal	°클라크	°프랑스	°독일
1ppm	-	0.0583	0.07	0.1	0.058
1그레인/U.S.gal	17.1497	-	1.2	1.7149	0.958
1°클라크	14.3	0.833	-	1.43	0.8
1°프랑스	10.0	0.583	0.7	-	0.56
1°독일	17.9	1.044	1.43	1.78	-

Water Lock(워터르 라크) : **발효전(栓)**. Water Seal(워터르 실)이라고도 한다. Fermentation Lock(퍼르멘테이션 라크)와 동의어. 참조.

Water Quality(워터르 콸리티) : **수질**. 물의 생물학적, 화학적, 미네랄 함량의 특성. 수질은 맥주의 품질과 맛에 영향을 미친다. 이런 목적을 위하여 현대의 양조 인들은 양조에 요구되는 물의 최적화를 위하여 원소 또는 미네랄 염을 첨가하거나 제거하여 화학적 조성을 맞추고 변화하고 보정한다. 일반적으로 말하면 짙은 색 맥주는 연수-보통 수, 연한 색 맥주는 보통 수-경수를 사용한다. Water Treatment(워터르 트리트먼트. 수처리(水處理)) 참조.

Water Seal(워터르 실) : **발효전(栓)**. Water Lock(워터르 라크)라고도 한다. Fermentation Lock(퍼르멘테이션 라크)와 동의어. 참조.

Water Sensitivity(워터르 선서티비티) : **물 감수성**. 과량의 물이 존재하면 보리의 발아가 억제되는 것. Dormancy(도르먼시. 휴면) 참조.

Water Treatment(워터르 트리트먼트) : **수처리(水處理)**. 물리적 또는 화학적 방법으로 물의 특성과 조성을 바꾸는 것. 자가 맥주양조에서 경수를 연수로 바꾸려면 약 20분간 끓인 후 윗물을 따라내면 되고 연수를 경수로 바꿀 때는 황산 칼슘(Calcium Sulfate(캘시엄 설페이트). 석고라고도 한다))이나 황산 마그네슘(Magnesium Sulfate(매그니지엄 설페이트). 엡섬 솔트Epsom Salt(에프섬 솔트)라고도 한다)을 첨가한다. 대개 두 물질을 1갤런(4.5리터)당 차 숟가락 반 정도를 가한다.

Weak Wort Recycling(위크 워르트 리사이클링) : **연한 맥아즙 재사용**. 담금액에서 맥아즙을 분리할 때 늦게 회수되어 농도가 연한 맥아즙을 다음 담금에 다시 사용하는 것.

Weeping Barrel(위핑 배럴) : **새는 배럴**. 통(桶) 널쪽(Stave(스테이브))간에 틈이 벌어져 나무로 만든 배럴이나 캐스크가 새는 것을 말하는 양조인의 용어. Weeping은 눈물을 흘리는 이라는 말.

Weihenstephan(바이엔슈테판) : **바이엔슈테판**. 세계에서 가장 오래된 양조장. 현재 독일뮌헨근교에 있으며 양조장과 양조학교가 있다. 1021년에 설립되었고 1040년부터 상업적 양조를 시작하였다.

Weiss(바이스) : **백색**. 흰 것. 독일어. 밀 맥주를 의미한다. Weisse(바이세)와 동의어.

Weissbier(바이스비어) : **밀 맥주**. 백(白) 맥주. 독일에서 밀 맥주를 일반적으로 칭하는 용어. 이 용어는 북부 독일의 베를리너 바이세(Berliner Weisse)와 대개 동의어로 사용되는데 독일남부에서는 쥐도이체스 바이첸비어(Süddeutsches Weizenbier. 남독일 바이첸비어)라고 한다. Weisse(바이세)는 흰색을 말하지만 바이스비어는 실제적으로 아주 연한 금색이고 흰색의 거품을 가진다. 영국문헌에도 Weisse Beer(바이세 비어)라는 말이 때로는 언급되어진다. Weisse Beer라고도 쓴다. Lager Weisse(라거르 바이세. 저온저장숙성 밀 맥주), Wheat Beer(휘트 비어. 밀 맥주) 참조.

Weisse(바이세) : 1. **백색**. 2. **밀 맥주**. 독일어. Weiss(바이스)와 동의어.

Weizen(바이첸) : 1. **밀 맥주**. 독일어. 상면발효로 만든 밀 맥주. Weissbier(바이스비어) 참조 2. **밀**.

Weizenbier(바이첸비어) : **밀 맥주**. 독일에서 상면발효로 만든 밀 맥주의 일반적인 이름. Weizen(바이첸)은 독일어로 밀이라는 말이다. 바이첸비어 라는 이름은 특히 바바리아, 뮌헨, 바덴뷔르템베르크(Baden-Württemberg)주 등의 독일 남부에서 사용하고, 때로는 베를리너 바이세(Berliner Weisse) 또는 약어로 바이스비어(Weissbier)로 불리는 북부 독일의 맥주와 구분하기위하여 쥐도이체스 바이첸비어(Süddeutsches Weizenbier. 남독일 바이첸비어)라고도 불린다. 북부의 베를리너 바이세와 비교하면 바이첸비어는 밀과 보리의 비율이 1:1 또는 2:1로 아주 높으며(베를리너 바이세는 1:3) 12-14°B의 높은 비중(베를리너 바이세는 7-8°B), 그리고 5%(V/V)이상의 높은 알코올 농도(베를리너 바이세는 3-4%)를 가지고 있다. 또한 바이첸비어는 베를리너 바이세보다 향미가 강하지만 덜 시다. 병 숙성을 행하고 효모가 가라앉은 형태(이를 바이첸 미트 헤페(Weizen Mit Hefe) 또는 헤페바이첸비어(Hefeweizenbier)라고 한다)와 효모가 없는 형태(이를 헤페프라이바이첸비어(Hefefreiweizenbier)라고 한다)의 2가지 형태가 있으며 두 가지 모두 대개 레몬조각을 넣어 마신다. 바바리아 지방에서 이 맥주를 바이에리셰르 바이체(Bayerischer Weize)라고도 한다. Süddeutsches Weizenbier(쥐도이체스 바이첸비어. 남부독일 밀 맥주)와 동의어. Wheat Beer(휘트 비어. 밀 맥주) 참조.

Weizenbock(바이첸보크) : **바이첸복**. 독일에서 밀로 만들었고 알코올 농도가 6.5-8%(V/V)인 복 맥주.

Wet Kit(웨트 키트) : **습식 키트**. 농축된 액체의 맥아즙이 들어있는 자가 맥주양조키트. 맥아즙을 가루로 만들어 포함시켰으면 건식 키트(Dry Kit)라 한다.

Wetting(웨팅) : **침지(浸漬)**. Steeping(스티핑) 대신 때때로 사용하는 용어.

WGV(더블유지비) : **더블유지비**. Whitbread Golding Variety(위트브레드 고울딩 버라이어티)의 약어. 알파 산 함량이 5.5-8.5%이고 영국에서 재배하고 있는 홉 품종.

Wheat(휘트) : **밀**. 트리티쿰(*Triticum*(트리티컴))속이 생산하는 곡물. 수천가지의 품종이 있는데 연질(軟質)밀(Soft Wheat(소프트 휘트))과 경질(硬質)밀(Hard Wheat(하르드 휘트))의 두 가지 범주로 나눈다. 연질밀은 녹말이 많고 밀기울분이 적어 박력분(薄力粉)을 만들 때 사용하며 대개 과자, 아침 식사용 곡물로 사용된다. 경질밀은 글루텐함량이 35퍼센트 이상이고 물을 넣어 반죽했을 때 끈기가 많기 때문에 강력분(强力粉)을 만들 때 사용하고 마카로니, 스파게티, 빵 제조용으로 사용된다. 연질밀의 학명은 트리티쿰 불가레(*Triticum vulgare*(트리티컴 벌거르)) 또는 트리티쿰 애스티붐(*Triticum aestivum*(트리티컴 에스티범))이고 경질밀의 학명은 트리티쿰 두룸(*Triticum durum*(트리티컴 듀어럼))이다. Adjunct(애드정크트. 부가 물(附加物)) 참조.

Wheat Beer(휘트 비어) : **밀 맥주**. 싹튼 밀을 높은 비율로 함유한 맥아즙으로 만든 맥주. 현재 독일과 벨기에에서만 생산하고 있다. 벨기에 밀 맥주에는 백색 호가든 맥주(Blanche De Hoegaarden(블랑쉬 드 오가르데)), 백색 루벤 맥주

(Blanche De Louvain(블랑쉬 드 루뱅)), 람빅(Lambic(람비크))등이 있다. 독일의 밀 맥주에는 두 가지 범주로 나누는데 그중 한 가지는 북부 독일의 Weissbier(바이스비어) 또는 베를리너 바이세(Berliner Weisse), 그리고 다른 한 가지는 남부독일의 Weizenbier(바이첸비어) 또는 쥐도이체스 바이첸비어(Süddeutsches Weizenbier. 남독일 바이첸비어)인데 특히 바바리아, 뮌헨, 바덴 뷔르템베르크(Baden-Württemberg)주 등에서 생산하고 있다. 모든 밀 맥주는 상면발효로 양조되고 효모를 첨가하여 병 숙성한다. 벨기에 밀 맥주는 30-50%의 밀을 사용하고 베를리너 바이세는 25-30%, 바바리아의 바이첸비어는 50%이상의 밀을 사용한다.

Wheat Malt(휘트 몰트) : **밀 엿기름**. 밀을 싹틔워 만든 엿기름. 어떤 맥주는 60% 이상의 밀 엿기름을 사용하기도 한다. 적은 양을 사용하면 향미에는 큰 영향을 미치지 않고 거품의 지속시간을 늘리는데 도움이 된다.

Whicked Weed(휘키드 위드) : **사악한 잡초**. 15세기 영국의 에일 생산업자가 홉을 깔보는데 사용했던 말.

Whirlpool(훨를풀) : **훨풀**. 맥주 청징의 한 가지 방법으로 소용돌이를 일으켜 곡물과 홉 찌꺼기는 중앙에 쌓이게 하여 제거하지 않고 가장자리의 작은 입자만 제거하는 기계.

Whistun Ale(휘첸 에일) : **휘첸 에일**. 16-17세기 영국에서 양조했던 교회와 축제용 에일 맥주. Whitsan Church Ale(휘첸 처르취 에일), Whitsontide Ale(휘첸타이드 에일)과 동의어.

White Ale(화이트 에일) : **화이트 에일**. 맥주, 럼, 계란, 소금, 밀가루를 섞어 만들어 의료용으로 한때 사용했던 혼합음료.

White Beer(화이트 비어) : **백색 맥주**. Witbier(비트비어)와 동의어. 참조.

White Mold(화이트 모울드) : **흰 곰팡이**. Hop Mold(하프 모울드)와 동의어. 참조.

Whitsan Church Ale(휘첸 처르취 에일) : **휘첸 처치 에일**. Whistun Ale(휘첸 에일)과 동의어. 참조.

Whitsontide Ale(휘첸타이드 에일) : **휘첸타이드 에일**. Whistun Ale(휘첸 에일)과 동의어. 참조.

Whole (Leaf) Hops(호울 하프스) : **전(全) 홉**. 말리고 압착은 했으나 자연적인 형태를 가지고 있는 홉. Loose Hops(루스 합스)와 동의어. 참조.

Whole Hops(호울 리프 하프스) : **전엽(全葉) 홉**. Whole (Leaf) Hops(호울 하프스. 전(全) 홉)과 동의어. 참조.

Whole Stillage(홀 스틸리쥐) : **전 증류폐액(全蒸溜廢液)**. 증류폐액 전체.

Wieze Oktoberfesten(비제 오크토베르페스텐) : **비제 옥토버페스텐**. 1956년 이래 매년 벨기에에서 9월 30-10월 15일간에 열리는 맥주축제.

Wild Beer(와일드 비어) : **야생효모맥주**. 야생효모로 양조한 맥주.

Wild Yeast(와일드 이스트) : **야생효모**. 1. 공기로 운반되는 효모. 2. 발효 중인 맥아즙에서 발효에 사용하는 배양효모인 사카로미세스 칼즈버겐시스(*Saccharomyces carlsbergensis*(새커로메이시즈 카를즈버르겐시스)) 또는 사카로미세스 세레비지애(*Saccharomyces cerevisiae*(새커로메이시즈 세르비지에이))를 제외한 효모. 대개 맥주 양조에 해롭다.

Willamettes(윌래미츠) : **윌라메츠**. 알파 산 함량이 5.0-6.0%이고 미국 오리건 주에서 재배하고 있다. 퓨글(Fuggles(퍼젤즈))품종의 낮은 생산량과 낮은 알파 산 농도를 개선한 품종이다.

Wind Malt(윈드 몰트) : **윈드 몰트**. 가마솥 건조 없이 햇빛이나 공기로 건조한 아주 연한색의 맥아. 한때 비트비어(Witbier)양조에 사용되었다.

Wine Thief(와인 티프) : **포도주 디프**. 유리나 플라스틱으로 만든 피펫(Pipette)인데 포도주 저장 통 속으로 넣어 샘플을 채취하는 용도로 사용하는 것.

Winter Barley(윈터르 바를리) : **가을보리**. 가을에 심어서 봄 또는 초여름에 수확하는 보리품종.

Winy(와이니) : **셰리 닮은 향미의**. 맥주를 높은 온도에서 양조하거나 오래되어 산화되어 생성되는 향미. 나쁜 의미.

Wire-On Stopper(와이어르 언 스타퍼르) : **와이어 온 마개**. 중간에 고무 또는 실리콘 링을 끼워놓은 마개.

Wit(비트) : **비트**. "White(화이트. 백색)"이라는 벨기에 어. Witbier(비트비어)의 약어. 참조.

Witbier(비트비어) : **비트비어**. "White Beer(화이트 비어. 백색맥주)"라는 벨기에어. 벨기에 중부의 류벤(Louvain)과 호가든(Hoegaarden(오가르데))근처에서 처음 만들어진 노란색-금색의 밀 맥주. 상면발효로 만들며 여과하지 않는다. 여과하지 않아 맥주잔에서 백색으로 뿌옇게 보이기 때문에 화이트 비어, Bière Blanche(비에흐 블랑쉬), 단순히 Wit(비트)라고도 한다. 가볍고 부드러운 아로마와 향미를 가진다. 젖산균, 특수한 에일 효모, 싹트지 않은 밀, 그리고 이 맥주에 독특한 향미를 주고 목마름을 없애주는 고수, 쿠민(Cumin), 쓴맛의 큐라소(Curaçao) 오렌지를 첨가하여 발효시킨 맥주이다. Wit(비트)라고도 힌다.

Withering(위더링) : **건조공기 불어넣기**. 발아가 완전히 끝난 녹맥아(綠麥芽)의 습도를 낮추기 위해 건조한 공기를 불어넣는 것.

Wood Alcohol(우드 앨커홀) : **메탄올. 메틸알코올**. Methyl Alcohol(메털 앨커홀)과 동의어. 참조.

Wood Chips(우드 취프스) : **나무 칩**. Clarifying Chips(클래러파잉 치프스. 정화용 칩)과 동의어. 참조.

Woodruff(우드러프) : **선갈퀴(아재비)**. 키는 작고 바닐라 같은 향기를 갖고 작은 꽃이 피는 식물. 어떤 포도주의 향미를 내는데 사용한다.

Wood Strips(우드 스트리프스) : **나무 스트립**. Clarifying Chips(클래러파잉 치프스. 정화용 칩)과 동의어. 참조.

Woody(우디) : **퀴퀴한 냄새의**. 효모인 브레타노마이세스(*Brettanomyces*(브레트노메이시즈))가 생성하는 4-에틸페놀(4-Ethyl Phenol(4-에틸 피노울)) 아로마 인데 대개 4-에틸 구아이아콜(4-Ethyl Guaiacol(4-에틸 구아이어코울))도 함께 생성된다. 감지한계는 약 420ppb이고 일반적으로 바람직하지 않은 냄새이나 람빅(Lambic(람비크)) 맥주에서는 바람직한 냄새이다. Barnyard(바른야르드) 참조. 감각용어.

Woody Yeast(우디 이스트) : **우디 효모**. 나무 또는 오크 향을 내는 효모. 당 이용성이 낮다.

Work(워르크) : **발효하다**.

Wort(워르트) : **맥아즙**. 맥 즙. 맥아삼출액(滲出液). 맥아를 담금하고 홉을 첨가하여 끓임하고 여과하여 얻은 맥주발효 전의 쓰고 단 당 용액. 맥주 발효전의 용액. 이것이 발효된 것이 맥주이다. Bitter Wort(비터르 워르트. 쓴맛 맥아즙), Sweet Wort(스위트 워르트. 단 맥아즙) 참고.

Wort Boiler(워르트 보일러르) : **맥아즙 끓임 용 솥**. Brew Kettle(브루 케틀. 맥아즙 끓임 용 솥)과 동의어. 참조.

Wort Chiller(워르트 칠러르) : **맥아즙 냉각기**. 자가 맥주양조에서 맥아즙을 빨리 식히기 위해서 사용하는 기구.

Wort Collection(워르트 컬레크션) : **맥아즙 모음**. 담금이 끝난 담금 솥에서 맥아즙을 회수하여 모으는 것. Runoff(런아프)와 동의어.

Wort Cooler(워르트 쿨러르) : **맥아즙 냉각기(器)**. Wort Receiver(워르트 리시버르)와 동의어. 참조.

Wort Copper(워르트 카퍼르) : **맥아즙 끓임 용 솥**. Brew Kettle(브루 케틀)과 동의어. 참조.

Wort Gelatin(워르트 젤러틴) : **맥아즙 젤라틴**. 영양원으로 맥아즙을 사용하고 고화제(固化劑)로 젤라틴을 사용하여 만든 미생물 배양기(培養基). 효모의 집락(集落. Colony(칼러니))을 만들 때 사용한다.

Wort Kettle(워르트 케틀) : **맥아즙 끓임 용 솥**. Brew Kettle(브루 케틀)과 동의어. 참조.

Wort Receiver(워르트 리시버르) : **맥아즙 냉각기(器)**. 홉을 거른 후 맥아즙을 퍼 담아 냉각하는데 사용하는 용기. Wort Cooler(워르트 쿨러르)와 동의어.

Wort Separation(워르트 세퍼레이션) : **맥아즙 분리**. 조박(糟粕. Spent Grain(스펜트 그레인))으로부터 단 맥아즙을 분리하는 것.

Wort Straining(워르트 스트레이닝) : **맥아즙 거르기**. 여과기를 이용하여 맥아즙을 거르는 것.

W/V(더블유 퍼 비) : **더블유 퍼 비**. 무게 당 알코올 함량. Alcohol by Weight(앨커홀 바이 웨이트)의 약어로 무게로 나타낸 알코올 함량을 말한다. Alcohol By Volume(앨커홀 바이 발륨. 부피로 나타낸 알코올 함량), Alcohol By Weight(앨커홀 바이 웨이트. 무게에 대한 알코올 함량) 참조.

Wye Target(와이 타르기트) : **와이 타깃**. 알파 산 함량이 10.0-11.0%이고 영국에서 재배하고 있는 홉 품종.

Xerogel(지어러젤) : **크세로겔**. 실리카(Silica)로부터 만든 다공성(多孔性) 건조겔의 총칭. 콜로이드 성 물질의 제거에 사용된다.

Yakju(약주) : **약주**. 1. 한국에서 술을 점잖게 부르는 말. 2. 막걸리를 여과하여 얻은 맑은 술. 3. 약으로 사용하기위해서 만든 술. Makkolli(막걸리), Korean Rice Wine(코리언 라이스 와인), Korean Rice Beer(코리언 라이스 비어), Takju(탁주) 참조.

Yard of Ale(야르드 어브 에일) : **야드 오브 에일**. 높이 약 1야드(약 0.91m)의 나팔 모양의 맥주 글라스. 약 1쿼트(약 1.14리터) 용량이며 나팔 닮은 긴 목을 가지고 있고 바닥은 전구(電球)를 닮았다. Ale Yard(에일 야르드), Yard Glass (야르드 글래스), Yard Of Beer(야르드 오브 비어), Long Glass(롱 글래스)와 동의어.

Yeast(이스트) : **효모**. 단세포이고 현미경으로만 볼 수 있는 사카로미세스 (*Saccharomyces*(새커로메이시즈))속(屬) 곰팡이. 세균과 다른 점은 세균이 원핵세포(原核細胞. 핵막이 없음)인데 반해 효모는 진핵세포(眞核細胞. 핵막이 있음)이다. 효모는 포자형성능력과 포자형성방법에 따라 분류한다. 양조용 효모는 다음의 3개 범주로 분류 한다 : 1. 하면발효효모. 사카로미세스 칼즈버겐시스(*Saccharomyces carlsbergensis*(새커로메이시즈 카를즈버르겐시스)). 현재는 사카로미세스 우바룸(*Saccharomyces uvarum*(새커로메이시즈 유버럼))이라한다. 2. 상면발효효모. 사카로미세스 세레비지애(*Saccharomyces cerevisiae* (새커로메이시즈 세르비지에이)). 3. 야생효모. 사카로미세스 캔디다 (*Saccharomyces candida*(새커로메이시즈 캔디더)와 기타 효모 종. 500가지 이상의 효모가 분리되고 명명되었다. 효모의 증식최적온도는 약 30°C이며 약 52°C에서 10분정도에서 사멸한다. 발효 중 효모는 맥아당을 에탄올과 탄산가스로 전환시킨다. 1680년에 네덜란드의 안토니 반 레벤후크(Antonie van Leeuwenhoek(안토니 반 레우어후크))가 현미경으로 처음 관찰하였고 1867년 프랑스의 루이 파스퇴르(Louis Pasteur)가 효모에는 엽록체가 없으며 질소와 탄소가 있는 환경에서 증식한다는 것을 발견했고 알코올발효는 효모균의 생활에 관련해서 일어난다는 것을 발견하였다. 양조용 효모는 응집성, 알코올 내성, 부산물 생성 등이 제빵용 효모와는 다르다.

Yeast Bank(이스트 뱅크) : **효모은행**. 효모를 수집, 보관하고 필요한 사람에게 분양도 해주는 기관.

Yeast Back(이스트 배크) : **효모용 큰 통**. 80-150헥토리터 용량의 뚜껑이 없는 큰 통. 발효조 위에 떠오른 효모를 걷어내 보관하는데 사용한다. Parachute(패러슈트. 파라슈트) 참조.

Yeast Bite(이스트 바이트) : **효모 바이트**. 맥주가 시고 쓴맛이 날 때 양조 인이 사용하는 용어.

Yeast Energizer(이스트 에너자이저르) : **효모 활력제**. 효모의 증식을 촉진하기 위하여 첨가하는 비타민과 미네랄.

Yeast Extract(이스트 익스트래크트) : **효모 추출물**. 빵효모, 맥주효모, 포도주효모 등의 효모세포를 파괴시킨 후 40-50℃를 유지하여 효모가 갖고 있는 자체효소에 의해서 자기소화 시킨 것. 효모 세포의 성분인 아미노산, 펩티드, 탄수화물 및 염류(塩類)인 수용성 성분으로 이루어져 있다. 액체 또는 분말이 있다. 천연조미료, 미생물 생장촉진제 등으로 사용된다.

Yeast Food(이스트 푸드) : 1. **효모영양소**. Yeast Nutrients(이스트 누트리언츠)와 동의어. 참조. 2. **효모식품**. 우리나라의 천연조미료와 건강보조식품 품목 중의 하나. 식용효모 또는 이를 주원료로 하여 섭취와 사용이 용이하도록 액상, 페이스트 상, 분말, 과립, 정제, 캡슐 등으로 가공한 것을 말한다.

Yeast Head(이스트 헤드) : **효모거품**. 상면발효로 생산하는 에일의 1차 발효말기에 효모를 포함하고 있는 거품. 때로는 이를 걷어내어 맥아즙 발효에 다시 사용한다.

Yeast Hulls(이스트 헐즈) : **효모외피**(外皮). 효모 세포벽의 골격. Ghost(고우스트)라고도 한다.

Yeasting(이스팅) : **효모첨가**. 식힌 맥아즙에 발효를 위하여 효모를 첨가하는 것. Pitching(피칭)과 동의어. 참조.

Yeast Nutrients(이스트 누트리언츠) : **효모 영양소**. 1. 효모의 생장과 증식에 필요한 필수적인 물질. 산소, 탄소, 질소, 인, 황, 미네랄 류, 어떤 비타민 등인데 정상적인 맥아즙에는 모두 들어있다. 탄소는 포도당, 갈락토스, 프룩토스, 설탕, 맥아당, 말토트라이오즈(Maltotriose(몰토트라이오우스)), 말툴로오즈(Maltulose(몰툴로우스)), 말토트라이올로오스(Maltotriolose(몰토우트라이올로오스)) 등에서 얻는다. 질소는 암모늄염, 아미노산, 작은 펩티드에서 얻는다. 인은 인산에서 읻는다. 황은 무기 황산염 또는 무기 아황신엄, 티오황산엄(Thiosulfate), 메티오닌, 글루타티온(Glutathione)에서 얻는다. 2. 발효 내내 효모가 건강하게 유지되기 위하여 요구되는 여분의 단백질성 화합물 또는 인산. 만약 맥아즙이 60%이하의 맥아나 맥아즙을 함유하고 있으면 여분의 영양소를 필요로 한다.

Yeasty(이스티) : 1. **효모의**. 2. **효모 닮은 향미의**. 맥주에 효모가 있거나 침전물에 너무 오래 가라앉아 있을 때 의 향미를 말한다. 나쁜 의미.

Yellow Water(옐로우 워터르) : **술**. **노란 물**. 술의 색깔을 보고 표현한 용어. Tiswin(티즈윈), Tulipai(툴리페이)와 동의어. 참조.

Yield(일드) : **산출량**. 수확량. Yield of Extract(일드 어브 익스트래크트) 참조.

Yield Difference(일드 디퍼런스) : **산출량차이**. 맥아추출물의 실험실과 양조장에서의 차이. 실험실에서 측정한 추출 값은 시료곡물을 아주 곱게 갈고 당화온도에서 오래 동안 유지시키기 때문에 높게 나오고 양조장에서는 곡물을 거칠게 갈고 당화온도유지시간이 짧아 낮게 나온다. 그러나 그 차이는 대개 1%이내이다.

Yield of Extract(일드 어브 익스트래크트) : **추출물 산출량**. 곡물에 있는 추출가능한 건조물질의 %. 이 건조물질이 담금 중 맥아즙으로 이동하는 총량이다.

Young(영) : **숙성이 안 된**. 숙성시키지 않은 맥주나 포도주등을 이를 때 사용하는 용어.

Yorkshire Square(요르크셔 스퀘어) : **요크셔 용기**. Yorkshire Stone Square(요르크셔 스토운 스퀘어. 요크셔 석재용기)와 동의어. 참조.

Yorkshire Stone Square(요르크셔 스토운 스퀘어) : **요크셔 석재용기**. 영국 요크셔 주의 태드캐스터(Tadcaster)에서 사용하는 36헥토리터(28배럴) 용기. 원래는 돌로 만들었으나 그 후에는 석판으로 만들었고 둘로 나눈 층이 있다. 맥아즙은 아래 칸에서 발효가행해지고 효모는 중간에 댄 석판에 뚫린 직경 15cm의 구멍을 통하여 위로 솟는다. 효모가 정착하면 제거하고 파이프로 맥주를 뽑아낸다.

Zapap(자파프) : **자팝**. 두개의 버킷(Bucket)으로 되어있는데 한개는 다른 버킷 속에 들어있는 간단하고 비싸지 않은 담금액 여과 솥(Lauter Tun(라우터르 턴)). 버킷 속에 들어있는 통은 수십 개의 작은 구멍이 뚫려있어 액체가 다른 버킷으로 빠지게 되어있다.

Zentner(첸트너) : **첸트너**. 홉의 중량 단위. 50kg(100파운드). 약어로 Ztr. 독일어.

Zatec Red(자텍 레드) : **자텍 레드**. 보헤미아 서쪽의 자텍 지역에서 생산된 홉을 말하는데 오늘날에는 사즈(Saaz)라고 한다. Saaz(사즈) 참조.

Zinc(징크) : **아연**. 원소기호 Zn. 효모의 미량필수원소이나 많으면 맥주에 금속맛을 준다.

Zithum(지텀) : **지텀**. Zythum(자이텀)의 이철자. Zythum(자이텀) 참조.

Zitos(지토스) : **지토스**. 맥주의 현대 그리스 이름. Zythos(줘토스) 참조.

Zoiglbier(초이글비어) : **초이글비어**. 독일 동부 바바리아 지방의 Oberpfalz(오베르팔츠)에서만 양조되고 있는 맥주 스타일. Kellerbier(켈러비어) 또는 Zwickelbier(츠비켈비어) 보다 특수몰트가 좀 더 첨가되어 색이 더 어두운데 홉 첨가량은 적어 쓴맛이 약하므로 몰트향이 강하게 느껴지는 비 여과 맥주이다.

Zuckerpilz(츄케르필츠) : **추케르필츠**. 1837년경 키칭(Kützing)과 슈반(Schwann)이 효모에 붙였던 이름. 당 곰팡이라는 뜻.

Zur(쭈르) : **추르**. Kiesel(키젤)과 동의어. 참조.

Zurkel(츄르켈) : **츄르켈**. 맥주 샘플을 따라내는데 사용하는 밸브. 독일어. Zwickel(츠비켈)이라고도 한다.

Zwicklbier(츠비클비어) : **츠비클비어**. 켈러비어(Kellerbier)와 같이 여과하지 않은 라거 맥주. 켈러비어보다 숙성기간이 짧고 알코올 농도가 낮으며 홉 향이 약하다. 그러나 탄산화(탄산가스 함유량)는 높다. 효모가 살아있고 향미가 진하고 풀 바디이고 칼로리가 높다. 마이크로 브루어리에서 점차 많이 생산하고 있다.

Zymase(자이메이스) : **지마제**. 당류를 분해하여 알코올과 탄산가스로 되게 하는 일군(一群)의 효소.

Zymocide(자이머사이드) : **자이모사이드**. 어떤 효모균주가 만들어 다른 효모균을 죽이는 물질.

Zymology(자이말러쥐) : **발효학(醱酵學)**. 효소학(Enzymology(엔자이말러쥐)). 발효를 연구하는 학문.

Zymometer(자이마미터르) : **발효계(計)**. 발효도 측정기. 효모발효의 정도를 측정하는 장치.

Zymosis(자이모우시스) : **발효(醱酵)**.

Zymotechnics(자이머테크니크) : **양조학(釀造學)**. 발효 처리법. 발효제품을 생산하고 발효조절을 연구하는 학문.

Zymurgy(자이머르쥐) : 1. **양조학(釀造學)**. 발효화학. Zymology(자이말러쥐)와 동의어. 2. **자이머지**. 미국 자가 양조인 협회(American Homebrewers Association(어메리컨 호움브루어즈 어소시에이션))가 발간하고 있는 잡지이름.

Zythos(쥐토스) : **쥐토스**. Barley Wine(바틀리와인. 보리와인)의 그리스 이름. 이집트 단어인 Zythum(자이섬)에서 유래.

Zythum(자이텀) : **자이텀**. 나일 강 삼각주에 있던 고대 이집트의 맥주. 기원전 3세기경 보리와인을 다음과 같이 만든다고 파피루스에 기록되어있다. 6줄 보리를 물과 섞어 빵으로 굽는다. 이를 빻아서 주스와 물을 섞는다. 이를 걸러서 발효시킨다. 자이텀은 노간주나무 열매, 생강가루, 홉, 검은색 쿠민(Cumin. 미나리과의 식물 또는 그 씨앗을 말린 것), 사프란, 기타 허브로 향미를 내었다. 디자이텀(Dizythum)은 자이템보다 독한 술이다. 카르미(Carmi)는 왕실용, 부사(Busa)는 가정용 맥주였다. Zithum(지텀), Zythem(자이텀)이라고도 쓴다.

에듀컨텐츠·휴피아
ECH Educontents Huepia

【부록 1】 각 단위간의 변환

맥주의 기원은 우리나라가 아닐 뿐만 아니라 서양에서 발달하였기 때문에 맥주제조에 사용하는 단위는 거의모두 유럽과 미국의 야드파운드법(길이의 단위에 야드, 무게의 단위에 파운드, 부피의 단위에 갤런 등을 표준으로 하는 법)을 사용하여 우리나라가 사용하고 있는 미터법(길이와 너비 등은 미터를, 부피는 리터를, 무게는 킬로그램 등을 표준으로 하는 법)과는 다른 체계를 사용하고 있다. 현재는 미터법이 국제 도량형으로 사용되고 있으나 아직도 미국을 비롯한 영국과 유럽에서는 대부분 야드파운드법을 사용하고 있고 지금까지 나온 많은 문헌들이 이 법으로 표기되어 있기 때문에 이 두 법 간의 도량형 환산표를 만드는 것이 필요하다. 여러 문헌에서 수집하여 각 도량형간의 관계를 정리하였다. 무게와 부피에 관하여 간단히 정리한 것은 다음과 같고 순서는 단위의 영어 명으로 정리하였다. 주(註) : 일반적으로 야드-파운드 법은 기원은 영국이나 미국 법을 주로 사용하므로 특별한 언급이 없으면 미국 법을 사용한 것이다. 영국 법은 단위 앞에 British, Imperial 등의 용어가 붙는다.

1) 무게

부셸(Bushel)(보리. 미국과 캐나다) = 48 파운드
부셸(Bushel)(몰트. 미국과 캐나다) = 34 파운드
1 갤런(Gallon)의 물의 무게 = 8.35 파운드
그레인(Grain) = 64.80 밀리그램
그램(Gram) = 100 센티그램 = 1000 밀리그램 = 0.035 온스
100 웨이트(Hundred Weight. 약어로 cwt) = 112 파운드
킬로그램(Kilogram. kg) = 1000 그램 = 2.205 파운드 = 35.27 온스
킬로그램(Kilogram) x 2.2 = 파운드
온스(Ounce) = 28.349 그램
파운드(Pound) = 16 온스 = 0.454 킬로그램 = 454 그램
파운드(Pound) x 0.45 = 킬로그램(Kilogram)
쿼터(Quarter(보리)) = 448 파운드
쿼터(Quarter(맥아)) = 336 파운드
톤(Ton. 미터법) = 2204.6 파운드
톤(롱)(Ton(Long). 영국 톤)) = 2240 파운드
톤(쇼트)(Ton(Short). 미국 톤)) = 2000 파운드
첸트너(Zentner(홉)) = 50 킬로그램(110.2 파운드)

2) 부피

영국 배럴(British Barrel) = 163.6546리터 = 36 영국 갤런
영국 갤런(British Gallon) = 4.54596 리터 = 8 파인트(Pint) = 160 액량 온스 = 1.20095 미국 갤런
영국 갤런(British Gallon) x 0.833 = 미국 갤런
영국 액량 온스(British Ounce(Fluid)) = 28.41225 밀리리터
영국 파인트(British Pint) = 20 온스
부트(Butt) = 108 영국 갤런
컵(Cup) = 16 테이블스푼 = 8 액량 온스
퍼킨(Firkin) = 9 영국 갤런
푸드르(Foudre) = 25 배럴(3000 리터). 벨기에
헥토리터(Hectoliter) = 100 리터 = 26.4 미국 갤런 = 0.85 미국 배럴
혹스헤드(Hogshead) = 54 영국 갤런(1.5 배럴)
케그(Keg) = 0.5 배럴
킬더킨(Kilderkin) = 18 영국 갤런
리터(Liter) = 100 센티리터 = 1000 밀리리터 = 0.264 미국 갤런 = 1.057 미국 쿼트 = 2.11 파인트
입방미터(m^3) = 1000리터 = 10 헥토리터 = 33.315 입방피트 = 219.98 영국 갤런 = 264.18 미국 갤런
핀(Pin) = 4.5 영국 갤런
피프(Pipe) = 5.5 배럴 (650 리터). 벨기에
포니 케그(Pony Keg)) = 7.75 갤런 = 1/4 배럴
통(Tonne) = 2.2 배럴 (267 리터). 벨기에
테이블스푼(Tablespoon) = 3 티스푼 = 1/2 액량 온스
티스푼(Teaspoon) = 1/3 테이블스푼 또는 1/8 액량 온스
미국 배럴(U.S. Barrel) = 1.1734 헥토리터 = 31 미국 갤런 = 2 케그(Keg) = 약 14 상자
미국 컵(U.S. Cup) = 8 온스 = 16 테이블스푼 = 48 티스푼
미국 갤런(U.S. Gallon) = 3.785 리터 = 2파인트 = 4 쿼트 = 128 액량 온스= 8 파인트(Pint) = 16 컵 = 256 테이블스푼 = 768 티스푼 = 0.833 영국 갤런
미국 액량 온스(U.S. Ounce(Fluid)) = 29.5727 밀리리터 = 2 테이블스푼 또는 6 티스푼
미국 파인트(U.S. Pint) = 473 밀리리터 = 2 컵 = 16 액량 온스 = 1/2 쿼트
미국 쿼트(U.S. Quart) = 0.946리터 = 2 파인트 = 32 온스

3) 비율

1 파운드/영국 갤런 = 99.76 g/리터
1 파운드/영국 배럴 = 2.77 g/리터
1 그레인/영국 갤런 = 14.25 mg/리터
1 온스/영국 갤런 = 623.6 g/리터
100% 프루프 증류주 = 57.10%(부피환산 알코올) = 49.28%(무게환산 알코올)
1 g CO_2/100 ml 맥주 = 5.06 부피(Volume)

4) 온도

°C(섭씨도) = 5/9 × (F-32)
°F(화씨도) = (9/5 x C) + 32

이를 다음과 같은 식으로 나타낼 수도 있다.

섭씨(℃) = 0.566 x (℉-32). 화씨에서 32를 빼고 5/9, 즉 0.556을 곱한다.
화씨(℉) = (1.8 x ℃) + 32. 섭씨에 9/5, 즉 1.8을 곱하고 여기에 32를 더한다.

(1) 화씨와 섭씨온도 변환 표

℉	℃	℉	℃	℉	℃	℉	℃
32	0	78	26	124	51	170	77
33	1	79	26	125	52	171	77
34	1	80	27	126	52	172	78
35	2	81	27	127	53	173	78
36	2	82	28	128	53	174	79
37	3	83	28	129	54	175	79
38	3	84	29	130	54	176	80
39	4	85	29	131	55	177	81
40	4	86	30	132	56	178	81
41	5	87	31	133	56	179	82
42	6	88	31	134	57	180	82
43	6	89	32	135	57	181	83
44	7	90	32	136	58	182	83
45	7	91	33	137	58	183	84
46	8	92	33	138	59	184	84
47	8	93	34	139	59	185	85
48	9	94	34	140	60	186	86
49	9	95	35	141	61	187	86
50	10	96	36	142	61	188	87
51	11	97	36	143	62	189	87
52	11	98	37	144	62	190	88
53	12	99	37	145	63	191	88
54	12	100	38	146	63	192	89
55	13	101	38	147	64	193	89
56	13	102	39	148	64	194	90
57	14	103	39	149	65	195	91
58	14	104	40	150	66	196	91
59	15	105	41	151	66	197	92
60	16	106	41	152	67	198	92
61	16	107	42	153	67	199	93
62	17	108	42	154	68	200	93
63	17	109	43	155	68	201	94
64	18	110	43	156	69	202	94
65	18	111	44	157	69	203	95
66	19	112	44	158	70	204	96
67	19	113	45	159	71	205	96
68	20	114	46	160	71	206	97
69	21	115	46	161	72	207	97
70	21	116	47	162	72	208	98
71	22	117	47	163	73	209	98
72	22	118	48	164	73	210	99
73	23	119	48	165	74	211	99
74	23	120	49	166	74	212	100
75	24	121	49	167	75		
76	24	122	50	168	76		
77	25	123	51	169	76		

(2) 양조과정에 사용되는 화씨와 섭씨간의 변환

담금(Mashing) : 148-158℉ = 64-70℃
뜨거운 물 살포(Sparging) : 160-170℉ = 71-77℃
끓임(Boiling) : 212℉ = 10℃
에일 효모첨가(Ale Yeast Pitching) : 65-75℉ = 18-24℃
라거 효모첨가(Lager Yeast Pitching) : 55-60℉ 13-16℃
에일 발효(Ale Fermentation) : 60-80℉ = 16-27℃
라거 발효(Lager Fermentation) : 40-60℉ = 4-16℃
저온저장숙성(Lagering) : 32-45℉ = 0-7℃
저장(Cellaring) : 50-55℉ = 10-13℃
에일 서빙(Ale Serving) : 50-55℉ = 10-13℃
라거 서빙(Lager Serving) : 45-50℉ = 7-10℃

(3) 기타

1/100만(ppm. part per million의 약어) = 1 mg/리터 = 1 μl/리터
1/10억(ppb. part per billion의 약어) = 1 μg/리터 = 1 pl/리터

5) 비중(Specitic Gravity, SG)을 플라토(Plato)로 변환하는 법

식 :

°플라토로 나타낸 맥아즙의 투입농도(예 : 15.0)를 비중(예 : 1.061)으로 바꿀 때는

$SG = 1 + \frac{P}{(258.6 - 0.8796P)}$ 를 사용하고

비중으로 나타낸 맥아즙의 투입농도(예 : 1.061)를 °플라토로 바꿀 때는 P=(463-(205 x SG)) x SG-1)를 사용한다. 이 식들을 이용하여 SG와 °P간의 상호환산 관계는 다음과 같다.

SG	P	SG	P	SG	P	SG	P
1.040	10.0	1.063	15.4	1.086	20.7	1.109	25.7
1.041	10.2	1.064	15.7	1.087	20.9	1.110	25.9
1.042	10.5	1.065	15.9	1.088	21.1	1.111	26.1
1.043	10.7	1.066	16.1	1.089	21.3	1.112	26.3
1.044	11.0	1.067	16.4	1.090	21.6	1.113	26.5
1.045	11.2	1.068	16.6	1.091	21.8	1.114	26.7
1.046	11.4	1.069	16.8	1.092	22.0	1.115	27.0
1.047	11.7	1.070	17.1	1.093	22.2	1.116	27.2
1.048	11.9	1.071	17.3	1.094	22.4	1.117	27.4
1.049	12.1	1.072	17.5	1.095	22.7	1.118	27.6
1.050	12.4	1.073	17.7	1.096	22.9	1.119	27.8
1.051	12.6	1.074	18.0	1.097	23.1	1.120	28.0
1.052	12.9	1.075	18.2	1.098	23.3	1.121	28.2
1.053	13.1	1.076	18.4	1.099	23.5	1.122	28.4
1.054	13.3	1.077	18.7	1.100	23.7	1.123	28.6
1.055	13.6	1.078	18.9	1.101	24.0	1.124	28.8
1.056	13.8	1.079	19.1	1.102	24.2	1.125	29.0
1.057	14.0	1.080	19.3	1.103	24.4	1.126	29.3
1.058	14.3	1.081	19.6	1.104	24.6	1.127	29.5
1.059	14.5	1.082	19.8	1.105	24.8	1.128	29.7
1.060	14.7	1.083	20.0	1.106	25.0	1.129	29.9
1.061	15.0	1.084	20.2	1.107	25.3		
1.062	15.2	1.085	20.4	1.108	25.5		

6) 미국식 부피의 미터법으로의 환산표(Metric Conversions)

(1) 부피

미국식	미터법
1/2 티스푼	2.5 ml
1 티스푼	5 ml
2 티스푼	10 ml
3 티스푼	15 ml
1 테이블스푼	15 ml
2 테이블스푼	30 ml
3 테이블스푼	44 ml
4 테이블스푼	59 ml
1/4 컵	59 ml
1/3 컵	79 ml
1/2 컵	118 ml
2/3 컵	158 ml
3/4 컵	177 ml
1 컵	237 ml
2 컵	473 ml
3 컵	710 ml
4 컵	946 ml
1 파인트	473 ml
2 파인트	946 ml
1 쿼트	946 ml
2 쿼트	1.9 리터
3 쿼트	2.8 리터
4 쿼트	3.785 리터
1/2 갤런	1.9 리터
1 갤런	3.785 리터
2 갤런	7.6 리터
3 갤런	11.4 리터
4 갤런	15.1 리터
5 갤런	18.9 리터
6 갤런	22.7 리터

위 표의 부피는 다음에 기초하여 작성한 것이다.

1. 1 갤런 = 3.785 리터 = 8 파인트 = 16 컵 = 256 테이블스푼 = 768 티스푼
2. 1 갤런 = 4 쿼트

1 쿼트 = 2 파인트
1 파인트 = 2 컵
1 컵 = 16 테이블스푼
1 테이블스푼 = 3 티스푼

(2) 온스와 파운드의 미터법(g과 kg)으로의 환산표

파운드	온스	그램	파운드	온스	그램	파운드	온스	그램
0	0	0	2	11	1.22kg	5	14	2.66kg
0	1/5	5.7g	2	12	1.25kg	5	15	2.69kg
0	1/4	7.1g	2	13	1.28kg	6	0	2.72kg
0	1/3	9.4g	2	14	1.30kg	6	1	2.75kg
0	1/2	14.2g	2	15	1.33kg	6	2	2.78kg
0	3/5	17.0g	3	0	1.36kg	6	3	2.81kg
0	2/3	18.7g	3	1	1.39kg	6	4	2.84kg
0	3/4	21.3g	3	2	1.42kg	6	5	2.86kg
0	4/5	22.7g	3	3	1.45kg	6	6	2.89kg
0	1	28.4g	3	4	1.47kg	6	7	2.92kg
0	2	57g	3	5	1.50kg	6	8	2.95kg
0	3	85g	3	6	1.53kg	6	9	2.98kg
0	4	113g	3	7	1.56kg	6	10	3.01kg
0	5	142g	3	8	1.59kg	6	11	3.03kg
0	6	170g	3	9	1.62kg	6	12	3.06kg
0	7	198g	3	10	1.64kg	6	13	3.09kg
0	8	227g	3	11	1.67kg	6	14	3.12kg
0	9	255g	3	12	1.70kg	6	15	3.15kg
0	10	284g	3	13	1.73kg	7	0	3.18kg
0	11	312g	3	14	1.76kg	7	1	3.20kg
0	12	340g	3	15	1.79kg	7	2	3.23kg
0	13	369g	4	0	1.81kg	7	3	3.26kg
0	14	397g	4	1	1.84kg	7	4	3.29kg
0	15	425g	4	2	1.87kg	7	5	3.32kg
1	0	454g	4	3	1.90kg	7	6	3.35kg
1	1	482g	4	4	1.93kg	7	7	3.37kg
1	2	510g	4	5	1.96kg	7	8	3.40kg
1	3	539g	4	6	1.98kg	7	9	3.43kg
1	4	567g	4	7	2.01kg	7	10	3.46kg
1	5	595g	4	8	2.04kg	7	11	3.49kg
1	6	624g	4	9	2.07kg	7	12	3.52kg
1	7	652g	4	10	2.10kg	7	13	3.54kg
1	8	680g	4	11	2.13kg	7	14	3.57kg
1	9	709g	4	12	2.15kg	7	15	3.60kg

1	10	737g	4	13	2.18kg	8	0	3.63kg
1	11	765g	4	14	2.21kg	8	1	3.66kg
1	12	794g	4	15	2.24kg	8	2	3.69kg
1	13	822g	5	0	2.27kg	8	3	3.71kg
1	14	851g	5	1	2.30kg	8	4	3.74kg
1	15	879g	5	2	2.32kg	8	5	3.77kg
2	0	907g	5	3	2.35kg	8	6	3.80kg
2	1	936g	5	4	2.38kg	8	7	3.83kg
2	2	964g	5	5	2.41kg	8	8	3.86kg
2	3	992g	5	6	2.44kg	8	9	3.88kg
2	4	1.02kg	5	7	2.47kg	8	10	3.91kg
2	5	1.05kg	5	8	2.49kg	8	11	3.94kg
2	6	1.08kg	5	9	2.52kg	8	12	3.97kg
2	7	1.11kg	5	10	2.55kg	8	13	4.00kg
2	8	1.13kg	5	11	2.58kg	8	14	4.03kg
2	9	1.16kg	5	12	2.61kg	8	15	4.05kg
2	10	1.19kg	5	13	2.64kg	9	0	4.09kg

(3) 설탕과 맥아의 양 변환

건조맥아추출물(DME)과 양조인용 옥수수당
1 파운드 = 2.4 컵
1 컵 = 6.5 온스

설탕
1 파운드 = 2 컵
1 컵 = 8 온스 = 1/2 파운드
1 온스 = 깍은 2 테이블스푼

주(註) : 프라이밍에 3/4컵의 옥수수 당 사용 = 건조맥아추출물(DME) 발효도에 따라 1.20-1.5컵. 예를 들면 네덜란드 DME는 전형적인 발효도가 55%이고 영국 DME의 발효도는 75%이므로 첨가량이 달라져야 한다.

(4) 기타 양변환(量變換)

알고 싶은 양	아는 양	배수
티스푼	밀리리터	4.93
티스푼	테이블스푼	0.33
테이블스푼	밀리리터	14.79
테이블스푼	티스푼	3.00
컵	리터	0.24
컵	파인트	0.50
컵	쿼트	0.25
파인트	컵	2.00
파인트	리터	0.47
파인트	쿼트	0.50
쿼트	컵	4.00
쿼트	갤런	0.25
쿼트	리터	0.95
쿼트	파인트	2.00
갤런	리터	3.79
갤런	쿼트	4.00

【부록 2】 양조에 필요한 공식

1) 맥아추출물사용량에 따른 초기비중 결정

자가 맥주양조에 사용되는 맥아즙의 초기비중을 맞추기 위하여 사용되는 맥아추출물의 양을 결정하는 데에는 다음과 같은 간단한 식을 캘리포니아의 Brewers Resources of Camarillo에서 만들어 냈다. 건조맥아추출물(Dry Malt Extract. DME)을 물 1갤런에 1파운드를 녹이면 약 44가 된다. 액체 추출물은 약 35정도가 된다. 이를 이용하여 자가 맥주를 양조할 때 맥아추출물 얼마를 넣어야 원하는 초기비중을 맞출 수 있는지를 결정할 수 있다. 맥아추출물 밀도 x 맥아량(파운드)/양조할 맥주의 양. 만약 양조에 5파운드의 DME를 사용하여 5갤런의 맥주를 만든다면 초기비중은 44 x 5/5 = 44, 즉 초기비중은 약 1.044이다.

2) 알파 산 단위(Alpha Acid Units. AAU) 결정

일반적으로 사용되는 이 식은 The Big Book of Brewing(Andover, UK, 1974)을 쓴 아마추어 양조인인 데이브 라인(Dave Line)에 의하여 고안된 것이다. 이 식은 IBU식보다 정확하지는 않으나 자가 맥주양조인 에게는 문제될 것이 없는 좋은 계산법이다. 15분 이상 끓일 1파운드당의 알파 산의 함량을 더하고 이 값을 만들 맥주의 양(갤런)으로 나눈다. 예를 들면 6%의 알파 산을 가지고 있는 2온스의 홉, 그리고 4%의 알파 산을 가지고 있는 1온스의 홉을 가지고 5갤런의 맥주를 만든다면 맥주 1갤런 당 (6 x 2) + (4 x 1)/5 = 3.2 AAU를 가진다.

3) 자가 양조 쓴맛단위(Home-Brew Bittering Unit. HBUs) 결정

데이브 라인(Dave Line)의 AAU를 기본으로 미국 자가 양조인 협회(American Homebrewers Association)에서 사용하는 식이다. 15분 이상 끓일 1파운드당의 알파 산의 함량에 알파 산 함량을 곱한 것이다. 예를 들면 4.5% 알파 산 홉2온스라면 2 x 4.5 = 9 HBU이다.

4) 국제 쓴맛단위(International Bitterness Units) 결정

이 식은 바이론 버치(Bayron Burch)가 저술한 Brewing Quality Beers : The Home Brewer's Essential Guidebook을 기본으로 만들었다. 홉 온스 x 알파 산 x 이용 % ÷ 7.25이다. 만약 쓴맛을 내기위하여 2온스의 푸글즈(Fuggles. 5.0AA) 홉을 60분 동안 끓였고 향미를 내기 위하여 1온스의 골딩드(Goldings. 6.0AA) 홉을 15분간 끓였다면 IBU는 다음과 같이 계산한다. 2 x 5.0 = 10.0, 10 x 30 = 300. 300 ÷ 7.25 = 41.38 IBU이다. 여기에 향미 홉의 IBU인 1 x 6.0 = 6.0, 6.0 x 8 = 48. 48 ÷ 7.25 = 6.62. 총 IBU는 41.38 + 6.62 = 48.00이 된다. 알파 산 이용 %는 다음과 같다.

5분 이내	5%
6 - 10분	6%
11 - 15분	8%
16 - 20분	10.1%
21 - 25분	12.1%
26 - 30분	15.3%
31 - 35분	18.8%
36 - 40분	22.8%
41 - 45분	26.9%
46 - 50분	28.1%
51 - 60분	30%

주(註) : 전문 양조인과 일부 자가 맥주양조인은 홉 이용도를 홉 펠릿인 경우 40%까지 올릴 수 있으나 보통의 자가 맥주양조인은 홉 펠릿의 경우 30%, 구과 전체를 사용하는 경우에는 25%정도이다. 그리고 홉의 쓴맛의 이용률을 높이는 요인에는 1) 높은 맥아즙 pH, 2) 끓임 시간 연장, 3) 낮은 맥아즙 비중, 4) 신선한 홉 사용, 5) 적당한 효모 사용 등이 해당한다. 반대로 홉 이용률을 낮추는 요인에는 1) 낮은 맥아즙 pH, 2) 짧은 끓임 시간, 3) 높은 맥아즙 비중, 4) 홉 주머니 사용, 5) 묵은 홉, 6) 적당하지 않은 효모사용 등이다.

5) 부피에 대한 알코올농도(Alcohol By Volume. ABV) 결정

초기 비중으로부터 얻은 알코올 %에서 최종비중에서 얻은 알코올 %를 뺀다. 예 : 7%(1.055) - 1%(1.010) = 6%. 또는 소수점을 없앤 원 비중에서 최종비중을 빼고 7.5로 나눈다. 예 : 1055 - 1010 = 45 ÷ 7.5 = 6%.

부피에 대한 알코올농도(Alcohol By Volume. ABV)를 무게에 대한 알코올 농도(Alcohol By Weight. ABW)로의 변환

ABV에 0.8이나 80%를 곱한다. 예 : ABV = 6% x 0.80 = ABW. 역으로 ABW를 ABV로 바꾸려면 ABW에 1.25를 곱한다. 예 : ABW = 4.8% x 1.25 = 6% ABV

액체비중계(Hydrometer)

비중척도는 물(1.000 또는 1000)에 상응하는 액체의 무게이다. 이 척도는 영국 양조인 그리고 대부분의 미국 자가 맥주 양조인이 사용한다. 볼링(Balling) 또는 브릭스(Brix)척도(이를 당도라한다)는 액체 속에 존재하는 당의 무게 %를 말하고 °플라토(°Plato) 또는 °P로 표기한다. 많은 미국과 독일의 양조인이 사용하는 척도이다. 알코올농도는 대개 맥주발효가 끝났을 때의 알코올 함량 %이다. 이를 측정할 때는 맥아즙에 효모를 첨가하기전과 발효가 정지되었을 때의 2번의 측정이 필요하다. (예) 첫 번째 측정(발효개시 비중) : 1.045 이에 상응하는 알코올 % : 5.5. 두 번째 측정 : 1.014. 이에 상응하는 알코올 % : 1.5. 그러므로 5.5 - 1.5 = 4.0% 알코올(ABV).

알코올 %	비중	플라토	알코올 %	비중	플라토	알코올 %	비중	플라토
0.000	1.002	0.50	4.750	1.040	10.00	10.000	1.078	19.50
0.125	1.003	0.75	5.000	1.041	10.25	10.125	1.079	19.75
0.250	1.004	1.00	5.125	1.042	10.50	10.250	1.080	20.00
0.375	1.005	1.25	5.250	1.043	10.75	10.375	1.081	20.25
0.500	1.006	1.5	5.375	1.044	11.00	10.500	1.082	20.50
0.625	1.007	1.75	5.500	1.045	11.25	10.625	1.083	20.75
0.750	1.008	2.00	5.625	1.046	11.50	10.750	1.084	21.00
0.875	1.009	2.25	5.750	1.047	11.75	10.875	1.085	21.25
1.000	1.010	2.50	5.875	1.048	12.00	11.000	1.086	21.50
1.125	1.011	2.75	6.000	1.049	12.25	11.125	1.087	21.75
1.250	1.012	3.00	6.125	1.050	12.50	11.250	1.088	22.00
1.375	1.013	3.25	6.250	1.051	12.75	11.375	1.089	22.25
1.500	1.014	3.50	6.375	1.052	13.00	11.500	1.090	22.50
1.625	1.015	3.75	6.500	1.053	13.25	11.625	1.091	22.75
1.750	1.016	4.00	6.625	1.054	13.50	11.750	1.092	23.00
1.875	1.017	4.25	6.750	1.055	13.75	12.000	1.093	23.25
2.000	1.018	4.50	7.000	1.056	14.00	12.125	1.094	23.50
2.125	1.019	4.75	7.125	1.057	14.25	12.250	1.095	23.75
2.250	1.020	5.00	7.250	1.058	14.50	12.375	1.096	24.00
2.375	1.021	5.25	7.375	1.059	14.75	12.500	1.097	24.25
2.500	1.022	5.50	7.500	1.060	15.00	12.750	1.098	24.50
2.625	1.023	5.75	7.750	1.061	15.25	12.875	1.099	24.75
2.750	1.024	6.00	7.875	1.062	15.50	13.000	1.100	25.00
2.875	1.025	6.25	8.000	1.063	15.75	13.125	1.101	25.25
3.000	1.026	6.50	8.125	1.064	16.00	13.250	1.102	25.50
3.125	1.027	6.75	8.250	1.065	16.25	13.375	1.103	25.75
3.250	1.028	7.00	8.375	1.066	16.50	13.500	1.104	26.00
3.375	1.029	7.25	8.500	1.067	16.75	13.750	1.105	26.25
3.500	1.030	7.50	8.625	1.068	17.00	13.875	1.106	26.50
3.625	1.031	7.75	8.750	1.069	17.25	14.000	1.107	26.75
3.750	1.032	8.00	8.875	1.070	17.50	14.125	1.108	27.00
3.875	1.033	8.25	9.000	1.071	17.75	14.250	1.109	27.25
4.000	1.034	8.50	9.125	1.072	18.00	14.375	1.110	27.50
4.125	1.035	8.75	9.250	1.073	18.25	14.500	1.111	27.75
4.250	1.036	9.00	9.375	1.074	18.50	14.625	1.112	28.00
4.375	1.037	9.25	9.500	1.075	18.75	14.750	1.113	28.25
4.500	1.038	9.50	9.750	1.076	19.00	14.875	1.114	28.50
4.625	1.039	9.75	9.875	1.077	19.25	15.000	1.115	28.75

주(註) : 위 표에서처럼 비중 4포인트 당 약 1 플라토이다. (예) 5°P x 4 = 비중 1.002

온도에 따른 액체비중 값의 교정

대부분의 액체비중 값은 60°F에서의 값을 말한다. 만약에 맥주 만드는 맥아즙의 온도가 이 온도가 아니라면 이 온도 에서의 값으로 교정해 주어야한다(아래의 표 참조). 온도는 화씨이다. 주의 : 차가운 온도계를 끓는 액체에 넣으면 온도계가 깨지므로 주의할 것. 대개 액체가 식은 다음에 측정하거나 온도계를 뜨거운 물에 예열시켜 사용한다. (예) 맥아즙 온도 : 77°F. 비중 : 1.053. 교정 수치 : +2. 실제적 비중 : 1.055. 잠재적 알코올 농도 : 맥아즙의 알코올 - 풋 맥주중의 알코올.

온도(화씨)	보정 값
40	1을 뺀다
50	1/2을 뺀다
60	0
70	1을 더한다
77	2를 더한다
84	3을 더한다
88	4를 더한다
95	5를 더한다
100	6을 더한다
105	7을 더한다
115	9를 더한다
120	11을 더한다
140	16을 더한다
150	19를 더한다
170	26을 더한다
212	42를 더한다

【부록 3】 각 단위간의 변환 계수

다음 표는 각 단위간의 변환을 좀 더 자세하게 한 것이다. 배열순서는 영어의 알파벳 순서이다. 보는 법은 다음과 같다(첫째 중의 경우). 1 영국 배럴은 영국 갤런에 36을 곱한 것이다. 달리 말하면 1 영국 갤런은 1/36배럴이다.

주(註) : 내용 중 다음 용어의 의미는 다음과 같다.

금형(金衡. Troy) - 금에 사용하는 단위.

상형(常衡. Avoirdupois) - 파운드 법에 따른 단위.

약형(藥衡. Apothecary) - 약에 사용하는 단위.

---(은)는	---에	---(을)를 곱한 것이다
영국 배럴(British Barrel)	영국 갤런	36
	세제곱피트	5.779568
	세제곱미터	0.1636591
	리터	163.6546
	미국배럴	1.3725
영국 퍼킨(British Perkin)	영국 파인트	72
	영국 갤런	9
	세제곱센티미터	40,914.79
	세제곱피트	1.444892
	미국퍼킨	1.2000949
	리터	40.91364
영국 갤런(British Gallon)	영국 배럴	0.027777
	영국 퍼킨	0.111111
	영국 온스(액체)	160
	영국 쿼트	4
	세제곱센티미터	4,546.087
	세제곱피트	0.160544
	세제곱미터	277.4193
	세제곱미터	0.004546
	리터	4.54596
	미국 온스(액체)	153.7215
	미국 갤런	1.20095
영국 갤런/초 (British Gallon/Second)	세제곱센티미터/초	4,546.087
영국 온스 (액체)(British Ounce(Liquid))	세제곱센티미터	28.41305
	세제곱미터	1.733387
	영국 갤런	0.00625
	밀리리터	28.41225

	미국 온스(액체)	0.9607594
영국 파인트(British Pint)	영국 갤런	0.125
	영국 질(Gill)	4
	영국 온스(액체)	20
	영국 쿼트	0.5
	세제곱센티미터	568.26092
	리터	0.568245
	미국 질	4.903797
	미국 파인트	1.200949
영국 쿼트(British Quart)	영국 갤런	0.25
	세제곱센티미터	1,136.522
	세제곱미터	69.35482
	리터	1.13649
	미국 갤런	0.032056
	미국 쿼트	1.200949
섭씨(Centigrade. ℃)	화씨(℉)	(℃ x 9/5) + 32
센티그램(Centigram)	그레인	0.15432
	그램	0.01
센티리터(Centiliter)	세제곱센티미터	10
	세제곱미터	0.6102545
	리터	0.01
	미국 온스(액체)	0.33815
센티미터(Centimeter)	피트	0.03281
	인치	0.3937
	미터	0.01
	미크론(Micron)	10,000
	밀리미터	10
센티미터/분(Centimeter/Minute)	인치/분	0.3937
센티미터/초(Centimeter/Second)	피트/분	1.969
	피트/초	0.03281
	미터/분	0.6
	미터/초	0.01

세제곱센티미터(Cubic Centimeter)	영국 갤런	0.000218997
	영국 질(Gill)	0.00739
	영국 쿼트	0.00087988
	영국 온스(액체)	0.03519
	세제곱피트	0.000035314
	세제곱미터	0.06102
	세제곱미터	1,000
	리터	0.001
	밀리리터	1
	미국 드램(Dram)	0.27051
	미국 갤런	0.00026417
	미국 질(Gill)	0.0084535
	미국 온스(액체)	0.033814
	미국 파인트	0.00211337
	미국 쿼트	0.0010567
세제곱피트((Cubic Feet)	영국 갤런	6.229
	영국 온스(액체)	966.6143
	세제곱센티미터	28,316.847
	세제곱미터	0.028317
	세제곱미터	1,728
	리터	28.3168
	미국 갤런	7.481
	미국 파인트	59.844256
	미국 쿼트	29.922078
	미국 온스(액체)	957.50649
세제곱미터(Cubic Inch)	영국 배럴	0.000797
	영국 갤런	0.0036
	세제곱센티미터	16.38706
	세제곱피트	0.00058
	세제곱미터	0.0000163
	세제곱미터	16,387.06
	리터	0.01639
	미국 갤런	0.004329
	미국 파인트	0.034632
	미국 쿼트	0.017316
	미국 온스(액체)	0.554
세제곱미터(Cubic Meter)	영국 배럴	6.11
	영국 갤런	219.9692
	세제곱피트	35.3147

	세제곱미터	61,023.74
	리터	1,000
	미국배럴	8.3864145
	미국 갤런	264.17205
	미국 파인트	2,113.3764
	미국 쿼트	1,056.6882
세제곱미터(Cubic Millimeter)	세제곱미터	0.000061
드램(상형(常衡)) (Dram(Avoirdupois))	그레인	27.3437
	그램	1.7718
	드램(약형(藥衡))	0.455729
드램(약형(藥衡))(Dram(Apothecary))	드램(상형(常衡))	0.2194286
	파운드(상형(常衡))	0.008571429
	파운드(금형(金衡))	0.010416667
	온스(금형(金衡))	0.125
	온스(상형(常衡))	0.1371429
	페니웨이트(Pennyweight. 금형(金衡))	2.5
화씨(°F)(Fahrenheit)	섭씨(°C)	(°F x 5/9) - 32
피트(Feet)	센티미터	30.48
	인치	12
	미터	0.3048
	밀리미터	304.8
	밀(Mil)	12,000
피트/분(Feet/Minute)	센티미터/초	0.508
	미터/초	0.00508
	미터/분	0.305
	마일/1시간	0.011364
피트/초(Feet/Second)	센티미터/초	30.48
	미터/분	18.288
	미터/초	0.3048
퍼킨(Perkin)	미국퍼킨과 영국 퍼킨 참조	
갤런(Grain)	미국 갤런과 영국 갤런 참조	

그레인(상형(常衡))(Grain Avoirdupois)	그레인(금형(金衡))	1
그레인(금형(金衡))(Grain Troy)	그레인(상형(常衡))	1
	드램(약형(藥衡))	0.01666
	드램(상형(常衡))	0.03657
	그램	0.0647989
	밀리그램	64.7989
	온스 (약형(藥衡))	0.002083
	온스(상형(常衡))	0.0022857
	온스(금형(金衡))	0.002083
	페니웨이트(Pennyweight. 금형(金衡))	0.0416667
	파운드(상형(常衡))	0.0001428
	파운드(금형(金衡))	0.0001736
	스크루풀(Scruple. 약형(藥衡))	0.05
그램(Gram)	데시그램	10
	드램(상형(常衡))	0.5643
	드램(약형(藥衡))	0.2572
	그레인	15.43235
	킬로그램	0.001
	밀리그램	1,000
	온스(상형(常衡))	0.03527
	온스(금형(金衡))	0.03215
	페니웨이트(Pennyweight. 금형(金衡))	0.64301
	파운드(상형(常衡))	0.00204
	파운드(금형(金衡))	0.002679
	스크루풀(Scruple. 약형(藥衡))	0.77162
헥토리터(Hectoliter)	세제곱피트	3.531566
	리터l	100
	미국 갤런	26.41794
	미국 온스(액체)	3,381.497
100웨이트 (롱)(Hundredweight(Long))	킬로그램	50.80235
100웨이트 (쇼트)(Hundredweight(Short))	킬로그램	45.35924
영국단위(Imperial Measure)	영국단위 참조	

인치(Inch)	센티미터	2.54
	피트	0.083333
	미터	0.0254
	마이크론	25,400
	밀리미터	25.4
	밀	1,000
킬로그램(Kilogram)	영국 갤런	0.2199
	영국 쿼터(롱)	0.078736522
	세제곱센티미터	1,000
	세제곱미터	61.023
	드램(상형(常衡))	564.4
	그레인	15,432.358
	그램	1,000
	100웨이트(롱)	0.01968
	100웨이트(쇼트)	0.02204
	온스(상형(常衡))	35.2739
	온스(금형(金衡))	32.15074
	파운드(상형(常衡))	2.20462
	파운드(금형(金衡))	2.6792
	페니웨이트(Pennyweight. 금형(金衡))	643.015
	스크루풀(Scruple. 약형(藥衡))	771.6792
	톤(롱)	0.009842
	톤(미터법)	0.001
	톤(쇼트)	0.0011023
	미국 갤런	0.26417
킬로미터(Kilometer)	피트	3,280.84
	야드	1,093.6133
리터(Liter)	영국 갤런	0.21997
	영국 질	7.03902
	영국 온스(액체)	35.196
	영국 파인트	1.795756
	영국 쿼터	0.8798775
	센티리터	100
	세제곱센티미터	1,000
	세제곱피트	0.03532
	세제곱미터	61.0255
	세제곱미터	0.001
	드램	270.5179

	밀리리터	1,000
	미국 갤런	0.26417205
	미국 질	8.4535058
	미국 온스(액체)	33.8147
	미국 파인트	2.1133764
	미국 쿼트	1.0567
리터/분(Liter/Minute)	세제곱피트/분	0.0353147
	세제곱피트/초	0.000588578
리터/초(Liter/Second)	세제곱피트/분	2.11888
	미국 갤런/분	15.850342
	미국 갤런/초	0.2641723
미터(Meter)	센티미터	100
	피트	3.28084
	인치	39.37008
	킬로미터	0.001
	밀리미터	1,000
미터/초(Meter/Second)	피트/초	3.281
	피트/분	196.86
마이크로인치(Microinch)	마이크론	0.0254
마이크론 (마이크로미터)(Micron(Micrometer))	센티미터	0.0001
	인치	0.000039
	마이크로인치	39.37008
	밀리미터	0.001
	밀	0.03937
밀리그램(Milligram)	센티그램	0.1
	드램(약형(藥衡))	0.0002572
	드램(상형(常衡))	0.000564
	그레인	0.015432
	그램	0.001
	온스(상형(常衡))	0.00003527
	온스(약형(藥衡))	0.00003215
	페니웨이트(Pennyweight. 금형(金衡))	0.000643
	스크루풀(Scruple. 약형(藥衡))	0.0007716

밀리리터(Milliliter)	영국 온스(액체)	0.035196
	영국 파인트	0.001759804
	세제곱센티미터	1
	세제곱미터	0.06102
	세제곱 밀리리터	1,000
	리터	0.001
	미국 드램	0.2705198
	미국 질	0.008453742
	미국 온스(액체)	0.0338149
	미국 파인트	0.002113436
밀리미터(Millimeter)	센티미터	0.1
	세제곱센티미터	1.000028
	세제곱미터	0.01025
	피트	0.00328
	인치	0.03937
	미터	0.001
	마이크론	1,000
	밀	39.37
밀(Mil)	센티미터	0.00254
	인치	0.001
	마이크론	25.4
	밀리미터	0.0254
온스(액체)(Ounce(Fluid))	영국 온스(액체)와 미국 온스(액체) 참조	
온스 (상형(常衡))(Ounce(Avoirdupois)	센티그램	2,834.9527
	세제곱센티미터	28.35
	세제곱미터	1.73
	드램(상형(常衡))	16
	그레인	437.5
	그램	28.3495
	킬로그램	0.02835
	온스(금형(金衡))	0.911458
	페니웨이트(Pennyweight. 금형(金衡))	18.22917
	파운드(상형(常衡))	0.0625
	파운드(금형(金衡))	0.07595
	스크루풀(Scruple. 약형(藥衡))	21.871
온스(금형(金衡))(Ounce Troy)	센티그램	3,110.3481

	드램(상형(常衡))	17.5543
	드램(약형(藥衡))	8
	그레인	480
	그레인	31.103481
	킬로그램	0.03110348
	온스(상형(常衡))	1.09714
	밀리그램	31,103.481
	페니웨이트(Pennyweight. 금형(金衡))	20
	파운드(상형(常衡))	0.06837
	파운드(금형(金衡))	0.08333
	스크루풀(Scruple. 약형(藥衡))	24
피피엠(Parts Per Million)	그레인/미국 갤런	0.0584
	그램/미국 갤런	0.0038
	그램/리터	0.001
	온스/배럴	0.0042
	밀리그램/리터	1
파인트(Pint)	영국 파인트와 미국 파인트 참조	
파운드(상형(常衡)) (Pound Avoirdupois)	영국 쿼트	0.399
	세제곱센티미터	453.59
	세제곱피트	0.016
	드램(상형(常衡))	256
	그레인	7,000
	그램	453.5924
	킬로그램	0.4535924
	온스(상형(常衡))	16
	온스(금형(金衡))	14.5833
	페니웨이트(Pennyweight. 금형(金衡))	291.667
	파운드(금형(金衡))	1.21528
	스크루풀(Scruple. 약형(藥衡))	350
	미국 쿼트	0.4793
파운드(금형(金衡))(Pound Troy)	드램(약형(藥衡))	96
	드램(상형(常衡))	210.65
	그레인	5,760
	그램	373.24177
	킬로그램	0.3732417
	온스(약형(藥衡))	12
	온스(상형(常衡))	13.1657

	온스(금형(金衡))	12
	페니웨이트(Pennyweight. 금형(金衡))	240
	파운드(상형(常衡))	0.822857
	스크루풀(Scruple. 약형(藥衡))	288
쿼트(Quart)	영국 쿼트와 미국 쿼트 참조	
회전수/분(Revolution/Minute)	회전수/초	0.01667
회전수/초(Revolution/Second)	회전수/분	60
스크루풀(Scruple. 약형(藥衡))	드램(약형(藥衡))	0.33333
	드램(상형(常衡))	0.73142
	그레인	20
	그램	1.29597
	온스(약형(藥衡))	0.04166
	온스(상형(常衡))	0.0457
	온스(금형(金衡))	0.04166
	페니웨이트(Pennyweight. 금형(金衡))	0.8333
	파운드(약형(藥衡))	0.003472
	파운드(상형(常衡))	0.002857
	파운드(금형(金衡))	0.003472
제곱센티미터(Square Centimeter)	제곱피트	0.001076
	제곱인치	0.155
	제곱미터	0.0001
	제곱미터	100
	제곱 밀	155,000.31
제곱피트(Square Feet)	제곱센티미터	929.03
	제곱인치	144
	제곱미터	0.0929
제곱인치(Square Inch)	제곱센티미터	6.4516
	제곱피트	0.00694
	제곱미터	0.000645
	제곱미터	645.16
제곱미터(Square Meter)	제곱 센티미터	10,000
	제곱피트	10.7639
	제곱인치	1550
제곱미터(Square Millimeter)	제곱센티미터	0.01

	제곱피트	0.00001
	제곱인치	0.00155
톤(롱)(Ton(Long))	킬로그램	1,016.047
	온스(상형(常衡))	35,840
	파운드(약형(藥衡))	2,722.22
	파운드(상형(常衡))	2,240
	파운드(금형(金衡))	2,722.22
	톤(미터법)	1.01605
	톤(쇼트)	1.12
톤(미터법)(Ton(Metric))	킬로그램	1,000
	온스(상형(常衡))	35,273.96
	파운드(약형(藥衡))	2,679.2289
	파운드(상형(常衡))	2,204.6226
	파운드(금형(金衡))	2,679.2289
	톤(롱)	0.9842
	톤(쇼트)	1.10231
톤(쇼트)(Ton(Short))	킬로그램	907.185
	온스(상형(常衡))	32,000
	파운드(약형(藥衡))	2,430.555
	파운드(상형(常衡))	2,000
	파운드(금형(金衡))	2,430.555
	톤(롱)	0.89286
	톤(미터법)	0.90718
미국퍼킨(U.S. Firkin)	영국 퍼킨	0.8326747
	세제곱피트	1.203125
	리터	34.06775
	미국배럴	0.29464286
	미국 파인트	72
미국 갤런(U.S. Gallon)	영국 갤런	0.83267
	세제곱센티미터	3,785.412
	세제곱피트	0.13368
	세제곱미터	231
	세제곱미터	0.003785
	리터	3.7854
	미국 온스(액체)	128
	미국 파인트	8
	미국 쿼트	4

미국 갤런/시간(U.S. Gallon/Hour)	리터/시간	3.7854118
미국 갤런/초(U.S. Gallon/Second)	세제곱센티미터/초	3,785.4118
	세제곱피트/분	8.020833
	리터/분	227.1183
미국 온스(액체) (U.S. Ounce(Fluid))	영국 온스(액체)	1.040843
	세제곱센티미터	29.57373
	세제곱미터	1.8046875
	리터	0.0295727
	미국 갤런	0.0078125
	미국 질	0.25
	미국 파인트	0.0625
	미국 쿼트	0.03125
미국 파인트(U.S. Pint)	영국 파인트	0.8326747
	세제곱센티미터	473.17647
	세제곱피트	0.01671
	세제곱미터	28.875
	리터	0.4731632
	밀리리터	473.1632
	미국 갤런	0.125
	미국 온스(액체)	16
	미국 질	4
	미국 쿼트	0.5
미국 쿼트(U.S. Quart)	영국 쿼트	0.8326747
	세제곱센티미터	946.35295
	세제곱피트	0.03342
	세제곱미터	57.75
	리터	0.9463264
	미국 갤런	0.25
	미국 질	8
	미국 온스(액체)	32
	미국 파인트	2
야드(Yard)	미터	0.9144

【부록 4】 미국과 영국 액량(液量)간의 전환

영국 갤런은 영어로 U.K. Gallon, British Gallon, British Imperial Gallon, Imperial Gallon이라고 하고 캐나다에서는 Canadian Gallon이라 한다.

미국 갤런은 U.S. Gallon이라하고 무게로 갤런을 무게로 환산하려면 비중에 8.337을 곱해주어야 한다.

직사각형 탱크의 용량을 갤런으로 나타내려면 직사각형 탱크의 가로(인치) x 세로(인치) x 깊이(인치) ÷ 231이다. 여기서 231로 나누는 이유는 1갤런은 231 세제곱미터이기 때문이다.

원통형 탱크의 용량이 몇 갤런인지를 알려면 반지름(인치) x 반지름(인치) x 3.14159 x 깊이(인치) x 0.7854 ÷ 231이다.

미국 갤런을 리터와 영국 갤런으로 전환			영국 갤런을 리터와 미국 갤런으로 전환	
갤런	리터로	영국 갤런으로	리터로	미국 갤런으로
1	3.7854	0.83270	4.5460	1.20092
2	7.5708	1.66539	9.0919	2.40183
3	11.3562	2.49809	13.6379	3.60275
4	15.1416	3.33079	18.1839	4.80367
5	18.9271	4.16348	22.7298	6.00458
6	22.7125	4.99618	27.2758	7.20550
7	26.4979	5.82888	31.8217	8.40642
8	30.2833	6.66158	36.3677	9.60734
9	34.0687	7.49427	40.9137	10.80825
10	37.8541	8.32697	45.4596	12.00917

리터를 미국 갤런과 영국 갤런으로 전환		
리터	미국 갤런으로 전환	영국 갤런으로 전환
1	0.26417	0.21998
2	0.52843	0.43995
3	0.79252	0.65993
4	1.05669	0.87990
5	1.32086	1.09988
6	1.58503	1.31985
7	1.84920	1.53983
8	2.11338	1.75980
9	2.37755	1.97978
10	2.64172	2.19975

센티리터를 액체 온스로 전환		액체 온스를 센티리터로 전환	
센티리터(cl)	액체온스(fl oz)	액체 온스(fl oz)	센티리터(cl)
1	0.35196	1	2.8412
2	0.7039	2	5.6824
3	1.0559	3	8.5237
4	1.4078	4	11.3649
5	1.7598	5	14.2061
6	2.1118	6	17.0473
7	2.4637	7	19.8886
8	2.8157	8	22.7298
9	3.1676	9	25.5710
10	3.5196	10	28.4122

알코올의 부피당(V/V) %와 무게당(W/V) %의 전환표

V/V	W/V	V/V	W/V	V/V	W/V	V/V	W/V
1.0	0.79	3.3	2.62	5.6	4.46	7.9	6.32
1.1	0.87	3.4	2.70	5.7	4.54	8.0	6.40
1.2	0.95	3.5	2.78	5.8	4.62	8.1	6.48
1.3	1.03	3.6	2.86	5.9	4.70	8.2	6.56
1.4	1.11	3.7	2.94	6.0	4.78	8.3	6.64
1.5	1.19	3.8	3.02	6.1	4.87	8.4	6.72
1.6	1.27	3.9	3.10	6.2	4.95	8.5	6.80
1.7	1.35	4.0	3.18	6.3	5.03	8.6	6.88
1.8	1.43	4.1	3.26	6.4	5.11	8.7	6.96
1.9	1.51	4.2	3.34	6.5	5.19	8.8	7.04
2.0	1.59	4.3	3.42	6.6	5.27	8.9	7.12
2.1	1.67	4.4	3.50	6.7	5.35	9.0	7.20
2.2	1.75	4.5	3.58	6.8	5.43	9.1	7.29
2.3	1.82	4.6	3.66	6.9	5.51	9.2	7.37
2.4	1.90	4.7	3.74	7.0	5.59	9.3	7.45
2.5	1.98	4.8	3.82	7.1	5.67	9.4	7.53
2.6	2.06	4.9	3.90	7.2	5.75	9.5	7.61
2.7	2.14	5.0	3.98	7.3	5.83	9.6	7.69
2.8	2.22	5.1	3.98	7.4	5.91	9.7	7.77
2.9	2.30	5.2	4.14	7.5	5.99	9.8	7.85
3.0	2.38	5.3	4.22	7.6	6.07	9.9	7.93
3.1	2.46	5.4	4.30	7.7	6.15	10	8.02
3.2	2.54	5.5	4.38	7.8	6.24		

【 참고문헌 】

맥주용어 추출에 사용된 외국문헌

Bamforth, Charles. *Beer.* Oxford University Press. 2009.

Bride, Bob(Senior Editor). *Home Brew Beer.* DK Publishing. 2013.

Bruning, Ted and Nigel Sadler. *Wisdom for Home Brewers.* The Taunton Press. 2014.

Calagione, Sam. *Extreme Brewing.* Crestline. 2012.

Christensen, Emma. *True Brewers.* Ten Speed Press. 2013.

Fix, George. *Principles of Brewing Science.* Brewers Publications. 1999.

Hampson, Tim. *World Beer.* DK London. 2013.

Helweg, Richard. *The Complete Guide to Brewing Your Own Beer at Home.* Atlantic Publishing. 2013.

Hlatky, Michael. *Beer Brewing for Everyone.* Schiffer Publishing, Ltd. 2013.

Hough, J.S.. *The Biotechnology of Malting and Brewing.* Cambridge University Press. 1985.

Lewis, Ashton. *The Home Brewer's Answer Book.* Storey Publishing. 2007.

Miller, Dave. *Home Brewing Guide.* Storey Publishing. 1995.

Mosher, Randy. *Tasting Beer.* Storey Publishing. 2009.

Nachel, Marty and Steve Ettlinger. *Beer for Dummies*(2nd Ed.). John Wiley and Sons, Inc. 2012.

Oliver, Garrett(Ed.). *The Oxford Companion to Beer.* Oxford University Press. 2012.

Papazian, Charlie. *The Complete Joy of Home Brewing*(4th Ed.). William Morrow. 2014.

Papazian, Charlie. *The Home Brewer's Companion*(2nd Ed.). William Morrow. 2014.

Rabin, Dan and Carl Forget. *The Dictionary of Beer and Brewing.* Brewers Publication. 1998.

Schaefer, Matthew. *The Illustrated Guide to Brewing Beer.* Skyhorse Publishing. 2012.

Schaefer, Matthew. *The Homebrewer's Handbook*. Skyhorse Publishing. 2012.

Snyder, Stephen. *The Brewmaster's Bible*. William Morrow. 1997.

Strong, Gordon. *Brewing Better Beer*. Brewers Publicatins. 2011.

Sykes, Walter J.. *The Principle and Practice of Brewing Beer and Ale*(2nd Ed.). Wexford Press. 2008.

Szamatulski, Tess and Mark Szamatulski. *Clone Brews*. Storey Publishing. 2010.

[한글 찾아보기]

영한 • 한영
맥주양조학 용어사전

저 자 | **백영석** 編

발행처 | 에듀컨텐츠휴피아
발행인 | 李 相 烈
발행일 | 초판 1쇄 • 2016년 7월 1일

출판등록 | 제22-682호 (2002년 1월 9일)
주 소 | 서울 광진구 자양로 30길 79
전 화 | (02) 443-6366
팩 스 | (02) 443-6376
e-mail | huepia@daum.net

만든사람들 | 기획 · **김수아** / 책임편집 · **김아롬** / 디자인 · **김미나** / 영업 · **이순우**
편집보 · **신효정 이지원 김다슬**
정 가 | 24,000원
I S B N | 978-89-6356-178-3 (93570)